指引办案思路的新型工具书

4

民商事典型疑难问题适用指导与参考

知识产权与竞争纠纷卷

主编／魏志静　副主编／江建中

◎ 疑难问题汇总
◎ 典型案例参考
◎ 办案依据集成

中国检察出版社

图书在版编目（CIP）数据

民商事典型疑难问题适用指导与参考.知识产权与竞争纠纷卷/魏志静
主编.—北京：中国检察出版社，2013.2
ISBN 978 – 7 – 5102 – 0784 – 6

Ⅰ.①民…　Ⅱ.①魏…　Ⅲ.①知识产权 – 民事纠纷 – 民事诉讼 – 审判 – 中国　Ⅳ.①D925.118.2

中国版本图书馆 CIP 数据核字（2012）第 277449 号

民商事典型疑难问题适用指导与参考
知识产权与竞争纠纷卷

主　编/魏志静　　副主编/江建中

出版发行：	中国检察出版社
社　　址：	北京市石景山区鲁谷东街5号（100040）
网　　址：	中国检察出版社（www.zgjccbs.com）
电　　话：	（010）68630385（编辑）　68650015（发行）　68636518（门市）
经　　销：	新华书店
印　　刷：	三河市西华印务有限公司
开　　本：	720 mm×960 mm　16 开
印　　张：	18.5 印张
字　　数：	335 千字
版　　次：	2013 年 2 月第一版　2013 年 2 月第一次印刷
书　　号：	ISBN 978 – 7 – 5102 – 0784 – 6
定　　价：	48.00 元

检察版图书，版权所有，侵权必究
如遇图书印装质量问题本社负责调换

出版说明

近十余年来,在合同、侵权、婚姻家庭、金融等民商事领域的司法实践中,出现了很多新情况、新问题,其中不乏具有典型性、疑难性的法律适用问题,针对这些问题,急需进行归纳总结,并得出具有参考和借鉴价值的处理和认定思路。基于上述现实需求,我们倾力组织法学专家、资深法官、检察官及律师等编撰并推出《民商事典型疑难问题适用指导与参考丛书》。

本丛书分为婚姻家庭继承纠纷卷、物权纠纷卷、合同纠纷卷、知识产权与竞争纠纷卷、劳动争议与人事争议卷、公司企业纠纷卷、金融纠纷卷、侵权纠纷卷、土地房地产与建设工程纠纷卷共九卷。各卷紧密结合各地司法实践,归纳提炼出百余个司法典型疑难问题并作出精准解析,同时附以具有权威性的指导、参考案例对同类案件的案情、诉辩情况、裁判结果、裁判理由等核心要素加以介绍,以帮助读者寻求破解疑难问题的办案思路、标准和尺度。各卷还提供了各类型纠纷全面、准确的办案依据。《民商事典型疑难问题适用指导与参考丛书》所提炼的问题凸显典型性、疑难性,解答思路具有很强的指导、参考和专业性,参考案例具有真实性、权威性,办案依据提供了便捷查询的通道,特别适合公检法人员、律师等法律专业人士使用。

受时间和能力所限,丛书在编撰过程中难免出现不足或错漏,敬请读者批评指正,以便我们在再版时予以修订。

编　者
2013 年 1 月

目　录

第一部分　专利权纠纷

一、专利权保护范围的确定 ………………………………………（ 1 ）

  1. 发明或者实用新型专利的保护范围如何确定？……………（ 1 ）

  2. 先用权抗辩成立的条件有哪些？……………………………（ 1 ）

  3. 在侵犯发明或者实用新型专利权的案件中，权利要求含有功能性限定技术特征的，如何确定专利权的保护范围？…………（ 5 ）

二、专利侵权判定 ………………………………………………（ 10 ）

  4. 被控侵权产品缺少专利权利要求中记载的必要技术特征的，是否构成侵犯专利权？………………………………………（ 10 ）

  5. 被控侵犯方法专利权的制药公司在药品监督管理机关备案的生产工艺没有完全披露相关的技术内容时，专利权人主张人民法院应当直接作出对被控侵权人不利的推定能否得到支持？……（ 16 ）

三、现有技术抗辩 ………………………………………………（ 23 ）

  6. 在侵犯专利权纠纷的案件中，判断被告主张的公知技术抗辩成立与否时，是否必须以被控侵权物已落入原告专利权保护范围为前提？……………………………………………………（ 23 ）

  7. 如何认定被控侵权物是否属于现有技术？…………………（ 23 ）

  8. 一项专利权具有多项权利要求的，其中一项权利要求因缺乏新颖性或者创造性被宣告无效后，被告实施的技术属于该项权利要求的技术方案与公知常识简单结合的，专利权人以该项专利的其他权利要求为依据指控被告侵犯其专利权的，能否得到支持？…………………………………………………………（ 28 ）

四、外观设计 ……………………………………………………（32）

9. 在侵犯外观设计专利权案件中，如何认定被控侵权产品与原告的外观设计专利相同或者相近似？………………………（32）

10. 承揽人完全按照定作人提供的设计制造被控侵犯他人外观设计专利权产品的，是否承担赔偿责任？………………（32）

11. 在侵犯外观设计专利权纠纷案件中，有证据证明被告实施的设计属于现有设计的，被告的行为是否构成侵犯外观设计专利权？………………………………………………（36）

📚 办案依据集成 ……………………………………………（40）

第二部分 商标权纠纷

一、侵犯商标专用权的认定 ……………………………………（47）

12. 认定商品是否类似需要考虑哪些因素？………………（47）

13. 将他人具有知名度的字号作为自己的字号擅自使用的，是否构成不正当竞争行为？………………………………（47）

14. 在侵犯注册商标专用权案件中，认定被控侵权商标与原告的注册商标是否近似时，要不要考察两商标的使用情况？……（52）

15. 包工包料的建筑装修公司在施工过程使用侵犯他人注册商标专用权的建筑材料的行为是否侵犯了他人的注册商标专用权？…（60）

16. 如何认定商品销售者是否知道其销售的商品属于侵犯他人注册商标专用权的商品？……………………………（60）

17. 将与他人注册商标相同的文字注册为企业名称并在相同或者类似的商品或者服务上突出使用的，是否构成侵犯他人注册商标专用权？…………………………………………（64）

18. 明知他人的企业字号在一定的区域范围内具有知名度，仍在该区域范围内注册与此相同的企业字号并在相同或者类似的商品或者服务上使用的，是否构成不正当竞争？………（64）

19. 如何认定房地产项目名称是否侵犯与房地产服务有关的注册商标专用权？……（68）

20. 将他人的注册商标设置为关键词，并购买、使用搜索引擎服务网站排名服务的行为是否侵犯他人的注册商标专用权？………（72）

21. 经营"竞价排名"营利性栏目的搜索引擎网站在未尽到合理审查义务的情况下，是否应当对参加竞价排名的企业侵犯他人商标权的行为承担连带责任？………（75）

22. 如何认定通用网址是否侵犯注册商标专用权？………（82）

23. 提供网络商店服务的网络服务商应否对网络商店是否销售侵犯他人注册商标专用权的商品承担事前审查义务？………（91）

24. 注册商标权利人虽然向网络服务商提出网络商店出售假冒注册商标的商品，但没有提供相应的证据，网络服务商是否应当承担删除相关售假信息的义务？………（91）

25. 当事人冒用商标权人名义将注册商标转到自己名下，后又经商标局核准将该注册商标转让给第三人并予以公告，该第三人能否取得该商标权？………（100）

26. 将他人在先注册商标在相同或类似商品上申请产品外观设计专利是否侵犯该在先商标权？………（102）

二、赔偿数额的确定……………………………………（105）

27. 证明商标的注册商标专用权被他人侵犯时，如何确定其赔偿数额？………（105）

28. 在侵犯注册商标专用权诉讼中，如果注册商标专用权人未将其注册商标投入商业使用，能否以被告的获利确定案件的赔偿数额？………（108）

29. 企业因合并发生变更，变更后的企业没有办理注册商标专用权转移手续的，合并后的企业是否享有注册商标专用权？………（117）

30. 注册商标3年未使用且持续至被控侵权行为发生时的，如何确定赔偿数额以及因合并发生变更，变更后的企业没有办理注册商标专用权转移手续的，合并后的企业是否享有

注册商标专用权？……………………………………（117）

三、合理使用标识的认定……………………………………（120）

31. 在产品标识中描述性使用与他人注册商标相同的标识，是否侵犯他人的注册商标专用权？……………………（120）

32. 旅游公司在旅游服务广告中使用与他人注册在"观光旅游"等服务项目上的地名商标相同的地名以介绍其提供旅游的目的地或者线路的，是否侵犯他人享有的地名商标专用权？………………………………………………（122）

33. 被告获准使用"金华火腿"原产地域产品专用标志是否侵犯原告对"金华火腿"享有的注册商标专用权？……（126）

■ 办案依据集成 ……………………………………………（133）

第三部分　著作权纠纷

一、著作权归属的认定………………………………………（135）

34. 运动会闭幕式电视节目属于什么性质的作品？…………（135）

35. 运动会闭幕式电视节目的著作权人是谁？………………（135）

36. 被告所经营网站的网络版主删除原告所发帖子的行为，是否侵犯了原告的发表权？………………………………（140）

二、著作权侵权认定…………………………………………（143）

37. 印刷线路板上的字符层是否应受《著作权法》保护？……（143）

38. 在生产印刷线路板过程中形成字符层的行为是否属于《著作权法》规定的复制行为？………………………（143）

39. TOEFL考试试题是否具备独创性，能否受到我国《著作权法》的保护？………………………………………（148）

40. 如何理解《著作权法》规定的保护作品完整权？…………（156）

41. 报社对作者投稿的作品进行文字性的修改、删节，是否侵犯了作者对作品享有的保护作品完整权？……………（157）

42. 如何判定小说与小品的相似性？ ……………………………（160）

43. 电视剧属于何种性质的作品？ ……………………………（168）

44. 电视台擅自播放他人创作的电视剧，侵犯了电视剧著作权人何种著作财产权？ ……………………………………（168）

45. 有线电视网络传播的电视节目侵害他人对该电视节目享有的广播权，有线电视网络经营者如何承担责任？ …………（168）

46. 音乐电视（MV）作品属于《著作权法》规定的何种作品？……（170）

47. KTV经营者擅自使用他人音乐电视（MV）作品经营卡拉OK侵犯了权利人的什么权利？ ……………………………（171）

48. 擅自将他人在杂志上发表的雕塑作品制作成立体的雕塑作品并进行商业使用的，是否侵犯他人对该雕塑作品享有的著作权？ ……………………………………………………（173）

49. 出版社依据教学课程标准自行组织编写的教师用书是否属于《著作权法》中规定的教科书？ ………………………（176）

50. 实施以文字作品方式固定的活动方案是否属于《著作权法》规定的表演？ ……………………………………………（180）

51. 实施以文字作品方式固定的活动方案是否侵犯了该文字作品著作权人的复制权？ ……………………………………（180）

52. 视频分享网站提供储存空间供用户上传侵权影视作品的行为是否构成侵权？ ……………………………………（186）

53. 作品的著作权人委托他人使用其作品参加投标，该作品中标且招标人支付了相应费用的，招标人在投标目的范围内使用该作品的，是否构成侵犯著作权的行为？ ……………（192）

54. 作品的著作权人如何确定？ ………………………………（197）

55. 民间文学艺术作品是否受到《著作权法》的保护？ ………（197）

56. 把三维工艺美术作品印刷在商品包装上是否属于复制行为？……（198）

57. 在侵犯著作权案件中，被告没有侵犯著作权人的人格权的，是否适用赔礼道歉的民事责任方式？ ……………………（200）

58. 导航电子地图是否构成《著作权法》中的地图作品？ …… （203）

59. 在原告没有提交其因侵权受到损失的证据，被告也没有提交其因侵权获得利益的证据时，人民法院是否可以在法定赔偿最高限额之上确定赔偿额？ …… （204）

办案依据集成 …… （212）

第四部分　不正当竞争纠纷

60. 认定知名商品应当考虑哪些因素？ …… （222）

61. 原告在某一商品上的注册商标成为驰名商标的，能否据此推定其使用该商标的类似商品为知名商品？ …… （227）

62. 商品的包装、装潢被他人仿冒的，能否仅仅据此认定该商品为知名商品？ …… （227）

63. 冒用他人企业名称将有关商品送检的行为是否构成不正当竞争？ …… （231）

64. 将知名电视节目名称作为商标标识在商品上使用的行为是否构成不正当竞争？ …… （235）

65. 比较广告方式不当，造成相关公众对相互比较的商品或服务之间产生混淆的，是否构成不正当竞争？ …… （239）

66. 他人未经行政审批出版教材是否必然对其他同类教材的出版者构成不正当竞争？ …… （243）

67. 未经相关部门审定的教材却标注通过审定的信息，是否构成虚假宣传？ …… （244）

68. 对软件注册表信息的修改是否侵犯了软件的著作权？ …… （249）

69. 通过修改他人在先安装软件的注册表信息以阻碍在先安装软件的正常下载、安装和运行，其行为的性质属于侵犯著作权还是不正当竞争？ …… （249）

办案依据集成 …… （260）

第五部分　植物新品种权纠纷

70. 权利用尽原则在侵害植物新品种权纠纷案件中如何适用？…（271）

　　办案依据集成 ……………………………………………（276）

第一部分 专利权纠纷

一、专利权保护范围的确定

1. 发明或者实用新型专利的保护范围如何确定？

发明或者实用新型专利权的保护范围以其权利要求的内容为准，说明书及附图可以用于解释权利要求的内容。

2. 先用权抗辩成立的条件有哪些？

先用权抗辩成立的条件包括：（1）在专利申请日前已经制造相同产品、使用相同方法或者已经做好制造、使用的必要准备。即在专利申请日前已经制造或者使用被控侵权物或者已经做好了制造、使用的必要准备；（2）仅在原有范围内继续制造、使用；（3）在先制造产品或者使用的方法，应该是先用权人自己独立研究完成或者以合法手段取得的，而不是在专利申请日前抄袭、窃取或者以其他不正当手段从专利权人那里获取的；（4）先用权人对于自己在先实施的技术不能转让，除非连同所属企业一并转让。

典型疑难案件参考

飞龙电器厂诉科力嘉工贸公司侵犯实用新型专利权案

基本案情

原告于2000年1月20日向国家知识产权局专利局申请"民用电炉功率调节开关"专利，经审查，专利局于2000年10月14日授予其专利权。该专利的权利要求为：（1）一种民用电炉功率调节开关，包括有壳体、带两个或两个以上凸轮的凸轮转轴,以及与凸轮数量相同的动、静触点对,其特征是在全部凸轮中起码有两个凸轮的凸起宽度不相同,每个静触点设于一紧固于壳体上的接线端子上,导电弹性片位于凸轮轴的下方,每个动触点设于一导电弹性片的一端,该导电弹性片的另一端与紧固于壳体上的一接线端子相紧固,每一导电弹性片上有一靠近相应凸轮的突起,各对动、静触点对之间由隔弧片隔开;(2)如权利要求(1)所说的民用电炉功率调节开关,其特征是在壳体对凸轮轴的两支撑端设有支撑固定片;(3)如权利要求(1)所说的民用电炉功率调节开关,其特征是导电弹性片呈ㄣ状;(4)如权利要求(1)至(3)所说的民用电炉功率调节开关,其特征是带齿的转动定位齿轮由设于托架上的滚轮定位,而托架由两个压缩弹簧支撑。2001年12月14日,原告向国家知识产权局请求作出检索报告,国家知识产权局经检索后于2002年4月24日出具《实用新型专利检索报告》,认为该专利全部权利要求(1)至(4)符合《专利法》第22条有关新颖性和创造性的规定。2002年7月19日,原告向本院起诉被告,认为被告生产、销售侵犯其专利权的产品,并申请证据保全。本院对被告生产的电灶一台、开关一组及2000年4月1日至2002年3月30日的账册和会计凭证24本进行了检查。

一审诉辩情况

原告昆明飞龙电器厂起诉称:原告设计并申请专利的新产品"民用电炉功率调节开关"于2000年10月14日获中国专利,现专利权仍有效。国家知识产权局作出的《实用新型检索报告》对本专利的结论是:"全部权利要求(1)至(4)符合《专利法》第22条有关新颖性和创造性的规定。"本专利技术为炊用电灶中的关键技术,直接决定炊用电灶的使用性能和市场竞争力。与原告属同行业的被告,不顾法律规定,未经原告许可,以经营为目的批量生产销售采用原告专利技术的产品,给原告带来损害。请求判令被告承担以下民事责任:(1)停止生产销售侵权产品,赔偿给原告造成的经济损失人民币5万元;(2)向原告公开赔礼道歉,并消除因其侵权行为给原告造成的不良影响;(3)由被告承担本案的一切诉讼费用。

被告昆明科力嘉工贸有限公司(以下简称科力嘉公司)答辩称:原告提交的检索报告不能成立,因为原告拥有的专利与其在1991年申请的专利完全相同,已经丧失了新颖性和创造性,我方已申请宣告原告的专利无效。我公司自己开发的民用电炉调节开关早在1999年9月初便完成了结构设计,并在1999年9月10日与云南无线电厂模具分厂正式签订了开关模具委托生产合同,而且随合同还向该厂提供了模具加工图图样。原告的专利申请日是

2000年1月20日，晚于我公司对外委托加工生产近4个月。因此，我公司有在先使用权。综上所述，请求驳回原告的诉讼请求，由原告承担本案诉讼费。

一审裁判结果

昆明市中级人民法院根据《中华人民共和国民法通则》第134条，《中华人民共和国专利法》第11条第1款、第56条第1款，最高人民法院《关于审理专利纠纷案件适用法律问题的若干规定》第17条第1款、第21条、第22条的规定，作出如下判决：

一、被告科力嘉公司立即停止侵权，即不得再生产、销售侵犯原告专利权的开关，及带有侵权开关的其他产品，并当面向原告赔礼道歉；

二、被告科力嘉公司于本判决生效后10日内，赔偿给原告人民币1万元整。

一审裁判理由

昆明市中级人民法院经审理认为：

1. 关于被告是否构成侵权的问题

（1）被告认为其不构成侵权的理由之一是：原告的专利已丧失了新颖性、创造性，系无效专利。但该专利的专利说明书中提到了公告号为CN2098728U的"民用电炉功率调节开关"技术，而公告号为CN2098728U的"民用电炉功率调节开关"技术正是被告的专利，并阐述原告专利是对上述已有技术作的进一步的改进，因此，原告的专利是对原有技术的创新、改造，具有授予专利权条件的新颖性和创造性。国家知识产权局经检索后，于2002年4月24日出具《实用新型专利检索报告》，再次确认了原告的专利具有新颖性和创造性；如果被告仍然坚持原告的专利无效，也应通过其他程序解决，本案作为专利侵权诉讼并不解决专利权无效的问题。

（2）被告认为其不构成侵权的理由之二是：其产品实物与原告的产品实物相比存在着诸多不同点。但一项实用新型专利的保护范围是以其权利要求的内容为准，并非以专利权人生产的产品实物为准，且被告提出的不同之处均是开关外形和开关与电灶其他部分连接方式等的不同，并不涉及开关的内部结构、构造，而原告的专利权利要求保护的范围则是开关的内部结构。将保全到的被告的开关与原告专利的权利要求相对比，完全符合该专利权利要求（1）至（4）项。

（3）被告认为其不构成侵权的理由之三是：其先于原告专利申请日前就已生产出自己的产品，其享有先用权。但从证据角度看，被告用以证明自己享有先用权的证据,仅能证明其于1999年9月委托云南无线电T模具分厂加工生产过用于开关的胶质外壳的模具,但一个开关由多种零部件组成,需要必要的设备和人员来制造生产,仅委托加工开关用的胶质外壳的模具,也不能证明被告已经做好制造、使用的必要准备。被告未举证证明其在原告专利申请日前生产的开关与之后的专利技术是相同或近似的,就无法证明其享有先用权。本案中,被告关于其不构成侵权的全部答辩意见均不能成立,且经对比,被告生产的开关已经落入了原告专利权利要求保护的范围。因此,被告侵犯了原告的专利权。

2. 被告已经构成侵权,侵权损失如何计算的问题

本案认定被告侵权的证据只有保全的电灶和开关的实物,本案中专利权人因侵权行为受到的损失、侵权人因侵权行为获得的利润及专利许可使用费均无证据证明,根据2001年7月1日起施行的最高人民法院《关于审理专利纠纷案件适用法律问题的若干规定》第21条的规定,同时综合考虑了以下因素:(1)原告的专利系实用新型专利,技术含量并不很高;(2)以本案证据来看,被告的侵权行为的时间在半年左右;(3)本案仅保全到被告的一台电灶和一组开关,无法确认被告生产、销售侵权产品的数量规模,但可推知被告具备一定的生产能力和生产规模;(4)被告侵权的开关仅是其生产、销售的电灶的一部分,而一台电灶的售价,从原告提交的被告销售电灶的发票看,也仅为人民币215元;(5)原告为制止侵权行为,发生了一定的费用。综合上述因素,被告应赔偿给原告人民币1万元整。

二审诉辩情况

昆明科力嘉公司不服一审判决上诉称:科力嘉公司在原告专利的申请日以前已经设计并生产出了被指控侵权的产品,有科力嘉公司与云南无线电厂模具分厂订立的合同及模具设计人赵宝根的当庭作证可以证实,其产品模具在1999年9月设计完成,1999年11月制造完成,故科力嘉公司依法享有在先使用权。一审认定事实不清,请求二审法院撤销原判,依法确认科力嘉公司的先用权成立。

昆明飞龙电器厂答辩认为:上诉人主张享有先用权,必须举证证明其在专利申请日前已经制造相同产品或已经做好制造的必要准备,但其只举出一份开关外壳模具图纸,不能证明其所主张的事实。请求二审法院驳回上诉,维持原判。

二审裁判结果

云南省高级人民法院根据《中华人民共和国民事诉讼法》第153条第1

款第1项之规定，作出如下判决：驳回上诉，维持原判。

二审裁判理由

云南省高级人民法院经审理认为：

1. 关于模具设计过程。赵宝根的当庭陈述及刘波的陈述与模具图纸及模具生产合同、模具生产付费凭据相互印证，可证实科力嘉公司在专利申请日前确实设计生产出一套模具。但模具的设计并不在原告专利保护范围之内。以上3份证据与本案无关，故不予采纳。

2. 关于配件生产过程，童朝瑞虽证实1999年12月4日科力嘉公司委托其公司生产完毕的3种配件与一审法院认定侵权的产品相同，但就科力嘉公司委托昆明泰和仪器仪表公司生产配件一节仅有童朝瑞个人的陈述，没有相关合同或受托方昆明泰和仪器仪表公司的证实，证据不足，不能认定。科力嘉公司提交的3个配件也不能确定是何时生产的。故对科力嘉公司在专利申请日前生产出配件这一事实不能确认。

3. 关于开关成品装配过程，虽然有李永泽出庭作证，但李永泽原系科力嘉公司的生产主管，与该公司有利害关系，其证言又无其他证据相印证，依法不能采信，不能认定科力嘉公司在专利申请日前已经生产开关成品。

4. 关于科力嘉公司提交的产品图纸，图纸上虽标明设计日期为1999年8月，且有科力嘉公司的条章，但此时科力嘉公司尚未成立，加之图纸设计人袁高全在1999年6月刚从飞龙厂离职，科力嘉公司又不能提交其他证据证明图纸确系袁高全设计完成，仅有此份图纸不能认定科力嘉公司在1999年8月已经设计完成被控侵权产品。

综上所述，科力嘉公司提交的以上证据不能充分证明其在专利申请日前已经制造相同产品、使用相同方法或者已经做好制造、使用的必要准备，其主张享有先用权的抗辩依法不能成立。科力嘉公司未经专利权人飞龙厂的许可擅自生产、销售侵犯其专利的产品，已构成侵权。一审判决依照法律规定，判决科力嘉公司停止侵权，并结合侵权情节等实际情况，确定科力嘉公司赔偿飞龙厂人民币1万元整并无不当，应予维持。

3. 在侵犯发明或者实用新型专利权的案件中，权利要求含有功能性限定技术特征的，如何确定专利权的保护范围？

在确定发明或者实用新型专利权的保护范围时，对于采用功

> 能性限定特征的权利要求，不应当按照其字面含义解释为涵盖了能够实现该功能的所有方式，而应当对功能性限定特征解释为仅仅涵盖了说明书中记载的具体实现方式及其等同方式。

典型疑难案件参考

曾展翅诉河北珍誉工贸有限公司、北京双龙顺仓储购物中心侵犯专利权纠纷案

基本案情

原告曾展翅于2001年4月2日向国家知识产权局提出了名称为"除臭吸汗鞋垫"的实用新型专利申请。2002年2月27日，国家知识产权局授予其专利权。该专利权利要求书第1项中记载："一种除臭吸汗鞋垫，其特征是它是由两层防滑层于相对的内面各附设一单向渗透层，其间再叠置粘结吸汗层、透气层、除臭层组成，吸汗层与透气层相邻。"权利要求书第6项中记载："吸汗层和除臭层合并为一层吸汗除臭层，它是由吸水树脂和活性炭混合铺设而成。"另外，根据专利说明书的记载，专利发明目的是针对现有鞋垫在吸湿透气性方面除臭时存在的容易产生潮湿、导致除臭效果减弱这些不足进行的改进设计。

2002年9月16日，曾展翅申请北京市第二公证处前往被告北京双龙顺仓储购物中心（简称双龙顺中心）以公证形式购买了由藁城市袜不湿垫业有限公司制造的"珍誉"牌袜不湿物理除臭鞋垫，每双单价为5.20元。被告河北珍誉工贸有限公司（简称珍誉公司）原名称为藁城市袜不湿垫业有限公司，后于2003年5月9日变更为现名称。双龙顺中心认可其销售的涉案被控侵权产品来源于珍誉公司。

根据该产品的说明书介绍，鞋垫分为干爽表面、活性炭层（物理除臭无副作用）、抗皱弹性层、高分子聚合体层（高效吸汗）、单向渗透层。

一审诉辩情况

原告曾展翅起诉称：原告于2001年4月2日向国家知识产权局提出了名称为"除臭吸汗鞋垫"的实用新型专利申请。2002年2月27日，国家知识产权局授予原告专利权。现发现被告珍誉工贸有限公司及被告双龙顺中心未经原告许可，制造、销售与原告专利的技术方案相同的鞋垫，构成对原告专利权的

侵犯，故诉至法院，请求判令被告停止侵权行为，销毁侵权成品和半成品以及模具，在全国发行的报纸上赔礼道歉、消除影响，赔偿因遭受侵权造成的经济损失及诉讼合理支出30万元。

被告珍誉公司答辩称：我公司制造、销售的产品与原告技术方案不同，因此不构成对原告专利权的侵犯，请求驳回原告的诉讼请求。

被告双龙顺中心答辩称：我中心销售的被控侵权产品来源于珍誉公司，我中心不应承担侵权责任。

一审裁判结果

北京市第二中级人民法院依照《中华人民共和国专利法》第11条第1款、第56条第1款，《中华人民共和国民法通则》第134条第1项、第7项，最高人民法院《关于审理专利纠纷案件适用法律问题的若干规定》第17条、第21条之规定，判决如下：

一、珍誉公司于本判决生效之日起，立即停止制造、销售"珍誉"牌袜不湿物理除臭鞋垫；

二、双龙顺中心于本判决生效之日起，立即停止销售"珍誉"牌袜不湿物理除臭鞋垫；

三、珍誉公司于本判决生效之日起10日内，赔偿曾展翅经济损失15万元；

四、驳回曾展翅的其他诉讼请求。

一审裁判理由

北京市第二中级人民法院认为：曾展翅对"除臭吸汗鞋垫"实用新型专利依法享有的专利权受法律保护。就该项专利技术方案而言，其必要技术特征体现为两层防滑层、两层单向渗透层、吸汗层、透气层、除臭层7层结构，且要求吸汗层与透气层是相邻的。就本案被控侵权产品而言，珍誉公司现认可其具备除臭层和吸汗层，且吸汗层与透气层是相邻的。从被告珍誉公司提出异议的对应技术特征部分看：

1. 该产品的两层外表面被称为干爽表面，它是由一层布面构成，上表面的布面为斜纹布，底面则由于针线的缝合产生了凹凸不平的效果。对此，珍誉公司虽然否认被控侵权产品具有防滑功效，但是，由于该产品在表面上使用了斜纹布和针线缝合，所带来的凹凸不平效果从客观上起到了一定的防滑作用。而且，结合本专利的发明目的，是针对现有鞋垫在吸湿透气性方面除臭时存在的容易产生潮湿、导致除臭效果减弱这些不足进行的改进设计，对防滑效果的要求相对较弱，现干爽表面具有的凹凸不平效果与涉案专利防滑层的功能效果相同，且使用了与专利技术等同的解决手段，二者特征构成等同。

2. 对珍誉公司称被控侵权产品只有一层单向渗透层的说法。首先，从该产品的说明指示图上看，明确注明该产品包括两层单向渗透层；其次，从拆封的公证实物上也可以看出，在两层干爽表面相对的内面各附设了一单向渗透层。因此，该产品是具备两层单向渗透层的。对珍誉公司称原告在无效程序中已经将单向渗透层限定为一种具有漏斗状孔隙的布面一节，本院认为：在作出专利侵权判定时，确应遵守禁止反悔原则，即专利权人在专利审批、撤销或无效程序中，为确定其专利具备新颖性和创造性，通过书面声明或者修改专利文件的方式，对专利权利要求的保护范围作了限制承诺或者部分地放弃了保护，并因此获得了专利权，而在专利侵权诉讼中，法院适用等同原则确定专利权的保护范围时，应当禁止专利权人将已被限制排除或者已经放弃的内容重新纳入专利权保护范围。但是，根据现有证据，不能证明原告对单向渗透层作出了限定，而将单向渗透层描述为"是一种具有漏斗状孔隙的布面"，是原告专利说明书中列举的实施例。就一项专利而言，为使技术方案公开充分，实施例是申请人选择的一种公开充分的表现形式，其效果相当于举例说明，在不违反禁止反悔原则的前提下，实施例不能理解为是对必要技术特征的限定。因此，对单向渗透层的保护范围应确定为能够实现水分单向渗透的层面。在此前提下，被控侵权产品单向渗透层设置于正面干爽表面和抗皱层之间，通过一层非织造布和吸汗层两层结构实现单向渗透功能，可以确认使用了与专利等同的技术手段，并实现了相同的技术效果，该项特征与专利技术中的单项渗透层构成等同。

3. 被控侵权产品中的抗皱弹性层由一层尼龙纤维网构成，该网状结构决定了其在起到防止鞋垫发生褶皱作用的同时也能够实现涉案专利透气层的功能，它与专利对应特征构成相同。

4. 涉案专利中的7层结构是以粘结的方式连接的，虽然被控侵权产品使用了线缝合的方式，但是，这一点区别是该领域普通技术人员不需要创造性劳动就能够联想到的，二者技术特征亦构成等同。

综上，珍誉公司制造、销售的"珍誉"牌袜不湿物理除臭鞋垫构成对曾展翅享有的"除臭吸汗鞋垫"实用新型专利权的侵犯。

现珍誉公司应就其上述行为承担停止侵权、赔偿损失的民事责任。鉴于判令其停止制造、销售足以制止侵权行为，故对曾展翅提出的销毁侵权产品、半成品和生产模具的请求，本院不予支持。对曾展翅要求被告在全国发行的报纸上赔礼道歉、消除影响于法无据，本院亦不予支持。对于赔偿的具体数额一节，因曾展翅未能提供其实际损失或被告获利的证据，本院将参考被控侵权产品的销售单价、销售时间等因素予以酌定。对曾展翅提出的赔偿其因诉讼支出的合理费用的请求，因其未提交相关票据予以证明，对该项请求本院不予支持。

另根据《专利法》的规定，为生产经营目的销售不知道是未经专利权人许可而制造并售出的专利产品，能够证明其产品合法来源的，不承担赔偿责任。现双龙顺中心作为销售商已经证明其销售的被控侵权产品来源于珍誉公司，故其不承担赔偿责任，但应立即停止其销售行为。

二审诉辩情况

珍誉公司向北京市高级人民法院提出上诉，请求撤销原审判决，驳回曾展翅的全部诉讼请求，理由为：（1）原审判决对专利权利要求的解释简单地以权利要求记载的文字作为限定的保护内容，且忽略了权利要求限定的各层之间的结构、位置关系和连接关系等必要技术特征，以权利要求书第1项所限定的部分必要技术特征来限定其专利权的保护范围，是不合理地扩大了专利权的保护范围。此外，"单向渗透层"是专利具有创造性的重要区别特征之一，由于专利说明书中对于该技术特征的唯一解释是"单向渗透层是一种具有漏斗状孔隙的布面"，就应当根据该解释为基础合理地限定该技术特征的内容，可以考虑与其相同或等同的技术内容，但至少不应扩大理解到能够实现水分单向渗透功能的所有技术特征。（2）虽然上诉人的产品指示图上标注了两层单向渗透层，但从拆封的证据实物上明显可以看出，底面的干爽表面的内面没有单向渗透层，也没有相应技术特征的存在，对此，被上诉人未提供证据证明底面干爽表面的内面设置了单向渗透层或者该底边具备单向渗透功能，原审判决也未对产品底面的具体结构和功能进行分析、认定，进而直接认定产品有两层单向渗透层，明显与产品实物证据不符。（3）原审判决所认定的关于"单向渗透层等同"的结论存在事实和法律上的错误。被控侵权产品中并不存在"单向渗透层的结构"，它是通过一层非织造布，布面上复合吸汗剂来实现的，是一种化学方法的实现方式，两者的技术手段和实现方式完全不同。（4）被控侵权产品与专利技术方案在各层之间的结构、位置关系及连接方式上存在实质性不同。被控侵权产品除吸汗层是利用吸水剂的特性复合到非织造布内面的，其余各层均是由线缝合而成，与专利有本质区别。

曾展翅、双龙顺中心服从原审判决。

二审裁判结果

北京市高级人民法院依照《中华人民共和国民事诉讼法》第153条第1

款第2项、第3项之规定，判决如下：

一、撤销北京市第二中级法院〔2005〕二中民初字第11450号民事判决；

二、驳回曾展翅的诉讼请求。

二审裁判理由

北京市高级人民法院认为：曾展翅对"除臭吸汗鞋垫"实用新型专利依法享有的专利权受法律保护。发明或者实用新型专利权的保护范围以其权利要求的内容为准，说明书及附图可以用于解释权利要求。对于采用功能性限定特征的权利要求，不应当按照其字面含义解释为涵盖了能够实现该功能的所有方式，而是应当受到专利说明书中记载的实现该功能的具体方式的限制。具体而言，在侵权判断中应当对功能性限定特征解释为仅仅涵盖了说明书中记载的具体实现方式及其等同方式。

从本案专利权利要求书第1项的必要技术特征看，均采用功能性限定特征，因此，对该权利要求进行解释时，应当考虑说明书中记载的具体实现方式。涉案专利说明书中对单向渗透层明确指明"为一种具有漏斗状孔隙的布面"，而涉案被控侵权产品单向渗透层采用的是非织造布，并非是与具有漏斗状孔隙的布面相同或相等同的技术特征。因此，被控侵权产品没有落入涉案专利权的保护范围。原审法院关于单向渗透层的保护范围应确定为能够实现水分单向渗透的层面的认定有误，不适当地扩大了曾展翅专利权的保护范围，本院予以纠正。上诉人珍誉公司关于对"单向渗透层"的解释应当结合专利说明书进行限定的上诉主张成立，本院予以支持。

综上，珍誉公司制造、销售的"珍誉"牌袜不湿物理除臭鞋垫没有落入曾展翅享有的"除臭吸汗鞋垫"实用新型专利权的保护范围，不构成侵权。原审判决认定事实不清，适用法律错误，应予改判。上诉人珍誉公司上诉理由成立，其上诉理由本院予以支持。

二、专利侵权判定

4. 被控侵权产品缺少专利权利要求中记载的必要技术特征的，是否构成侵犯专利权？

在判断被控侵权产品是否侵犯专利权时，需要将专利权利要求记载的技术方案中的全部必要技术特征与被控侵权产品的全部技术特征进行比较，如果被控侵权产品缺少权利要求中记载的必要技术特征，则不构成侵犯专利权。

典型疑难案件参考

李耀中诉太原市同翔金属镁有限公司侵犯发明专利权纠纷案

基本案情

李耀中于2002年9月19日向国家知识产权局申请了一项名称为"源头消除污染的热态脱硫的净化加热炉"的发明专利，于2008年6月25日获得授权。该专利权利要求1记载："一种源头消除污染的热态脱硫的净化加热炉，包括燃烧净化器和脱硫净化器，其特征在于，加热炉内设有阻燃火焰、烟尘、废气流减慢流速的燃烧净化器和脱硫净化器，燃烧净化器内有阻燃的构件，在炉内的源头是双燃煤炉膛或单炉膛添湿水煤运行，炉膛的后位或侧位是阻燃炉膛火焰的隔墙，隔墙的下方是引向烟尘和废气流的大空间火道，或炉体外的输废气管，以及用耐火材料预制成的块状型单体的辅助的阻燃小部件；燃烧净化器包括：炉膛、隔墙、火道、阻燃的块状小部件、外排输废气管、插板；隔墙在炉膛的后位或侧位，火道在隔墙内至隔墙下方火道出口，单体阻燃的块状小部件、垒集成的大小不规则狭窄绕行的小空间火道同煅烧炉内矿料堆集形成的空间一样；烟尘就在阻燃的高温小空间火道内绕行外排的过程中燃烧尽；外排输废气管、插板在炉体外。脱硫净化器设在炉内燃烧净化器后的热态区域内至插板前，有3种形式：（1）在炉内的炉膛至热态区域的一周，设有喷入粉状脱硫剂的管孔，喷入炉内的粉状脱硫剂在飞扬喷落的过程与废气硫中的二氧化硫热态接触反应中和了；（2）在炉内把块状小部件的脱硫剂，垒集成大小不规则的废气流外排能绕行通过去的空间或者用氧化钙或炼稀土后的渣块堆集在脱硫净化器内，当废气气流中的二氧化硫在外排绕行、经过大小空间时，脱硫剂二氧化硫接触发生中和反应形成硫酸钙；（3）在炉体外把废碳化钙粉或氧化钙粉及附加脱硫剂碱性材料制成浆液，喷入炉内排放废气流的通道中形成浆雾态与废气流中的二氧化硫接触反应脱硫。"该专利权利要求5记载："一种立式燃气煅烧炉，包括权利要求1所述的脱硫净化器中的块状型脱硫剂单体部件，其特征在于，燃气的立式煅烧炉体的高度10—15米，煅烧炉的外廓形状有圆体，也有方体，或下方上圆体；具有筒形状煅烧室；向炉内供煤气的燃烧室，在煅烧炉体地面3米以上的位置；矿石加料口在煅烧炉顶部，煅烧炉底部有1—4个落料漏斗。"

李耀中提供的涉案专利说明书载明，该发明涉及一种源头消除污染的热态脱硫的净化加热炉，采用组合燃烧净化器，彻底消除了煤在燃烧过程中产生的烟尘，只有废气流从烟筒口排出，各种燃烧净化器的部件应用于一切燃煤炉、一切燃油炉或一切燃气炉，在利用余热中生产碱性产品，用脱硫净化器脱掉了废气流中的二氧化硫。燃煤净化器是由多个耐火材料制件或金属制件或金属与耐火材料组合成的各种形状的再气化燃烧的火道阻燃结构；脱硫净化器是由耐火材料制件或金属制件内装脱硫剂与制位部件组合成的产品结构。采用脱硫净化器制位各种脱硫剂，就什么问题都解决了。脱硫净化器在不同的炉体中，加热室或熔池后入烟道口处内的中段内90℃—100℃段，装有框架脱硫净化器。在脱硫净化器内是多层排列着孔型脱硫剂或方棒形脱硫剂，脱硫剂的形状是块状或棒形同某种燃烧器部件的形状，有长方形、方形、圆形3种。脱硫净化器放置位置不同，脱硫剂的成分、形状、组合结构也各异，脱硫剂都是装在脱硫净化器内使用的。

太原市同翔金属镁有限公司在建煅烧炉初期，多次派人员到中国华北冶金建设公司岭南金属镁厂、潞城市大祥金属镁有限公司等进行考察，对煅烧炉进行全面改造。2005年1月20日，中国有色金属工业协会镁业分会对该公司煅烧炉技改成果进行考察，考察认为：该炉型具有结构简单、造价较低、操作方便、煤种选择灵活、回收利用率高、炉温及排放物调节可控、煅白产量和合格率明显提高的优点，是现阶段符合环保要求的煅烧窑型。

李耀中提供被控侵权煅烧炉的照片、图纸表明：太原市同翔金属镁有限公司使用的煅烧炉主要特征为：煅烧炉的整体外形呈圆锥体形，炉体高15.59米，煅烧炉由预热段、燃烧段、高温段、风预热段、冷却段组成，炉底部为一个斗式自然落料。煅烧炉的设计为煤气喷嘴，在煅烧炉体地面3米以上的位置均布，空气喷嘴在比煤气嘴低0.5米的地方均布，在炉腔的中心处设计有4个均布的空气嘴。煅烧炉加料口在预热带的顶部一侧。

▶ 一审诉辩情况

李耀中诉称：原告持有涉案发明专利的有效专利证书，2008年8月8日，发现太原市同翔金属镁有限公司正在使用一台立式燃气煅烧炉。该煅烧炉炉体高10—15米，煅烧炉的外廓形状是圆体，内腔具有筒形煅烧室，向煅烧炉内供煤气的燃烧室在煅烧炉体地面3米以上的位置，矿石加料口在煅烧炉顶部，一个落料漏斗在煅烧炉的底部。上述煅烧炉的形状结构特征，全部落入李耀中发明的立式燃气煅烧炉的权利要求范围，侵犯了其专利权，故请求法院判令：（1）太原市同翔金属镁有限公司立即停止侵权行为；（2）赔偿李耀中经济损失52万元；（3）承担本案的诉讼费用及其他相关费用。

太原市同翔金属镁有限公司辩称：我公司使用的煅烧炉在李耀中申请专利

之前就已广泛使用，与李耀中持有的专利权利要求书保护的范围不同。我公司是1995年兴建的金属镁生产企业，在建煅烧炉初期，我公司多次派领导和技术人员到河南、河北及我省的潞城、运城等金属镁企业进行考察，这些厂家所使用的煅烧炉在20世纪80—90年代已广泛使用，但污染问题一直没有得到很好的解决。1998年我公司开始对煅烧炉进行全面改造，经过对多家金属镁生产企业考察，分析各种煅烧炉的性能、优缺点，决定以邯郸岭南镁厂煅烧白云石的粗炉型为基本炉型进行改造。该炉型是单炉体外燃式，煅烧分上、中、下3部分，上部分为预热带、中部为高温带、下部为冷却带。后又经过考察，使用了潞城大祥金属镁煅烧炉，该煅烧炉是双体炉，外加煤燃烧室，它的优点是少了两个散热面，有利于保温，结构坚固合理。2003年，经过环保技术改造，达到了环保要求，最终建成现在使用的煅烧炉，该炉外形是圆锥体而不是圆体，是单炉体而不是双炉体，是由煤气站供煤气而不是自产煤气，煤气燃烧去除了燃烧室，煅烧炉内腔是由预热段、燃烧段、高温段、风预热段、白灰冷却段组成，是具有锥形的燃烧段而不是筒形燃烧室，是炉底间断半自动化落料的煅烧炉，与李耀中起诉专利侵权的煅烧炉没有必然的联系。请求判决驳回李耀中的诉讼请求。

一审裁判结果

太原市中级人民法院依据《中华人民共和国专利法》第11条、第56条第1款，最高人民法院《关于审理专利纠纷案件适用法律问题的若干规定》第17条第1款，《中华人民共和国民事诉讼法》第64条、第128条之规定，判决如下：驳回李耀中的诉讼请求。

一审裁判理由

太原市中级人民法院认为：李耀中于2008年6月25日依法获得的源头消除污染的热态脱硫的净化加热炉发明专利权，应受法律保护。关于涉案专利权的保护范围。根据《专利法》第56条的规定，发明专利权的保护范围以其权利要求的内容为准，说明书及附图可以用于解释权利要求。李耀中发明专利的权利要求共有10项，其中权利要求1是净化加热炉整体的权利保护范围，权利要求5是立式燃气煅烧炉的权利保护范围。按照单一性原则的要求对于发明专利申请而言，应当仅限一项发明，但属于一个总的发明构思的两项以上的发明，可以作为一件提出。权利要求1和权利要求5之间的关系，首先要符合《专利法》要求的单一性的关系，即权利要求5和权利要求1之间必须有相同或相应的必要技术特征，否则审查员不会批准该权利要求5的存在，从权利要求书字面内容看，尽管权利要求5和权利要求1描述的是不同的产品，这两种产品应当具有相同或相应的必要技术特征，权利要求1的必要技术特征部分包括"燃烧净化器和脱硫净化器"，显然权利要求5也应当包括"燃烧净化器和脱硫净化器"等必要技术特征。故根据涉案专利权利要求1和权利要求5的描述，立式燃气煅烧炉的技术特征为：（1）包括权利要求1中所述的燃烧净化器和脱硫净化器以及权利要求1所述的脱硫净化器中的块状型脱硫剂单体部件；（2）燃气的立式煅烧炉体的高度10—15米；（3）煅烧炉的外廓形状有圆体，也有方体，或下方上圆体；（4）具有筒形状煅烧室；（5）向炉内供煤气的燃烧室，在煅烧炉体地面3米以上的位置；（6）矿石加料口在煅烧炉顶部；（7）煅烧炉底部有1—4个落料漏斗。

太原市同翔金属镁有限公司是否侵犯了原告李耀中的专利权。发明专利侵权判定中，应当以专利权利要求中记载的技术方案的全部必要技术特征与被控侵权产品的全部技术特征逐一进行对应比较。将被控侵权煅烧炉技术特征与涉案立式燃气煅烧炉的必要技术特征——对比，相同之处在于：（1）煅烧炉体的高度10—15米，被控侵权煅烧炉体的高度为15.59米，该技术特征属于无须经过创造性劳动就能够联想到的技术特征且增加的高度并不会影响到煅烧炉的功能及效果，两者属于等同特征；（2）向炉内供煤气的燃烧室，在煅烧炉体地面3米以上的位置；（3）矿石加料口在煅烧炉顶部；（4）煅烧炉底部有1—4个落料漏斗。不同之处在于：（1）被控侵权的煅烧炉不含有燃烧净化器和脱硫净化器。根据权利要求1的描述，燃烧净化器包括：炉膛、隔墙、火道、阻燃的块状小部件、外排输废气管、插板；脱硫净化器设在炉内燃烧净化器后的热态区域内至插板前，有三种形式：①在炉内的炉膛至热态区域的一周，设有喷入粉状脱硫剂的管孔，喷入炉内的粉状脱硫剂在飞扬喷落的过程与废气硫中的二氧化硫热态接触反应中和了；②在炉内把块状小部件的脱硫剂，垒集成大小不规则的废气流外排能绕行通过去的空间或者用氧化钙或炼稀土后的渣块堆集在脱硫净化器内，当废气气流中的二氧化硫在外排绕行、经过大小空间时，脱硫剂二氧化硫接触发生中和反应形成硫酸钙；③在炉体外把废碳化钙粉或氧化钙粉及附加脱硫剂碱性材料制成浆液，喷入炉内排放废气流的通道中形成浆雾态与废气流中的二氧化硫接触反应脱硫。李耀中提供的被控侵权煅烧炉的照片、图纸等证据不能证明太原市同翔金属镁有限公司使用的煅烧炉具有燃烧净化器和脱硫净化器技术特征。另外，从被控侵权煅烧炉功能角度出发，太原市同翔金属镁有限公司的煅烧炉用于冶炼金属镁，本领域技术人员公知该反应中并不需要脱硫这一过程，所以该煅烧炉与权利要求5记载的"单体脱硫部件"所要达到的目标完全不一致，不存在等同的关系。虽然李耀中的说明书第13页下数第一行记载了"碱性材料的煅烧室是一个脱硫净化器",说明书第14页第4段记载了"脱硫净化器在烟道的入火口处,是一个石灰石煅烧室",但是李耀中对此并未反映在权利要求书中的技术方案,仅记载在专利说明书中,故不能纳入专利权保护的范围。(2)被控侵权煅烧炉外廓形状是圆锥体而不是圆体,也不具有筒形状的煅烧室,故上述技术特征也未落入原告专利的保护范围。综上所述,被控侵权煅烧炉的技术特征未包含李耀中专利权利要求中记载的全部必要技术特征,未落入专利权的保护范围,故太原市同翔金属镁有限公司未侵犯李耀中的专利权。

二审诉辩情况

李耀中不服一审判决,向山西省高级人民法院提起上诉。其理由是:第一,被上诉人的煅烧炉侵犯了其专利权权利要求书中的第1和第5两项权利,在以下几个方面构成侵权:(1)被上诉人的炉体高度15.59米;(2)炉体为圆体煅烧炉形;(3)煅烧室为桶形状;(4)煅烧炉体3米处是煅烧位置;(5)加料口在煅烧室的顶部;(6)底部有1—3个落料漏斗。第二,原判决适用法律错误。综上,李耀中请求:(1)撤销原判;(2)判令被上诉人立即停止侵权行为;(3)被上诉人赔偿经济损失52万元。

被上诉人太原市同翔金属镁有限公司辩称:原审判决正确,请求二审法院予以维持。

二审裁判结果

山西省高级人民法院依照《中华人民共和国民事诉讼法》第153条第1款第1项之规定,判决如下:驳回上诉,维持原判。

二审裁判理由

山西省高级人民法院认为:上诉人李耀中的发明专利源头消除污染的热态脱硫的净化加热炉,该炉包括有热源、热阻、热容、热压、热调5个方面的简短论述及利用余热的技巧。采用组合燃烧净化器,把煤在燃烧过程中产生的烟尘给彻底清除了。只有废气流从烟筒口排出,各种燃烧净化器的部件应用于一切燃烧炉。在利用余热中生产碱性产品,用脱硫净化器脱掉了废气中二氧化硫。被上诉人太原市同翔金属镁有限公司的实用新型专利,涉及煅烧领域,具体是一种煅烧质量不统一的问题。窑体内由上至下分为预热带、燃烧带、冷却带。保证了煅烧后成品的质量统一,并有明显的节能降耗效果。上诉人李耀中认为,被上诉人太原市同翔金属镁有限公司在以下几个方面构成侵权:(1)被上诉人的炉体高度15.59米;(2)炉体为圆体煅烧炉形;(3)煅烧室为桶形状;

(4) 煅烧炉体 3 米处是煅烧位置；(5) 加料口在煅烧室的顶部；(6) 底部有 1—3 个落料漏斗。法院认为，上诉人李耀中所述的 6 个侵权方面，均不是其发明专利的核心技术内容，且不具有发明专利应当具备的创造性、新颖性的特征，而属社会公众均普遍熟知并使用的公知技术的领域，且上诉人与被上诉人各自拥有的发明专利和实用新型专利，专利特征不同，专利领域不同，专利服务目的不同，专利所涉产品煅烧炉的内部结构不同，故被上诉人煅烧炉的技术特征未落入上诉人专利权的保护范围，上诉人认为被上诉人侵犯其发明专利权的上诉理由不能成立。

> **5. 被控侵犯方法专利权的制药公司在药品监督管理机关备案的生产工艺没有完全披露相关的技术内容时，专利权人主张人民法院应当直接作出对被控侵权人不利的推定能否得到支持？**
>
> 被控侵犯方法专利权的制药公司在药品监督管理机关备案的生产工艺虽然没有完全披露相关的技术内容，但不能因此认定该制药公司系为了避免被控侵犯原告专利权而故意没有披露相关的技术内容，从而作出对被控侵权人不利的推定。在此情况下，应当通过其他方法查明被控侵权人完整的生产工艺，并在此基础上判断其行为是否侵犯了原告的专利权。

典型疑难案件参考

（美国）伊莱利利公司诉中国江苏豪森药业股份有限公司侵害发明专利权纠纷案

基本案情

1993 年 6 月 21 日，(美国) 伊莱利利公司（简称伊莱利利公司）向中华人民共和国国家专利局（简称国家专利局）提出"立体选择性糖基化方法"的方法发明专利（简称专利一）申请，于 1998 年 6 月 20 日获得授权。1995 年 11 月 1 日，伊莱利利公司向国家专利局提出"提纯和分离 2'-脱氧-2,2'二氟核苷的方法"的方法发明专利（简称专利二）申请，于 1999 年 3 月 25 日获得授权。1995 年 11 月 14 日，伊莱利利公司向国家专利局提出"1-(2'-脱氧-2',2'-二氟-D-呋喃核糖基)-4-氨基嘧啶-2-酮盐酸盐的制备方法"的方法发明专利（简称专利三）申请，于1999年9月4日获得授权。上述3项专利构成生产制备吉西他滨盐酸盐和吉西他滨的完整技术方案。专利一是取得中间体β异头物富集的核苷的方法。该专利说明书中有关于"-83℃至19℃"这一温度区间内α、β随着温度变化的比例表。专利二是提纯和分离富含β异头物核苷的混合物的方法。该专利说明书记载，"在含水酸中加入稀释的反应混合物而产生的酸性混合物，最好在适度搅拌下保持一段时间。在此保持期所发生的物理变化是过量的R"（被保护的或未被保护的胞嘧啶）溶于含水酸层中，而所需的β-核苷沉淀出来。这种沉淀是有选择性的，而不需要的α核苷则大部分留在有机层中。专利三是制备吉西他滨盐酸盐的方法。在专利三的说明书背景技术中记载，1-（2'-脱氧-2'，2'-二氟-D-呋喃核糖基）-4-氨基嘧啶-2-酮盐酸盐是本领域中已知的一系列2'-脱氧-2'，2'-二氟核苷之一，在美国专利4526988和4808614中已公开并教导了这些化合物有抗病毒活性。欧洲专利申请公开184365称这些相同的二氟核苷剂有溶瘤细胞活性，吉西他滨盐酸正在进行临床评价以决定它用于治疗各种癌症。本发明提供一个更经济和效率更高的制备吉西他滨盐酸盐的方法。

2007年2月28日，国家知识产权局专利复审委员会作出第9525号无效宣告请求审查决定（简称第9525号决定），宣告专利一全部无效。伊莱利利公司不服，向北京市第一中级人民法院提起行政诉讼。2008年11月6日，北京市高级人民法院作出〔2008〕高行终字第451号行政判决，维持了第9525号决定。

江苏豪森药业股份有限公司（简称豪森公司）于2000年3月28日向国家药品监督管理局申报注射用盐酸吉西他滨新药临床研究。2000年11月，豪森公司申请新药生产证书。2001年5月18日，国家药品监督管理局核发了新药证书及生产批件，新药保护期至2007年5月17日，所申报的生产工艺名称为中试工艺。豪森公司提供了2001年5月18日的新药证书、生产批件及与之相对应的向国家药品监督管理局申报材料（含生产工艺）一套，2002年3月29日的新药补充申请批件及与之相对应的补充申报资料（含生产工艺）一套。豪森公司涉案药品的申报材料中记载了各步反应的具体条件、装置、原料、温度以及时间和操作方法等，但对第8步反应产物即第9步反应起始物甲磺酸酯10α/10β的比例没有记载，第9步反应产物11α/11β记载为1.15:1，为α异头物富集的核苷。

豪森公司在一审中提交了包括其补充的确证实验在内的3份材料，申请法院在作鉴定中予以使用。补充材料一、二记载的实验结论为，中试工艺第9步反应原料是β富含物（α/β为1∶1.05），产物是α富含物（α/β为1.12∶1）。补充材料三记载，中试工艺共3种方法，均是在研制过程中使用过的工艺，1999年向国家SDA申报时选择了工艺一。

一审法院经双方当事人同意，委托中华人民共和国科学技术部知识产权事务中心（简称知识产权事务中心）进行技术鉴定，并就鉴定资料进行了质证。鉴定过程中，双方分别向鉴定专家组作了相关技术陈述，陈述内容均未超出此次鉴定资料的范围。鉴定报告的结论为：（1）专利一的目的是选择性地制备β异头物富集的核苷，其反应物之一为α异头物富集的糖；根据豪森公司的工艺步骤，其得到的混合物中α、β之比为1.15∶1，根据SN2反应机理，其反应物应为β异头富集的糖。因此两者方法的关键反应物不同，生产效果不同，两方案不同。（2）专利二所提纯和分离的混合物是富含β异头物的核苷，根据豪森公司工艺步骤，经过打浆过滤等程序，得到的α、β之比为1.15∶1，为α富集，在处理前的混合物也应为α富集。因此，两方法所处理的关键混合物不同，两方案不同。（3）专利三与豪森公司生产方法在反应物与脱保护物质方面均不同，两方案不相同。综上，豪森公司提交的研制方法与伊莱利利公司三项专利的独立权利要求所记载的方法不相同。

2007年10月11日，原审法院组织当事人对鉴定结论进行补充质证。伊莱利利公司承认"-83℃至19℃"的温度区间的α、β比例表所指产物是内半缩醛，内半缩醛须经反应才能生成核糖。但其同时认为根据该比例表可以得出其所主张的结论。对于豪森公司提供的"盐酸吉西他滨的合成"一文，认为已超出举证期限，不能作为证据使用。同时伊莱利利公司还提出《中国医药工业杂志》主办方之一的上海医药工业研究院与豪森公司均系其另案指控专利侵权纠纷案中的共同被告，与豪森公司存在利害关系，故对文章本身的真实性提出质疑。对此，出庭专家的技术意见为："-83℃至19℃"的温度区间的α、β比例表所指产物是内半缩醛，而非推导的核糖，内半缩醛须经反应才能生成核糖；核糖在"-83℃至19℃"的温度区间外α、β的比例是否按内半缩醛在同一温度区间内的比例规律进行变化无数据支持，内半缩醛在"-83℃至19℃"的温度区间α、β比例的变化规律只能作为预见和指引；"盐酸吉西他滨的合成"一文中"3α/3β"、"4α/4β"与豪森公司中试工艺的第8步、第9步在反应条件、技术参数上基本一致。

1999年3月23日，国家药品监督管理局对法国礼来公司要求药品行政保护申请下发了受理通知书。2000年8月28日，国家药品监督管理局对法国礼来公司要求药品行政保护的申请作出不予保护的决定。1999年2月13日，国家药品监督管理局给法国礼来公司的注射用盐酸吉西他滨颁发进口药品注册证。2000年6月21日，国家药品监督管理局新药品种公告（第21号）中，将盐酸吉西他滨（原料）、注射用盐酸吉西他滨（粉针）作为第四类新药予以公告。2001年5月18日，国家药品监督管理局批准豪森公司生产的盐酸吉西他滨为新药并同意其生产。

二审庭审中，双方当事人确认，吉西他滨盐酸盐的制备方法不是只有本案专利方法一种，可以用β异头物富集的核苷以外的其他物质制备吉西他滨盐酸盐。根据《中国医药工业杂志》发表的《盐酸吉西他滨的合成》一文记载的内容，$3\alpha/3\beta$、$4\alpha/4\beta$ 与豪森公司中试工艺的第8步、第9步在反应条件、技术参数上基本一致。

一审诉辩情况

原告伊莱利利公司起诉称：其拥有抗癌药品吉西他滨及吉西他滨盐酸盐的3项中国发明专利权。豪森公司未经许可，自2000年起使用涉案专利方法制备了吉西他滨和吉西他滨盐酸盐并对该产品进行了促销，构成专利侵权，应承担相应法律责任。请求判令豪森公司：（1）停止侵犯专利权的行为；（2）赔偿其因侵权而遭受的经济损失人民币550万元；（3）在《中国医药报》上公开赔礼道歉，消除不良影响；（4）承担本案的诉讼费用；（5）承担其诉讼损失，包括律师费、调查费和其他合理费用。伊莱利利公司明确其诉讼的对象是2001年3月前豪森公司生产和制备吉西他滨的方法（行为）。

被告豪森公司答辩称：被诉侵权的药品制造方法与伊莱利利公司的专利方法不同。请求驳回伊莱利利公司的诉讼请求。

一审裁判结果

江苏省高级人民法院作出一审判决：驳回伊莱利利公司的诉讼请求。

一审裁判理由

江苏省高级人民法院认为：

1. 就本案而言，目前并无证据显示在1993年6月21日伊莱利利公司提出涉案发明专利申请前，国内已有吉西他滨产品出现。故应当认定吉西他滨为新产品，豪森公司应承担其产品制造方法的证明责任。

2. 因专利一已被宣告无效，不存在被诉侵权技术落入专利一保护范围的问题，不再考虑双方当事人围绕被诉侵权技术与专利一的鉴定结论所发表的相关意见及所举证据。关于被诉侵权技术与专利二、专利三的鉴定结论正确，应当作为本案的定案证据加以采信。关于鉴定结论的技术异议：（1）专利二是提纯和分离β异头物核苷富集的混合物的方法。虽然豪森公司的 $11\alpha/11\beta$ 中

的 α:β 为 1.15:1 是在经过分离提纯后的核苷之比，而非 SN2 反应产物的直接比例。但从双方的分离纯化过程来看，两者方法一致。结合专利二说明书的相关表述内容可知，在分离纯化过程中，α 核苷大多被留在了溶液中而未能被提纯。在 α 核苷有更多损失的情况下，提纯所得的产物比仍然是 α 核苷富集，这说明在提纯前 α 核苷所占的比例应更大，豪森公司相关工艺步骤针对的是 α 异头物核苷富集的混合物。分离纯化不会产生相反的比例。因此，技术鉴定报告关于被诉侵权技术与专利二不相同的技术比对结论正确，予以采信。豪森公司的中试工艺未落入专利二的保护范围。（2）伊莱利利公司对被诉侵权技术与专利三的比对未发表技术意见，应视为其同意技术鉴定报告的相关结论。故技术鉴定报告关于被诉侵权技术与专利三不相同的技术比对结论正确，予以采信。豪森公司的中试工艺未落入专利三的保护范围。

二审诉辩情况

伊莱利利公司提起上诉称：豪森公司应当依法记录关键步骤甲磺酸酯（10α/10β）的 α、β 比例，该比例是判断被诉侵权方法是否落入专利二、专利三保护范围的关键数据，鉴于豪森公司始终拒绝履行其举证责任，一审法院应当依法推定，一旦豪森公司披露该证据，将产生对豪森公司不利的后果。豪森公司有意拒绝提供其制备吉西他滨盐酸盐的真实方法及 10α/10β 的 α、β 比例等真实数据，一审法院以所谓"推定"取代豪森公司的举证责任，得出不构成侵权的结论是错误的。请求依法改判支持上诉人全部诉讼请求。

豪森公司答辩称：10α/10β 的比例不是判断被诉侵权方法侵犯涉案专利二和专利三的关键数据，因为只有在判断专利一的保护范围时才需要该比例，专利一被全部宣告无效，不再需要审理该比例。而且，该比例应当由伊莱利利公司承担举证责任。

二审裁判结果

最高人民法院依据《中华人民共和国民事诉讼法》第153条第1款第1项之规定，判决如下：驳回上诉，维持原判。

二审裁判理由

最高人民法院二审认为：

1. 本案鉴定结论是在推定的基础上作出的，这种推定具有事实基础，原审判决采信鉴定结论并无不当。理由为：（1）同样的产物可以由不同的反应物通过不同的方法制得，但在反应条件和目标物及工艺路线确定时，推断另一个反应物是有可能的；（2）豪森公司中试工艺中的 11α/11β 的比例是 1.15:1，是经过分离纯化后的比例。由于豪森公司和伊莱利利公司采用的分离纯化的方法是一样的,结合专利二说明书记载的当用无机酸处理反应混合物时会减少α核苷的含量而增加β核苷的相对含量的内容,在工艺步骤分离纯化过程中,α核苷大多留在溶液中而没有被提纯出来,在α核苷存在更多的损失的情况下,豪森公司提纯出来的产物应当是α富集,纯化前的混合物中α异头物富集的程度相对更高。而且伊莱利利公司也未提交证据证明分离纯化会使α/β的构型发生变化;(3)根据《中国医药工业杂志》发表的《盐酸吉西他滨的合成》一文记载的内容,3α/3β、4α/4β与豪森中试工艺的第8步、第9步在反应条件、技术参数上基本一致。文章中的数据显示,相当于10α/10β的步骤的3α/3β是1:1.01,β富集的糖,4α/4β比例大致为1.2:1、1.28:1、1.31:1,在容忍的误差范围内,印证了鉴定报告推论的正确。此外,豪森公司在原审提交的补充材料一、二的数据也补强了其中试工艺第9步反应原料是β富含的糖,产物是α富含的核苷。伊莱利利公司认为专利一的表格例中-83℃至19℃的变化范围内,α/β的比例仅从4.4:1减小到2.0:1,变化很小。而中试工艺反应在23℃至25℃的范围内进行,生成甲磺酸酯10α/10β的比例为1:1.1。专利一19℃与豪森中试工艺的23℃同属于室温条件下,仅有4℃之差,但两者所对应α/β的比例却发生了质的变化,主张鉴定结论错误。经审理,本案专利一的独立权利要求的概括除包含其说明书实施例公开的11个不能实施的情况外,还存在众多其他不能解决发明所要解决的技术问题的技术方案,因权利要求没有得到说明书的支持,专利一已经被宣告无效。由于专利一中SN2亲核反应反转构型在某些点不是主要的反应路线,如在α核糖与β核糖比例是α>β时,得到的α核苷与β核苷的比例也是α>β,而不是预期的β核苷富集的混合物。因此,存在专利一19℃所对应α/β的比例与被诉侵权制备方法的23℃所对应的α/β的比例出现突变的可能。

2. 关于本案举证责任的问题,即豪森公司第9步反应的起始物甲磺酸酯10α/10β的比例是否应当由豪森公司负举证责任。一审法院已经从江苏省药品监督管理局调取了豪森公司的相关申报材料,经与国家药品监督管理局的报批资料核对,两者的生产工艺名称、内容一致。豪森公司亦提供了相关的生产批件及对应的申报材料、生产工艺、补充材料等。比对的结果是不落入专利二、专利三的保护范围,故不能认为豪森公司没有提供其制备吉西他滨盐酸盐的方法。根据《专利法》的规定,被诉侵权方对新产品的制造方法承担倒置举证责任是有条件的,即专利权人首先应当证明被诉侵权方法所生产的产品与涉案专利方法所生产的产品属于相同的产品;同时,还应当证明依据专利方法直接获得的产品是新产品。本案专利一的关键是合成反应物,β异头物富集的核苷是专利一直接获得的产品。专利二是对专利一得到的反应物进行纯化反应。专利三是对专利二所得到的纯化物进行脱保护的方法。伊莱利利公司起诉时提交了豪森公司生产的盐酸吉西他滨药品,但并没有证明豪森公司实际生产了β异头物富集的核苷,而且,在二审中双方均认可,并非只有β异头物富集的核苷可以制备得到盐酸吉西他滨,盐酸吉西他滨可以用β异头物富集的核苷以外的其他物质制备。因此,即使根据《中华人民共和国专利法》(1992年修正)第60条第2款的规定,对合成步骤的举证责任也应当由伊莱利利公司负担,而不应当倒置由豪森公司承担。伊莱利利公司上诉主张豪森公司应当举证证明甲磺酸酯$10\alpha/10\beta$的比例的理由,不予支持。

3. 被诉侵权方法与专利二均涉及用含水的无机酸处理反应混合物,专利二是一种提纯和分离富含β异头物的核苷的方法,独立权利要求1限定了其反应物是β异头物富集的核苷,而伊莱利利公司没有证据证明被诉侵权制备方法要求处理的反应物是β异头物富集的核苷。而且,根据专利二的说明书记载的有关内容,若处理后的产物是富含α核苷时,处理前的反应混合物不仅富含α核苷,而且α核苷的含量应当更高。被诉侵权制备方法中试工艺中$11\alpha/11\beta$的比例记载为1.15:1,故处理前的反应物应当属于α核苷富集的混合物。被诉侵权制备方法进行提纯和分离的反应物并非专利二限定的β异头物富集的核苷,没有落入专利二的保护范围,原审判决对此认定并无不当。专利三是制备吉西他滨盐酸盐的方法,它包括在不加入任何水的条件下,在甲醇或乙醇存在下用0.1—0.5摩尔当量的具有1—3个C1—C4烷基的有机胺将β-1-(2'-脱氧-2',2'-二氟-3',5'-二-O-苯甲酰基-D-呋喃核糖基)-4-氨基嘧啶-2-酮脱保护;用盐酸和一种选自丙酮、乙腈、四氢呋喃、丙酮、丁酮、异丁醇、仲丁醇和异丙醇的溶剂处理得到的溶液和回收生成的固体吉西他滨盐酸盐。专利三使用的是具有1—3个C1—C4烷基的有机胺,以催化量烷基胺脱保护,即有机胺脱保护。根据专利三说明书记载的内容,美国专利5223608已经公开了使用无水氨的甲醇液进行脱保护;使用氨气作为脱保护物质是专利三优先权日之前的现有技术,不应当将现有技术通过等同原则纳入专利三的保护范围。上诉人伊莱利利公司主张是等同的技术特征,并据此认为是等同侵权,落入专利三的保护范围的上诉理由,不予支持。伊莱利利公司与豪森公司制备盐酸吉西他滨产品的前8步反应路线是相同的,区别在于伊莱利利公司在第8步反应获得$10\alpha/10\beta$混合物后,先对该混合物进行纯化,以获得α异头物富集的核糖,纯化后进行后续制备过程。豪森公司是在第8步获得$10\alpha/10\beta$的混合物后,对其中的10α核糖没有进行分离纯化而是接着就进行第9步反应,以制备β核苷(11β),并未采用专利二及专利三的技术特征制备吉西他滨盐酸盐，伊莱利利公司以技术变劣为由主张专利侵权的上诉理由，亦不予支持。

三、现有技术抗辩

6. 在侵犯专利权纠纷的案件中，判断被告主张的公知技术抗辩成立与否时，是否必须以被控侵权物已落入原告专利权保护范围为前提？

在侵犯专利权纠纷案件中，如果被告提出现有技术抗辩，人民法院既可以在先行判断被控侵权物与专利技术相同或等同的基础上进一步判断被控侵权物是否属于现有技术，也可以先行判断被控侵权物是否属于现有技术，如果能够得出被控侵权物属于现有技术的结论，则可以直接认定原告的诉讼请求不能成立，无须再判断被控侵权物是否与专利技术相同或者等同。

7. 如何认定被控侵权物是否属于现有技术？

被控侵权物属于现有技术，是指被控侵权物与现有技术相同或等同。认定被控侵权物是否与现有技术等同，需要判断被控侵权物与现有技术相应的技术特征是否属于以基本相同的手段，实现基本相同的功能，达到基本相同的效果，并且本领域的普通技术人员无须经过创造性劳动就能够联想到的特征。

典型疑难案件参考

北京东方京宁建材科技有限公司及徐炎诉北京锐创伟业房地产开发有限公司、北京锐创伟业科技发展有限公司、北京睿达华通化工材料技术有限责任公司侵犯实用新型专利权纠纷案

基本案情

名称为"一种带硬质加强层的轻质发泡材料填充件"实用新型专利（简称本专利）的申请日为2004年7月16日，授权公告日为2005年8月10日，专利权人为原告徐炎，专利号为ZL200420077923.9，专利年费已交至2008年

7月16日。本专利权利要求1为："一种带硬质加强层的轻质发泡材料填充件,包括一个本体,其特征在于本体四周具有一个密封层,密封层与本体之间具有加强层。"2006年2月6日,国家知识产权局根据专利权人的申请针对本专利出具检索报告,其初步结论为本专利符合《专利法》第22条有关新颖性和创造性的规定。2007年7月15日,徐炎与原告北京东方京宁建材科技有限公司(简称东方京宁公司)签订了《专利实施许可合同》,双方约定东方京宁公司以普通许可方式取得本专利的实施权,合同有效期为2007年7月15日至2014年7月15日。

北京锐创伟业科技发展有限公司(简称锐创伟业科技发展公司)是"中关村电子城西区(望京科技创业园)E6/E7地块研发中心"项目的建设单位,北京睿达华通化工材料技术有限责任公司(简称睿达华通公司)参与了该项目中LPM空心楼盖工程项目的施工,并在施工过程中使用了其制造、销售的被控侵权物"PCM内膜"。2007年10月29日,北京市国立公证处根据徐炎的申请,到"中关村电子城西区(望京科技创业园)E6/E7地块研发中心"项目工地,对现场放置的被控侵权物"PCM内膜"进行了证据保全。睿达华通公司主张被控侵权物使用的是现有技术,并提供了一份名称为"具有多种截面形状用于混凝土中的轻质多孔材料填充体"实用新型专利(即对比文件1)。该专利的专利号为02293406.5,申请日为2002年12月24日,授权公告日为2004年2月25日。由于其申请日及授权公告日均早于本专利的申请日,且二者属于同一技术领域,故对比文件1可以作为本专利的现有技术。对比文件1的权利要求1为："具有多种截面形状用于混凝土中的轻质多孔材料填充体,其特征在于该填充体由轻质多孔材料、隔离层、加强层组成。"在该专利说明书中的发明内容部分和具体实施方式部分中记载了以下内容："在主材外壁涂刷或缠绕一层或数层隔离材料,周围再安装加强材料","轻质多孔材料可以是聚苯乙烯泡沫塑料、膨胀珍珠岩等","在隔离层外周围再安装加强层。加强层由钢筋构成,加强形式有螺旋筋加强和钢筋笼加强。当轻质多孔材料强度较高或施工现场能对填充管采取良好的保护措施时,加强层可以取消。"

▶ 一审诉辩情况

原告东方京宁公司、徐炎共同诉称:徐炎是"一种带硬质加强层的轻质发泡材料填充件"实用新型专利的权利人。该专利属于LPM空心楼盖结构技术中的核心。徐炎已将上述专利权许可东方京宁公司实施。在北京锐创伟业房地产开发有限公司(简称锐创伟业房地产公司)准备开发、建设的"中关村电子城西区(望京科技创业园)E6/E7地块研发中心"项目中,选择使用了由睿达华通公司制造、销售的被控侵权物"轻质发泡材料建材"。二原告请求法院判令：（1）睿达华通公司停止制造、销售侵权产品；（2）锐创伟业房地产公司和锐创伟业科技发展公司停止使用侵权产品；（3）睿达华通公司赔偿因侵权行为给东方京宁公司、徐炎造成的损失 100 万元；（4）锐创伟业房地产公司和锐创伟业科技发展公司对睿达华通公司的侵权行为承担连带赔偿责任。

被告锐创伟业房地产公司辩称：锐创伟业房地产公司不是"中关村电子城西区（望京科技创业园）E6/E7 地块研发中心"项目的开发商，故不是本案适格主体，不同意原告的诉讼请求。

被告锐创伟业科技发展公司辩称：原告没有证据证明锐创伟业科技发展公司实施了侵权行为，其不应承担侵权责任，请求驳回原告的诉讼请求。

被告睿达华通公司辩称：原告的专利技术特征不具备创造性，不符合《专利法》的规定，不应当受到法律保护。睿达华通公司实施的是现有技术，不符合侵权的构成要件，不同意原告的诉讼请求。

▶一审裁判结果◀

北京市第二中级人民法院依照《中华人民共和国专利法》第 11 条第 1 款、第 22 条、第 56 条第 1 款之规定，判决驳回东方京宁公司和徐炎的诉讼请求。

▶一审裁判理由◀

北京市第二中级人民法院认为：原告徐炎作为"一种带硬质加强层的轻质发泡材料填充件"的专利权人，其依法享有的专利权合法有效，受专利法的保护。原告东方京宁公司作为本专利的普通实施被许可人，在其被许可地域范围内可以与专利权人共同提起专利侵权诉讼。根据专利侵权判断原则，如果被告能够证明被控侵权物与一项现有技术相同或者等同，则被告的行为不构成侵权。被控侵权物具有 3 个必要技术特征：a. 轻质发泡材料即本体；b. 本体四周缠绕有胶带；c. 畅胶带与本体之间是水泥浆和网格状纤维布的组合体。被告睿达华通公司提供的对比文件 1 的申请日早于本专利的申请日，构成本专利的现有技术。根据对比文件 1 记载的内容，由于加强层是可以被取消的，故其全部必要技术特征包括轻质多孔材料即本体（简称 A 特征）和隔离层（简称 B 特征）。从结构顺序上，隔离层应处在本体外部。由于上述技术特征均体现为功能性的，故对该技术方案的保护范围应以其实施例中记载的具体实施方式予以限定。根据对比文件 1 记载的内容，轻质多孔材料可以选择聚苯乙烯泡沫塑料、膨胀珍珠岩等，它们都属于轻质发泡材料，因此，A 特征与被控侵权物的 a 特征相同。B 特征体现为：构成隔离层的隔离材料包括塑料胶带，并缠绕在本体外壁。根据对比文件 1 记载的内容，B 特征还包括把水泥浆与纤维布、塑料胶带组合使用的形式，对本领域普通技术人员而言，将水泥浆和纤维布的组合体放置在胶带与本体之间是他们不需要付出创造性劳动就可以联想到的。因此，B 特征与被控侵权物的 b、c 特征等同。综上，由于被控侵权物属于现有技术，被告睿达华通公司制造、销售该产品的行为不构成对"一种带硬质加强层的轻质发泡材料填充件"实用新型专利权的侵犯。

二审诉辩情况

东方京宁公司上诉称：原审判决认定被控侵权物属于现有技术属于认定事实错误。被控侵权物不属于现有技术，其加强层并不是对比文件 1 的隔离层，其保护层所在的位置为受力面上，而对比文件 1 即使加入网格布、水泥浆也是在轻质多孔材料整体上全部涂抹。本领域的普通技术人员在对比文件 1 的技术启示下，仍然需要付出创造性劳动才能获得被控侵权技术。被控侵权物与本专利技术方案完全一致，已经构成侵权。故请求撤销原审判决并支持其诉讼请求。

锐创伟业房地产公司、锐创伟业科技发展公司、睿达华通公司、徐炎均服从原审判决。

二审裁判结果

北京市高级人民法院依据《中华人民共和国民事诉讼法》第 153 条第 1 款第 1 项之规定，判决驳回上诉，维持原判。

二审裁判理由

北京市高级人民法院经审理认为：在侵犯实用新型专利权诉讼中，当被控侵权人主张现有技术抗辩时，既可在先判定被控侵权技术与专利技术相同或等同的基础上进一步判定被控侵权技术是否属于现有技术，也可先行判定被控侵权技术是否属于现有技术。所谓被控侵权技术属于现有技术，是指被控侵权技术使用的技术与现有技术相同或等同。只要判定被控侵权技术使用的是现有技术，就可判定侵权不成立，而无须进一步判定被控侵权技术与专利技术是否构成相同或等同。经勘验，被控侵权物的胶带与本体之间并非全部都是水泥浆和网格状纤维布的组合体，而是仅有一面之间是水泥浆和网格状纤维布的组合体，故原审法院认定被控侵权物的 c 特征不准确，该 c 特征应为胶带与本体之一面之间是水泥浆和网格状纤维布的组合体。上诉人虽主张该 c 特征应为水泥砂浆和网格状纤维布的组合体，但并未提供相应证据予以证明，且水泥浆与水泥砂浆仅仅是材料的不同，对技术效果、功能并无实质性影响，故上诉人的该主张不能成立。被控侵权物的全部必要技术特征为：a. 轻质发泡材料即本体；b. 本体四周缠绕有胶带；c. 胶带与本体之一面之间是水泥浆和网格状纤维布的组合体。原审法院未注意到相关技术特征的功能性特点，仅根据对比文件1说明书中有关加强层是可以被取消的记载，认定对比文件1的全部必要技术特征为轻质多孔材料即本体和隔离层，是不恰当的。对比文件1权利要求1中的隔离层及加强层都属于功能性技术特征，其保护范围应当受到专利说明书中记载的实现该功能的具体方式的限制，即该功能性限定特征应解释为仅仅涵盖了说明书中记载的具体实施方式及其等同方式。因此，根据对比文件1的权利要求1及说明书的记载，对比文件1的权利要求1记载的技术方案（简称A技术方案）的必要技术特征至少应包括：A. 轻质多孔材料；B. 经涂刷或缠绕一层或数层由灰浆类材料（如水泥浆）、纤维类（如纤维布）、胶带类（如塑料胶带）等其中一种或几种的组合构成的隔离材料形成的隔离层；C. 在隔离层外周圈由螺旋筋或钢筋笼构成的加强层。但是，对比文件1的说明书除了说明权利要求1记载的A技术方案外，还揭示了其他技术方案。如对比文件1的说明书明确记载"当轻质多孔材料强度较高或施工现场能对填充管采取良好的保护措施时，加强层可以取消"；"隔离层的做法是涂刷或缠绕一层或数层隔离材料"；"隔离材料可以是灰浆类材料（如水泥浆）、纤维类（如纤维布）胶带类（如塑料胶带）等其中一种或几种的组合。"本领域普通技术人员在认真阅读了对比文件1的权利要求书及说明书后，无须付出创造性劳动就可以直接得出没有加强层，只有本体及隔离层，且该隔离层可以是灰浆类材料（如水泥浆）、纤维类（如纤维布）、胶带类（如塑料胶带）等的一种或几种的组合的技术方案（简称B技术方案）。B技术方案的技术特征为：A. 本体即轻质多孔材料；B. 由灰浆类材料（如水泥浆）、纤维类（如纤维布）、胶带类（如塑料胶带）或其组合共同构成的隔离层。显然，上述A技术方案与B技术方案的差异在于A技术方案必须包括加强层这一必要技术特征，而B技术方案则可省略加强层这一技术特征。《专利法》第56条第1款规定："发明或者实用新型专利权的保护范围以其权利要求的内容为准，说明书及附图可以用于解释权利要求。"故A技术方案才是对比文件1的专利保护技术方案，B技术方案只是A技术方案在获得专利保护的同时贡献给社会公众的技术方案，而无论是A技术方案还是B技术方案，都属于本专利的现有技术。将被控侵权物与对比文件1所揭示的B技术方案进行比较：首先，可以看到被控侵权物的a特征与B技术方案的A特征是相同的，各方当事人对此亦无异议；其次，被控侵权物b特征为本体四周缠绕有胶带，c特征为胶带与本体之一面之间是水泥浆和网格状纤维布的组合体，两者共同构成B技术方案所揭示的隔离层。

显然，本领域的普通技术人员无须付出创造性劳动即可由对比文件1公开的B技术方案得出被控侵权物所使用的技术方案。基于上述理由，应当判定被控侵权物使用的技术方案系现有技术。上诉人有关被控侵权物不属于现有技术的上诉理由及全部诉讼主张均不能成立。原审法院虽然未能准确判定对比文件1的权利要求1所记载的A技术方案的必要技术特征，但其正确地判定了对比文件1的说明书所揭示的同属本专利现有技术的B技术方案，且其有关被控侵权物系使用同为现有技术的B技术方案的判定结果正确，故二审法院在纠正原审判决相关错误的同时，对其判决结果予以维持。

8. 一项专利权具有多项权利要求的，其中一项权利要求因缺乏新颖性或者创造性被宣告无效后，被告实施的技术属于该项权利要求的技术方案与公知常识简单结合的，专利权人以该项专利的其他权利要求为依据指控被告侵犯其专利权的，能否得到支持？

我国2000年修订的《专利法》第47条规定，宣告无效的专利权视为自始即不存在。同理，一项专利权具有多项权利要求的，其中一项权利要求因缺乏新颖性或者创造性被宣告无效后，该权利要求记载的技术方案应当视为自始不受该专利权的保护。该专利的专利权人无权实施下列行为：（1）制止他人实施被宣告无效的技术方案；（2）依据其他权利要求制止他人实施被宣告无效的技术方案与公知常识简单结合的技术方案，理由是：公知常识是本领域技术人员具有的普遍知识，属于本领域技术人员应当具备的技术水平，系其自身技能的一部分。因此，被宣告无效的技术方案与公知常识简单结合的技术方案与被宣告无效的技术方案相当。

典型疑难案件参考

杭州赛诺菲安万特民生制药有限公司诉深圳海王药业有限公司、上海科院药房有限公司侵害发明专利权纠纷案

基本案情

专利号为951944436的发明专利"一种药学上稳定的奥沙利铂制剂"的

申请日为1995年8月7日，于2004年2月18日获得专利授权，专利权人为德彪药品股份有限公司。2004年9月29日，原告杭州赛诺菲安万特民生制药有限公司获得该专利在中国的独占实施权。该专利权利要求1为"一种通过非肠道形式给药的药学上稳定的奥沙利铂制剂，由浓度为1~5mg/ml及pH为4.5~6的奥沙利铂水溶液组成，该制剂中的奥沙利铂的含量至少是最初含量的95%，并且当储存超过药物有效期之后溶液保持澄清、无色和没有任何沉淀"；权利要求2为"如权利要求1的制剂，其中奥沙利铂在水中的浓度大约是2mg/ml而且溶液pH的平均值大约是5.3"；权利要求4为"如权利要求1至3中之一的制剂，奥沙利铂水溶液形式可以即时使用并装在一个气密的容器中"。

被告深圳海王药业有限公司自2004年起开始生产、销售"艾克博康"注射液。该注射液为一种药学上稳定的奥沙利铂制剂，由浓度大约为2mg/ml及pH值大约为5.3的奥沙利铂水溶液组成，其中的奥沙利铂的含量至少是最初含量的95%，并且当储存超过药物有效期之后溶液保持澄清、无色和没有任何沉淀。该注射液系装在透明玻璃安瓿中。被告上海科园药房有限公司系"艾克博康"注射液的销售商。

2007年9月25日，国家知识产权局专利复审委员会作出第10529号无效宣告请求审查决定，宣告本案专利权利要求1和权利要求2无效。专利复审委员会认为，根据1989年6月一份文献中公开的一种奥沙利铂水溶液，本案专利权利要求1不具有新颖性，权利要求2不具有创造性，应当宣告无效。专利权人德彪药品股份有限公司不服该决定，向人民法院提起行政诉讼。2009年3月6日，北京市高级人民法院就德彪药品股份有限公司提起的行政诉讼作出终审判决，对专利复审委员会的决定予以维持。

2007年12月28日，被告深圳海王药业有限公司再次向专利复审委员会申请宣告本案专利权利要求3至9无效。2009年12月8日，专利复审委员会作出第14253号无效宣告请求审查决定，在本案专利权利要求3至9直接或间接引用权利要求2部分的技术方案的基础上维持本发明专利权有效，宣告本专利授权公告文本中的权利要求3至9的其他技术方案无效。专利复审委员会认为，由于无效宣告请求人没有针对权利要求3至9引用权利要求2的部分进行具体的创造性评述说明，因此对于无效宣告请求人提出的权利要求3至9引用权利要求2的部分不具备《专利法》规定的创造性的理由不予考虑。针对无效宣告请求人其他理由，专利复审委员会认为：专利权利要求3相对于1989年6月一份文献中公开的一种奥沙利铂水溶液不具备创造性；在专利权利要求3引用权利要求1的部分的技术方案基础上，权利要求4至9以其附加技术特征分别对所述制剂的使用方式、给药方式、包装容器和放置气氛进行了具体规定，但这些都属于本领域技术在常规知识范围内易于作出的常规选择，对本领域人员而言是显而易见的，因此不具备创造性。

诉辩情况

原告杭州赛诺菲安万特民生制药有限公司诉称：被告深圳海王药业有限公司的"艾克博康"注射液落在了本案专利权利要求1的保护范围，被告深圳海王药业有限公司未经专利权人许可制造、销售、许诺销售该产品的行为侵害了本案专利的专利权。而被告上海科院药房有限公司未经许可销售该产品的行为也构成了侵权。庭审中，原告将本案专利保护范围变更为以专利权利要求4引用权利要求1和权利要求2部分的技术方案确定专利的保护范围。原告请求判令：（1）被告深圳海王药业有限公司停止生产、销售、许诺销售侵害原告专利权的奥沙利铂注射液；（2）被告深圳海王药业有限公司赔偿因其侵权行为给原告造成的经济损失（赔偿损失额根据被告获利计算），以及原告为此诉讼所支出的其他一切费用；（3）被告上海科院药房有限公司立即停止销售侵害原告专利权的奥沙利铂注射液。

被告深圳海王药业有限公司辩称：不同意原告的全部诉讼请求。其所生产的被控侵权产品使用的是公知公用技术。早在1985年从国内外公开发行的文章看，本案中奥沙利铂的水溶性、水溶浓度、pH值等早已被刊载，而被告使用这些药剂正是使用了这些公开技术。水溶性注射是非肠道给药的一个很普遍的方式，任何普通人都能想到这个技术。而水溶性澄清、无色是奥沙利铂制剂的一种自然的物理特性，并非人为造成或特制的特性。因此被告不构成侵权。

被告上海科院药房有限公司同意深圳海王药业有限公司的答辩意见。

裁判结果

上海市第一中级人民法院依照《中华人民共和国民法通则》第7条、《中华人民共和国专利法》（2000年修订）第22条的规定，于2010年6月24日判决：驳回原告杭州赛诺菲安万特民生制药有限公司的全部诉讼请求。

裁判理由

上海市第一中级人民法院认为：本案原告指控的侵权行为系于2004年发生，应当适用当时正在施行的旧法即2000年修订的《中华人民共和国专利法》处理。根据该法的规定，授予专利的发明必须具备新颖性和创造性。

在本案中，原告主张以专利权利要求4在引用权利要求1和权利要求2的基础上的技术方案作为专利的保护范围，并认为被控侵权产品落入了其专利权的保护范围。而被告深圳海王药业有限公司则以1989年6月15日出版的《癌症研究》中的《草酸铂在小鼠毒性和组织摄取中的昼夜节律》一文公开的一种奥沙利铂水溶液作为现有技术抗辩依据。该奥沙利铂水溶液由蒸馏水和奥沙利铂粉末混合制得,浓度为3.4mg/ml,用于对小鼠静脉注射给药。而被控侵权产品的相关技术特征为:(1)奥沙利铂在水中的浓度大约是2mg/ml;(2)溶液pH值约为5.3;(3)溶液中的奥沙利铂的含量至少是最初含量的95%,并且当贮存超过药物有效期之后溶液保持澄清、无色和没有任何沉淀;(4)奥沙利铂水溶液放置在安瓿中。将本案专利权利要求、被控侵权产品、现有技术相比对可以发现,被控侵权产品与本案专利权利要求4引用权利要求2的技术方案完全相同,而与现有技术之间存在一定的差别。被控侵权产品与现有技术之间的差别在于:两者的奥沙利铂浓度不同,且现有技术没有直接公开溶液的pH值、稳定性等特征,也没有公开溶液的放置方式。由于人民法院只在被控侵权人实施的是一项与现有技术相同或者无实质性差异技术时,才认定现有技术抗辩成立,因此在本案情形下,人民法院通常不能直接认为现有技术抗辩成立。

但是,本案专利权利要求2已经被专利行政管理部门认定相对于该现有技术不具备创造性而宣告无效,且该无效宣告决定经司法审查最终得到确定。因此,人民法院已经可以依据该生效的无效宣告决定,直接认定本案专利权利要求2相对于现有技术不具备创造性,任何人都可以自由实施,并可以自由地将该技术方案与公知常识简单结合后进行实施,并以此为基础来判断被告深圳海王药业有限公司使用的技术方案是否构成侵权。本案中,专利权利要求4作为一项从属权利要求,其在引用专利权利要求2基础上所附加的技术特征仅为"可以即时使用并装在一个气密的容器中",但是药物的使用和放置方式本身不是药物制剂的特征,且根据本院查明的事实,采用无色玻璃安瓿作为注射液的容器,属于药剂学教材公开的注射液放置的公知常识。因此,在专利权利要求2相对于现有技术不具备创造性的情况下,被告深圳海王药业有限公司使用该技术方案制造注射液,并采用公知常识作为放置方式,不应当认为侵害原告以本案专利权利要求4引用权利要求2确定的保护范围为基础的专利权,否则不符合专利权保护的目的并违反了社会公共利益。此外,本案原告还主张以专利权利要求4引用权利要求1的部分确定专利保护范围,但鉴于被告深圳海王药业有限公司使用的技术方案是一项可以自由实施的技术方案与公知常识的简单组合,因此不论该技术方案是否落入本案专利权利要求4引用权利要求1所确定的保护范围,都不应当认定为侵权。

综上所述,由于被告深圳海王药业有限公司使用的技术方案,是一项和现有技术相比不具备创造性、并经专利无效程序宣告无效的技术方案与公知常识的简单组合，故而被告深圳海王药业有限公司制造、销售该被控侵权产品并不构成侵权，被告上海科院药房有限公司销售被控侵权产品也不构成侵权。

四、外观设计

9. 在侵犯外观设计专利权案件中，如何认定被控侵权产品与原告的外观设计专利相同或者相近似？

在侵犯外观设计专利权案件中，判断被控侵权产品与外观设计专利产品是否构成相同或者相近似，应当以普通消费者的观察能力为标准。如果被控侵权产品与外观设计专利产品存在细微的差别，对消费者的视觉效果影响不大，则二者构成相同或者相近似。如果被控侵权产品与外观设计专利产品存在较大的区别，对消费者的视觉效果产生了较大的影响，则二者不构成相同或者相近似。

10. 承揽人完全按照定作人提供的设计制造被控侵犯他人外观设计专利权产品的，是否承担赔偿责任？

承揽合同是承揽人按照定作人的要求完成工作，交付工作成果，定作人支付报酬的合同。承揽人完全按照定作人提供的设计制造相关产品的，产品的外观完全由定作人决定，承揽人仅仅是按照该设计进行制作，其不具有侵犯他人外观设计专利的过错，因而无须承担赔偿责任。

典型疑难案件参考

美泰利装饰公司诉广西丽光华侨建筑工程公司、钦州港务局侵犯外观设计专利权案

基本案情

原告南宁美泰利装饰有限责任公司（简称美泰利公司）于1998年8月10日向国家知识产权局申请"建筑装饰栏杆"的外观设计专利，1999年4月15

日国家知识产权局授予原告该外观设计专利权。该专利的简要说明为：后视图与主视图相同，右视图与左视图相同，省略后视图、右视图。附图所示的外观设计图案，至上而下，其特征为：一个带落英的枪头，枪头下是一条横梁，横梁下是由两个平行的竖条连接的上下对称的花样；该花样由上下、左右两组相背的半圆弧组成，上下半圆弧之间夹有一个略小的圆形，圆形左右两边各有一个小的实心菱形与左右两边半圆弧相连。原告被授予专利权后，按时向国家知识产权局交纳专利年费，该专利至今仍合法有效。

2002年8月1日，被告广西丽光华侨建筑工程公司（简称丽光公司）作为中标单位与被告钦州港务局（简称港务局）签订了一份《钦州港务局港务小区围墙工程施工合同书》，约定：工程包干范围按其提供的施工图纸及工程量清单即附件1。在合同的附件1工程量清单第18项注明：铸铁构件制作安装（花样由港务局定）。港务局还提供了4份图纸（图1、图2、图3、图4）给丽光公司，在围墙平面图上明确绘出了围墙铸铁栏杆的样式，即被控侵权产品的样式，该样式与原告的外观设计专利相比较，除了其中的菱形为空心与原告的有区别外，其余部分基本相同。被告港务局在庭审中承认该样式是其从市场上看到后，拍摄回来并扫描到图纸上。两被告签订合同后，被告丽光公司又于同年8月5日与钦州市城北工艺铸造厂的蓝业刚、钦州市家宜珍禽养殖场签订一份《合同书》，约定：丽光公司将港务局围墙的铸铁栏杆交予蓝业刚生产，蓝业刚必须按港务小区围墙工程施工图纸的花样施工铸造，样品须经港务局有关人员看样认可后方可正式铸造，铸铁花价格为每件30元（含浸油漆，如需开正式发票每件加1元），总数量约1300件，由两被告验收。钦州市家宜珍禽养殖场为蓝业刚作担保。合同签订后，蓝业刚按照丽光公司交给其的图纸制作好1230件铁栏杆（被控侵权产品）后，交付给丽光公司并安装于港务局港务小区。原告发现后，认为侵犯了其专利权，遂诉至本院。

诉辩情况

原告美泰利公司诉称：2002年下半年，被告港务局与丽光公司在未征得我公司同意的情况下，擅自制造安装与我公司专利产品"建筑装饰栏杆"相同的铸铁栏杆1032件，并用于港务局办公楼和宿舍区围墙，两被告的行为侵犯了我公司的专利权，损害了我公司的利益。请求判令两被告停止侵权并赔礼道歉，赔偿我公司经济损失22188元，并承担本案诉讼费。

被告港务局辩称：2002年8月1日我局与丽光公司签订一份施工合同书，我局将港务小区围墙工程发包给该公司，该公司承揽了整个工程的建设，其中铸铁栏杆的制作安装工程也由该公司负责。在整个工程的建设过程中，我局从未实施过任何铸铁栏杆的制作安装工作，也不是铸铁栏杆的销售者。我局没有实施侵权行为，不是侵权主体，不应作为本案被告。原告对我局的诉讼请求没有事实依据，请求法院予以驳回。

被告丽光公司辩称：原告所述港务局的围墙是我公司中标承建的，但围墙的铁栏杆是我公司根据港务局提供的图纸委托钦州市城北工艺铸造厂制作的，我公司不是铁栏杆的使用人和制作人，不构成侵权。原告认为我公司侵犯了其外观专利权证据不足，没有法律依据。请求法院驳回原告对我公司的诉讼请求。

裁判结果

南宁市中级人民法院依照《中华人民共和国专利法》第11条第2款、第56条第2款，《中华人民共和国民法通则》第118条、第134条第1款第10项，最高人民法院《关于审理专利纠纷案件适用法律问题的若干规定》第20条第2款的规定，判决如下：

一、被告港务局停止侵犯原告美泰利公司"建筑装饰栏杆"外观设计专利权行为，并向原告美泰利公司赔礼道歉；

二、被告港务局赔偿原告美泰利公司经济损失18450元；

三、驳回原告美泰利公司对被告丽光公司的诉讼请求。

裁判理由

南宁市中级人民法院经审理认为：

1. 关于原告指控两被告生产、使用的铁栏杆（即被控侵权产品）与原告的外观设计专利是否相同或相似的问题。

原告的"建筑装饰栏杆"的外观设计专利权合法有效，依法应受法律保护。被控侵权产品与外观设计专利产品是否相同或相似，应将被控侵权产品与表示在图片或照片中的外观设计专利产品进行比较。本案被控侵权产品与原告的专利产品属同类产品，经将被控侵权产品与表示在专利公告图案中原告的外观设计专利产品进行比较，虽然两者在细微处存在差异，但从被控侵权产品的整体布局及图案样式来看，其与专利产品的外观设计基本相同，给人的视觉效果是相同的，其细微的差异不足以引起普通消费者的视觉注意而将两者区分开来。被告丽光公司提出被控侵权产品上的孔雀开屏图与原告的外观设计专利不一致，由于孔雀开屏图并不是原告外观设计专利图案的组成部分，故该图案与本案无关；丽光公司还提出被控侵权产品的横条有不规则的加粗加大的情况，但从原告拍摄的现场照片来看，并非如其所说有加粗加大的情况，即使如其所说，由于外观设计突出的是产品的图案，该细小的差别不明显，并不影响其与原告的外观设计专利图案的相似性。综上，被控侵权产品与原告的外观设计专利产品构成相近似。两被告提出的抗辩理由不成立，本院不予支持。

2. 关于两被告的行为是否侵犯了原告的外观设计专利权的问题。

我国《专利法》第11条第2款规定："外观设计专利权被授予后，任何单位或者个人未经专利权人许可，都不得实施其专利，即不得为生产经营目的制造、许诺销售、销售、进口其外观设计专利产品。"因此，构成侵犯外观设计专利权的法定条件是：（1）未经专利权人许可；（2）实施了专利权人的专利，即为生产经营目的制造、许诺销售、销售、进口其外观设计专利产品。就本案而言，判断两被告的行为是否侵犯原告的外观设计专利权，关键是看两被告是否为生产经营目的制造了原告外观设计专利产品，即：（1）是否以生产经营为目的；（2）是否实施了制造行为；（3）被控侵权产品与原告专利是否相同或相近似。前述第1点已论证说明了被控侵权产品与原告的外观设计专利相近似。在此只需判断两被告是否以生产经营为目的、是否实施了制造行为。

首先，关于两被告是否以生产经营为目的。就两被告的行为而言，显然是具有生产经营目的的，即一方面减少了其外观设计成本，从而给其带来了经济效益，另一方面挤占了原告外观设计专利产品的市场。其次，关于两被告是否实施了制造行为。被告港务局将其港务小区围墙工程发包给被告丽光公司承建，其法律关系性质属于承揽。判断谁是承揽定作物的制造者，关键是看定作物是谁设计的，即体现的是谁的创造意志，而不是看定作物是以谁的技术和劳动所完成的，因为它是服从和服务于创作意志的。本案被告港务局与被告丽光公司在《钦州港务局港务小区围墙工程施工合同书》中明确约定，施工图纸由被告港务局提供，并在合同附件1第18项注明：铸铁构件制作安装（花样由港务局定），同时，被告港务局还向被告丽光公司提供了图纸，其中图2为围墙立面图、平面图，并注明由港务局工程管理部设计。在围墙平面图上明确绘出了围墙铸铁栏杆的样式即外观设计。因此，被告港务局是该承揽定作物铸铁栏杆（外观部分）即本案被控侵权产品的设计者，因而是制造者。被告丽光公司作为承包人即承揽人，其只是将被告港务局的设计图纸和选定的图案（即被控侵权产品的外观设计）交与他人制作，其不是该承揽定作物铸铁栏杆（外观部分）即本案被控侵权产品的设计者，因而不是制造者。

综上，被告港务局是被控侵权产品的制造者，其未经原告的许可实施了原告的外观设计专利，即其为生产经营目的制造的被控侵权产品与原告的专利产品相近似，因而侵犯了原告的外观设计专利权，依法应承担侵权责任。被告港务局以其没有实施侵权行为为由主张驳回原告的诉讼请求，理由不成立，本院不予支持。被告丽光公司既不是被控侵权产品的制造者，也不是销售者，其行为不构成侵权。原告要求被告丽光公司承担侵权责任的理由不成立，本院不予支持。

3. 关于原告请求判令两被告承担侵权责任有何依据的问题。

由于被告港务局的行为侵犯了原告的专利权，原告请求被告港务局停止侵权及赔礼道歉，符合法律规定，本院予以支持。关于赔偿数额的确定，根据最高人民法院《关于审理专利纠纷案件适用法律问题的若干规定》（法释〔2001〕21号）第20条第2款的规定："权利人因被侵权所受到的损失可以根据专利权人的专利产品因侵权所造成销售量减少的总数乘以每件专利产品的合理利润所得之积计算。"其中，对专利产品因侵权所造成销售量减少的总数，原告在其计算损失赔偿额中曾主张被控侵权产品的数量为1032件，在审理中，被告丽光公司提供了其委托他人铸造约1300件被控侵权产品的《合同书》，后在庭审中自认实际交付并安装了1230件被控侵权产品于港务局港务小区，原告遂在庭审中变更为1230件，本院予以确认；对每件专利产品的利润，原告在计算损失赔偿额中主张为每件18.64元，并提供了两份销售同样专利产品的《合同书》及部分材料发票和成本计算书，但未能提供完整的账册和凭证，故本院结合原告提供的现有证据，综合考虑正常的市场利润，确定本案每件专利产品的合理利润为15元。

综上所述，被告港务局侵犯了原告的专利权，应依法承担相应的民事责任；被告丽光公司未侵犯原告专利权，不应承担民事责任。

---

11. 在侵犯外观设计专利权纠纷案件中，有证据证明被告实施的设计属于现有设计的，被告的行为是否构成侵犯外观设计专利权？

按照2001年实施的《专利法》的相关规定，现有设计是指在申请日以前在国内外出版物上公开发表、在国内公开使用或者以其他方式为公众所知的设计。2009年实施的《专利法》规定，现有设计，是指申请日以前在国内外为公众所知的设计。被告实施现有设计的，不构成侵犯原告外观设计专利权。

典型疑难案件参考

佘全生诉袁中玉、袁中文、袁月美、覃保由、刘存娇、覃耐自侵犯外观设计专利权案

基本案情

原告佘全生于1999年自行设计了一种水果包装箱，箱内可装入8个橙子，取名为"八珍橙"。该水果包装箱设计出来后，原告将橙子装入该水果包装箱在市场上出售。2000年1月，原告出于其将橙子装入该种水果包装箱在市场上销售后顾客反映较好，但由于箱子小，所装的橙子少，满足不了顾客的需要的原因而将原设计的"八珍橙"水果包装箱进行了改进、加工，在原来包装箱的基础上加大包装箱的容量，仍用原名"八珍橙"。2000年3月3日，原告为了防止他人仿冒其设计的水果包装箱向国家知识产权局申请外观设计专利，2000年8月26日，国家知识产权局授予原告外观设计专利权，专利号为ZL00303166.7，使用外观设计的产品名称为"水果包装箱"。该外观设计的简要说明记载：（1）后视图与主视图对称，省略后视图；（2）右视图与左视图对称，省略右视图；（3）底面无图案，省略俯视图；（4）请求保护色彩。该专利目前有效。2002年1月，原告佘全生发现被告袁中玉、被告袁中文销售的"八珍橙"、"八锦橙"，被告袁月美、被告覃保由销售的"八宝橙"、"泰国蜜橙"，被告刘存娇及其丈夫销售的"八宝橙"，被告覃耐自销售的"泰国蜜橙"，均与原告的外观设计相同或相似，认为上述被告未经其同意，制造、销售上述水果包装，侵犯了其外观设计专利，对上述被告提出制止、警告未果，原告佘全生于2002年2月8日向河池市公证处申请证据保全，该公证处公证人员到河池市水果批发市场进行了调查和证物保全工作，作出了〔2002〕桂河民证字第071号、第072号、第073号《公证书》。原告在诉讼中自认"水果包装箱"外观设计产品在专利申请日前已投入市场进行了销售，但认为其销售的"水果包装箱"只在河池市水果批发市场销售，范围小、影响小、销售量小，不属于众所周知。

诉辩情况

原告佘全生诉称：我于1999年自行设计了一种水果包装箱，2000年1月，我将原设计的橙子小包装箱进行了改进、加工，在原来包装箱的基础上加大包装箱的容量，仍用原名"八珍橙"。为了防止他人仿冒该外观设计包装箱，我于2000年3月3日向国家知识产权局申请了外观设计专利，获得了外观设计的专利权。2001年我将橙子装进外观设计包装箱销售，年销售包装箱

1.2万个，箱内橙子12斤以上（每件箱子装橙子10斤），每箱含包装销售价24元以上。上述被告见我的橙子销量好，不经我的同意，假冒、冒充我的外观设计专利的色彩、形状、图案，制造、销售我的外观设计包装箱，且将质量差的橙子装进包装箱内出售，以次充好，压价出售。其中，被告袁中玉、被告袁中文假冒、冒充、制造、销售"八珍橙"、"八锦橙"；被告袁月美、被告覃保由夫妻假冒、冒充、制造、销售"八宝橙"、"泰国蜜橙"；被告刘存娇及其丈夫假冒、冒充、制造、销售"八宝橙"；被告覃耐自假冒、冒充、制造、销售"泰国蜜橙"。上述被告为牟取非法利益，制造、销售或销售假冒的外包装箱，侵犯了我的外观设计专利权。2002年1月初，我发现上述被告的非法侵权行为后，多次向其提出警告、制止，但上述被告未停止侵权行为。请求法院判令6被告立即停止其侵权行为并连带赔偿我的经济损失102863.3元，本案的诉讼费用由6被告承担。

被告袁中玉、被告袁中文、被告袁月美、被告刘存娇、被告覃保由共同辩称：原告指控我们假冒、冒充、制造、销售其专利产品没有事实依据。理由：(1)原告的专利产品在申请日前，已在国内市场上销售和使用，其形状、色彩、图案或者其结合已为大众所公知，而公知的设计内容不是外观设计专利权的保护范围。原告没有证据证明我们制造其专利产品，我们实际上也没有制造其专利产品；我们在原告起诉之前并未知道原告的产品已经申请了专利，我们的包装箱是他人销售给我们的，而原告现有的非专利产品同样也标有"专利"的字样。因公知和原告自身行为的原因，已造成了市场的混乱，我们不构成侵权。(2)我们使用和销售的被控侵权产品与原告的专利产品不相同也不相似，有明显的区别；即使相同或相近似，也由于被控侵权产品在原告专利申请日前已公知，其整体设计内容丧失新颖性和独创性而不受保护，我们不构成侵权；且原告的专利产品上的宣传性用语、文字及"八宝橙"字样不属《专利法》所称的外观设计内容和商标内容，不属原告单独拥有，不受《专利法》保护。(3)我们的行为不构成侵权，原告的经济损失与我们的行为无关，我们没有共同侵权的共同故意和事实，原告要求我们连带赔偿损失没有事实和法律依据。

被告覃耐自辩称：原告指控我假冒、冒充原告的外观设计专利的色彩、形状、图案，制造销售"泰国蜜橙"没有事实和法律依据。我销售的"泰国蜜橙"是代被告覃保由销售的，货物是被告覃保由提供的，我不知道"泰国蜜橙"的外观设计是否侵犯了别人的合法权利。我主观上没有恶意，而且也没有实施侵犯原告的外观设计专利权的行为。请求法院驳回原告的对我的诉讼请求。

裁判结果

广西壮族自治区南宁市中级人民法院依照《中华人民共和国专利法》第

23条、第56条第2款的规定，作出如下判决：驳回原告佘全生的诉讼请求。

裁判理由

广西壮族自治区南宁市中级人民法院认为：《专利法》第23条规定：授予专利权的外观设计，应当同申请日以前在国内外出版物上公开发表过或者国内公开使用过的外观设计不相同或不相近似，并不得与他人在先取得合法权利相冲突。由此看来，新颖性是外观设计获得专利权的基本条件。对外观设计新颖性的判断，其时间标准以申请日为准，公开标准以书面公开、使用公开方式为标准，而使用公开指通过公开实施使公众能够了解和掌握该外观设计内容，包括以商品形式进行销售，也包括各种技术交流手段进行传播、应用以及通过电视、广播等方式为公众所知。公开既可以由本人公开，也可以由本人以外的人公开，无论采用何种方式，只要导致发明创造脱离了秘密状态，处于一般公众可能得知的状况，就丧失了新颖性。原告佘全生在起诉状和庭审中均承认，其获得外观设计专利的包装箱是在1999年设计并销售的内装八个橙子的"八珍橙"的包装箱的基础上改进、加工的；改装后的包装箱与原包装箱的形状、图案、色彩是一样的，只是把包装箱的尺寸扩大。原告所述事实证实原"八珍橙"包装箱在1999年已设计出来并投入市场销售，该包装箱的图案及色彩及其结合早在1999年就已公之于众，改装后要申请的外观设计包装箱也由原告自己投入市场公开销售了两个月，这说明至原告申请专利时，其外观设计的内容即图案、色彩及其结合已经在国内公开使用。这种公开使用，已使原告的外观设计内容脱离了秘密状态，进入了公众可得知的状态，公众可以自由使用。因此，被告提出原告的外观设计内容在申请日前已公知、丧失新颖性的抗辩理由成立，其该项主张本院予以支持。被控侵权物的外观设计内容是原告的外观设计专利申请日前已为公知的外观设计内容，是公众可以自由使用的内容，不构成对原告的外观设计专利权的侵权。原告主张其外观设计不属公知内容的理由不能成立，对其主张专利有效应予保护，6被告应承担侵权赔偿责任的诉讼请求本院不予支持。由于被告不构成侵权，本院对本案的其他争议焦点问题和相关证据不再作出评述。

专利权纠纷办案依据集成

1. 中华人民共和国合同法（1999年3月15日主席令第15号公布）（节录）

第三百二十六条　职务技术成果的使用权、转让权属于法人或者其他组织的，法人或者其他组织可以就该项职务技术成果订立技术合同。法人或者其他组织应当从使用和转让该项职务技术成果所得的收益中提取一定比例，对完成该项职务技术成果的个人给予奖励或者报酬。法人或者其他组织订立技术合同转让职务技术成果时，职务技术成果的完成人享有以同等条件优先受让的权利。

职务技术成果是执行法人或者其他组织的工作任务，或者主要是利用法人或者其他组织的物质技术条件所完成的技术成果。

第三百二十七条　非职务技术成果的使用权、转让权属于完成技术成果的个人，完成技术成果的个人可以就该项非职务技术成果订立技术合同。

第三百二十八条　完成技术成果的个人有在有关技术成果文件上写明自己是技术成果完成者的权利和取得荣誉证书、奖励的权利。

第三百三十九条　委托开发完成的发明创造，除当事人另有约定的以外，申请专利的权利属于研究开发人。研究开发人取得专利权的，委托人可以免费实施该专利。

研究开发人转让专利申请权的，委托人享有以同等条件优先受让的权利。

第三百四十条　合作开发完成的发明创造，除当事人另有约定的以外，申请专利的权利属于合作开发的当事人共有。当事人一方转让其共有的专利申请权的，其他各方享有以同等条件优先受让的权利。

合作开发的当事人一方声明放弃其共有的专利申请权的，可以由另一方单独申请或者由其他各方共同申请。申请人取得专利权的，放弃专利申请权的一方可以免费实施该专利。

合作开发的当事人一方不同意申请专利的，另一方或者其他各方不得申请专利。

第三百四十一条　委托开发或者合作开发完成的技术秘密成果的使用权、转让权以及利益的分配办法，由当事人约定。没有约定或者约定不明确，依照本法第六十一条的规定仍不能确定的，当事人均有使用和转让的权利，但委托开发的研究开发人不得在向委托人交付研究开发成果之前，将研究开发成果转让给第三人。

2. 中华人民共和国专利法（2008年12月27日修正）（节录）

第六条　执行本单位的任务或者主要是利用本单位的物质技术条件所完成的发明创造为职务发明创造。职务发明创造申请专利的权利属于该单位；申请被批准后，该单位为专利权人。

非职务发明创造，申请专利的权利属于发明人或者设计人；申请被批准后，该发明人或者设计人为专利权人。

利用本单位的物质技术条件所完成的发明创造，单位与发明人或者设计人订有合同，对申请专利的权利和专利权的归属作出约定的，从其约定。

第七条 对发明人或者设计人的非职务发明创造专利申请，任何单位或者个人不得压制。

第八条 两个以上单位或者个人合作完成的发明创造、一个单位或者个人接受其他单位或者个人委托所完成的发明创造，除另有协议的以外，申请专利的权利属于完成或者共同完成的单位或者个人；申请被批准后，申请的单位或者个人为专利权人。

第九条 同样的发明创造只能授予一项专利权。但是，同一申请人同日对同样的发明创造既申请实用新型专利又申请发明专利，先获得的实用新型专利权尚未终止，且申请人声明放弃该实用新型专利权的，可以授予发明专利权。

两个以上的申请人分别就同样的发明创造申请专利的，专利权授予最先申请的人。

第十条 专利申请权和专利权可以转让。

中国单位或者个人向外国人、外国企业或者外国其他组织转让专利申请权或者专利权的，应当依照有关法律、行政法规的规定办理手续。

转让专利申请权或者专利权的，当事人应当订立书面合同，并向国务院专利行政部门登记，由国务院专利行政部门予以公告。专利申请权或者专利权的转让自登记之日起生效。

第十一条 发明和实用新型专利权被授予后，除本法另有规定的以外，任何单位或者个人未经专利权人许可，都不得实施其专利，即不得为生产经营目的制造、使用、许诺销售、销售、进口其专利产品，或者使用其专利方法以及使用、许诺销售、销售、进口依照该专利方法直接获得的产品。

外观设计专利权被授予后，任何单位或者个人未经专利权人许可，都不得实施其专利，即不得为生产经营目的制造、许诺销售、销售、进口其外观设计专利产品。

第十二条 任何单位或者个人实施他人专利的，应当与专利权人订立实施许可合同，向专利权人支付专利使用费。被许可人无权允许合同规定以外的任何单位或者个人实施该专利。

第十三条 发明专利申请公布后，申请人可以要求实施其发明的单位或者个人支付适当的费用。

第十四条 国有企业事业单位的发明专利，对国家利益或者公共利益具有重大意义的，国务院有关主管部门和省、自治区、直辖市人民政府报经国务院批准，可以决定在批准的范围内推广应用，允许指定的单位实施，由实施单位按照国家规定向专利权人支付使用费。

第十五条 专利申请权或者专利权的共有人对权利的行使有约定的，从其约定。没有约定的，共有人可以单独实施或者以普通许可方式许可他人实施该专利；许可他人实施该专利的，收取的使用费应当在共有人之间分配。

除前款规定的情形外，行使共有的专利申请权或者专利权应当取得全体共有人的同意。

第十六条 被授予专利权的单位应当对职务发明创造的发明人或者设计人给予奖励；发明创造专利实施后，根据其推广应用的范围和取得的经济效益，对发明人或者设计人给予合理的报酬。

第十七条 发明人或者设计人有权在专利文件中写明自己是发明人或者设计人。

专利权人有权在其专利产品或者该产品的包装上标明专利标识。

第四十七条 宣告无效的专利权视为自始即不存在。

宣告专利权无效的决定，对在宣告专利权无效前人民法院作出并已执行的专利侵权的判决、调解书，已经履行或者强制执行的专利侵权纠纷处理决定，以及已经履行的专利实施许可合同和专利权转让合同，不具有追溯力。但是因专利权人的恶意给他人造成的损失，应当给予赔偿。

依照前款规定不返还专利侵权赔偿金、专利使用费、专利权转让费，明显违反公平原则的，应当全部或者部分返还。

第五十六条 取得实施强制许可的单位或者个人不享有独占的实施权，并且无权允许他人实施。

第六十条 未经专利权人许可，实施其专利，即侵犯其专利权，引起纠纷的，由当事人协商解决；不愿协商或者协商不成的，专利权人或者利害关系人可以向人民法院起诉，也可以请求管理专利工作的部门处理。管理专利工作的部门处理时，认定侵权行为成立的，可以责令侵权人立即停止侵权行为，当事人不服的，可以自收到处理通知之日起十五日内依照《中华人民共和国行政诉讼法》向人民法院起诉；侵权人期满不起诉又不停止侵权行为的，管理专利工作的部门可以申请人民法院强制执行。进行处理的管理专利工作的部门应当事人的请求，可以就侵犯专利权的赔偿数额进行调解；调解不成的，当事人可以依照《中华人民共和国民事诉讼法》向人民法院起诉。

第六十一条 专利侵权纠纷涉及新产品制造方法的发明专利的，制造同样产品的单位或者个人应当提供其产品制造方法不同于专利方法的证明。

专利侵权纠纷涉及实用新型专利或者外观设计专利的，人民法院或者管理专利工作的部门可以要求专利权人或者利害关系人出具由国务院专利行政部门对相关实用新型或者外观设计进行检索、分析和评价后作出的专利权评价报告，作为审理、处理专利侵权纠纷的证据。

第六十三条 假冒专利的，除依法承担民事责任外，由管理专利工作的部门责令改正并予公告，没收违法所得，可以并处违法所得四倍以下的罚款；没有违法所得的，可以处二十万元以下的罚款；构成犯罪的，依法追究刑事责任。

第六十九条 有下列情形之一的，不视为侵犯专利权：

（一）专利产品或者依照专利方法直接获得的产品，由专利权人或者经其许可的单位、个人售出后，使用、许诺销售、销售、进口该产品的；

（二）在专利申请日前已经制造相同产品、使用相同方法或者已经作好制造、使用的必要准备，并且仅在原有范围内继续制造、使用的；

（三）临时通过中国领陆、领水、领空的外国运输工具，依照其所属国同中国签订的协议或者共同参加的国际条约，或者依照互惠原则，为运输工具自身需要而在其装置和设备中使用有关专利的；

（四）专为科学研究和实验而使用有关专利的；

（五）为提供行政审批所需要的信息，制造、使用、进口专利药品或者专利医疗器械的，以及专门为其制造、进口专利药品或者专利医疗器械的。

第七十条　为生产经营目的使用、许诺销售或者销售不知道是未经专利权人许可而制造并售出的专利侵权产品，能证明该产品合法来源的，不承担赔偿责任。

3. 中华人民共和国专利法实施细则（2010年1月9日国务院令第569号修订）（节录）

第十二条　专利法第六条所称执行本单位的任务所完成的职务发明创造，是指：

（一）在本职工作中作出的发明创造；

（二）履行本单位交付的本职工作之外的任务所作出的发明创造；

（三）退休、调离原单位后或者劳动、人事关系终止后1年内作出的，与其在原单位承担的本职工作或者原单位分配的任务有关的发明创造。

专利法第六条所称本单位，包括临时工作单位；专利法第六条所称本单位的物质技术条件，是指本单位的资金、设备、零部件、原材料或者不对外公开的技术资料等。

第四十一条　两个以上的申请人同日（指申请日；有优先权的，指优先权日）分别就同样的发明创造申请专利的，应当在收到国务院专利行政部门的通知后自行协商确定申请人。

同一申请人在同日（指申请日）对同样的发明创造既申请实用新型专利又申请发明专利的，应当在申请时分别说明对同样的发明创造已申请了另一专利；未作说明的，依照专利法第九条第一款关于同样的发明创造只能授予一项专利权的规定处理。

国务院专利行政部门公告授予实用新型专利权，应当公告申请人已依照本条第二款的规定同时申请了发明专利的说明。

发明专利申请经审查没有发现驳回理由，国务院专利行政部门应当通知申请人在规定期限内声明放弃实用新型专利权。申请人声明放弃的，国务院专利行政部门应当作出授予发明专利权的决定，并在公告授予发明专利权时一并公告申请人放弃实用新型专利权声明。申请人不同意放弃的，国务院专利行政部门应当驳回该发明专利申请；申请人期满未答复的，视为撤回该发明专利申请。

实用新型专利权自公告授予发明专利权之日起终止。

第七十七条　被授予专利权的单位未与发明人、设计人约定也未在其依法制定的规章制度中规定专利法第十六条规定的奖励的方式和数额的，应当自专利权公告之日起3个月内发给发明人或者设计人奖金。一项发明专利的奖金最低不少于3000元；一项实用新型专利或者外观设计专利的奖金最低不少于1000元。

由于发明人或者设计人的建议被其所属单位采纳而完成的发明创造，被授予专利权的单位应当从优发给奖金。

第七十八条　被授予专利权的单位未与发明人、设计人约定也未在其依法制定的规章制度中规定专利法第十六条规定的报酬的方式和数额的，在专利权有效期限内，实施发明创造专利后，每年应当从实施该项发明或者实用新型专利的营业利润中提取不低于2%或者从实施该项外观设计专利的营业利润中提取不低于0.2%，作为报酬给予发明人或者设计人，或者参照上述比例，给予发明人或者设计人一次性报酬；被授予专利权的单位许可其他单位或者个人实施其专利的，应当从收取的使用费中提取不低于10%，作为报酬给予发明人或者设计人。

第八十四条 下列行为属于专利法第六十三条规定的假冒专利的行为：

（一）在未被授予专利权的产品或者其包装上标注专利标识，专利权被宣告无效后或者终止后继续在产品或者其包装上标注专利标识，或者未经许可在产品或者产品包装上标注他人的专利号；

（二）销售第（一）项所述产品；

（三）在产品说明书等材料中将未被授予专利权的技术或者设计称为专利技术或者专利设计，将专利申请称为专利，或者未经许可使用他人的专利号，使公众将所涉及的技术或者设计误认为是专利技术或者专利设计；

（四）伪造或者变造专利证书、专利文件或者专利申请文件；

（五）其他使公众混淆，将未被授予专利权的技术或者设计误认为是专利技术或者专利设计的行为。

专利权终止前依法在专利产品、依照专利方法直接获得的产品或者其包装上标注专利标识，在专利权终止后许诺销售、销售该产品的，不属于假冒专利行为。

销售不知道是假冒专利的产品，并且能证明该产品合法来源的，由管理专利工作的部门责令停止销售，但免除罚款的处罚。

4. 最高人民法院关于审理专利纠纷案件适用法律问题的若干规定（2001年6月22日 法释〔2001〕21号）（节录）

第一条 人民法院受理下列专利纠纷案件：

1. 专利申请权纠纷案件；
2. 专利权权属纠纷案件；
3. 专利权、专利申请权转让合同纠纷案件；
4. 侵犯专利权纠纷案件；
5. 假冒他人专利纠纷案件；
6. 发明专利申请公布后、专利权授予前使用费纠纷案件；
7. 职务发明创造发明人、设计人奖励、报酬纠纷案件；
8. 诉前申请停止侵权、财产保全案件；
9. 发明人、设计人资格纠纷案件；
10. 不服专利复审委员会维持驳回申请复审决定案件；
11. 不服专利复审委员会专利权无效宣告请求决定案件；
12. 不服国务院专利行政部门实施强制许可决定案件；
13. 不服国务院专利行政部门实施强制许可使用费裁决案件；
14. 不服国务院专利行政部门行政复议决定案件；
15. 不服管理专利工作的部门行政决定案件；
16. 其他专利纠纷案件。

第十四条 2001年7月1日以前利用本单位的物质技术条件所完成的发明创造，单位与发明人或者设计人订有合同，对申请专利的权利和专利权的归属作出约定的，从其约定。

第十九条 假冒他人专利的，人民法院可以依照专利法第五十八条的规定追究其民事责任。管理专利工作的部门未给予行政处罚的，人民法院可以依照民法通则第一百三十四条第三款的规定给予民事制裁，适用民事罚款数额可以参照专利法第五十八条的规定确定。

5. 最高人民法院关于审理技术合同纠纷案件适用法律若干问题的解释

（2004年12月16日 法释〔2004〕20号）（节录）

第二条 合同法第三百二十六条第二款所称"执行法人或者其他组织的工作任务"，包括：

（一）履行法人或者其他组织的岗位职责或者承担其交付的其他技术开发任务；

（二）离职后一年内继续从事与其原所在法人或者其他组织的岗位职责或者交付的任务有关的技术开发工作，但法律、行政法规另有规定的除外。

法人或者其他组织与其职工就职工在职期间或者离职以后所完成的技术成果的权益有约定的，人民法院应当依约定确认。

第三条 合同法第三百二十六条第二款所称"物质技术条件"，包括资金、设备、器材、原材料、未公开的技术信息和资料等。

第四条 合同法第三百二十六条第二款所称"主要利用法人或者其他组织的物质技术条件"，包括职工在技术成果的研究开发过程中，全部或者大部分利用了法人或者其他组织的资金、设备、器材或者原材料等物质条件，并且这些物质条件对形成该技术成果具有实质性的影响；还包括该技术成果实质性内容是在法人或者其他组织尚未公开的技术成果、阶段性技术成果基础上完成的情形。但下列情况除外：

（一）对利用法人或者其他组织提供的物质技术条件，约定返还资金或者交纳使用费的；

（二）在技术成果完成后利用法人或者其他组织的物质技术条件对技术方案进行验证、测试的。

第五条 个人完成的技术成果，属于执行原所在法人或者其他组织的工作任务，又主要利用了现所在法人或者其他组织的物质技术条件的，应当按照该自然人原所在和现所在法人或者其他组织达成的协议确认权益。不能达成协议的，根据对完成该项技术成果的贡献大小由双方合理分享。

第六条 合同法第三百二十六条、第三百二十七条所称完成技术成果的"个人"，包括对技术成果单独或者共同作出创造性贡献的人，也即技术成果的发明人或者设计人。人民法院在对创造性贡献进行认定时，应当分解所涉及技术成果的实质性技术构成。提出实质性技术构成并由此实现技术方案的人，是作出创造性贡献的人。

提供资金、设备、材料、试验条件，进行组织管理，协助绘制图纸、整理资料、翻译文献等人员，不属于完成技术成果的个人。

第十六条 当事人以技术成果向企业出资但未明确约定权属，接受出资的企业主张该技术成果归其享有的，人民法院一般应当予以支持，但是该技术成果价值与该技术成果所占出资额比例明显不合理损害出资人利益的除外。

当事人对技术成果的权属约定有比例的，视为共同所有，其权利使用和利益分配，按共有技术成果的有关规定处理，但当事人另有约定的，从其约定。

当事人对技术成果的使用权约定有比例的，人民法院可以视为当事人对实施该项技术成果所获收益的分配比例，但当事人另有约定的，从其约定。

第二部分　商标权纠纷

一、侵犯商标专用权的认定

12. 认定商品是否类似需要考虑哪些因素？

最高人民法院《关于审理商标民事案件适用法律若干问题的解释》第 11 条规定，类似商品是指在功能、用途、生产部门、销售渠道、消费对象等方面相同，或者相关公众一般认为其存在特定联系、容易造成混淆的商品。据此，认定商品是否类似需要考虑商品的功能、用途、生产部门、销售渠道、消费群体等因素。

13. 将他人具有知名度的字号作为自己的字号擅自使用的，是否构成不正当竞争行为？

具有知名度的字号在一定程度上能够起到区分商品或者服务来源的作用，擅自使用他人字号作为自己字号的行为，行为人一般在主观上存在"搭便车"的故意，客观上会对他人的知名字号造成损害，违反了公认的商业道德，应当认定该行为构成不正当竞争。

典型疑难案件参考

（德国）大众汽车股份公司诉长春大众润滑油品销售有限公司、华宇大酒店侵犯商标权及不正当竞争纠纷案

基本案情

原告（德国）大众汽车股份公司（简称大众公司）系第 2021132 号注册商标"大众汽车（图文组合）"、第 2021133 号注册商标"大众汽车（图文组

合)"、第2021135号注册商标"大众汽车"、第2021136号注册商标"大众汽车"、第2021138号注册商标"大众"、第2021141号注册商标"大众"、第G702679号注册商标"VOLKSWAGEN"7个商标的商标注册人。第2021132号注册商标、第2021136号注册商标、第2021138号注册商标的注册有效期均为2004年1月7日至2014年1月6日,上述3个商标核定使用的商品均为第7类,包括非陆地车辆用马达、非陆地车辆起动马达、机器汽缸、净化冷却气体用过滤器(引擎用)、非陆地车辆机器联轴节、非陆地车辆联动机件、非陆地车辆离合器、起重机、非手工操作农具、引擎汽缸盖、泵(机器)、凸轮轴(机器部件)、轴承(机器部件)、阀门(机器部件)、引擎用排气装置、发动机喷油嘴、汽化器等商品。

第2021133号注册商标、第2021135号注册商标、第2021141号注册商标的注册有效期均为2003年5月7日至2013年5月6日,上述3个商标核定使用的商品均为第12类,包括陆、空、水用机动运载器、机车、牵引机、铁路车辆、汽车、车厢(铁路)、陆地车辆引擎、公共汽车、卡车、拖车(车辆)、小汽车、越野车、小型机动车、野营车、救护车、车辆底盘、车辆减震器、车辆轴、车辆刹车、陆地车辆传动马达、陆地车辆用传动装置、陆地车辆变速箱等、摩托车、自行车、自行车刹车、自行车支架、自行车座垫、自行车轮、自行车链条、轮椅、手推车、婴儿车、雪橇(车)、浇铸马车、车轮胎、车辆轮胎、补内胎用全套工具、飞机、空中运载工具、航空运输机、船、船舶构架等商品。

第G702679号注册商标的注册有效期为1998年7月2日至2008年7月2日,核定使用商品为第4类,包括工业用油脂及油、润滑剂、燃料等商品。

被告大众润滑油公司在产品简介上的宣传为:封面上以大字体"VOLKSWAGENlubricantoil"作为标题,右上角用中号字体注明"德国大众装备油品"及甲壳虫车商标,封面下半部分是德文信息;第一页是大众奥迪汽车的图片,该页底部以中号字体标注"同一星球、同一品质、同一大众"字样及甲壳虫车商标;将简介完全展开,页面上方是"volkswagenlubricantoil"产品简介的标题,页面下方是德文信息,正文部分介绍的油类产品纷纷冠以"德国大众汽车"或"德国大众"等蓝色中号字体字样作为标题,并用横粗下划线标注;产品图片的包装上清楚地标有"德国大众"、"大众汽车"、"帕萨特"、"一汽大众"等字样,图片下方也清楚地注明该产品是"一汽大众奥迪原装机油"、"宝来专用发动机油"、"桑塔纳、捷达专用油"等;简介封底左上角标注有"Volkswagen",下半部分是德文信息,并用小字体注明被告公司名称"长春大众润滑油品销售有限公司"、"地址:中国吉林省长春市开运街

533号"、"网址 www. vwoil. com. cn"等内容。

被告长春大众润滑油品销售有限公司（简称大众润滑油公司）于2005年5月14日注册了 www. vwoil. com. cn 作为其官方网站。根据北京市国信公证处〔2006〕京国证经字第3031号公证书的记载：2006年10月24日，在上述网站的首页上，被告自称是德国大众汽车养护产品唯一专业配套出品商，生产捷达、奥迪、桑塔纳2000、帕萨特B5、B6、宝来等专用各级别与规格油品，全部采用德国大众公司统一标准技术；点击"营销预案"，在该页面上再点击"市场评估报告"，被告在该"市场评估报告"中称"德国大众汽车连锁养护（中国）机构责成长春大众润滑油品销售有限公司搞连锁养护经营，以建立真正属于大众品牌的全车系配件基地和车用液体供应基地"。点击"技术服务"，在该页面上有"关于甲壳虫"、"大众车浏览"等文章，点击"关于甲壳虫"，被告在该文中，称"德国大众汽车公司的甲壳虫汽车如此受人青睐，它已成为一个著名品牌。长春大众润滑油品销售有限公司经过大众公司的特别授权，首先在中国国家工商局注册了卡通画甲壳虫图形，将其作为大众油品的代表性标识应用在产品的包装上"。点击"大众车浏览"，被告该文中细数了国内大众投放的车种有"桑塔纳、捷达、宝来、甲壳虫等"。点击"产品展示"，显示的14种油类产品中10种冠以"大众汽车发动机油"的名称或自称"某大众品牌专用油"，12种产品包装上突出印刷有"大众汽车，大众汽车（图文组合）、VOLKSWAGEN、德国科技"等字样并且配有德国大众的汽车图片。点击"产品分类"下的"汽车发动机油"、"自动排挡液"、"ATF自动波箱油"、"曼牌"、"冷冻液"、"玻璃清洗液"、"润滑脂"等各栏，显示的部分产品冠以"大众"名称，所有产品包装上突出印刷有"大众"、"德国大众"、"VOLKSWAGEN"、"大众汽车（图文组合）"等字样。网站首页的"热销产品"、"最新产品"栏下宣传的产品也存在上述以"大众"商标冠以名称和产品包装上利用大众公司的商标作宣传的情况。上述各种产品均处于有货待售的状态。

2006年12月17日，原告的委托代理人在被告华宇大酒店购买"帕萨特发动机油"、"捷达、奥迪、宝来专用发动机油"（德国科技—长春大众汽车发动机油）、"捷达、桑塔纳2000发动机油"（德国大众 SF/CD—超级发动机油）各一瓶。该购买过程及实物均经湖南省长沙市公证处以〔2006〕长证内字第7423号公证书进行公证。这些经公证保全的产品包装上印刷有："CCVOLKSWAGEN"、"捷达、奥迪、宝来专用发动机油"、"捷达、桑塔纳2000发动机油"、"德国大众油品集团（中国）有限公司"、"大众统一技术标准"、"德国大众"、"帕萨特轿车发动机油"、"B5"、"长春大众润滑油品销售有限公司"

等字样和德文产品信息、大众汽车图片。瓶身底部印刷有:"德国大众油品集团(中国)有限公司,长春大众润滑油品销售有限公司,中国吉林省长春开运街533号"等内容。

另查明,被告大众润滑油公司成立于2002年1月11日,是以经销润滑油为主的公司,住所地位于吉林省长春市朝阳区开运街3号。从成立至今,该公司已在吉林、山东、广州、深圳设立分公司,在北京、天津、石家庄、厦门、四川、重庆、陕西、河南等地发展了55个直接从被告大众润滑油公司处进货的经销商。据法院保全证据统计,仅2005年3月26日至2006年3月16日期间,被告大众润滑油公司向广州发货的价值就达809868.06元。

诉辩情况

原告大众公司诉称:原告是享誉全球的跨国企业,在中国也具有极大的影响力和知名度。"VOLKSWAGEN"、"大众"、"大众汽车"、"大众汽车(图文组合)"商标是属于原告的注册商标、驰名商标。被告大众润滑油公司未经原告授权,在其生产的发动机油产品上使用"VOLKSWAGEN"、"大众"、"大众汽车"商标,并且在产品包装上突出标有"VOLKSWAGEN"、"德国大众"、"帕萨特"、德文产品信息、"德国科技—长春大众汽车发动机油"、"捷达、奥迪、宝来专用发动机油"、"捷达、桑塔纳2000发动机油"、"德国科技—大众汽车发动机油"、"大众唯一技术标准"、"德国大众SF/CD—超级发动机油"、"德国大众油品集团(中国)有限公司"、"大众"轿车图片等多种产品标识或产品信息。被告华宇大酒店销售了上述侵权产品。二被告的行为构成对原告商标权的侵犯,被告大众润滑油公司在产品上标注不实信息,进行虚假宣传,还构成多项对原告的不正当竞争行为。因此,原告请求法院判令:(1)两被告立即停止全部商标侵权行为;(2)被告大众润滑油公司立即停止全部不正当竞争行为;(3)被告大众润滑油公司就其侵权行为和不正当竞争行为公开消除影响;(4)两被告赔偿原告经济损失80万元人民币,其中包括为制止被告违法行为发生的合理开支。庭审过程中,原告当庭放弃对被告华宇大酒店的赔偿请求。

被告大众润滑油公司未到庭答辩,亦未提交书面答辩意见。

被告华宇大酒店答辩称:(1)被告华宇大酒店不是本案适格被告。被告华宇大酒店从未经营过润滑油产品,与涉嫌销售侵权产品的个体老板徐世堂仅为房屋租赁关系;(2)徐世堂不具有侵权故意。他替朋友代卖涉嫌侵权的产品,根本不知道该油品涉嫌侵犯了原告大众公司的商标权。华宇大酒店请求驳回对华宇大酒店的诉讼请求。

裁判结果

湖南省长沙市中级人民法院根据《中华人民共和国民法通则》第 134 条第 1 款第 9 项，《中华人民共和国商标法》第 52 条第 1 项、第 2 项、第 5 项，第 56 条，最高人民法院《关于审理商标民事纠纷案件适用法律若干问题的解释》第 9 条、第 10 条、第 11 条、第 12 条、第 13 条、第 17 条，《中华人民共和国反不正当竞争法》第 2 条、第 9 条、第 5 条第 3 项、第 20 条，最高人民法院《关于审理不正当竞争民事案件应用法律若干问题的解释》第 6 条、第 17 条之规定，判决：

一、被告大众润滑油公司立即停止实施侵犯原告大众汽车公司的第 2021132 号"大众汽车（图文组合）"、第 2021133 号"大众汽车（图文组合）"、第 2021135 号"大众汽车"、第 2021136 号"大众汽车"、第 2021138 号"大众"、第 2021141 号"大众"、第 G702679 号"VOLKSWAGEN"等注册商标的商标专用权的行为；

二、被告大众润滑油公司立即停止实施对原告大众汽车公司进行不正当竞争的行为；

三、被告华宇大酒店立即停止销售由被告大众润滑油公司出品的侵权产品发动机油；

四、被告大众润滑油公司在本判决发生法律效力之日起 10 日内赔偿原告大众汽车公司经济损失 80 万元（已包括原告为制止侵权行为所支付的合理费用）；

五、被告大众润滑油公司在本判决发生法律效力之日起 10 日内在国家级报纸上刊登启事，消除影响。启事的内容须经本院审核。被告未履行上述义务的，由本院将本判决的主要内容在《人民法院报》上公开，费用由被告承担；

六、驳回原告其他诉讼请求。

裁判理由

湖南省长沙市中级人民法院认为：原告系第 2021132 号注册商标、第 2021133 号注册商标、第 2021135 号注册商标、第 2021136 号注册商标、第 2021138 号注册商标、第 2021141 号注册商标、第 G702679 号注册商标等 7 个注册商标的权利人，其注册商标专用权受法律保护。

被告大众润滑油公司将原告商标突出使用在其生产的发动机油商品及其宣传资料和网页上，其行为已构成对原告商标专用权的侵犯，应予以制止；被告大众润滑油公司在其产品上和宣传中，大量使用足以误导相关公众的虚假信息,攀附原告的市场地位,其行为构成对原告的不正当竞争。被告华宇大酒店销售侵权产品,其侵权行为亦应予制止。原告要求被告大众润滑油公司、被告华宇大酒店停止上述侵权行为的诉讼请求,应予支持。原告放弃对被告华宇大酒店的赔偿请求,系原告行使诉权的行为,故不再就该被告的赔偿问题进行判决。原告要求被告大众润滑油公司赔偿80万元的经济损失,虽然其没有提供证据证明其损失,但通过诉讼中的证据保全取得的部分销售证据表明,被告大众润滑油公司仅在2005年3月至2006年3月向广州发货的发动机油就有80余万元,故即使没有关于被告大众润滑油公司生产经营成本的证据,但根据原告大众润滑油公司涉案产品的销售额和销售地区,被告大众润滑油公司因侵权所获得的利润明显超过50万元,被告又不应诉举证反驳,故原告要求赔偿包括合理费用在内的经济损失80万元的诉讼请求,可予支持。由于本案多个商标侵权行为和不正当竞争行为所涉及的商品和宣传载体均相同,即侵权后果同一,故在确定赔偿数额时,不再就多个商标侵权行为和不正当竞争行为分别进行赔偿。至于原告要求两被告就其侵权行为和不正当竞争行为公开消除影响的诉讼请求,由于作为销售商的被告华宇大酒店仅涉及少量的侵权商品销售,原告又未证明其对原告的商誉造成实际损失,故要求该被告消除影响没有必要;被告大众润滑油公司故意使用原告的商标,误导相关公众相信其与原告存在直接的授权关系,应当承担消除影响的法律责任,故对原告该诉讼请求予以部分支持。

14. 在侵犯注册商标专用权案件中,认定被控侵权商标与原告的注册商标是否近似时,要不要考察两商标的使用情况?

在侵犯注册商标专用权的案件中,判断被控侵权商标与原告的注册商标是否近似时,应当对比两商标文字的字形、读音、图形的构图和颜色,看两商标使用在相同或类似商品上是否会使相关公众对商品的来源产生混淆或者误认。在对比的过程中,需要考察两商标的实际使用情况。如果两商标经过各自的使用形成了稳定的市场,相关公众能够对商品的来源作出区分,即便是两商标的标识近似,亦不能认定两商标近似。

典型疑难案件参考

湖南省嘉禾县锻造厂、郴州市伊斯达实业有限责任公司诉湖南省华光机械实业有限责任公司、湖南省嘉禾县华光钢锄厂侵害注册商标专用权纠纷案

基本案情

原告湖南省嘉禾县锻造厂（简称嘉禾县锻造厂）成立于1997年11月，为周志祥个人独资企业。经营范围为钢锄、其他农具、五金工具等，自产自销。原告伊斯达公司成立于2000年11月，法定代表人为周志祥。经营范围为五金工具、农具的生产、销售，机电产品、农副土特产品、化工原料、日用百货、麻袋、矿产品等的批发零售，自营和代理各类商品和技术的进出口。原告嘉禾县锻造厂于2001年以"雉鸡"中文文字和鸡图案组合作为商标向国家工商行政管理总局申请注册商标并获得核准。商标注册号为第1641855号。核定使用商品第（8）类：锄头（手工具）、钳、镰刀、扳手（手工具）。注册有效期限为2001年9月28日至2011年9月27日止。原告嘉禾县锻造厂与原告伊斯达公司于2002年1月1日签订注册商标使用许可合同。合同约定嘉禾县锻造厂许可伊斯达公司使用"雉鸡"中文文字和雉鸡图案组合商标。原告嘉禾县锻造厂、原告伊斯达公司均生产钢锄并使用"雉鸡"中文文字和雉鸡图案组合商标。被告湖南省嘉禾县华光钢锄厂（简称华光钢锄厂）成立于1997年，为周安保个人独资企业。经营范围为钢锄、五金工具、农具、原材料采购、工艺品等，自产自销。被告湖南省华光机械实业有限责任公司（简称华光机械公司）成立于2005年4月，法定代表人周安保。经营范围为工具、农具、园林工具、小五金、建筑材料的生产及销售。被告华光钢锄厂于1999年开始使用"银鸡"中英文和鸡图案组合商标。被告华光钢锄厂于2000年2月以"银鸡"中文和拼音"YINJI"组合作商标，向国家工商行政管理总局商标局申请注册并获得核准。商标注册号为第1364633号。核定使用商品第（8）类：锄头（手工具）；农业器具（手动的）。注册有效期限自2000年2月14日至2010年2月13日。原告嘉禾县锻造厂、伊斯达公司，被告华光机械公司、华光钢锄厂均生产农用钢锄，其外形、尺寸基本相同。原告嘉禾县锻造厂、伊斯达公司在其生产的钢锄上使用"雉鸡"中文文字和鸡（鸡头向右，鸡尾朝左）图案，并标有英文"JOGOOBRAND"及"中国制造"中英文加菱形图案商标。被告华光钢锄厂、华光机械公司在其生产的钢锄上使用"银鸡"和鸡（鸡尾朝右，鸡头向左并反向向右）图案，并标有英文"SILVERCOCK"及"中国制造"中英文加菱形图案商标。原告嘉禾县锻造厂出口钢锄价值为：

2002年47万美元，2003年14万美元，2004年45万美元，2005年7万美元，2006年401万美元。原告伊斯达公司出口钢锄价值为：2002年101万美元，2003年153万美元，2004年151万美元，2005年389万美元。被告华光钢锄厂出口钢锄价值为：2002年63万美元，2003年64万美元，2004年73万美元，2005年73万美元。被告华光机械公司出口钢锄价值为：2006年282万美元。

▶一审诉辩情况

原告嘉禾县锻造厂、伊斯达公司诉称：华光钢锄厂、华光机械公司生产和出口的"银鸡"牌钢锄侵犯其"雏鸡"牌注册商标专用权，请求法院判令华光钢锄厂、华光机械公司立即停止侵犯其注册商标专用权行为、赔礼道歉并赔偿其经济损失50万元。

华光钢锄厂、华光机械公司答辩称：其从1999年开始使用"银鸡文字+鸡图形"商标，其使用的商标图形与嘉禾县锻造厂的注册商标存在显著差别，不相近似，其产品和嘉禾县锻造厂、伊斯达公司的产品在市场上存在多年，不会混淆，不构成侵犯嘉禾县锻造厂的注册商标专用权。请求一审法院驳回嘉禾县锻造厂、伊斯达公司的起诉。

▶一审裁判结果

湖南省郴州市中级人民法院于2007年7月12日作出〔2007〕郴民三初字第2号判决，根据《中华人民共和国商标法》第3条、第40条、第52条第1项、第53条、第56条第1款、第2款，《中华人民共和国民法通则》第134条第1款第1项、第7项，最高人民法院《关于审理商标民事纠纷案件适用法律若干问题的解释》第9条、第10条第2项、第13条、第16条、第17条第2款、第19条第1款、第21条第1款之规定，判决：

一、被告华光机械公司、华光钢锄厂在本判决生效后停止侵犯原告嘉禾县锻造厂、伊斯达公司拥有的"雏鸡"牌注册商标专用权的行为；

二、被告华光机械公司、被告华光钢锄厂于本判决生效后10日内赔偿原告人民币50万元；

三、驳回原告嘉禾县锻造厂、伊斯达公司的其他诉讼请求。

▶一审裁判理由

一审法院认为：原告和被告均为生产出口钢锄的企业。原告和被告所生产的钢锄外形、尺寸基本相同，属相同产品。被告使用的"银鸡"中文文字加鸡图案商标与原告拥有的"雏鸡"中文文字加鸡图案的注册商标，从文字、图案、颜色、图形相比较，二者在视觉上基本无差别。被告使用的"银鸡"中文文字加鸡图案商标，与原告拥有的"雉鸡"中文文字加鸡图案的注册商标具有相似性，容易使相关公众对商品的来源产生误认或者认为其来源与原告注册商标的商品有特定的联系。被告未经原告同意，在其生产的钢锄上使用与原告注册商标相近似的商标，符合《商标法》第52条第1项规定的"在同一种商品或者类似商品上使用与其注册商标相同或者近似的商标"的情形，侵犯了原告注册商标专用权，应承担停止侵害、赔偿损失的民事法律责任。关于赔偿损失的数额问题，原告主张赔偿金额为50万元。原告未能提交证据证实自己的损失或者被告因侵权所获利益，请求按照法定赔偿标准予以赔偿，符合法律的规定。考虑到本案侵权行为的性质、期间、后果，商标的声誉，商标使用许可费的数额，商标使用许可的种类、时间、范围及制止侵权行为的合理开支等因素，判令被告赔偿原告损失人民币50万元。

二审诉辩情况

华光钢锄厂、华光机械公司不服上述判决，向湖南省高级人民法院提起上诉称：原审判决认定事实错误，适用法律不当；原审判决的赔偿金额无依据，明显缺乏公平；上诉人使用的商标与被上诉人的注册商标不构成近似、更不构成相同，上诉人使用商标的行为并不侵犯被上诉人的注册商标专用权。请求：（1）撤销〔2007〕郴民三初字第2号民事判决；（2）依法驳回被上诉人的全部诉讼请求；（3）判令由被上诉人承担本案全部诉讼费用。

被上诉人嘉禾县锻造厂、伊斯达公司在二审期间未向二审法院提交书面答辩状。其口头答辩称：一审法院认定事实清楚，适用法律恰当，应予维持。

二审裁判结果

二审湖南省高级人民法院依照《中华人民共和国民事诉讼法》第153条第1款第1项的规定，判决：驳回华光钢锄厂、华光机械公司的上诉，维持原判。

二审裁判理由

湖南省高级人民法院认为：本案双方当事人争议的焦点是：上诉人的行为是否构成商标侵权及原审法院确定的赔偿数额是否恰当的问题。关于上诉人的行为是否构成商标侵权的问题，根据本案查明的事实，虽然被上诉方使用的商标与其注册商标之间有差异，存在不规范使用注册商标的行为，但是，在本案中被上诉人请求保护的是其已经注册的1641855号注册商标，该商标经依法注册并核准使用，并未被商标行政管理部门注销，是有效的商标，依法应受法律保护。上诉方以被上诉方正在使用的商标与注册商标不同为由,主张本案不存在商标侵权问题的上诉理由不能成立。根据《商标法》第52条第1项的规定,"未经商标注册人的许可,在同一种商品或者类似商品上使用与其注册商标相同或者近似的商标的",即构成侵犯注册商标专用权。根据本案事实,被上诉人注册商标的商品分类为第(8)类:锄头(手工具)、钳、镰刀、扳手(手工具)。本案被控侵权产品为钢锄,二者属于相同商品。将被控侵权产品上所使用的商标与被上诉人的注册商标相比,二者虽不构成相同,但就被上诉人的注册商标而言,该商标突出的显著特征在于鸡图形与"雄鸡"文字的组合;而在被控侵权产品上,上诉人亦在商标的显著位置上突出使用了鸡图形与"银鸡"文字的组合商标,其中,文字与被上诉人的注册商标有一字不同,但均使用了繁体字并位于鸡图形的左右两端,鸡图形中鸡的朝向不同,形状有改变,但二者在整体视觉效果上相近似。结合双方当事人同处嘉禾县,钢锄产品具有相同的原产地,产品的销售范围均在国外相同区域,其产品的消费者及与营销有密切关系的其他经营者对于中文的识辨能力有限等因素,应当认定,以相关公众的一般注意力为标准,在比对对象隔离的状态下,考虑被上诉人的注册商标的显著性,被控侵权产品上所使用的商标与被上诉人的注册商标构成近似,容易使相关公众对产品的来源产生误认和混淆。上诉人未经被上诉人许可,在同一种商品上擅自使用与被上诉人注册商标相近似的商标,其行为构成侵权。上诉人关于其行为不构成商标侵权的上诉理由不能成立。关于赔偿数额问题。湖南省高级人民法院认为,原审法院依法综合考虑到了侵权行为的各方面因素,根据本案侵权行为的情节适用法定赔偿原则,确定本案赔偿数额,符合本案实际情况,并无不当。

再审诉辩情况

华光钢锄厂、华光机械公司不服二审判决,向最高人民法院申请再审时称:其未侵犯嘉禾县锻造厂的商标专用权,一、二审判决及驳回再审申请的裁定认定事实及适用法律均存在错误。华光机械公司、华光钢锄厂使用的"银鸡及图"标识使用在先且与嘉禾县锻造厂的第1641855号注册商标不相同亦不近似。根据《商标法》及最高人民法院的相关司法解释,商标近似是在被控侵权标识与权利人的注册商标之间进行比较,而原审判决是将华光机械公司、华光钢锄厂使用的标识与嘉禾县锻造厂、伊斯达公司实际使用的标识相对比,该对比方式违反了商标相似判断的基本准则。请求法院撤销一、二审判决,重新审理本案。

嘉禾县锻造厂、伊斯达公司答辩称:被控侵权标识与嘉禾县锻造厂使用的第1641855号注册商标近似,华光机械公司、华光钢锄厂关于二者不近似的申请再审理由不能成立。原审判决认定事实清楚，适用法律正确。请求法院依法驳回华光机械公司、华光钢锄厂的再审申请。

▶ **再审裁判结果**

最高人民法院根据《中华人民共和国商标法》第52条第1项，《中华人民共和国民事诉讼法》第186条第1款，第153条第1款第2项、第3项之规定，判决：

一、撤销湖南省高级人民法院〔2007〕湘高法民三终字第44号民事判决及湖南省郴州市中级人民法院〔2007〕郴民三初字第2号民事判决；

二、驳回湖南省嘉禾县锻造厂、郴州市伊斯达实业有限责任公司诉讼请求。

▶ **再审裁判理由**

最高人民法院经审理查明，除关于华光钢锄厂于1999年开始使用"银鸡"中英文和鸡图案商标的事实双方当事人有争议外，原审查明的事实基本属实。华光钢锄厂为证明其于1999年开始使用"银鸡"中英文和鸡图案商标，在一审中提供了如下证据：（1）嘉禾县工商局提供的证明，该局证明华光钢锄厂自1999年开始在其产品上使用"银鸡"中英文和鸡图案商标；（2）证人丁秀兰出具的1999年华光钢锄厂要求其帮忙设计"银鸡"中英文和鸡图案的证言，证实该标识是其请郴州市美印厂厂领导及设计员设制的；（3）证人杨文忠出具的其于1999年开始代理印刷"银鸡"中英文和鸡图案的证言；（4）郴州远大广告包装发展公司于2007年1月25日出具的其于1999年为华光钢锄厂设计制作产品宣传资料册的证明，证明该资料册封2页使用了"银鸡"中英文和鸡图案；（5）证人杨文景等4人出具的证言，证明华光钢锄厂自1999年开始使用"银鸡"中英文和鸡图案商标。其中证人李学亮、杨文景、郴州远大广告包装发展公司法定代表人张建国出庭作证并经嘉禾县锻造厂、伊斯达公司质证，嘉禾县锻造厂、伊斯达公司未提出反驳意见。一审法院对李学亮、杨文景、张建国的证言予以认定。

在最高人民法院主持的庭审中，华光机械公司、华光钢锄厂提供了郴州远大广告包装发展公司1999年为华光钢锄厂设计制作的产品宣传资料册原件。嘉禾县锻造厂、伊斯达公司对其质证意见为该宣传册印制时间不符合实际，与其内容矛盾。最高人民法院认为，虽然嘉禾县锻造厂、伊斯达公司对该宣传册原件提出异议，但其并未提出足以反驳该原件的相反证据。综合考虑经一审庭审质证的李学亮、杨文景、郴州远大广告包装发展公司法定代表人张建国的证人证言及华光机械公司、嘉禾县工商局出具的证明等证据，根据民事优势证据原则，可以认定华光钢锄厂自1999年开始使用"银鸡"中英文和鸡图案商标的事实。二审法院以"这些证人证言都只是证实这一事实的存在，但并没有相应的证据予以佐证，不能充分证明上诉人早在1999年就开始使用'银鸡'中英文和鸡图案商标的事实"为由，对该事实不予认定，属于认定事实错误，最高人民法院对此予以纠正。

在最高人民法院审查过程中，嘉禾县锻造厂、伊斯达公司为证明其在1999年之前已经使用了其注册商标，提供了衡阳砂轮厂出具的送货清单，湖南学院彩色印刷厂出具的证明，1997年其同广东机械进出口公司、1997年其同辽宁机械进出口股份有限公司及1998年同山东五金矿产进出口公司的合同及部分铁路货运单和发票。华光机械公司、华光钢锄厂认为前述证据并未说明使用的商标是什么，且与本案无关，对其真实性亦不予认可。最高人民法院经审查认为，前述证据除湖南学院彩色印刷厂出具的证明外，均未表明嘉禾县锻造厂使用商标的具体形态。且在其与辽宁机械进出口公司日期为1997年3月14日签订的收购合同、其与山东省五金矿产进出口公司日期为1998年11月13日签订的工矿产品购销合同中，其中的"雄鸡"二字与其他字迹颜色明显不同，湖南学院彩色印刷厂出具的证明本质上属于证人证言，并未经庭审质证，最高人民法院对以上证据不予认定。此外，即使能够认定嘉禾县锻造厂在1999年之前已经使用了其注册商标，根据嘉禾县锻造厂、伊斯达公司提供的证据，亦难以认定华光钢锄厂使用诉争标识具有复制、模仿嘉禾县锻造厂第1641855号"雄鸡及图"注册商标之意。

最高人民法院另查明，嘉禾县锻造厂的第1641855号"雄鸡及图"注册商标主色调为黑白色，由鸡图案及雄鸡文字组成，其中鸡图案中鸡头位于商标右方，鸡尾朝下位于图案左方，鸡尾为黑色，其鸡的羽毛层次不清晰，左脚提起呈行走状。华光机械公司、华光钢锄厂使用的被控侵权标识、主色调为绿白两色，由鸡图案及"银鸡"中英文文字组成，有菱形边框。其中鸡图案鸡头位于图案左方，呈回头张望姿势，鸡尾为银色，全身羽毛层次清晰，两脚为分立状。此外，华光机械公司、华光钢锄厂向一审法院提交了部分与嘉禾县锻造厂注册商标相同类组带有"鸡"图形及文字已经核准注册的商标公告，以证明在相关商品类别和行业领域内，以"鸡"图形加文字的商标被较广泛地注册、使用。嘉禾县锻造厂、伊斯达公司在一审中对该证据质证意见为"对其真实性予以确认，但与本案无关联"。该证据表明，1990年9月10日，案外人天津机械进出口有限公司向国家商标局申请注册"雄鸡及图"商标，注册证号为565627，核定使用商品为第（8）类锄头等商品。此后，1999年6月、

2003年11月案外人滦南县农具制造行业协会、白会勇等数十家企业和自然人经国家商标局核准，相继在第（8）类锄头等商品上注册了"乌鸡及图"、"金鸡及图"、"彩鸡及图"、"鸣鸡及图"、"神鸡及图"等含有"鸡"图形的商标。

  最高人民法院认为：华光机械公司、华光钢锄厂在其生产、销售的钢锄上使用的和标识与嘉禾县锻造厂第1641855号"雉鸡及图"注册商标是否构成侵犯注册商标专用权意义上的近似是本案的焦点问题。根据最高人民法院《关于审理商标民事纠纷案件适用法律若干问题的解释》第9条和第10条的规定，在商标侵权纠纷案件中，认定被控侵权标识与主张权利的注册商标是否近似，应当视所涉商标或其构成要素的显著程度、市场知名度等具体情况，在考虑和对比文字的字形、读音和含义，图形的构图和颜色，或者各构成要素的组合结构等基础上，对其整体或者主要部分是否具有市场混淆的可能性进行综合分析判断。本案诉争商标嘉禾县锻造厂的第1641855号"雉鸡及图"注册商标和华光机械公司、华光钢锄厂使用的被控侵权标识均由鸡图案及相关鸡文字组成。嘉禾县锻造厂的第1641855号"雉鸡及图"注册商标由鸡图形和"雉鸡"文字构成，其中鸡头位于该商标右方，鸡尾朝下位于图案左方；被控侵权标识由鸡图形和"银鸡"文字构成，其中鸡图案鸡头位于图案左方，呈回头张望姿势，其羽毛层次清晰。经比对，两者鸡图形从视觉上看有明显不同，"雉鸡"、"银鸡"文字在视觉及呼叫上亦有明显区别，被控侵权标识主色调为绿白两色，且有菱形边框，从整体上比较，也与嘉禾县锻造厂的注册商标有明显的区别。根据最高人民法院查明的事实，在生产锄头等产品的行业内，以"鸡"图形加文字的商标被较为广泛地注册、使用，嘉禾县锻造厂也未提交其第1641855号"雉鸡及图"注册商标在1999年以前具有较高知名度的相关证据，且在嘉禾县锻造厂的第1641855号"雉鸡及图"商标注册之前，华光钢锄厂已经在其生产、销售的钢锄上使用了银鸡中英文和鸡图案商标，根据本案现有证据难以认定华光钢锄厂有借用嘉禾县锻造厂的注册商标声誉的主观故意。此外，根据原审法院查明的事实，在嘉禾县锻造厂提起本案诉讼之前，华光钢锄厂、华光机械公司与嘉禾县锻造厂、伊斯达公司在其各自生产、销售的钢锄上对相关商标均进行了大规模的使用，仅本案诉讼发生之前6年的各自的出口产值均已超过数百万美元。因此，华光钢锄厂、华光机械公司和嘉禾县锻造厂、伊斯达公司虽然处于同一地区，双方的锄头等产品均多数销往国外市场，相关公众已经将两者的商标区别开来，已经形成了各自稳定的市场。综合考虑以上因素，最高人民法院认为华光钢锄厂、华光机械公司使用的银鸡中英文和鸡图案商标和嘉禾县锻造厂享有注册商标专用权的第1641855号"雉鸡及图"商标不构成近似商标,原审法院认定两者为近似商标,认定事实、适用法律均有不当,最高人民法院予以纠正。

15. 包工包料的建筑装修公司在施工过程使用侵犯他人注册商标专用权的建筑材料的行为是否侵犯了他人的注册商标专用权?

包工包料的建筑装修公司在施工过程使用建筑材料的行为相当于将建筑材料销售给工程的业主,其从中获得了相应的收益。如果其使用的建筑材料侵犯了他人的注册商标专用权,而建筑装修公司知道或者应当知道相应的建筑材料侵犯他人注册商标专用权的,建筑装修公司的行为属于销售侵犯商标专用权商品的行为,属于我国商标法中规定的侵犯注册商标专用权的行为。如果建筑装修公司不知道该建筑材料侵犯了他人的注册商标专用权,且能证明该商品是自己合法取得并能说明提供者的,不承担赔偿责任。

16. 如何认定商品销售者是否知道其销售的商品属于侵犯他人注册商标专用权的商品?

在认定商品销售者是否知道其销售的商品属于侵犯他人注册商标专用权的商品时,应当结合商标的知名度、商品的来源渠道、商品的购进价格与商标专用权人商品价格的差异等因素,综合案件的具体情况进行认定。在商标有一定知名度、销售者的商品来源于非正规的渠道、商品的购进价格与商标专用权人商品价格之间差异较大的情形下,应当认定商品销售者知道其销售的商品属于侵犯他人注册商标专用权的商品。

典型疑难案件参考

北新集团建材股份有限公司诉中信室内装修工程公司侵犯注册商标专用权纠纷案

基本案情

2005年1月14日，北新集团建材股份有限公司（简称北新集团建材公司）经国家工商行政管理总局商标局（简称商标局）核准受让取得了第1049497号"BnBm"文字商标和第3125653号"龙及图"组合商标。"BnBm"文字商标被核定使用的商品为第6类，包括普通金属、建筑用金属板、金属建筑材料、金属屋顶材料等。"龙及图"组合商标被核定使用的商品为第19类，包括石膏板、石膏、混凝土建筑构件、水泥板等。2006年9月，国家质量监督检验检疫总局授予北新集团建材公司生产的龙牌纸面石膏板为中国名牌产品。2008年3月5日，商标局认定北新集团建材公司使用在第19类石膏板商品上的"龙及图"组合商标为驰名商标。2008年6月，北新集团建材公司荣获了北京市工商行政管理局颁发的荣誉证书，其BnBm建筑用金属板、金属建筑材料荣获2007年度（2007—2010年）北京市著名商标。

中信室内装修工程公司（简称中信装修公司）承包了位于北京市朝阳区十里堡北里的"新华联丽景酒店"首层的装修工程。中信装修公司与发包方约定轻钢龙骨和石膏板等建筑材料由中信装修公司负责购买，即采取的是包工包料的形式，且发包方并未指定使用何种品牌的建筑材料。

2008年1月12日，中信装修公司从北京晓坤通达建材经营部（简称晓坤建材经营部）购进了轻钢龙骨架和石膏板等建筑材料，其中规格为3000×1200×12（mm）的普通纸面石膏板共计354张，价格为每张28元；规格为38×12×1.0×3000（mm）的轻钢龙骨为360根，价格为每根8元；规格为50×19×0.5×3000（mm）的轻钢龙骨为2520根，价格为每根7元；规格为75×50×0.6×3000（mm）的轻钢龙骨为360根，价格为每根14元。上述轻钢龙骨架上有钢印BnBm标识，与上述"BnBm"文字商标标识一致，石膏板上显示的标识与北新集团建材公司上述"龙及图"组合商标的标识一致。晓坤建材经营部不是北新集团建材公司授权的经销商。

经北新集团建材公司举报，北京市工商行政管理局朝阳分局（简称朝阳工商局）对中信装修公司进行了查处，现场查扣侵权龙骨3240根、石膏板354张，并于2008年7月17日出具了《行政处罚决定书》，认定中信装修公司从2007年12月至2008年1月24日在"新华联丽景酒店"首层的装修工程中使用并被查处的轻钢龙骨和石膏板是侵权产品，决定没收上述侵权龙骨和石膏板，并对中信装修公司罚款20000元。中信装修公司已经履行了该处罚决定，并未就此提出复议及提起行政诉讼。在朝阳工商局查处过程中，中信装修公司陈述其购买涉案建材的过程是一个叫赵世民的人去工地上推销的。

在2008年1月24日之前，中信装修公司购进建材的价格如下：75×50×0.6×3000（mm）的龙牌龙骨的价格有每根25元的，也有每根23.5元的，规格为50×19×0.5×3000（mm）的龙牌龙骨的价格为每根8.94元，规格为38×12×1.0×3000（mm）的龙牌龙骨的价格为每根10.3元。

北新集团建材公司2008年1月1日至2008年12月31日向其经销商销售建材的价格如下：规格为3000×1200×12（mm）的普通纸面石膏板为每张36元；规格为38×12×1.0×3000（mm）的轻钢龙骨为每根11.55元；规格为75×50×0.6×3000（mm）的轻钢龙骨为每根24.57元。

诉辩情况

原告北新集团建材公司诉称：我公司分别在第6类、第19类商品上注册了"BnBm"文字商标、"龙及图"组合商标。该文字商标已被认定为北京市著名商标，该组合商标已被认定为驰名商标。我公司已将该文字商标用于我公司生产的轻钢龙骨产品上，将该组合商标用于我公司生产的石膏板上。2007年12月至2008年1月24日，中信装修公司在北京市朝阳区十里堡北里"新华联丽景酒店"装修工程中使用了假冒上述文字商标轻钢龙骨和假冒上述组合商标的石膏板。2008年7月17日，朝阳工商局对中信装修公司进行了行政处罚，没收了侵权商品。中信装修公司的行为构成了销售假冒我公司商标商品的行为，侵犯了我公司的商标权，给我公司造成了严重经济损失。我公司请求判决中信装修公司赔偿我公司经济损失30万元、律师费9万元及公证费1115元。

被告中信装修公司辩称：我公司使用的涉案商品有合法来源，是从正规途径、以市场价格购买的。我公司购进涉案商品并不是进行销售，而是在装修工程中使用，不属于侵犯商标权的行为。朝阳工商局的行政处罚存在适用法律、处罚程序错误，不能作为判定本案的依据。朝阳工商局已经将涉案商品没收，我公司并未因使用涉案商品获得任何非法利益。综上，我公司的行为不属于侵犯商标权的行为，不同意北新集团建材公司的诉讼请求。

裁判结果

北京市朝阳区人民法院依照《中华人民共和国商标法》第52条第2项、第56条之规定，判决：

一、中信装修公司于本判决生效之日起10日内赔偿北新集团建材公司经济损失22000千元；

二、中信装修公司于本判决生效之日起 10 日内赔偿北新集团建材公司合理费用 3000 元；

三、驳回北新集团建材公司其他诉讼请求。

> **裁判理由**

北京市朝阳区人民法院认为：我国商标法规定销售侵犯商标权的商品的行为属于侵犯商标权的行为，销售者不知道是侵犯商标权的商品，能证明该商品是自己合法取得的，并说明提供者的，不承担赔偿责任。北新集团建材公司在第 6 类金属建筑材料上合法取得了第 1049497 号"BnBm"文字商标，在第 19 类石膏板上合法取得了第 3125653 号"龙及图"组合商标，北新集团建材公司对上述两个商标享有的商标专用权应受法律保护。中信装修公司提出其不是销售商，其购进涉案建材用于装修工程中是使用商品行为，而不是销售行为的答辩意见。对此法院认为，商标法规定的销售侵犯注册商标专用权的商品的行为即出卖侵权商品，从中获取购进价格与出卖价格之差价的行为，即存在通过出卖侵权商品获取营利的可能性。尽管中信装修公司购进涉案建材的直接目的并不是出卖以赚取差价，而是在其承包的装修工程中使用该建材，但中信装修公司这种使用方式与商品最终用户的使用是不同的。商品最终用户的使用是纯消费性使用，不具有营利性，而中信装修公司却是在经营中使用。更重要的是，中信装修公司承包工程采取的是包工包料的形式，建筑材料是其总工程价款的一部分，在这种情况下，购进建筑材料价格越低，其营利越多，因此中信装修公司使用涉案商品的行为不能等同于商品最终用户的纯粹消费性使用行为，这种使用行为存在其以较低价格购进建筑材料从而通过建筑材料营利的空间。另外，中信装修公司所承包的装修工程就是将其购进的涉案建材与其劳务结合在一起形成装修工程成果，故其交付于发包方的该成果中就包含了涉案石膏板和轻钢龙骨，而其取得的总工程款中也包含了该部分建筑材料的价款。因此，中信装修公司的这种行为类似于销售侵权商品的行为，应当比照商标法关于销售侵权商品的有关规定进行规范。

在中信建材公司购进的涉案建筑用轻钢龙骨上有 BnBm 的标识，在石膏板上有与北新集团公司上述组合商标标识一样的标识，而朝阳工商局出具的处罚决定书确认了中信装修公司购进的涉案龙骨和石膏板是侵犯北新集团建材公司商标权的商品，尽管中信装修公司在诉讼中对该处罚决定书有异议；但其并未在法定期限内对该处罚决定提出复议或者行政诉讼，且中信装修公司现也无证据推翻该行政处罚决定书认定的事实，故本院对该处罚决定书认定的事实予以确认。从中信装修公司购进涉案商品的价格看，与同时期北新集团建材公司的销售价格有较大差异，也与中信装修公司同时期购进的相同商品的价格存在较大差异,尤其是规格为75×50×0.6×3000(mm)的龙骨的价格相差约10元左右。另外,从中信装修公司购进涉案商品的途径看,是有人在工地上向其推销的,而不是去正规建材市场购进的,且北新集团建材公司也不认可晓坤建材经营部是其授权经销商。综上,可以确认中信装修公司购进的涉案龙骨是侵犯北新集团建材公司第1049497号商标权的商品,涉案石膏板是侵犯北新集团建材公司第3125653号商标权的商品。

中信装修公司购进的涉案建材与北新集团建材公司同时期销售的建材在价格上存在较大差距,且与中信装修公司同期从其他渠道购进的相同品牌的建材在价格上也存在较大差距,而且涉案商品又是由个人在工地上推销的,而不是去正规建材市场购买的,在北新集团建材公司涉案商标知名度较高的情况下,作为专业装修公司,中信装修公司应当知道从这种渠道购进的这种价格的龙骨和石膏板很可能是侵权商品。但中信装修公司却仍然购进了涉案侵权商品,主观上存在一定的过错,不能免除赔偿责任。对于具体的赔偿数额,法院根据涉案侵权行为的性质、中信装修公司的主观过错程度、涉案侵权产品的数量等因素酌情确定。律师费、公证费属于为诉讼支出的合理费用,法院根据其合理性原则酌情予以支持。

17. 将与他人注册商标相同的文字注册为企业名称并在相同或者类似的商品或者服务上突出使用的,是否构成侵犯他人注册商标专用权?

将与他人注册商标相同的文字注册为企业名称并在相同或者类似的商品或者服务上突出使用的,容易使相关公众对商品或者服务的来源产生混淆或者误认,损害了商标注册权人的利益,属于侵犯他人注册商标专用权的行为。

18. 明知他人的企业字号在一定的区域范围内具有知名度,仍在该区域范围内注册与此相同的企业字号并在相同或者类似的商品或者服务上使用的,是否构成不正当竞争?

明知他人的企业字号在一定的区域范围内具有知名度,仍在该区域范围内注册与此相同的企业字号并在相同或者类似的商品

> 或者服务上使用的,违反了诚实信用的原则和公认的商业道德,是一种典型的利用他人商誉的搭便车行为,违反了我国《反不正当竞争法》的规定,构成不正当竞争。

典型疑难案件参考

长春蓝色快车计算机工程技术有限公司诉范文英、傅永强侵害商标权及不正当竞争纠纷案

基本案情

1997年7月28日,北京蓝色快车计算机工程技术有限公司(简称北京蓝色快车公司)经国家工商行政管理局商标局(简称商标局)核准,获得"蓝色快车"注册商标专用权,核定使用商品为第9类的电子计算机、电子计算机外部设备,商标注册证注册号为第1065982号,注册有效期限自1997年7月28日至2007年7月27日。1998年4月21日北京蓝色快车公司又经商标局核准,获得"蓝色快车"注册商标专用权,核定服务项目为第38类的计算机辅助信息、图像传送、计算机终端联络,商标注册证注册号为第1169830号,注册有效期限自1998年4月21日至2008年4月20日。1999年6月3日北京蓝色快车公司迁址吉林省长春市,经长春市工商行政管理局登记将企业名称变更为长春蓝色快车计算机工程技术有限公司(简称长春蓝色快车公司),该公司在北京、上海等地设立了分支机构,公司的经营范围为开发生产销售包括计算机软硬件、配件和外围设备在内的信息技术产品及上述产品的售后服务、维护维修服务、技术支持服务及相关产品与配件配送管理服务、信息系统、网络系统咨询、设计、集成、备援、运维外包及技术支持服务等。2000年7月28日经商标局核准将第1065982号、第1169830号注册商标专用权转让给长春蓝色快车公司。长春蓝色快车公司在陕西西安授权的从事技术服务的合作机构是中铁信息计算机工程有限责任公司陕西分公司。

2002年4月11日,傅永强经长春蓝色快车公司培训获得"蓝色快车硬件工程师"称号,2004年3月傅永强从中铁信息计算机工程有限责任公司陕西分公司离职。2004年5月9日,范文英申请注册了高新区蓝色快车维修服务部,组织形式为个人经营,经营范围及方式是电脑配件、耗材及办公用品的销售;水电工程维修(以上不含国家专项审批)。《2006年中国行业资讯大全

——IT行业卷》上发布的高新区蓝色快车维修服务部地址为西安市雁塔中路118号隆佳大厦,该信息中刊登的联系电话与高新区蓝色快车维修服务部服务单记载的联系电话相同。长安公证处公证的西安办公网(网址:http://www-wxabgw.com)的"企业黄页"栏目上登记发布了高新区蓝色快车维修服务部的企业信息,在商家详细资料中将负责人姓名写为"蓝色快车"。

诉辩情况

原告长春蓝色快车公司诉称:"蓝色快车"是原告在全国IT行业知名度非常高的专业计算机技术服务品牌。2005年以来其发现二被告合作设立了以"蓝色快车"商标为字号的个体工商企业,假冒其授权许可的西安技术服务站提供相同的市场服务,其中傅永强是自己曾聘用过的职员。被告在经营过程中恶意排挤、争揽原告在西安的市场业务,已使原告的广大客户对"蓝色快车"在西安的服务产生了误认和混淆,故诉至法院,请求依法认定原告的"蓝色快车"商标为驰名商标;并请求判令:(1)禁止二被告在其企业名称及所有相关服务上使用原告的"蓝色快车"注册商标;(2)二被告立即停止侵害原告的"蓝色快车"注册商标专用权的行为和不正当竞争行为;(3)判令二被告赔偿原告为制止侵权支出的律师费、媒体公告费、其他经济损失等共约12万元。

被告范文英辩称:其使用的名称是经工商部门核准登记的,属合法使用,请求驳回原告的诉讼请求。

被告傅永强辩称:其并不认识范文英,未与范文英共同投资、注册高新区蓝色快车维修服务部;与原告不存在雇佣关系,故请求驳回原告的诉讼请求。

裁判结果

西安市中级人民法院判决:

一、本判决生效后范文英立即停止使用含有"蓝色快车"字号的企业名称;

二、本判决生效后范文英立即停止侵害长春蓝色快车公司"蓝色快车"注册商标专用权的行为;

三、本判决生效后范文英立即停止对长春蓝色快车公司的不正当竞争行为;

四、本判决生效后10日内范文英赔偿长春蓝色快车公司损失2万元;

五、驳回长春蓝色快车公司其他诉讼请求。

裁判理由

西安市中级人民法院认为：长春蓝色快车公司享有"蓝色快车"注册商标专用权。根据《商标法》第 39 条规定，长春蓝色快车公司经商标局核准后，依法取得的"蓝色快车"商标专用权应受法律保护，他人未经长春蓝色快车公司许可，不得在同种或类似服务上使用与其相同或近似的商标。

被告使用"蓝色快车"字号是否构成商标侵权和不正当竞争。（1）范文英是否侵害"蓝色快车"商标专用权和构成不正当竞争。根据本案查明的事实，范文英将与长春蓝色快车公司注册商标相同的文字"蓝色快车"登记为个体工商企业名称中的字号，范文英从事的服务与长春蓝色快车公司从事的服务相类似，长春蓝色快车公司提供的《2006 年中国行业资讯大全——IT 行业卷》上发布的高新区蓝色快车维修服务部及长安公证处公证的西安办公网的"企业黄页"栏目上登记发布的高新区蓝色快车维修服务部的企业信息中均突出使用了"蓝色快车"商标，此事实可以证明这种突出使用的方式易使相关公众对范文英所提供服务的来源与长春蓝色快车公司相互联系，足以使相关公众产生混淆、误认，同时范文英注册的企业字号在长春蓝色快车公司注册的"蓝色快车"商标专用权之后，因此根据《商标法》第 52 条第 1 款第 5 项之规定，范文英使用"蓝色快车"作为企业字号，侵害了"蓝色快车"注册商标专用权。范文英辩称其企业名称是经工商部门审批，属合法使用的，不构成侵害商标权，考虑到工商部门对企业名称的审批登记只说明范文英使用该名称符合该部门的管理规范，但不能以此作为其不侵害"蓝色快车"商标权的依据，因此范文英的辩称理由，事实依据不足。范文英的使用行为是否构成不正当竞争。本案中，长春蓝色快车公司成立于 1999 年，经过多年的经营，获得了多项荣誉，在消费者中享有一定的知名度，傅永强曾在长春蓝色快车公司授权的机构工作，现为陕西中关鑫业科工贸有限责任公司的工程师，而该公司系联想西北地区经销商，范文英为股东之一，同时高新区蓝色快车维修服务部服务单记载的服务部联系人为傅永强，其给客户在西安市雁塔中路 118 号隆佳大厦维修笔记本电脑后，发票出具人是高新区蓝色快车维修服务部，加之《2006 年中国行业资讯大全——IT 行业卷》根据企业提供的信息发布的"蓝色快车"广告记载的高新区蓝色快车维修服务部地址为西安市雁塔中路 118 号隆佳大厦，傅永强为总工程师，该信息中刊登的联系电话与高新区蓝色快车维修服务部服务单记载的联系电话相同，由此可以证明范文英的行为违反了《民法通则》第 4 条及《反不正当竞争法》第 2 条规定的诚实信用原则和商业道德，侵害了长春蓝色快车公司的竞争利益，构成不正当竞争。（2）傅永强是否侵害"蓝色快车"商标专用权和构成不正当竞争。因长春蓝色快车公司提供的证据证明傅永强是高新区蓝色快车维修服务部的工程师或联系人,而高新区蓝色快车维修服务部的业主及实际经营者均系范文英,而非傅永强。同时,长春蓝色快车公司也未提供傅永强为高新区蓝色快车维修服务部的实际经营者和合作者的证据。长春蓝色快车公司认为傅永强与范文英基于同一事实构成商标侵权和不正当竞争并请求其停止侵权、赔偿损失,证据不足。(3)本案损失赔偿的计算依据。根据《商标法》第56条的规定,长春蓝色快车公司请求判令范文英赔偿其为制止侵权支出的律师费2万元、媒体公告费3万元及因侵权给原告造成的其他经济损失7万元,因其未能提供充分的证据,依法不予全额支持。考虑到范文英的经营规模、侵权行为的性质、期间、后果、商标的声誉、时间、范围及制止侵权行为的合理开支等因素,法院综合确定损失赔偿额。长春蓝色快车公司请求傅永强赔偿损失,证据不足。

19. 如何认定房地产项目名称是否侵犯与房地产服务有关的注册商标专用权?

认定房地产项目名称是否侵犯与房地产服务有关的注册商标专用权时,应当考虑前者与后者并存是否会造成相关公众的混淆和误认。房地产项目名称经相关行政机关的审批,具有很强的表示地点的意义,相关公众在看到房地产项目名称时,一般不会将其理解为在经营房地产服务的意义上使用该名称。同时,一般情况下,商标专用权人在使用与房地产服务项目有关的注册商标时,其使用方式与房地产项目名称的使用方式存在较大的差别。因此,即便在房地产项目名称和与房地产服务有关的注册商标相同或近似的情况下,也应当结合商标的知名度判断二者是否会给相关公众造成混淆或者误认。在二者不会造成相关公众混淆或者误认的情况下,房地产项目名称没有侵犯与房地产服务有关的注册商标专用权。

典型疑难案件参考

深圳东海房地产发展有限公司诉佛山市南海区长信房地产有限公司房地产服务商标侵权案

基本案情

原告深圳东海房地产发展有限公司，住所地：广东省深圳市福田区。

被告佛山市南海区长信房地产有限公司，住所地：广东省佛山市南海区。

原告深圳东海房地产发展有限公司于2002年4月7日和5月7日经国家工商行政管理总局商标局核准注册了由繁体字"东海花园"+"EAST-PACIFICGARDEN"和图形组成的中英文图形组合商标，其中对"花园"和"GARDEN"放弃专用权，商标注册证核定服务项目为第36类和第37类，注册有效期限自2002年4月7日至2012年5月6日止，其中，核定第36类服务项目包括：办公室（不动产）出租、不动产出租、不动产代理、不动产管理、不动产中介、公寓出租、公寓管理、住房代理、住所（公寓）；核定第37类服务项目包括：建筑信息、建筑、商业摊位及商店的建筑、室内装潢、清洁建筑物（内部）、工厂建设。原告将上述注册商标中的中文部分"东海花园"作为其在深圳市开发销售楼盘小区的名称，且只在我国深圳市开发销售有"东海花园"楼盘。该"东海花园"楼盘曾获得国家建设部颁发的"国家小康住宅示范小区"称号、物业管理优秀奖、工程质量优秀奖和AAA级住宅等级证书，并获得中国房地产业协会推介为中国名盘和2001最适宜深圳人居住十大示范小区。2001年3月16日，原南海市建设局核发被告具有经营"东海花园"小区项目的房地产开发资质证书。2001年7月25日、26日，原南海市规划局核发相应的建设工程规划许可证，准予被告建设"东海花园"。2002年11月1日，原南海市民政局作出批复，同意被告将位于南海市桂城区南海大道58街区的住宅小区命名为"东海花园"，并批准按标准名称设置地名标志牌。2002年1月，原南海市房地产管理局核发被告开发的"东海花园"住宅的商品房预售许可证，准许预售。自2004年年初起，佛山市房产管理部门已开始核发"东海花园"小区的房地产权证。该"东海花园"小区的出入口、楼宇墙体等地方标有简体字"东海花园"文字的标志。

一审诉辩情况

原告诉称：2002年4月7日、5月7日，原告向国家商标局申请注册中文"东海花园"+英文"EASTPACIFICGARDEN"+图形组合商标，经核定服务项目为第36类和第37类。原告在"东海花园"商标的设计、注册、扩大知名度和影响力等品牌塑造及维护方面投入了巨额资金，从1999年至2001年，"东海花园"商标的载体——深圳东海花园获得多项住宅小区荣誉称号，同时也使"东海花园"商标成为地产界具有相当影响力的商标。被告在佛山市南海开发销售楼盘"东海花园",该楼盘的冠名、销售等方面使用的商标与原告注册商标中的"东海花园"相似,被告侵权行为所涉及的楼盘名称及提供的不动产管理、不动产中介、不动产出租及建筑信息、建筑服务与原告核定使用第36类、第37类的商标服务项目相同。被告的行为侵犯了原告的商标专用权,其行为违反了《商标法》第52条、第53条的规定,应承担商标侵权的民事责任。故起诉请求判令被告:(1)立即停止侵权行为;(2)销毁侵权商标标识、更改楼盘名称;(3)在省级报纸如《南方日报》、《南方都市报》上公开赔礼道歉;(4)赔偿原告经济损失50万元及原告因调查、制止侵权所支付的合理费用6万元;(5)承担本案全部诉讼费用。

被告辩称:(1)被告使用"东海花园"名称是经南海规划局、南海建设局及南海民政局批准,具有合法的使用权;(2)被告最早于2000年12月14日经南海规划局批准使用"东海花园"名称,并于2001年7月25日就办理了大部分建筑工程的规划报建手续,因此,被告合法使用"东海花园"名称在原告取得注册商标权之前;(3)"东海花园"只是被告楼盘项目所在地的地名,并不是被告的商标,而且,被告所使用"东海花园"与原告的注册商标有很大区别,只有"东海"二字与原告商标中文部分相似;(4)原告注册的商标是服务商标而不是商品商标,其商标的保护范围不包含"销售"行为;(5)被告在楼盘的冠名与销售过程中并未借用原告的名称或宣扬楼盘与原告有关,不存在侵权的明知或故意,没有欺骗、误导消费者,消费者也不会发生误认、误购的可能;(6)"东海花园"楼盘已于2003年发售完毕,核发的房地产权证与户口簿上均标明"东海花园"名称,停止使用是不现实的。综上,被告的行为没有侵犯原告的注册商标专用权,请求法院驳回原告的诉讼请求。

一审裁判结果

广东省佛山市南海区人民法院判决:驳回原告深圳东海房地产发展有限公司的诉讼请求。

一审裁判理由

广东省佛山市南海区人民法院经审理认为:依照《商标法》第4条第3款、第51条、第52条第1项、第2项的规定,商品商标的规定适用于服务商标;注册商标专用权以核准注册的商标和核定使用的商品为限。原告核准注册的商标是服务商标,原告在商标注册的有效期内对核准注册的商标和核定使用的第36类和第37类服务范围内依法享有商标专用权。在我国,房地产服务商标核定注册的商标权保护范围仅是提供的相关服务,并不包括房地产名称和房地产本身。被告开发销售名称为"东海花园"的商品房楼盘的行为是否构成侵权，其关键在于判定被告对"东海"二字是否作为商标使用和能否足以造成相关公众对服务来源产生混淆。第一，商标的基本功能是标识商品或服务的来源。被告开发销售名称为"东海花园"的楼盘，根据其使用含有原告注册商标"东海"的行为及标示"东海花园"的情形，应认为只是说明自己开发销售的楼盘名称，并非以区别服务来源为目的，应认为只是作为地名的普通叙述意义上的使用，不是作为商标使用，这种使用行为属于合理使用。第二，房地产作为特殊的商品，其销售区别于普通商品，其价格较高和具有地域性、不可流动性的特点，即使同一种建筑因地理位置的不同而明显不同。购房者在购房时首要选择和确定的是开发商的信誉、楼盘的地理位置和规划配套等因素，且商品房买卖需要签订书面购房合同，购房者在购房时较谨慎，注意程度相对较高，购房者应清楚谁是开发销售商，造成混淆的可能性较小，购房者不会因为只看楼盘名称就会对楼盘开发商的信息产生混淆，从而导致误认或误购。而且，原告开发的"东海花园"位于深圳，相关的服务行为也发生在深圳，由于深圳与南海在地理位置上的差距，即使考虑原告开发销售的"东海花园"具有一定的知名度，但也不足以造成购房者认为原告开发销售的"东海花园"和被告开发销售的"东海花园"会存在特定联系，被告将"东海花园"作为楼盘名称的行为，客观上不会造成购房者对服务来源的混淆，不会导致购房者误认为是原告在提供相关服务的结果。综上，被告的行为不构成对原告注册商标专用权的侵犯，原告认为被告侵权缺乏事实和法律依据。

二审诉辩情况

深圳东海房地产发展有限公司不服提起上诉：上诉理由为：（1）原审判决回避了被上诉人使用商标的图样及具体使用场合等侵权行为的重要事实，错误认定被上诉人的行为构成商标的合理使用；（2）对地名使用权是否能对抗注册商标专用权的问题，原审判决以下位法对抗上位法，适用法律错误；（3）被上诉人侵权行为所涉及的商品、服务与原告商标核定使用的商标服务相同、相类似，原审判决认为不相类似错误；（4）上诉人商标权产生时间早于被上诉人地名权产生的时间。

被上诉人辩称：（1）被上诉人使用"东海花园"的名称只是作为地名使用，没有作为商标使用；（2）地名使用权没有对抗注册商标专用权；（3）被上诉人商品房名称的标示不以区分商品或服务来源为目的，被上诉人使用"东海花园"名称不会造成消费者的误认与误购。综上，被上诉人没有侵犯上诉人的商标专用权，原审判决正确，请求驳回上诉人的上诉请求。

▶ 二审裁判结果

广东省佛山市中级人民法院依照《中华人民共和国民事诉讼法》第153条第1款第1项之规定，判决如下：驳回上诉，维持原判。

▶ 二审裁判理由

广东省佛山市中级人民法院认为：首先，根据《地名管理条例》第2条、《地名管理条例实施细则》第3条、《广东省地名管理规定》第3条，住宅小区或楼群名称是居民地名称，经民政管理部门批准的地名为标准地名。被上诉人在该住宅小区内使用"东海花园"字样标志的方式和目的不是为了区别商品或服务来源，且上述标志不具有作为商标应具备的标识商品或服务来源的基本功能，被上诉人仅将"东海花园"标志作为地名标志进行使用，没有作为商标进行使用，被上诉人销售、建造并在该住宅小区中使用"东海花园"标志的行为属于对"东海花园"地名的合理使用。其次，根据《商标法》第52条第1款、最高人民法院《关于审理商标民事纠纷案件适用法律若干问题的解释》第9条的规定，近似商标侵权的判断标准之一是相关公众对商品或者服务的来源构成混淆而产生误认或误购。对与不动产相关的商品或服务来说，相关公众对商品和服务的来源具有很高的注意程度，相关公众不会仅根据住宅小区的名称就对其开发商的信息产生混淆而导致误认或误购。并且，根据《国家工商行政管理总局商标局关于"商品房"如何确定类别问题的复函》（商标函〔2003〕32号），有关商品房的商标申请只能就建造服务与销售服务来分别申报第37类和第36类服务商标，商品房作为不动产，其本身不能申请商品商标。上诉人的两个涉案注册商标均为服务商标，保护范围仅是相关的服务，不包括住宅小区的地名和住宅小区本身。综上，上诉人的上诉请求缺乏事实和法律依据。

20. 将他人的注册商标设置为关键词，并购买、使用搜索引擎服务网站排名服务的行为是否侵犯他人的注册商标专用权？

当事人未经许可将他人的注册商标设置为搜索关键词，并购买、使用搜索引擎服务网站的竞价排名服务，从而得到有利于宣传其企业或者产品的结果。其行为客观上利用了他人商标的声誉，获得了不当的利益，属于侵犯他人注册商标专用权的行为。

典型疑难案件参考

上海梅思泰克生态科技有限公司诉无锡安固斯建筑科技有限公司侵犯商标专用权纠纷案

▶ 基本案情

上海梅思泰克生态科技有限公司（简称梅思泰克公司）于2006年3月22日登记成立，经营范围是环保及水处理技术领域内的技术开发、技术转让、技术咨询、技术服务；室内空气净化装置、垃圾房除臭装置生产、销售、安装、维修服务。2009年5月14日，梅思泰克公司获准注册"梅思泰克"文字商标，核定使用商品第11类：空气防臭装置；空气调节装置；气体净化装置；空气消毒器等，有效期至2019年5月13日。2009年8月5日，梅思泰克公司委托代理人在上海市静安公证处公证员的监督下，在公证处使用该处电脑，在"百度"搜索栏中键入"梅思泰克"后所得网页搜索结果第1页的左侧，载有7个包含该关键词的网站链接，这些链接的下方均显示有被链网站的内容介绍和网址。排在第1位的链接条目是"梅思泰克空调净化装置"，其下所附网址为www.china.acous.com，内容介绍为"梅思泰克中央空调空气净化装置"，在链接条目的右方有"赞助商链接"字样。点击该链接条目，即进入无锡安固斯建筑科技有限公司（简称安固斯公司）网站，该网站"产品展示"页显示，安固斯公司生产经营各类中央空调空气净化消毒装置。排在第2位至第7位的链接内容均指向梅思泰克公司。梅思泰克公司为此支付了公证费2500元，同时其还为本案支付了律师费6000元。

安固斯公司于2005年6月22日登记成立，经营范围是新型建筑技术的研发，建筑材料、电子设备、环保设备的销售；环保设备的制造。安固斯公司在庭审中承认其将"梅思泰克"设置为关键词提供给"百度"，并购买其相关排名服务。

▶ 诉辩情况

原告梅思泰克公司诉称：其于2006年4月3日申请注册了"梅思泰克"商标，2009年5月14日经核准注册，是该商标的专用权人，核定使用的商品包括空气防臭装置、空气调节装置、空气消毒器等。被告在没有征得原告许可的情况下，使用"梅思泰克"作为其销售的同类产品的品名，并且在广为使用的搜索引擎"百度"上，利用赞助商链接将该产品作为"梅思泰克"置顶的搜索结果。原告认为被告的行为会对使用"百度"搜索引擎寻找"梅思泰克"信息的消费者产生误导，使其错误地认为被告所经营的"梅思泰克"系列产品与原告已注册商标的核定商品是完全一致的。鉴于原被告之间无任何形式的合作关系，这一误导损害了原告的经济利益以及商标、商号信誉，侵犯了原告"梅思泰克"的商标专用权。原告请求法院依法判令被告：（1）立即停止侵权行为；（2）赔偿原告经济损失1元；（3）向原告支付为制止被告侵权而支出的合理费用1万元；（4）承担本案诉讼费用。

被告安固斯公司辩称：其自成立以来所有销售的产品均使用"安固斯"作为品名，从未使用"梅思泰克"作为品名，也从未经营过"梅思泰克"系列产品，经"梅思泰克"关键词搜索出来的链接，点入进去后，出现的安固斯公司的官方网站主页中也没有任何一个页面存在"梅思泰克"的文字、图标等内容，不会给消费者造成误导，更不会损害到原告的经济利益和商号信誉。安固斯公司在"百度"上搜索关键词是正常的商业手法，得到了"百度"网站的同意，并且搜索词是每个用户可以自由选择设置的，而显示出的结果位置及方式是由"百度"决定的，搜索结果带不带"梅思泰克"的文字，非安固斯公司所能控制。"百度"现有搜索结果显示方式已经作了重大整改，从以前的放在置顶位置，且含有关键词的文字，改成现在的出现在搜索结果页面右上方，且不带关键词的文字。综上，安固斯公司认为其使用"梅思泰克"搜索词属正常行为，并不构成侵权，请求驳回原告的全部诉讼请求。

裁判结果

无锡市中级人民法院依照《中华人民共和国商标法》第52条第1项，第56条第1款、第2款，《中华人民共和国商标法实施条例》第2条，《中华人民共和国民事诉讼法》第128条的规定，判决：

一、被告安固斯公司于本判决生效之日起立即停止侵犯原告梅思泰克公司"梅思泰克"注册商标专用权的行为；

二、被告安固斯公司于本判决生效之日起10日内赔偿原告梅思泰克公司经济损失1元；

三、被告安固斯公司于本判决生效之日起10日内赔偿原告梅思泰克公司支出的合理费用8500元；

四、驳回原告梅思泰克公司的其他诉讼请求。

裁判理由

江苏省无锡市中级人民法院认为：梅思泰克公司系"梅思泰克"商标的注册人，在其核定使用的商品范围内，依法享有注册商标专用权。未经梅思泰克公司许可，任何人不得在相同或类似的商品、商品包装、广告宣传等商业活动中使用上述商标。安固斯公司主要生产经营各类中央空调空气净化消毒装置，与"梅思泰克"商标核定使用的第11类商品在功能用途、销售渠道、消费对象等方面相同，属于相同商品。安固斯公司虽然未直接在其生产销售的商品上使用"梅思泰克"商标，也未在其网站内使用"梅思泰克"进行宣传，但其将"梅思泰克"作为关键词提供给"百度"，且安固斯公司承认其购买了"百度"的相关推广服务，而在搜索结果页该公司链接条目的右方有"赞助商链接"字样，显然其购买的是"百度"的竞价排名服务，非"百度"自行设定排名算法规则的自然排名服务，这就使得相关公众在用"梅思泰克"进行搜索时，显示结果的网页置顶链接为安固斯公司网站，网址旁的内容介绍为"梅思泰克中央空调空气净化装置"，而列在第2位至第7位的被链网页内容均指向梅思泰克公司，客观上会使相关公众误认为安固斯公司销售"梅思泰克"商品或与梅思泰克公司有特定联系，在选择商品时造成混淆。即使不认为二者有关联，因两公司销售同类商品，面临潜在的消费群体相同，有意愿购买"梅思泰克"商品的消费者在使用"梅思泰克"进行特定搜索时，却进入安固斯公司网站，如果交易成功，则在一定程度上抢占了梅思泰克公司的市场份额，损害了梅思泰克公司作为"梅思泰克"商标专用权人因创造、使用、维护该商标所应该享受到的权益。因此安固斯公司将"梅思泰克"设置为关键词，用于百度竞价排名搜索，以销售、推广与梅思泰克公司相同的商品的行为，构成对"梅思泰克"注册商标专用权的侵犯。

21. 经营"竞价排名"营利性栏目的搜索引擎网站在未尽到合理审查义务的情况下，是否应当对参加竞价排名的企业侵犯他人商标权的行为承担连带责任？

"竞价排名"服务不仅需要收取费用，还要求用户在注册时必须提交选定的关键词，因此，经营"竞价排名"服务的搜索引擎网站有义务也有条件审查用户使用该关键词的合法性，如果该网站没有尽到其合理的审查义务，致使参加"竞价排名"的企业侵犯他人注册商标专用权的，该网站依法应当与参加竞价排名的企业承担连带责任。

典型疑难案件参考

大众交通（集团）股份有限公司等诉北京百度网讯科技有限公司等百度搜索引擎利用"竞价排名"服务间接侵犯商标专用权与不正当竞争纠纷案

基本案情

原告大众交通（集团）股份有限公司（简称大众交通公司）享有"大众"文字注册商标的专用权，商标注册证号为第772844号，核定服务项目为第39类：汽车出租、出租车运输、车辆租赁、旅客运送，该商标经续展有效期至2014年11月27日。2005年6月，原告大众交通公司与原告上海大众搬场物流有限公司（简称大众搬场公司）签订了《注册商标排他许可使用合同》，原告大众交通公司排他许可原告大众搬场公司自2005年6月15日至2010年1月31日在上海市地区经营搬场业务时使用原告大众交通公司注册的第772844号"大众"商标。原告大众交通公司使用在出租车运输服务上的"大众"商标曾于2006年1月被上海市工商行政管理局认定为上海市著名商标，原告大众交通公司于2007年1月获得"大众最具价值的上海服务商标"证书，上海市人民政府外事办公室于2007年4月11日就原告大众搬场公司完成行李运送任务的事实出具了证明。

被告北京百度网讯科技有限公司（简称百度网讯公司）是百度网站的所有人和经营人，该网站的"竞价排名"业务上海地区的负责主体是被告百度在线公司上海分公司，被告为百度在线网络技术（北京）有限公司（简称百度在线公司）。百度在线公司是被告百度在线网络技术（北京）有限公司上海软件技术分公司（简称百度在线公司上海分公司）的上级公司。

2007年4月17日，上海市静安区公证处根据原告大众搬场公司的委托对百度网站的有关内容进行了公证，并出具了〔2007〕沪静证经字第1061号公证书，上述内容包括：（1）对于百度网站的首页以及"企业推广"、"什么是百度竞价排名服务"、"百度用户服务合同"、"火暴地带"、"关于百度"、"广火暴告投放"、"百度广告投放"等相关页面进行网页截屏保存；（2）在百度网站首页的搜索栏中输入"上海大众搬场物流有限公司"，并对搜索所得的载有网站链接的页面以及点击链接进入第三方网站所得的页面进行截屏保存。根据上述公证书的显示，在输入关键词"上海大众搬场物流有限公司"后所得网页搜索结果第1页的左侧，载有13个包含关键词的网站链接，这些链接的下方均显示有被链网站的内容介绍和网址，排在该网页最前面的2个链接网站的名称为"上海大众搬场物流有限公司"，链接条目末尾显示有"推广"字样。在该网页的右侧，显示有8个网站链接，这8个链接不包含整个关键词，但包含该关键词中的部分内容，如"大众"、"搬场"、"物流"等。该公证书所载明的网页搜索结果第1页显示的被链第三方网站均与两原告无关，在前述网站网页的显著位置上有突出显示"上海大众搬场物流有限公司"以及"大众搬场"等字样。

另查明，百度同站的"竞价排名"服务是一种收费服务，用户在"竞价排名"栏目注册账号后，需向百度网站支付推广费，自行选定搜索关键词，并自行设定其网站链接，每被点击一次需向百度网站支付一定的费用，该项服务的最终目的是确保以其选定的关键词进行搜索时，付费越多的用户其网站链接排名越靠前。

诉辩情况

原告大众交通公司与大众搬场公司共同诉称：原告大众交通公司享有"大众"文字注册商标专用权。原告大众搬场公司有文字注册商标"大众"的排他许可使用权。经过两原告的努力，"大众"文字注册商标多次被评为上海市著名商标、最具价值的上海服务商标。两原告发现在被告百度网讯公司、被告百度在线公司、被告百度在线上海分公司所有并经营的百度网站（www.baidu.com）的"竞价排名"和"火暴地带"栏目网页中，出现大量假冒原告大众搬场公司的网站链接，这些网站经营者均未经过工商登记，不具有经营相关业务的资格，却擅自使用原告大众交通公司享有专用权和原告大众搬场公司享有排他许可使用权的"大众"注册商标，并以与原告大众搬场公司的企业名称相同或近似的名称招揽搬场物流业务。两原告认为，百度网站上的"竞价排名"和"火暴地带"两个栏目属于网络推广形式的广告，即以网页为媒介，为客户提供收费的宣传和推广服务。因此，3被告在百度网站上的广告栏目中擅自使用两原告享有权利的注册商标构成商标侵权及发布虚假广告的不正当竞争行为，故诉至法院，请求判令：（1）3被告停止发布在百度网站上的"竞价排名"和"火暴地带"栏目中侵犯两原告商标权及构成不正当竞争的广告，并删除侵权网站的链接；（2）3被告在百度网站上"竞价排名"和"火暴地带"栏目的首页向两原告公开赔礼道歉、消除影响；（3）判令3被告向两原告赔偿包括合理费用在内的经济损失人民币50万元。

3被告共同辩称：（1）本案两原告享有权利的注册商标所核定使用的服务类别是第39类的汽车出租、出租车运输、车辆租赁、旅客运送等项目，而在第39类的"搬场"服务项目及第35类的"商业场所搬迁"服务类别上，两原告不享有注册商标专用权及排他许可使用权，因此两原告无权在搬场服务类别上阻止他人使用"大众"文字标识;(2)根据原告公证书显示,输入关键词"上海大众搬场物流有限公司"后,出现在网页右侧的8个网站链接不属于"火暴地带"服务项目的搜索结果,而属于"竞价排名"服务项目中智能匹配的搜索结果。而百度的"竞价排名"搜索服务本质上是一种搜索引擎技术服务,只向公众提供信息检索服务,展示与公众输入的关键词相关联的网页链接,并不直接提供任何信息。与普通搜索相比,百度的竞价排名服务是基于搜索引擎技术开发出来的一种新的技术应用,具有实质性的正当用途,不是一种专门的侵权工具。"竞价排名"服务仅为第三方网站提供技术服务,影响搜索关键词与该网站网页的技术相关度,使得该网站在搜索结果中排序优先。作为搜索引擎,百度网站无法对被链接第三方网站的内容进行审核与控制,也无法控制关键词的输入以及限制关键词所对应的网站,因此3被告不是广告发布者,不应对第三方网站上的内容负责;(3)对于本案"竞价排名"服务中的关键词"大众搬场",3被告无法识别其可能涉及侵犯他人的注册商标。两原告事先未就此事发通知给3被告,而且3被告在接到本案诉状后已经及时断开了"大众搬场"关键词中全部涉嫌侵权的第三方网站的链接,作为搜索引擎服务商,3被告已经尽到了相关义务。综上,3被告认为自己没有侵犯两原告的商标权,也不存在不正当竞争行为,请求法院驳回两原告的诉请。

裁判结果

上海市第二中级人民法院依照《中华人民共和国民法通则》第134条第1款第7项、第9项、第2款,《中华人民共和国反不正当竞争法》第5条第3项、第9条、第20条第1款,《中华人民共和国商标法》第56条第1款、第2款,最高人民法院《关于审理商标民事纠纷案件适用法律若干问题的解释》第1条第1项、第11条第2款、第16条第1款、第2款、第21条第1款,最高人民法院《关于贯彻执行〈中华人民共和国民法通则〉若干问题的意见(试行)》第148条之规定,判决如下:

一、被告百度网讯公司、被告百度在线公司、被告百度在线公司上海分公司应于本判决生效之日起30日内在百度网站(www.baidu.com)"竞价排名"栏目的首页连续48小时刊登声明,消除影响(内容需经本院审核);

二、被告北京百度公司、被告百度在线公司、被告百度在线公司上海分公司应于本判决生效之日起10日内共同赔偿原告大众交通公司、原告大众搬场公司包括合理费用在内的经济损失人民币5万元;

三、驳回原告大众交通公司、原告大众搬场公司的其余诉讼请求。

裁判理由

上海市第二中级人民法院认为：

（一）本案中百度网站为哪些第三方网站提供了"竞价排名"或者"火暴地带"服务

本院认为：根据原告提交的公证书中关于百度网站"竞价排名"服务项目的文字介绍与演示步骤的图示解释，可以认定位于搜索结果网页第1页左侧并在网站链接下方标有"推广"字样的两个被链网站接受了百度网站的"竞价排名"服务，而在搜索结果网页第1页左侧中显示的其余网站链接均属于百度网站作为搜索引擎根据关键词进行自然搜索后所得的结果。根据上述公证书中关于百度网站"火暴地带"服务项目的介绍与演示步骤的图示解释，本院对于3被告的辩称予以采信，认定本案中位于搜索结果网页第1页右侧的8个网站链接亦是接受了百度网站"竞价排名"服务，而非"火暴地带"服务。综上，本院认定，本案中上述10个被链接的第三方网站均接受了百度网站的"竞价排名"服务。

（二）三被告的行为是否构成商标侵权和不正当竞争

1. 关于商标侵权行为的认定

本院认为：根据有关规定，类似服务是指在服务的目的、内容、方式、对象等方面相同，或者相关公众一般认为存在特定联系、容易造成混淆的服务。"大众"注册商标核定使用的运输类服务与搬场服务在相关公众看来存在特定的联系，容易造成混淆，因此两者属于类似服务。由于两原告从未许可接受"竞价排名"服务的第三方网站使用"大众"商标，3被告亦未提供上述网站的"竞价排名"合同、经营资质以及其他相关证据。故本院认定，接受"竞价排名"服务的网站未经原告大众交通公司许可在其经营搬场业务的网站网页显著位置突出使用了"上海大众搬场物流有限公司"、"大众搬场"等字样作为其企业字号，使相关公众产生了误认，侵犯了原告大众交通公司享有的"大众"注册商标专用权。因此，在本案中，虽然根据两原告输入的关键词，百度网站搜索结果的链接条目中含有"大众"和"上海大众搬场物流有限公司"等字样，但这是百度网站作为搜索引擎实现其主要功能的必要手段，同时百度网站的"竞价排名"服务只起到了影响网页搜索结果中自然排名的作用，也没有证据证明其有为第三方网站实施侵权行为提供便利的主观故意。综上，百度网站不应被认定为直接实施了商标侵权行为。但是，根据最高人民法院《关于贯彻执行〈中华人民共和国民法通则〉若干问题的意见（试行）》（简称《民通意见》）的有关规定，教唆、帮助他人实施侵权行为的人，为共同侵权人，应当承担连带民事责任。与搜索引擎通常采用的自然排名相比，"竞价排名"服务不仅需要收取费用，还要求用户在注册时必须提交选定的关键词，因此，百度网站有义务也有条件审查用户使用该关键词的合法性，在用户提交的关键词明显存在侵犯他人权利的可能性时，百度网站应当进一步审查用户的相关资质。在本案中，被告百度在线公司上海分公司作为"竞价排名"服务上海地区业务的负责人应当知道"大众"商标的知名度，许多申请"竞价排名"的用户与两原告毫无关系，却以"上海大众搬场物流有限公司"或者"大众搬场"为关键词申请"竞价排名"服务，致使搜索结果中出现了两个名称完全相同、从事业务相同但其他内容和联系信息完全不同的网站。综上，本院认为，百度网站应当知道存在第三方网站侵权的可能性，就此应当进一步审查上述第三方网站的经营资质，但根据三被告的陈述，百度网站对于申请"竞价排名"服务的用户网站除进行涉黄涉反等最低限度的技术过滤和筛选以外，没有采取其他的审查措施，未尽合理的注意义务进而导致了侵犯原告大众交通公司的注册商标的第三方网站在搜索结果中排名靠前或处于显著位置，使网民误以为上述网站系与原告大众交通公司关联的网站，对原告大众交通公司的商誉造成了一定影响。本院认为，3被告未尽合理注意义务，主观上存在过错，客观上帮助了第三方网站实施了商标侵权行为，并造成了损害结果，因此与直接侵权的第三方网站构成共同侵权，应当承担连带民事责任。鉴于本案中，两原告只起诉了3被告要求其承担民事责任，3被告应仅就其帮助侵权行为承担相应的民事责任。

2. 关于不正当竞争行为的认定

本院认为：根据《反不正当竞争法》的有关规定，接受"竞价排名"服务的第三方网站在自己的网站上擅自使用"上海大众搬场物流有限公司"等字样，让人误认为其是原告大众搬场公司的网站，构成擅自使用他人企业名称的不正当竞争行为。此外，上述网站在自己网页上使用"大众搬场物流有限公司"、"大众搬场"等字样构成针对原告大众搬场公司的虚假宣传的不正当竞争行为。百度网站作为搜索引擎，其实质性功能是提供网络链接服务，其既不属于网络内容的提供者，也不属于专门进行广告发布的网络传媒。作为"竞价排名"服务的提供者，百度网站仅对注册用户在搜索结果中的排名产生影响，本身不提供用户网站上的信息内容，所产生的网页搜索结果也没有直接或间接介绍商品或服务的功能，因此百度网站的行为不构成直接的虚假宣传的不正当竞争行为。但是，根据《民通意见》的有关规定，教唆、帮助他人实施侵权行为的人，为共同侵权人，应当承担连带民事责任。百度网站的"竞价排名"服务是一种收费服务，其有义务也有能力在存在侵权可能性的情形下，审查注册用户使用该关键词的合法性。本案中，被告百度在线公司上海分公司应当知道原告大众搬场公司是上海地区的知名企业，百度网站对于以该公司名称或与该名称关联程度较高的词组为关键词的注册用户应当审查其是否具有合法的经营资质或其与原告大众搬场公司是否有关联。而根据3被告的陈述，百度网站对于申请竞价排名服务的用户同站除进行涉黄涉反等最低限度的技术过滤和筛选以外，没有采取任何其他的审查措施，未尽合理的注意义务，进而导致假冒原告大众搬场公司名称的第三方网站在搜索结果中排名靠前或处于显著位置，客观上帮助了假冒网站实施不正当竞争行为，并对原告大众搬场公司的商誉造成了一定影响。因此，本院认为，3被告未尽合理注意义务，主观上存在过错，与实施直接侵权的第三方网站构成共同侵权，应当承担连带民事责任。鉴于本案中，两原告只起诉了3被告要求其承担民事责任，3被告应仅就其帮助侵权行为承担相应的民事责任。

（三）两原告要求3被告共同赔偿经济损失人民币50万元是否有事实与法律依据

两原告为证明自己的实际损失，提交了2007年1月至8月收入明细表、2007年1月至8月资产负债表及利润表等证据，但本院认为上述证据不足以证明其所要证明的事实。两原告未提交任何证据证明其为本案诉讼支出的合理费用。鉴于两原告的实际损失以及3被告的获利皆无法确定，本院将综合考虑两原告商标和企业名称的知名度、3被告侵权的范围、主观过错程度、侵权行为持续的时间及获利状况等因素，酌情确定赔偿数额，包括合理费用的支出。

另外，对于两原告要求3被告在百度网站"竞价排名"和"火暴地带"栏目的首页向两原告公开赔礼道歉、消除影响的诉讼请求。本院认为，商标侵权行为和不正当竞争行为不构成对两原告人身权利的侵害，对于两原告要求赔礼道歉的诉讼请求不予支持。但鉴于3被告的行为已经给两原告的商业信誉造成了不良影响，本院对于消除影响的诉请予以支持，3被告应以适当方式消除其侵权行为给两原告造成的不良影响。另外，鉴于3被告已经在接到本案诉状材料后断开了涉嫌侵权的第三方网站的链接，本院对于两原告要求停止侵权、断开链接的诉讼请求不予支持。

综上，接受百度网站"竞价排名"服务的第三方网站未经许可擅自在其网站上使用"大众搬场物流有限公司"、"大众搬场"等字样，假冒原告大众搬场公司的网站，使相关公众对其提供的搬场服务的来源产生误认，侵犯了原告大众交通公司享有的"大众"注册商标专用权，构成了针对原告大众搬场公司的不正当竞争行为。3被告作为百度网站的经营者以及"竞价排名"业务的负责主体对于明显存在侵犯他人权益可能的注册用户未尽合理的注意义务，主观上存在共同过错，客观上共同给两原告造成了损失，构成帮助侵权行为，应当就该侵权行为共同承担赔偿损失的民事责任。

22. 如何认定通用网址是否侵犯注册商标专用权？

确认通用网址是否侵犯注册商标专用权，应以其是否在同一种商品或类似商品上作商标性使用，并足以造成相关公众的误认作为判断标准。在通用网址与注册商标相同或相近似的前提下，如果通用网址具有商标的功能，所指向的商品与注册商标所核定使用的商品是同一种商品或类似商品，足以造成相关公众的误认时，一般应当确认通用网址侵犯注册商标专用权。

典型疑难案件参考

南京雅致珠宝有限公司诉广州园艺珠宝企业有限公司通用网址及商标侵权纠纷案

基本案情

南京雅致珠宝有限公司（简称雅致公司）成立于1997年4月28日，其经营范围是：服装的生产、销售，针纺织品，百货，建筑材料，装饰材料，工艺美术品（不含国家专控商品），电器机械及器材，五金交电（不含助力车），电子通讯（不含卫星设备），电子计算机及配件，医疗器械，金属材料（不含稀有金属）的销售。雅致公司有自己的网站，其域名分别为 www.njyazhi.com 和 www.yazhi.net。在该网站上，雅致公司建立有网上商城，对自己的珠宝产品进行宣传，其经营的珠宝产品有首饰、摆饰、典藏、饰品等。该网上商城在纠纷发生时尚未实际开展网上交易。

杨巨顺是南京石头记厂厂长，该厂成立于2001年1月4日，其经营范围及方式是礼品、包装盒零售。2001年1月8日，雅致公司和杨巨顺签订合作协议，约定雅致公司积极采取广告宣传（包括利用互联网进行宣传）方式，以扩大南京石头记厂产品在市场中的占有率。雅致公司保护南京石头记厂的无形资产，特别是商号、商标、域名等。杨巨顺于2002年2月1日申请注册了"石头记饰品"网站，其域名为 www.chinafamoustone.com，网站办公地址为"南京市湖南路66号"，与雅致公司住所地一致，该网站的网页在纠纷发生时仅仅有一页对南京石头记厂的简短介绍，而通过该网站首页的链接可进入雅致公司的网站。

广州园艺珠宝企业有限公司（简称园艺公司）成立于1993年，其经营范围为：生产、销售、加工各种天然宝石、人造宝石以及石类装饰产品等。园艺公司是注册商标"石頭記"的注册人。该商标核定使用商品是第14类"珠宝、首饰、宝石、贵重金属制纪念品"，注册有效期限为1997年7月21日至2007年7月20日。园艺公司的"石頭記"产品曾多次在中央电视台影视频道、《中国宝石》、《花溪》、《女友》、《瑞丽》、《希望》等媒体上投放广告。园艺公司于1999年10月12日注册了国际域名www.famoustone.com，2001年12月10日该域名转入深圳华企网信息产业发展有限公司管理并投入使用。2000年1月30日，园艺公司曾与"石頭記"南京专卖店签订联销加盟店合约书，签约时南京专卖店的法定代理人是杨筱红。同年12月18日，园艺公司以违反关于知识产权方面的合同义务为由向杨筱红发出终止合约通知书。

2001年12月26日，雅致公司通过深圳华企网实业发展有限公司申请了通用网址"石头记"。该通用网址指向www.chinafamoustone.com，南京石头记厂网站的主页左下方建立了两个友情链接"雅致"、"我的个人主页"。通过点击"雅致"，网络用户可以链接到雅致公司网站。2001年12月26日至2002年1月8日，该通用网址一直指向原告雅致公司的网站www.njyazhi.com。2001年12月27日，园艺公司通过深圳华企网实业发展有限公司申请通用网址"石头记"，发现该通用网址已被雅致公司注册。

根据雅致公司网站的宣传，该公司经营的珠宝产品分首饰、摆饰、点藏、饰品等4大类，有项链、耳环、手链、胸花、头饰、吊坠、袖扣等上万个品种，与园艺公司注册商标核准的商品系同一种商品或类似商品。根据中国互联网络信息中心公布的《通用网址注册办法》和《通用网址争议解决办法》，通用网址系统自2001年8月4日开通注册。2002年4月5日，中国国际经济贸易仲裁委员会域名争议解决中心曾根据园艺公司投诉，就该公司与雅致公司所争议的"石头记"通用网址纠纷作出〔2002〕贸仲通裁字第0004号裁决书。裁决结果为：投诉人园艺公司对被投诉人雅致公司注册的"石头记"通用网址的投诉理由成立，并裁定将上述通用网址繁体及简体中文"石头记"转移给投诉人。根据《通用网址争议解决办法》的规定，该裁决并非终局裁决。

一审诉辩情况

原告雅致公司诉称：原告于2001年1月6日与南京石头记厂签订"合作协议"一份并约定，原告作为南京石头记厂的独家全权代表，有义务积极为其采取广告宣传（包括利用互联网络进行宣传），保护包括南京石头记厂商号、域名在内的无形资产。原告于2001年12月26日与代理服务商深圳华企网实业有限公司签订了《中国企业网商务合同书》，向中国互联网络信息中心申请注册了"石头记"通用网址。2002年2月11日，原告雅致公司收到了中国国际经济贸易仲裁委员会域名争议解决中心秘书处发来的投诉通知和其转发的园艺公司投诉书。被告园艺公司的投诉行为，不仅妨碍了原告雅致公司行使自己的正当权利，构成了通用网址的反向侵夺，而且原告雅致公司因投诉而支付了律师费和调查取证费。为保护原告雅致公司的合法权利，请求人民法院：(1) 判令确认原告雅致公司对通用网址"石头记"享有合法权益；(2) 判令被告园艺公司给付原告雅致公司因参加诉讼所支付的律师费用3000元；(3) 本案诉讼费用由被告园艺公司承担。

被告园艺公司辩称：（1）原告雅致公司注册和使用通用网址"石头记"侵犯了被告园艺公司在先享有几个方面合法权益：首先，1997年被告园艺公司（反诉原告）就享有商标专用权的在先权利；其次，被告园艺公司在2001年取得"石头记"的中文域名所有权；最后，原告雅致公司使用和注册通用网址"石头记"违反了关于通用网址注册和域名管理的有关法律和规定，法院应不予以支持原告的诉讼请求。（2）原告雅致公司要求被告支付律师费用没有法律依据，原告雅致公司注册"石头记"通用网址的行为是非法注册和使用，其所支出的所有费用都不应得到支持。（3）对于诉讼费用的负担，由法院决定。请法庭驳回原告雅致公司的全部诉讼请求。

第三人杨巨顺称其支持原告雅致公司的诉讼请求，"石头记"是第三人在工商机关合法登记的商号，理应受到法律的保护，"石头记"通用网址是对南京石头记厂的产品的宣传和保护，与被告无关。

反诉原告园艺公司诉称：（1）雅致公司在2001年12月27日注册使用的通用网址"石头记"，与园艺公司于1997年7月21日在先注册的商标"石頭记"名称完全相同，侵害了园艺公司的注册商标专用权。因为雅致公司的注册行为，阻碍了园艺公司使用"石头记"商标在互联网上进行通用网址注册、域名注册等商业活动，使园艺公司的商标专用权的行使因雅致公司的不法注册而受到实际妨碍。雅致公司的这种行为属于《商标法》第52条第5项规定的侵犯商标专用权的性质。（2）雅致公司注册通用网址"石头记"具有主观恶意。理由是：①雅致公司明知的"石頭记"是园艺公司合法拥有的注册商标，即雅致公司的法定代表人杨筱红在1998年跟园艺公司签订了加盟合约书，当时其一直是专卖园艺公司的"石头记"系列产品的加盟销售商，双方属于同一行业，经营范围相同，雅致公司法定代表人杨筱红又曾与园艺公司有过长期的业务往来，专门销售园艺公司的产品，其不可能不知道"石头记"是园艺公司的商标。②雅致公司明知"石頭记"的"宝玉石"产品在全国有很多家连锁店，销售量很大，在这种情况下，雅致公司还是注册使用了"石头记"通用网址，违反了诚实信用、公平竞争的原则；通用网址"石头记"链接到雅致公司的网站上，雅致公司的网站和网上销售的产品跟园艺公司的经营范围和经营的产品相同或者相似，违反了我国《民法通则》和《反不正当竞争法》的有关规定，属不正当竞争行为，也是具有恶意的。（3）雅致公司对"石头记"不享有任何合法权益，这一中文汉字既非雅致公司的商标权专用权，也非雅致公司的企业商号（名称权），因此，雅致公司注册使用"石头记"通用网址，违反了《通用网址注册办法》第5条、第15条。（4）雅致公司在互联网上申请注册通用网址"石头记"，并通过迂回曲折的方式更改指向，将该网址最终控制和操纵在自己名下，并与自己的网页进行链接。在网络用户登录"石头记"网址后，发现其主要链接和内容是园艺公司的网页和产品。对于仅了解"石头记"宝石产品并按此上网浏览相关网页的用户来说，根本无法区别雅致公司与园艺公司、南京石头记厂这三者之间的关系和不同。这必然导致用户的混淆和误认。这已构成了《通用网址争议解决办法》第5条第3款规定的情形，属恶意注册和使用"石头记"通用网址。据此，请求人民法院：（1）依法认定雅致公司注册通用网址"石头记"的行为属恶意抢注行为，侵犯了园艺公司的合法权益（注册商标专用权）；（2）依法判令雅致公司将通用网址"石头记"转移给园艺公司，由园艺公司注册使用该网址；（3）由雅致公司承担本案诉讼费用。

反诉被告雅致公司辩称：其注册通用网址"石头记"是根据中国互联网络信息中心的有关规定，即"先申请先注册"的原则，通过注册代理服务商中国企业网为南京石头记厂向中国互联网络信息中心申请注册了"石头记"通用网址，符合法律规定，不属于恶意侵权。雅致公司认为园艺公司所提到的其合法权益问题仅是一个注册商标专用权，而注册商标专用权不能延伸到互联网的通用网址，因此园艺公司的反诉是没有道理的，其有关费用应由园艺公司自己承担。

第三人杨巨顺以其前述同样的理由请求驳回反诉原告的反诉请求。

▶ 一审裁判结果

广东省广州市中级人民法院依照《中华人民共和国商标法》第3条、第52条第5项，最高人民法院《关于审理涉及计算机网络域名民事纠纷案件适用法律若干问题的解释的规定》第4条、第5条第1款第2项、第8条的规定，判决如下：

一、驳回原告（反诉被告）雅致公司的诉讼请求；

二、确认原告（反诉被告）雅致公司注册通用网址"石头记"的注册行为属恶意抢注行为；

三、确认原告（反诉被告）雅致公司侵犯了被告（反诉原告）广州园艺珠宝企业有限公司的"石头记"注册商标专用权；

四、原告（反诉被告）雅致公司将通用网址"石头记"转移给被告（反诉原告）园艺公司，由被告（反诉原告）园艺公司注册、使用该通用网址。

➡ 一审裁判理由

广州市中级人民法院经审理认为，本案争议主要有以下几点：

1. 通用网址的性质是否等同域名？

通用网址的注册管理机构在对通用网址的管理问题上，其并不是得到国家确认或者授权的有行政主体资格的机构，其颁布的有关通用网址的注册管理办法不是行政法规，任何主体对通用网址享有的利益也不是一种法律上的权利。通用网址不同于享有法律地位的域名。但是从网络地址资源的发展历史及其趋势来看，IP地址是数值形式的地址，它最后为字符形式的地址——"域名"所代替，并且IP地址最终被域名屏蔽；随着互联网寻址技术的不断发展，中文形式的地址也可能成为新一代网络用户广泛使用的主要寻址方式。通用网址作为中文寻址方式的一种，其与域名有最为类似的性质，在没有相关法律法规对这类问题有规定的情况下，可以参照域名的相关规则对有关纠纷进行处理。

2. 雅致公司注册使用通用网址"石头记"是否侵犯园艺公司享有的商标专用权？

根据原告（反诉被告）雅致公司网站介绍，原告（反诉被告）雅致公司主要经营"首饰、摆件、典藏、饰品"等商品，雅致公司的网上商城上推介的产品主要是首饰。雅致公司的实际经营范围与园艺公司注册商标"石头记"核准的产品范围类似或者相同。雅致公司通过在通用网址"石头记"对应的网站首页上建立"链接"，使得网络用户在以通用网址上网搜索地址时，以"石头记"寻址可以找到南京石头记厂的网站，并通过该网站首页的"友情链接——雅致"可以直达雅致公司的网站。而雅致公司网站与园艺公司网站推介的商品及服务属于相同、相类似。雅致公司的行为使得园艺公司"石头记"注册商标专用权的识别功能减弱，容易使得相关公众在认牌购物时，可能对于"石头记"所表示的产品来源产生混淆，难以区分通用网址"石头记"页面上"友情链接"的雅致公司和注册商标"石头记"的所有人园艺公司；或者使人误认为两者之间有某种联合、附属或者其他联系；从而减弱了注册商标"石頭記"的显著性，应当属于《商标法》第52条第5款规定的其他种类的商标侵权行为。

3. 雅致公司注册通用网址"石头记"是否具有恶意？

通用网址"石头记"系以原告名义注册，原告雅致公司称其是受第三人南京石头记厂委托注册该通用网址。原告雅致公司对"石头记"3字并没有在先的权利或者其他合法利益。而早在2000年，原告雅致公司的法定代表人杨筱红曾系被告园艺公司加盟店的店主，原告雅致公司应当是明知被告园艺公司有在先权利；且2001年12月26日至2002年1月8日，该通用网址"石头记"曾一度指向原告雅致公司的网站www.njyazhi.com。南京石头记厂网站的网页仅仅有对南京石头记厂的简短介绍，而通过该网站首页的链接进入雅致公司的网站，可以见到大量与园艺公司提供的商品相类似商品的介绍。原告雅致公司明知他人有在先权利，而将他人注册商标注册为通用网址作为商业目的使用，并与自己提供的商品与服务建立联系，且在一定程度上造成雅致公司与园艺公司提供的产品、服务的混淆。至于雅致公司称其系接受第三人南京石头记厂的委托而注册该通用网址的理由即便成立，相关利益应当归于第三人，而不能成立雅致公司以自己的名义主张对"通用网址"享有的合法权益的请求。即使原告雅致公司接受第三人的委托，作为受托人注册该通用网址其也是有恶意的。

一审法院认为：雅致公司对"石头记"不享有任何在先的合法权利或者权益，至于第三人以其字号注册该通用网址"石头记"与雅致公司以自己的名义主张通用网址"石头记"的权益属于两个不同的问题。园艺公司系注册商标"石頭記"的注册人。雅致公司注册的通用网址"石头记"构成对园艺公司的注册商标"石頭記"的混淆，足以造成相关公众的误认；且雅致公司为商业目的使用与园艺公司的注册商标"石頭記"相同的通用网址"石头记"，故意造成与园艺公司提供的产品、服务的混淆，误导网络用户访问其网站。雅致公司注册通用网址"石头记"的注册行为属恶意抢注行为；雅致公司注册、使用通用网址"石头记"的行为侵犯了园艺公司的"石頭記"注册商标专用权。

▶ 二审诉辩情况

雅致公司上诉认为：（1）通用网址的性质不等同于域名，一审法院认定事实不清，适用法律错误。因为网络域名是在联入网络的计算机之间需要建立唯一联系的背景下产生的，是对应于互联网数字地址（IP地址）的层次结构式网络字符标识。而通用网址却是一种新兴的网络名称访问技术，通过建立通用网址与网站地址（URL）的对应关系，实现浏览器访问的一种便捷方式。同一域名形式在互联网上是唯一的，但类似通用网址的中文名称访问技术在互联网上却有多种，并不具有唯一性。同时，即使申请了通用网址，如果网络访问用户没有在自己的计算机中安装通用网址的插件,就不能利用通用网址顺利访问相关网址。一审法院忽视了域名与通用网址最根本的区别,简单认为"通用网址作为中文寻址方式的一种,其与域名有最为类似的性质",并参照域名的相关规则来判决上诉人具有恶意,系认定事实不清,适用法律错误。
(2)上诉人注册通用网址不侵犯被上诉人的商标专用权。被上诉人持有的"石頭記"注册商标使用范围是:珠宝、首饰、宝石、贵重金属纪念品。而上诉人所代理的一审第三人南京石头记厂的经营范围及方式是:礼品、包装盒零售。该厂注册的通用网址"石头记"虽与被上诉人注册商标相同,但两者涉及商品类别不同,且未开展电子商务交易,故不存在使公众产生误认的后果,不会减弱注册商标"石头记"的显著性。故请求撤销原审判决,发回重审或依法改判上诉人享有"石头记"通用网址的所有权,并由被上诉人负担全部诉讼费用。

▶ 二审裁判结果

广东省高级人民法院判决:驳回上诉,维持原判。

▶ 二审裁判理由

广东省高级人民法院认为:从诉讼争议的法律关系的性质看,本案的诉由是通用网址纠纷,反诉的案由应当是商标侵权纠纷。本案的争议焦点主要是:

1. 通用网址是否受保护、如何保护。通用网址是一种网络快捷寻址技术,它具有识别性特征,使网络访问者可以区分信息服务的提供者。正因为如此,企业会把其商标或商号注册为通用网址的实质部分,以便访问者通过通用网址了解企业网站所提供的商品或服务的信息。如果以知名度较高的商标或商号作为通用网址,网站就可以借助相关商标或商号的知名度和信誉进行商业宣传,获得较高的访问率,获取更高的商业价值。这表明,通用网址日渐成为企业在互联网上的重要标志,具有商业标识的功能和意义,可以给网址注册人带来实际利益。法律对于通用网址应当予以保护,以促进网络秩序的和谐。从实际情况看,虚拟的网络已经成为市场竞争的重要手段和组成部分,市场竞争主体为了追逐通用网址所带来的最大利益,在注册和使用通用网址的过程中有可能与他人注册商标专用权等合法权益发生冲突。为了规范市场竞争行为,人民法院对通用网址纠纷应当作为民事诉讼案件予以审理。目前,我国没有规范通用网址的专门法律法规。二审法院认为本案处理通用网址纠纷和认定侵权及法律责任时可以参照适用最高人民法院《关于审理计算机网络域名民事纠纷案件适用法律若干问题的解释》,理由如下:首先,域名与通用网址均属于网络地址，是不同的网络访问方式，尽管目前网络上有类似通用网址的网络快捷寻址系统，但在每个特定系统内，快捷网址与IP地址、域名之间存在一一对应关系。因此，通用网址和域名尽管在技术上有差异，但其法律性质并无明显区别。其次，根据《中国互联网络信息中心域名注册实施细则》和《通用网址注册办法》的规定，域名和通用网址的注册管理机构均是中国互联网络信息中心，而且相关争议的解决也由该中心负责。从上述注册实施细则和办法的内容看，域名和通用网址申请注册及争议解决的机构是相同的，而且在程序、规则上亦基本相同。可见，在行业管理上，对于域名和通用网址适用类似的制度和标准。最后，根据申请人在注册通用网址时明确接受的《通用网址注册办法》和《通用网址争议解决办法》，注册人因注册或使用通用网址而侵害他人权益的，应当承担法律责任。而《通用网址争议解决办法》中表述的侵权构成要件与最高人民法院《关于审理涉及计算机网络域名民事纠纷案件适用法律若干问题的解释》的侵权构成要件基本相同。据此，一审法院在目前没有专门法律规定的情况下，参照有关域名的司法解释对本案进行处理并无不当。

2. 如何处理通用网址与注册商标专用权的关系。确认通用网址是否侵犯注册商标专用权，应以其是否在同一种商品或类似商品上作商标性使用，并足以造成相关公众的误认作为判断标准。在通用网址与注册商标相同或相近似的前提下，如果通用网址具有商标的功能，所指向的商品与注册商标所核定使用的商品是同一种商品或类似商品，足以造成相关公众的误认时，一般应当确认通用网址侵犯注册商标专用权；如果通用网址所指向的商品与注册商标所核定使用的商品并不是同一种或者类似商品，而且注册商标也不是驰名商标，不损害驰名商标利益，一般不确认为通用网址侵犯注册商标专用权；当通用网址的注册人并非经营者，注册通用网址的目的也并非提供商品时，一般不确认为侵犯注册商标专用权。

根据《通用网址争议解决办法》，并参照最高人民法院《关于审理涉及计算机网络域名民事纠纷案件适用法律若干问题的解释》的规定，认定雅致公司注册通用网址侵犯注册商标专用权应具备4个构成要件：(1) 园艺公司请求保护的注册商标专用权合法有效；(2) 雅致公司的通用网址或其主要部分与园艺公司的注册商标相同或近似，足以造成相关公众误认；(3) 雅致公司对通用网址或其主要部分不享有权益，也无注册、使用该通用网址的正当理由；(4) 雅致公司对通用网址的注册或使用具有恶意。根据诉讼中查证的事实，二审法院认为：(1) 园艺公司持有的"石頭記"注册商标专用权合法有效，受法律保护。(2) 对比雅致公司的通用网址"石头记"与被上诉人的注册商标"石頭記"，二者的字音、字义完全相同，字形也比较接近，从目前汉字的使用实践看,简、繁体之间可以互相等同置换,公众一般不会因为繁简字体的不同而认为二者有实质性的差异。园艺公司注册商标"石頭記"经核准使用的商品是第14类"珠宝、首饰、宝石、贵重金属制纪念品",因此园艺公司可以在核定使用的商品上使用注册商标"石頭記",并有权禁止他人在核定使用的商品上或相类似的商品上使用注册商标"石頭記"。雅致公司注册的"石头记"通用网址起初指向该公司自己的网站,随后虽变更指向南京石头记厂的网站,但是通过链接"雅致"仍可引导消费者访问该公司网站。根据雅致公司网站的宣传,该公司经营的珠宝产品可能导致消费者认为通用网址"石头记"与注册商标"石頭記"有某种联系,足以引起相关公众对商品来源的混淆和误认。(3)园艺公司自1997年7月注册并使用"石頭記"商标,通过广告宣传,在中国珠宝首饰业享有一定的知名度;雅致公司于2001年12月注册通用网址"石头记",该公司未提供证据表明该公司的名称、地址、简称、标志、业务或其他方面与"石头记"有关,因此该公司并不直接享有对"石头记"在先权利或注册通用网址的正当理由。雅致公司抗辩其系南京石头记厂进行广告宣传(包括网络宣传)的代理人,故南京石头记厂的企业名称权是其申请通用网址的合法依据。二审法院认为,当企业名称权与注册商标专用权发生冲突时,如果双方均系合法行使,对方有容忍义务,但是本案中雅致公司的抗辩权并不能成立,理由在于:首先,南京石头记厂使用企业简称不符合规定。根据《企业名称登记管理规定》,企业名称应当由字号(或者商号)、行业或者经营特点、组织形式依次组成。企业名称应当冠以企业所在地的行政区划名称。从事商业、公共饮食、服务行业的企业名称可以适当简化,但应当报登记主管机关备案。可见,法律对于企业名称及简称的登记、使用有严格的要求。南京石头记厂未就企业简称报登记主管机关备案,其擅自使用企业简称的做法不受法律保护。其次,目前,人民法院处理商标权与企业名称权发生冲突的纠纷可以参照《国家工商行政管理局关于解决商标与企业名称中若干问题的意见》的规定,即:处理商标与企业名称的混淆,应当适用维护公平竞争和保护在先合法权利人利益的原则。本案中园艺公司注册商标"石頭記"在先,南京石头记厂登记企业名称在后,当商标与企业名称发生冲突时,按照维护公平竞争和保护在先合法权利人利益的原则,应当保护"石頭記"注册商标权。最后,雅致公司以他人所享有的合法权利作为自己的抗辩理由不能成立。雅致公司是南京石头记厂的广告宣传代理人,自己并不享有南京石头记厂的企业名称权,其将"石头记"通用网址注册在自己名下并要求法院予以确认,没有合法依据。(4)雅致公司法定代表人杨筱红曾是园艺公司在南京地区专卖店的负责人,其明知"石頭記"为园艺公司的注册商标,雅致公司在这种情况下注册

"石头记"通用网址，主观上具有恶意。雅致公司为商业目的注册和使用与园艺公司的注册商标相同或近似的通用网址，意图造成与园艺公司的产品混淆，误导网络用户访问其网站或其他在线站点，这符合最高人民法院《关于审理涉及计算机网络域名民事纠纷案件适用法律若干问题的解释》第5条第1款第2项中规定的具有恶意的情形。据此，二审法院认为，雅致公司注册通用网址的行为具备侵权的构成要件，构成商标侵权，应当承担相应的法律责任。

23. 提供网络商店服务的网络服务商应否对网络商店是否销售侵犯他人注册商标专用权的商品承担事前审查义务？

提供网络商店服务的网络服务商仅仅为网络商店提供网上交易的平台，并不作为买家或卖家的身份参与买卖行为，用户亦不会将网络商店的销售行为视为网络服务商的行为，网络服务商无须对网络商店是否销售侵犯他人注册商标专用权的商品承担事前审查义务。

24. 注册商标权利人虽然向网络服务商提出网络商店出售假冒注册商标的商品，但没有提供相应的证据，网络服务商是否应当承担删除相关售假信息的义务？

网络服务商承担删除相关售假信息义务的前提是网络服务商接到注册商标权利人关于网络商店侵权的通知及有关侵权的证据。虽然注册商标权利人向网络服务商提出网络商店出售了假冒注册商标的商品，但没有提供相应证据的，网络服务商无从判断注册商标权利人的主张是否成立。在此情况下，其不承担删除相关售假信息的义务。

典型疑难案件参考

鲁道夫·达斯勒体育用品波马股份公司诉浙江淘宝网络有限公司、陈仰蓉销售假冒注册商标的商品纠纷案

基本案情

第57014号"PUMA及豹图形"注册商标的注册人是原告鲁道夫·达斯勒体育用品波马股份公司。该商标由英文字母"PUMA"及一只作奔跳状的豹的图形组成。该商标核定使用商品第25类衣服、鞋、帽子，包括：体育用鞋和便鞋、运动服、服装带、手套和袜。注册有效期限自1991年10月30日至2001年10月29日，后又展期至2011年10月29日。第70554号"PUMA"注册商标的注册人原是鲁道夫·达斯勒美洲狮运动鞋公司，后于1991年12月30日变更为原告。该商标由英文字母"PUMA"组成。该商标原核定使用商品第53类，有效期自1978年12月2日至1998年12月1日，后展期至2008年12月1日，展期后核准使用商品变更为商品国际分类第25类，包括运动服、运动鞋等运动系列商品。第76559号"豹图形"注册商标的注册人原是鲁道夫·达斯勒美洲狮运动鞋公司，后于1991年12月30日变更为原告。该商标是一只作奔跳状的豹的图形。该商标原核定使用商品第53类，有效期自1978年12月2日至1988年12月1日，后经两次展期至2008年12月1日，展期后核准使用商品变更为商品国际分类第25类，包括运动服、运动鞋等运动系列商品。

2006年2月16日，原告代理人吴秀荣以"rogerwu363"的会员名登录淘宝网，发现一会员名为"coco8080"的卖家发布了一则外贸跟单"PUMA运动鞋"的销售信息，价格为人民币60元。在购买的过程中，买卖双方还进行了在线交谈，卖家承认该"PUMA运动鞋"有PUMA标志，是仿真的。双方约定，卖家以邮寄的方式将货物送到原告代理人提供的收货地址。从卖家提供的信息中原告发现被告陈仰蓉就是"coco8080"的卖家。2006年2月24日，原告到广州市海珠区公证处，申请对其收到的陈仰蓉寄来的包裹进行证据保全。庭审中，该保全的包裹被拆封，里面是一双运动鞋，鞋上面标有原告"PUMA"及"豹图形"注册商标；鞋上还挂着一吊牌，吊牌上标有原告"PUMA及豹图形"注册商标。2006年3月8日，原告向被告浙江淘宝网络有限公司（简称淘宝公司）邮寄了一份函件，称原告是第76559、76552、619182号中国注册商标的商标权人，并称淘宝网提供网络平台的PUMA、彪马、"豹图形"产品有关的宣传资料、网络商店所销售的产品、网络商店照片、网络链接皆侵犯了原告的商标权，要求被告淘宝公司删除这些资料并停止为侵权网络商店提供网络支持平台。2006年3月15日，原告发现淘宝网上被告陈仰蓉发布的上

述"PUMA 运动鞋"的销售信息仍然存在。同日，原告还发现淘宝网上与"puma"相关的信息有43932条。原告将其中的36条信息打印了出来。这些信息显示鞋类产品的销售价格最低的为66元，最高的为280元，但大部分在100～200元这个区间。原告为证明其销售政策，提交了三份合同及一份原告产品2005年秋季鞋类图册。其中，合同是为了证明原告只允许建立零售店方式、不允许网络商店方式销售产品的政策。这三份合同包括一份原告与其商标被许可人签订的《商标许可使用协议》，两份原告商标的被许可人与经销商签订的《经销合同》。两份《经销合同》都约定，原告商标的被许可人授权的经销商只能通过建立零售店来销售带有彪马和puma商标的商品给直接消费者；其中一份《经销合同》还约定，经销商未经原告商标的被许可人同意，不得在广域公众网上销售带有彪马和puma商标的商品及发布带有彪马和puma字样的广告标识和宣传资料。被告淘宝公司否认这些合同的真实性。原告提供其2005年秋季鞋类图册是为了证明其鞋类产品的价格都在人民币300元以上的价格政策。其中，价格最低的为279元，最高的为1299元，但大部分在500～700元这个区间。被告淘宝公司认为该图册不足以证明原告的价格政策。原告为证明商场对其专柜或商家通常的审查义务，提交了两份专柜合同及《中华商标》上的一份报道。上述两份专柜合同都约定了销售方必须提供其所售商品商标的合法性方面的证明。2003年第3期《中华商标》报道：北京市工商局要求北京市的所有小商品市场经营者都必须对其销售的带有商标的商品来源提供真实合法有效的证明，如商标注册证明、授权经营代理证明等。原告认为，专柜合同及《中华商标》的报道证明了商场对其专柜或商家通常的审查义务，即商场必须审查其专柜或商家所售商品商标的合法性。被告淘宝公司确认这些证据的真实性，但认为商场对其专柜的审查与它对网络商店的审查没有可比性。淘宝网（域名为www.taobao.com）为被告淘宝公司开办的网站，淘宝公司通过其提供经营性互联网信息服务，业务种类是第二类增值电信业务中的信息服务业务（仅限于互联网信息服务业务），业务覆盖范围是专业BBS消费购物类。淘宝网规定，任何年满18岁或具有合法经营资格的实体组织、同意《淘宝网服务条款》的用户均可免费注册成为淘宝网会员。会员要在淘宝网销售物品（即卖宝贝）须通过实名认证，包括个人认证和商家认证。个人认证是对年满18周岁以上的会员所进行的身份证认证，商家认证是对具有法人资格的商家所进行的认证。2005年6月9日的《淘宝网服务条款》有以下内容：本服务协议双方为淘宝与淘宝网用户，本服务协议具有合同效力；本网站仅作为用户物色交易对象，就货物和服务的交易进行协商，以及获取各类与贸易相关的服务的地点；淘宝并不作为买家或卖家的身份参与买卖行为本身。该服务条款还规定：用户在淘宝网网上交易平台上不得买卖国家禁止销售或限制销售的物品，不得买卖侵犯他人知识产权或其他合法权益的物品；用户承诺自己在使用淘宝网时实施的所有行为遵守国家法律、法规和淘宝的相关规定以及各种社会公共利益或公共道德。该服务条款进一步规定：对于在淘宝网网上交易平台上的不当行为或其他任何淘宝认为应当终止服务的情况，淘宝有权随时作出删除相关信息、终止服务提供等处理，而无须征得用户的同意。淘宝网颁布的各类淘宝规则是上述《淘宝网服务条款》的组成部分。当日淘宝规则项下的《禁止和限制交易物品规则》没有明确将"假冒商品"列为禁止销售的物品。而当日淘宝规则项下的《投诉规则》规定：会员如与其他会员因在淘宝网上进行交易而产生纠纷，可按照投诉定义和投诉流程请求淘宝从中予以协商，淘宝将视具体情况对会员投诉的违规行为进行调查和处理。2006年4月14日的《禁止和限制交易物品管理规则》明确禁止交易的物品包括"任何侵犯他人知识产权的物品，如假冒商品"。2006年3月20日，原告致被告淘宝公司《律师函》，称其就淘宝网为侵权网络商店提供网络平台一事已于2006年3月8日致函淘宝公司，由于淘宝公司没有任何答复，也没有删除有关页面，现原告委托律师再次通知要求立即停止侵权并赔偿损失，否则将采取法律手段。淘宝公司以传真的方式对该《律师函》答复，由于原告在来函中没有指明确定的侵权人（或侵权链接），也未对其侵权行为提供任何证据，淘宝公司认为原告未提供有效的通知，无法进行删除。淘宝公司还在答复中要求原告填写所附的《商标侵权通知》，或以其他格式提供有效的侵权通知；并表示，只要通知中有具体侵权链接、侵权方式说明（假货）等要素，淘宝公司将对原告指认的侵权信息全面删除。2006年3月22日，原告回复不接受淘宝公司的处理方案。原告称，其在信函中已经明确指定了侵权网络商店的范围，淘宝公司以没有指定确定的侵权人（或侵权链接）为由不予删除是不成立的。原告还称，关于侵权证据方面，其已经进行了大量和长时间的取证工作，由于现仅属于商谈和争取谅解阶段，其不便于向淘宝公司出示有关证据。原告再次表示，如淘宝公司不接受其方案，其将会通过诉讼解决。

经淘宝公司查询，陈仰蓉已经于2006年4月9日至同年6月1日自行将其在淘宝网上销售的PUMA产品下线。2006年8月4日，淘宝公司通过公证处进行证据保全，证明其已经将原告在2006年3月15日打印出来的36条PUMA信息予以删除。原告对此予以认可。

诉辩情况

原告诉称："豹图形"和"PUMA"为原告独创并在运动衣、运动鞋、背包等产品上在世界范围内大量和长期使用的世界驰名品牌。该品牌在世界范围内均具有高度的知名度和良好的市场声誉。为了拓展中国市场，原告早在

1978年就在中国注册了"PUMA"商标、"豹图形"商标和"PUMA及豹图形"商标。由于原告产品质量上乘,加上大量的广告宣传,原告上述商标在中国运动衣、运动鞋等产品上获得了巨大的成功,成为在中国少数几个世界驰名的运动系列品牌之一。为了打击侵权行为,原告进行了大量的调查。调查结果显示由淘宝公司享有所有权和经营管理的淘宝网为43932个PUMA产品网络商店提供支持平台,这些网络商店遍布全国,全国性地销售PUMA侵权产品。这些网络商店大量销售假冒仿冒产品,一方面导致了原告正牌产品销售额的大量下降;另一方面,由于假冒仿冒产品一般质量较差,消费者在购买使用后,也跟着认为原告质量低下,这给原告声誉造成了非常恶劣的影响。此外,在淘宝网上由陈仰蓉所经营管理的网络商店也在广州大量销售PUMA侵权产品,侵犯了原告注册商标专用权,给原告造成了损害。请求法院判令:(1)淘宝公司赔偿原告损失人民币100万元;(2)两被告停止侵权行为;(3)两被告在《广州日报》和《南方都市报》上登文赔礼道歉,内容由法院审定。

淘宝公司辩称:(1)淘宝公司系依法成立的互联网信息服务业务提供者,并非本案所涉的"销售假冒注册商标的商品"销售方。淘宝公司作为信息服务提供者,依据《互联网信息服务管理办法》及《互联网电子公告服务管理规定》,为上网用户提供信息发布条件的服务商,而上网用户使用电子公告服务系统应当遵守法律、法规,并对所发布的信息负责。淘宝公司网上公布的《淘宝网服务条款》规定"本网站仅作为用户物色交易对象,就货物和服务的交易进行协商,以及获取各类与贸易相关的服务的地点。本网站不能控制交易所涉及的物品的质量、安全或合法性,商贸信息的真实性或准确性,淘宝网并不作为买家或是卖家的身份参与买卖行为的本身"。同时规定用户不得买卖侵犯他人知识产权的物品。淘宝公司网上公布的《商品发布管理规定》针对会员规定了"禁止和限制交易物品管理规则",其中明确禁止交易的物品包含"任何侵犯他人知识产权的物品,如假冒商品、侵犯他人版权和专利权的产品"。同时制定并公布了"诚信规则",规定了对发现会员违规行为的投诉和举报内容,也规定了用户发现网上违法行为时淘宝公司协助的相关义务。(2)原告要求淘宝公司对陈仰蓉"销售假冒注册商标的商品"的在线交易承担民事责任缺乏法律依据。目前,法律或规章没有要求网络服务提供商对用户利用系统条件发布的信息内容作实质审查的义务,从技术上讲事先审查也是不可能的。网络服务提供商既不可能也没有权利逐一检查遍布全国或全球的销售者。网络服务提供者在对用户提供服务时,对电子商家或网上用户的信息内容承担的是形式审查和合理的事后监督义务。当收到人民法院寄来的原告证明陈仰蓉"销售假冒注册商标的商品"的证据时,淘宝公司已按《淘宝网服务条款》和相关规则对陈仰蓉的相关信息记录进行数据查询，即尽事后审查义务，发现陈仰蓉已从 2006 年 6 月 1 日起将涉案物品下线。目前，关于网络侵权的法律和司法解释除前述两个规定和最高人民法院对著作权侵权的司法解释外，没有更多的规定可遵循，淘宝公司除认真执行相关规定外也参考司法解释的做法，并明确公布了各项规则，已尽法定义务和审查义务。就本案来说，原告只举证证明陈仰蓉在 2006 年 2 月 16 日在淘宝网发布包括 1 件"PUMA 外贸跟单鞋——休闲运动鞋"在内的 87 件宝贝的信息并通过充当买家购买侵权商品这个证据指责答辩人的正常网络服务业务，无疑是混淆概念和缺乏逻辑的。综上，淘宝公司没有侵犯原告的商标权，无须承担任何民事责任，请求法院驳回原告的全部诉讼请求。

被告陈仰蓉没有答辩。

裁判结果

广东省广州市中级人民法院根据《中华人民共和国民事诉讼法》第 64 条第 1 款、最高人民法院《关于民事诉讼证据的若干规定》第 2 条的规定，判决如下：驳回原告鲁道夫·达斯勒体育用品波马股份公司的全部诉讼请求。

裁判理由

广东省广州市中级人民法院经审理认为：原告是"PUMA"、"豹图形"、"PUMA 及豹图形"注册商标的商标权人，其依法享有这些注册商标的专用权。由于原告核准注册的商标分别是英文字母"PUMA"、一只作奔跳状的豹的图形及两者的结合，核定使用的都是运动服及运动鞋等运动系列商品，所以他人未经原告许可，不得在运动服及运动鞋等运动系列商品上使用与原告"PUMA"、"豹图形"及"PUMA 及豹图形"注册商标相同或近似的商标。原告从陈仰蓉购得的被控侵权产品是一双运动鞋，鞋上面标有原告上述"PUMA"及"豹图形"注册商标，鞋的吊牌上标有原告上述"PUMA 及豹图形"注册商标。陈仰蓉明知该运动鞋是假冒原告注册商标的商品仍进行销售，侵犯了原告的商标权。淘宝公司是经营性互联网信息服务商，业务覆盖范围是专业 BBS 消费购物类，即能提供电子公告服务。根据《互联网电子公告服务管理规定》，电子公告服务是指在互联网上以电子布告牌、电子白板、电子论坛、网络聊天室、留言板等交互形式为上网用户提供信息发布条件的行为。简单来说，淘宝公司通过其开办的淘宝网为其用户发布信息提供技术服务。陈仰蓉作为淘宝网的用户通过该网站向原告销售了侵犯原告注册商标权的商品。另外，原告发现淘宝网上有大量与"Puma"相关的信息,包括网络商店发布的PUMA鞋类、包类及服装类产品的销售信息。原告据此认为,淘宝公司作为网络服务商没有尽到合理的事前审查义务和事后补救义务,为包括陈仰蓉在内的网络商店提供技术服务,协助它们侵犯了原告的商标权,所以淘宝公司也侵犯了原告的商标权。本院认为,原告指控成立的前提是陈仰蓉及其他网络商店侵犯了其商标权。由于本院已经认定陈仰蓉侵权,原告首先要证明其他网络商店侵犯其商标权。原告认为,其销售政策不允许网络商店销售其产品,其价格政策规定鞋类产品的价格均在人民币300元以上。由于原告发现淘宝网上的网络商店发布了PUMA鞋类、包类及服装类产品销售信息,且鞋类产品的价格均低于人民币300元,其认为这些产品都是假冒原告注册商标的产品,这些网络商店构成侵权。本院认为,在这些网络商店没有作为本案被告参加诉讼并对原告的侵权指控进行抗辩的情况下,本院无权也无法对它们是否构成侵权作出认定。因此,原告指控淘宝公司协助这些网络商店侵权不能成立。陈仰蓉侵权是成立的,淘宝公司也的确为陈仰蓉销售侵权商品提供了技术服务,在此情况下,原告欲证明淘宝公司构成侵权须证明其违反了所谓的事前审查义务和事后补救义务。具体而言,原告须首先证明其主张的网络服务商的事前审查义务和事后补救义务是合理的,其次还须证明淘宝公司违反了这些义务。关于事后补救义务。原告主张,网络服务商在商标权利人或第三人提出网络商店售假并证实后应承担积极删除相关信息的义务。本院认为,为网络服务商设定这样的义务是合理的,理由如下:其一,《民法通则》第130条规定,二人以上共同侵权造成他人损害的,应当承担连带责任。《商标法实施条例》第50条第2项规定,故意为侵犯他人注册商标专用权行为提供仓储、运输、邮寄、隐匿等便利条件的属于侵犯注册商标专用权的行为。网络用户能够删除自己发布的信息,网络服务商作为用户发布信息的技术支持者,也能对这些信息予以删除。如果网络服务商明知其用户销售侵犯他人注册商标权的商品,仍不删除相关信息以消除侵权后果,无疑属于故意为侵犯他人注册商标权行为提供便利条件,构成共同侵权。其二,以下法规及规章对该义务有明确规定。《互联网信息服务管理办法》第15条规定了互联网信息服务提供者不得制作、复制、发布、传播的9项信息,其中第9项起保底作用,即除前8项外含有法律、行政法规禁止的其他内容的。第16条规定,互联网信息服务提供者发现其网站传输的信息明显属于上述9项内容之一的,应当立即停止传输,保存有关记录,并向国家有关机关报告。用户为销售侵犯他人注册商标专用权的商品发布的信息不属于第15条前8项的内容,但无疑属于第9项的内容。另外,《互联网电子公告服务管理规定》也有基本相同的规定。其三,淘宝公司认可该义务并为履行该义务制定了相应的措施。根据淘宝网2005年6月9日的《淘空网服务条款》，对于在淘宝网网上交易平台上的不当行为或其他任何淘宝网认为应当终止服务的情况，淘宝网有权随时作出删除相关信息、终止服务提供等处理，而无须征得用户的同意。淘宝公司没有违反上述事后补救义务。原告认为其3次致函淘宝公司，指出包括陈仰蓉在内的网络商店的侵权并要求删除相关信息，但淘宝公司没有及时删除，违反了该项义务。本院认为：只有商标权人指出网络商店的侵权事实，并提交相应的证据证实，淘宝公司才有义务删除相关的信息。原告虽然指出包括陈仰蓉在内的网络商店侵权，但其3次致函都没有提交侵权方面的证据，而且在淘宝公司要求其提交这些证据的情况下明确答复暂不提交，淘宝公司在此情况下没有删除其指定的信息并没有违反事后补救义务。

关于事前的审查义务。原告主张，当网络商店申请卖物品时，网络服务商应审查其身份；审查其所售商品的商标注册证或商标权人授权许可其销售的证明；制定售假制裁规则并在显著的地方予以公布。（1）关于对网络商店的身份审查义务。这其实是上述《互联网信息服务管理办法》规定的网络服务商义务的应有之义。根据该办法的规定，互联网信息服务提供者在发现9项禁止传输的信息时除进行删除，还须保存有关记录并向国家有关机关报告。为履行其报告义务，网络服务商必须对网络商店的身份进行审查，掌握其真实的身份情况。所以，本院对该项义务的合理性予以确认。（2）关于对网络商店所售商品的商标合法性进行审查的义务。原告认为，网络服务商与网络商店的关系类似于商场与专柜的关系，由于商场通常会对其专柜销售的商品的注册商标或商标权人的授权许可证明进行审查，网络服务商也应有此审查义务。本院认为：原告不能证明其主张的义务的合理性，理由是：其一，原告认为商场对专柜所售商品的商标的合法性进行审查是商场的法定义务，没有法律依据。其二，网络服务商与网络商店的关系不同于商场与专柜的关系。根据广州友谊商店股份有限公司与广州锐丰体育用品有限公司签订的《专柜协议书》，专柜商品销售采取代销分成办法，双方结算时是商场支付货款给专柜。这表明专柜销售商品是通过商场统一收取价款的。所以，在商标侵权诉讼中，无论是消费者还是法院都会将专柜的销售行为视为商场的行为，商场对外承担责任。为自身利益计，商场往往约定其有权对专柜所售商品商标的合法性进行审查。不同于商场与专柜的关系，网络服务商仅仅为网络商店提供网上交易的平台。2005年6月9日的《淘宝网服务条款》规定，淘宝网仅作为用户物色交易对象，就货物和服务的交易进行协商，以及获取各类与贸易相关的服务的地点；并不作为买家或卖家的身份参与买卖行为本身。在这种情况下，淘宝网的用户不会将网络商店的销售行为视为网络服务商的行为。网络商店的销售行为在法律上也不应视为网络服务商的行为。原告在本案中也没有直接指控淘宝公司售假，而是指控淘宝公司协助陈仰蓉售假。所以，原告无视这些区别，将商场为自身利益计约定的对专柜的审查权利作为确立网络服务商审查义务的依据缺乏证明力。其三，履行该项审查义务超出网络服务商的能力范围。由于网络的容量近乎无限，网络商店及其销售的商品数量是惊人的。而且，由于网络延伸空间的全球性，网络服务商不可能对网络商店所售商品商标的合法性进行当面审查。在这种情况下，要求网络服务商对每一个网络商店销售的每一种商品的商标合法性负责，超出了其能力范围。（3）关于制定售假制裁规则并在显著的地方予以公布的义务。本院认为，确立网络服务商的该项义务是合理的，理由是：其一，履行该项义务不会超出网络服务商的能力范围。其二，确立该项义务还有利于网络服务商履行上述事后补救义务。上述认定，网络服务商在发现网络商店售假时应当删除有关信息。将这一措施事前告知用户，一方面满足了用户的知情权，另一方面也有利于该措施的执行。淘宝公司没有违反上述事前审查义务。具体包括：（1）淘宝公司没有违反对网络商店的身份审查义务。淘宝网规定，用户要在淘宝网销售物品须通过实名认证，包括个人认证和商家认证。个人认证是对年满18周岁以上的用户所进行的身份证认证（可用证件还包括护照、驾照、军官证、户籍证明），商家认证是对具有法人资格的商家所进行的认证。原告认为淘宝公司违反该义务缺乏事实依据，本院不予支持。（2）淘宝公司没有违反制定售假制裁规则并在显著的地方予以公布的义务。2005年6月9日的《淘宝网服务条款》规定，用户在淘宝网网上交易平台上不得买卖国家禁止销售或限制销售的物品，不得买卖侵犯他人知识产权或其他合法权益的物品；用户承诺自己在使用淘宝网时实施的所有行为遵守国家法律、法规和淘宝的相关规定以及各种社会公共利益或公共道德。《投诉规则》是《淘宝网服务条款》的组成部分。2005年6月9日的《投诉规则》规定商标权人可以对淘宝网用户出售假冒伪劣产品进行投诉，淘宝网查实被诉事实后可以针对具体情况对被诉用户采取查看、警告、限权、冻结和查封等措施。本院还注意到，淘宝网在每个用户填写注册信息申请成为会员时都着重提示，只有同意《淘宝网服务条款》才能成为其会员。而且，在淘宝网的主页中只要点击"帮助"或"客服中心"，用户就能轻易查到包括《投诉规则》在内的各种淘宝规则。考虑到淘宝网有售假制裁方面的规则、这些规则本身对用户的重要性以及用户查阅这些规则的便捷性，本院认为淘宝公司履行了该义务。原告以这些规则过于简单且没有放在显著位置为由，指控淘宝公司违反该义务，缺乏说服力，本院不予支持。同时，本院注意到，虽然2005年6月9日淘宝网的《禁止和限制交易物品规则》没有明确将"假冒商品"列为禁止销售的物品，但 2006 年 4 月 14 日的《禁止和限制交易物品管理规则》作了明确规定。淘宝公司在完善售假制裁规则方面所作的努力是值得肯定的。综上，原告指控淘宝公司违反其事前审查义务及事后补救义务，协助陈仰蓉售假，侵犯了其注册商标权，缺乏依据，本院不予支持。原告诉请淘宝公司停止侵权、赔偿损失无据，应予驳回。由于原告承认陈仰蓉已经停止侵权，其对陈仰蓉的诉请也应予驳回。

25. 当事人冒用商标权人名义将注册商标转到自己名下，后又经商标局核准将该注册商标转让给第三人并予以公告，该第三人能否取得该商标权？

当事人冒用商标权人名义将注册商标转至自己名下的行为违反了民事活动的自愿、诚实信用原则，是违反法律的民事行为，该行为侵犯了原商标权人的商标权，属于《商标法》第 52 条第 5 项规定的"给他人的注册商标专用权造成其他损害"的行为，冒用商标权名义的人不能因此取得商标权，即使其后再经商标局核准公告将该商标转让给第三人，第三人亦不能取得该注册商标专用权，该权利仍属于原商标权人。

典型疑难案件参考

绍兴县源达织造有限公司诉金利恤服饰（深圳）有限公司、第三人香港新世纪金利来发展有限公司确认注册商标专用权转让行为无效纠纷案

基本案情

原告绍兴县源达织造有限公司（简称源达公司）于 1995 年 3 月 29 日向国家工商行政管理局商标局（简称商标局）申请注册商标并获得核准注册，取得第 925598 号"LG"商标（简称"LG"商标）注册证，核定商品是第 25 类服装，注册有效期限自 1997 年 1 月 7 日至 2007 年 1 月 6 日。2004 年 1 月 28 日，被告金利恤服饰（深圳）有限公司（简称金利恤公司）经核准受让"LG"商标，并刊登于商标局 2004 年第 4 期总第 913 期转让公告上。2004 年 5 月 7 日，商标局发布 2004 年第 17 期总第 926 期注册证遗失声明公告，其上刊登了被告对于遗失"LG"商标注册证的声明。2004 年 9 月 9 日，原告向商标局查询，取得被告向商标局提出的转让"LG"商标的申请书。该申请

书上加盖的原告印章中的企业名称字体、中心五角星大小均明显小于原告加盖于上述商标注册申请书和起诉状上的印章。同日，原告还从商标局取得被告与第三人香港新世纪金利来发展有限公司（简称新世纪金利来公司）向商标局提出的将"LG"商标转让给第三人的申请书。2004年9月14日，第三人经核准从被告处受让"LG"商标，并刊登于商标局2004年第34期总第943期转让公告上。原告为此次诉讼等维权活动支付交通费2368元和律师代理费5000元。

诉辩情况

原告源达公司诉称：原告合法取得第925598号注册商标专用权，注册有效期限为1997年1月7日至2007年1月6日。2004年1月28日，第913期转让公告刊载该商标已被转至被告名下，并在2004年5月7日第926期公告上声明商标注册证遗失。原告与被告从未达成有关商标转让的任何协议，甚至未进行过任何磋商。被告公告遗失的商标注册证仍在原告处。被告用私刻原告公章、伪造转让注册商标申请书的手段非法将原告商标转到自己名下。随后，被告又将该商标转让给了第三人新世纪金利来公司，造成原告重大损失。原告依法取得的商标专用权应受法律保护，被告用虚假手段骗取商标的行为严重侵犯了原告的合法权益，应属于无效行为。请求人民法院判令：（1）确认被告用虚假手段取得商标的转让行为无效；（2）确认第925598号注册商标为原告所有；（3）被告赔偿原告损失1万元。

被告金利恤公司未作答辩。

第三人新世纪金利来公司未向本院陈述意见。

裁判结果

北京市第一中级人民法院依照《中华人民共和国民法通则》第54条、第58条第1款第5项、第2款、第61条第1款，《中华人民共和国民事诉讼法》第130条，最高人民法院《关于适用〈中华人民共和国民事诉讼法〉若干问题的意见》第162条之规定，判决如下：

一、确认被告金利恤公司冒用原告源达公司的名义转让第925598号注册商标的行为无效；

二、确认原告源达公司享有第925598号注册商标的商标专用权；

三、被告金利恤公司自本判决生效后10日内，赔偿原告源达公司经济损失7368元；

四、驳回原告源达公司其他诉讼请求。

> **裁判理由**

北京市第一中级人民法院认为：民事法律行为应当是行为人意思表示真实、不违反法律或者社会公共利益的合法行为。"LG"商标系原告依法注册取得的民事财产权利，原告享有在注册商标核定使用的商品上使用、许可他人使用其注册商标的权利，也享有通过签订转让协议的方式将其注册商标转让他人的权利，上述权利受《商标法》保护。原告向商标局提交的商标注册申请书上加盖的印章与其向本院递交的起诉状上加盖的印章一致，而向被告转让"LG"商标申请书上的印章与上述原告一直使用的印章存在明显差异，原告亦明确否认其与被告之间存在转让"LG"商标的事实，而被告并未就此向本院作出任何说明。因此，原告主张被告私刻原告企业印章，冒用原告名义伪造转让"LG"商标申请书，将该注册商标转至被告名下的事实，本院予以确认。被告私刻原告印章，冒用原告名义伪造转让"LG"商标申请书，将"LG"商标转至自己名下的行为违背了权利人的意志，违反了民事活动应当遵循诚实信用原则的法律规定，属于无效民事行为。被告擅自转让原告"LG"商标的行为是商标侵权行为，被告不能因此取得商标权。即使被告通过正常商业交易再将"LG"商标转让给第三人并经核准公告，第三人亦不能因此取得该商标权。因此，"LG"商标的注册商标专用权仍属于原告。被告私刻原告印章、擅自转让原告"LG"商标的行为被确认为无效系基于被告的过错，被告应当赔偿原告因此所受的损失。原告作为权利人为制止被告侵权行为所支付的合理开支，应当属于原告因被告侵权行为所遭受的损失。因此，对于原告请求判令被告赔偿损失的诉讼请求本院予以支持。至于赔偿数额，本院根据原告向本院提交票据所证明的交通费及律师代理费的数额，确定被告赔偿原告损失 7368 元。

---

26. 将他人在先注册商标在相同或类似商品上申请产品外观设计专利是否侵犯该在先商标权？

商标的使用，包括将商标用于商品、商品包装或者容器以及商品交易文书，或者将商标用于广告宣传、展览以及其他商业活动中。将他人在先注册商标在相同或类似商品上申请产品外观设计专利的行为，并不属于在商业活动中使用商标，因此，该行为并非商标法意义上使用商标的行为，不构成侵犯商标权。

典型疑难案件参考

法国路易威登马利蒂股份有限公司诉郭碧英侵犯注册商标专用权纠纷案

▶ **基本案情**

1986年1月15日,第241025号商标经中华人民共和国国家工商行政管理总局商标局(简称商标局)核准注册,核定使用商品为第28类,包括玩具、跳棋、十五子棋游戏、高尔夫球专用手套等,商标注册人为法国路易威登马利蒂股份有限公司(简称路易威登公司)。该商标有效期经续展至2016年1月14日。2003年11月13日,郭碧英向中华人民共和国国家知识产权局(简称国家知识产权局)申请了名称为"麻将(23)"、申请号为200330116816.3的外观设计专利(简称第200330116816.3号专利),该专利于2004年7月14日被授权公告,公告号为CN3379670。

路易威登公司认为郭碧英申请第200330116816.3号专利的行为侵犯了其注册商标专用权,于2008年6月16日提起民事诉讼。

▶ **一审诉辩情况**

原告路易威登公司诉称:原告是第241025号商标的所有人。被告郭碧英未经原告许可,将与原告商标完全相同的文字组合作为设计要素,设计了麻将商品的外观,并申请了第200330116816.3号外观设计专利,而原告商标指定使用商品亦为棋牌类产品,与第200330116816.3号专利产品构成类似商品,该外观设计一旦投入市场使用,势必给原告的商标权造成难以弥补的损害,故被告的外观设计专利权与原告的注册商标专用权存在冲突。被告申请第200330116816.3号专利具有明显的主观恶意,违反了《中华人民共和国民法通则》(简称《民法通则》)第4条规定的诚实信用原则和《中华人民共和国商标法》(简称《商标法》)第52条第5项的规定,是对原告注册商标专用权的侵犯,原告请求法院判令被告不得实施第200330116816.3号专利。

被告郭碧英辩称:(1)原告提起本案诉讼已经超过诉讼时效。原告指控被告的侵权行为为申请第200330116816.3号专利的行为,而第200330116816.3号专利于2004年7月14日即被授权公告,原告于2008年才提起本案诉讼,超过了2年的诉讼时效。(2)原告并无证据证明被告的行为给原告造成了损害后果,原告要求被告承担侵权民事责任没有事实和法律根据。(3)原告商标指定使用商品并不包含麻将,被告申请第200330116816.3号专利的行为未侵犯原告的商标专用权。被告请求法院驳回原告的诉讼请求。

一审裁判结果

北京市第一中级人民法院依据《中华人民共和国专利法》第23条、《中华人民共和国专利法实施细则》第65条第3款、《中华人民共和国商标法》第52条第5项之规定，判决：郭碧英不得实施名称为"麻将（23）"的第200330116816.3号专利。

一审裁判理由

北京市第一中级人民法院认为：人民法院可以对专利权人未实际实施的外观设计专利是否与他人在先取得的合法权利相冲突作出认定。相对于第200330116816.3号专利而言，第241025号商标为在先取得的合法权利。第200330116816.3号专利的产品"麻将（23）"与第241025号商标核定使用的"跳棋"等商品属于类似商品，二者LV文字图案设计基本相同，相关公众会将第200330116816.3号专利产品误认为是路易威登公司的商品，从而给路易威登公司的注册商标专用权造成损害，第200330116816.3号专利已与第241025号商标专用权构成冲突。虽然本案中并无证据证明郭碧英已实施第200330116816.3号专利，但因该专利申请的目的即为投入市场使用，而该产品一旦投入市场，必然会给路易威登公司的注册商标专用权造成损害，故郭碧英申请第200330116816.3号专利的行为属于《商标法》第52条第5项规定的"其他侵犯注册商标专用权的行为"。

二审诉辩情况

郭碧英上诉称：其申请涉案专利的行为未侵犯被上诉人路易威登公司的商标权，请求撤销原审判决并依法改判驳回路易威登公司的诉讼请求。

路易威登公司服从一审判决。

二审裁判结果

北京市高级人民法院判决：驳回上诉，维持原判。

二审裁判理由

北京市高级人民法院认为：侵犯商标专用权的行为通常是指非法使用他人商标的行为，而商标使用主要是指该商标与特定商品的组合并面向消费者的使用。将与他人商标相同或相似的标志申请外观设计专利的行为不属于面向市场消费者的非法使用商标的行为，该申请行为本身不属于侵犯注册商标专用权的行为。上诉人申请被诉外观设计专利的行为未侵犯被上诉人的商标专用权，一审法院认定上诉人申请被诉专利的行为侵犯被上诉人的注册商标专用权显然不当。但是，尽管郭碧英申请被诉外观设计专利的行为未侵犯路易威登公司的注册商标权，本案也无证据表明上诉人已经实际实施其专利，但由于路易威登公司的商标权确已构成被诉外观设计专利权的在先合法权利，该专利产品与路易威登公司注册商标核定使用的"跳棋"等商品已构成类似商品，该外观设计专利的主要设计因素与路易威登公司注册商标的图案也构成相似，被诉专利一旦实施，或者其专利产品一旦上市，相关公众很可能将该专利产品误认为是路易威登公司的商品，从而损害路易威登公司的注册商标权。因此，被诉外观设计专利已与路易威登公司注册商标专用权构成冲突，原审法院判定郭碧英不得实施被诉专利的结论并无不当。

二、赔偿数额的确定

27. 证明商标的注册商标专用权被他人侵犯时，如何确定其赔偿数额？

证明商标的注册商标专用权被他人侵犯时，在确定赔偿数额时，人民法院应当考虑证明商标的注册权人的职责主要是管理、维护证明商标，其对该证明商标不具有直接营利性等因素，决定被告的赔偿数额。该赔偿数额一般应当与证明商标注册人为了制止被告的侵权行为而支付的金钱的数额相当，以体现证明商标注册人所获得的赔偿主要用于补偿其对证明商标的管理和维护费用的支出。

典型疑难案件参考

古丈茶业发展研究中心诉湖南省华茗茶业有限公司、湖南平和堂实业有限公司侵犯证明商标专用权纠纷案

基本案情

20世纪90年代以来，"古丈毛尖"茶叶先后获得"优秀新产品"、"国际名茶"、"湖南十大名茶"等称号，并荣获第三届中国国际茶业博览会银奖、第一届世界绿茶评比金奖等。2001年7月，古丈茶业发展研究中心（简称古丈茶业中心）获准注册"古丈毛尖+图形"证明商标，商标注册证号为第1607997号，核定使用的商品为第30类茶叶，注册有效期自2001年7月21日

至 2011 年 7 月 20 日。2007 年 12 月 26 日，国家质量监督检验检疫总局批准对古丈毛尖实施地理标志产品保护，2008 年"古丈毛尖＋图形"证明商标被认定为湖南省著名商标。

湖南省华茗茶业有限公司（简称华茗公司）成立于 2001 年，经营范围包括收购、加工、销售茶叶，其茶叶生产能力为分装。其在第 30 类商品上持有"壶珍＋图形"注册商标。2007 年 2 月 13 日，古丈茶业中心的委托代理人在湖南平和堂实业有限公司（简称平和堂公司）下属的平和堂商场华茗茶业专柜以 28.8 元的价格购买了 250 克罐装毛尖茶。该茶包装罐上有"壶珍＋图形 古丈毛尖"的浅绿色标贴，其中"壶珍＋图形"为与标贴底色相同的浅绿色，字体及图形较小，"古丈毛尖"字体较大，为黑色。同年 4 月 3 日，古丈茶业中心的委托代理人在平和堂商场华茗专柜以 120 元的价格购买了散装毛尖茶叶 100 克，此次购买行为由长沙市蓉园公证处公证，所购物品由公证处封存。该茶叶内包装袋印有"华茗"、"华茗茶业"字样及"壶珍＋图形"注册商标，外包装罐上竖排粘贴有"古丈毛尖"四字。2007 年 6 月 13 日，古丈茶业中心委托代理人向华茗公司发出律师函，称华茗公司在经营中使用"古丈毛尖"注册商标的行为侵犯了古丈茶业中心的商标所有权，要求华茗公司立即停止侵权行为。华茗公司收到该律师函后未作答复。2008 年 5 月，古丈茶业中心的委托代理人再次在平和堂商场华茗专柜购买罐装毛尖茶，该包装罐同样贴有"壶珍＋图形古丈毛尖"的浅绿色标贴，字体大小、颜色与 2007 年 2 月 13 日购买的茶包装罐相同，仅标贴、文字由横排改为竖排。2009 年 1 月 4 日，古丈茶业中心的委托代理人分别在通程广场、阿波罗商业广场的华茗专柜购买 250 克罐装毛尖茶。古丈茶业中心为上述 3 次购买活动支出 121 元的对价，并另支付律师代理费 20000 元、公证费 1000 元、工商登记信息查询费 120 元。

另查明：华茗公司的毛尖茶叶主要从古丈沁心有机茶场购入，其中 2007 年 6 月 17 日华茗公司从该茶场购进一级毛尖 10 斤、三级毛尖 80 斤，支付茶叶款 3600 元。平和堂公司与华茗公司签订合同，出租场地给华茗公司经营茶叶、茶具及茶食品，经营商品限于华茗公司系列商品，平和堂公司向华茗公司收取了相关费用。

诉辩情况

原告古丈茶业中心诉称：原告是"古丈毛尖"地理标志的权利人和注册商标的权利人。2007 年 2 月开始，原告即发现二被告生产和销售标注有"古丈毛尖"字样的茶叶，原告于 2007 年 6 月 14 日向被告华茗公司发出要求停止侵权的律师函，但其无答复且仍继续实施侵权行为。被告华茗公司未经原告许可擅自使用"古丈毛尖"商标，被告平和堂公司销售侵犯原告商标权的产品，均属商标侵权行为，严重侵害了原告的合法权益。原告请求法院判令：（1）被告华茗公司立即停止生产、销售侵犯原告商标权的产品；（2）被告华茗公司赔偿原告经济损失50万元；（3）被告平和堂公司立即停止销售侵犯原告商标权的产品并连带赔偿原告经济损失25万元；（4）二被告连带赔偿原告为制止侵权行为所发生的合理费用21508.8元；（5）二被告承担本案诉讼费用。

被告华茗公司辩称：答辩人使用的"古丈毛尖"是茶叶品名，是根据湖南省技术监督局颁发的《标签许可证书》依法使用，且使用了答辩人持有的"图形+壶珍"注册商标，没有使用原告注册管理的"图形+古丈毛尖"组合商标。"图形+古丈毛尖"组合商标的显著性在于图形与文字的组合，不等于"古丈毛尖"文字商标，原告只是该证明商标的管理人而不是所有人，无权向他人主张证明商标专用权及"古丈毛尖"文字专用权。答辩人分装、销售的"古丈毛尖"系直接从古丈沁心有机茶场购入，该茶场持有原告出具的授权证明书，原告无权限制答辩人对"古丈毛尖"通用名称的合理使用。华茗公司请求驳回原告的诉讼请求。

被告平和堂公司辩称："古丈毛尖"是包含地名的茶叶通用名称，答辩人从未使用涉案商标"古丈毛尖"，也未销售标有"古丈毛尖"商标的任何商品。华茗公司租赁答辩人专柜以自己名义对外进行销售，也未使用"古丈毛尖"商标。原告是"图形+古丈毛尖"证明商标管理人，不是"古丈毛尖"文字商标所有人，无权就"古丈毛尖"文字向他人主张《商标法》上的禁止使用权。平和堂公司请求驳回原告的诉讼请求。

裁判结果

湖南省长沙市天心区人民法院依照《中华人民共和国商标法》第3条第1款、第52条第1项和第2项、第56条，最高人民法院《关于审理商标民事纠纷案件适用法律若干问题的解释》第9条、第10条、第16条第1款和第2款、第17条、第21条第1款之规定，判决：

一、被告华茗公司立即停止侵害原告古丈茶业中心享有的第1607997号注册商标专用权；

二、被告平和堂公司立即停止销售由被告湖南省华茗茶业有限公司生产的涉案侵权商品；

三、由被告华茗公司在本判决生效后7日内赔偿原告古丈茶业中心经济损失人民币25000元；

四、驳回原告古丈茶业中心的其他诉讼请求。

裁判理由

湖南省长沙市天心区人民法院审理认为：原告古丈茶业中心作为第1607997号"古丈毛尖+图形"证明商标的注册人，依法对该证明商标享有商标专用权。在第1607997号证明商标中，虽有文字与图形的组合，但主要是通过"古丈毛尖"文字以表述商品的产地、原料及特定品质，实现该商标的证明功能，无论从识别习惯还是商标注册目的来判断，"古丈毛尖"文字都是该证明商标中最为显著和最应当受到保护的部分，也是该商标的主要部分。被告华茗公司将构成原告注册商标主要部分的文字作为商业标识在相同商品上突出使用，该行为极易使相关公众误认其商品符合该证明商标所证明的原产地、质量及其他特定品质，或者误认为华茗公司与原告之间存在证明商标的许可使用关系，故被告华茗公司的行为构成对原告注册商标专用权的侵犯。被告华茗公司将茶叶分装并作为自己的产品提供给消费者，属于生产行为，而不是销售行为，应承担相应的民事责任。被告平和堂公司销售了涉案侵权商品，构成对原告注册商标专用权的侵犯。但被告平和堂公司并非专业的茶叶经营者，并不具备识别涉案证明商标功能及其授权问题的一般能力，本案现有证据尚不足以证明被告平和堂公司在销售涉案侵权商品中存在主观过错，且被告平和堂公司能证明商品的来源及提供者，符合《商标法》第56条第3款的免责条件，可不承担赔偿责任。鉴于被告华茗公司侵权所得及原告实际损失均无法确定，并考虑到如下因素：原告作为证明商标注册人不能在其商品上使用该商标，即其本身对该商标不具有直接营利性；原告作为注册人对证明商标负有管理、维护义务，这些义务的履行需要一定的成本投入；作为对商标的维护，原告为本案诉讼已支出了相应的合理费用，该合理费用依法应纳入赔偿范围；被告华茗公司所实施的侵权行为属于经营行为等，依法酌定本案的赔偿额为人民币25000元（含原告为制止侵权行为所支付的合理费用），该赔偿款应由原告用于对第1607997号证明商标的维护、管理等事项，对原告过高的赔偿要求不予支持。

28. 在侵犯注册商标专用权诉讼中，如果注册商标专用权人未将其注册商标投入商业使用，能否以被告的获利确定案件的赔偿数额？

注册商标专用权人未将其注册商标投入商业使用的，其在该注册商标指定使用的商品上的市场份额并不存在。因此，不存在

> 因被告侵犯其注册商标专用权的行为而造成其市场份额的减少或者丧失的情况，故不宜以被告因侵权所获得的利润为标准确定案件的赔偿数额。

典型疑难案件参考

三洋电机株式会社诉三洋电梯（无锡）有限公司等侵犯注册商标专用权及不正当竞争案

基本案情

原告三洋电机株式会社（简称三洋电机）经营范围包括家用及其他用途的一般机械器具、各种电气机械器具及电气照明器具、各种电子机械器具、通信设备及电子零部件等物品的制造、保养及租赁等。三洋电机在中华人民共和国国家工商行政管理局商标局注册了第1128994号"SANYO 三洋"文字商标，核定使用商品为包括电梯在内的若干第7类产品，注册有效期限自1997年11月21日至2007年11月20日，续展注册有效期自2007年11月21日至2017年11月20日。三洋电机在我国内地未生产电梯产品。三洋关联公司在公司宣传册、公司介绍、产品宣传册和信封、信纸、名卡、发票、传真纸、格式合同、名片、标牌等办公用品上使用了"SANYO 三洋"标志。

2004年10月，三洋电机致函江苏省质量技术监督局（简称江苏省质监局）称：其在第7类电梯等商品上注册了"三洋"、"SANYO"商标，从未许可株式会社三洋电梯和三洋电梯（无锡）有限公司（简称无锡三洋）使用上述商标，请该局依法对此事严查。2004年11月，三洋电机致函江苏省人民政府办公厅请求对此案给予关注并支持该调查处理行动，要求依中国法律从严处罚有关当事人。

2004年12月24日，江苏省无锡质量技术监督局（简称无锡质监局）根据江苏省质监局安排，对无锡三洋作出行政处罚决定，认定该公司未经三洋电机许可，在生产销售电梯的轿厢、门机、控制柜、曳引机主要部件上使用"SANYO 三洋"标识，从2002年6月至2004年5月间，用假冒"SANYO 三洋"零部件组装电梯，共计188台，货值28585500元，其中含2003年12月24日已被无锡市滨湖区质量技术监督局行政处罚货值1676750元应予以扣除，本次认定违法货值26908750元，并决定责令无锡三洋改正、停止生产、销售用假冒"SANYO 三洋"零部件组装电梯并处罚款3229050元。无锡三洋对该行政处罚决定认定的事实无异议。

无锡三洋在本案诉讼前即2007年5月前向外散发了多种版本产品宣传册。其中关于电梯装潢的宣传册、代号分别为SY14000－P、K200－P、K100－P的产品宣传册上以醒目方式标有"精心尽力 三洋电梯"字样，并在文字介绍中以"三洋电梯"、"SANYOELEVATOR"为名指代其产品或企业名称。代号为SY14000－0、K100－F、SY－EFREE的产品宣传册上除标有"SANYO-ELEVATOR"字样外，并以醒目方式标有"精心尽力 三洋电梯"字样，在文字介绍中称其"是日本株式会社三洋电梯公司经过详细的市场调研，于2001年选择无锡电梯厂作为合作伙伴，合资成立的"、"著名项目有铁道部办公大楼、大连64军军部、北京YMCA大厦、昆明国际机场、上海太咸大厦、浙江大学医学院附属儿童医院等"、"使用日本原厂商标'sanyoelevator'"、"以日本工厂或OEM厂商提供，无锡工厂提供辅助配套"、"充分体现了三洋品牌全球化"，并以"三洋电梯"指代其产品、将其自动扶梯产品称为"三洋FREE自动扶梯"。

本案诉讼前无锡三洋员工戴燕林向外散发的名片上标有"SANYOELEVATOR"字样及网址www.sanyoelevator.cn、电子邮件sanyo－elevator@163.com，姓名下方标有"海外销售"字样。本案诉讼前无锡三洋使用的信封上标有"SANYOELEVATOR"字样及网址www.sanyoelevator.cn。

2007年6月，经原告申请，法院对无锡三洋的厂房、产品采取证据保全措施，其厂房一面外墙上以醒目方式标明"SANYOELEVATOR（WUXI）"字样。

2007年7月19日，上海市卢湾区公证处对上海市巨峰路七五八弄巨峰家苑小区13号楼内电梯部分情况进行了拍照公证证据保全，照片显示电梯轿厢内标有"SANYOELEVATOR"及"维保单位三洋电梯（无锡）有限公司"等字样。诉讼前，无锡三洋出售了电梯给天津药物研究院，电梯轿厢内标有"SANYOELEVATOR"和"维保单位天津市精工电梯工程有限公司"等字样。

2006年11月14日，长安公证处对打开互联网网址www.sanyoelevator.cn后所显示的网页内容进行了公证证据保全，主页上标明"SYWXELEVATOR"、"三洋电梯（无锡）有限公司"、"SANYOELEVATOR"、"三洋电梯"、"三洋之窗"、"三洋品牌"；点击主页中"电梯驱动方式的一次革命"浮动画面，进入的分页面显示标有"SANYOELEVATOR"、"SYWXELEVATOR"、"三洋电梯"等字样；点击主页左侧的"公司概况"或页面上方导航条中的"三洋之窗"，页面显示公司简介，称无锡三洋"是日本株式会社三洋电梯公司经过详细的市场调研，于2001年选择无锡电梯厂作为合作伙伴，合资成立的"，并以

"三洋电梯"指代该公司名称或产品；点击主页左侧的"三洋品牌"，页面又显示公司简介，称"三洋电梯是日本株式会社三洋电梯的拳头产品，成立于1955年。1947年，三洋电机株式会社的创始人井植风男凭着过人的胆识和勇气，离开了朝夕相处20年的松下株式会社，全力以赴开拓三洋的事业"、"1992年，在华投资出现新的高潮，与大连冷冻机股份有限公司共同建立了三洋制冷有限公司"、"2001年，日本株式会社三洋电梯（电梯两字用日文表示）在中国无锡设立了电梯生产基地，负责中国大陆地区市场销售"。无锡三洋还在其他页面中称其于2004年12月参加了在上海新国际博览中心举办的第6届中国（上海）国际房地产与建筑科技展览会、2005年5月参加了俄罗斯电梯展并与多家代理商达成初步代理协议、2006年出口欧盟国家（土耳其）的二十余台电梯整装待发、2006年9月参加了"2006印尼中国技术设备和商品展"，以上各页面最下端均载明"三洋电梯（无锡）有限公司版权所有"等字样。

2008年7月21日，长安公证处对打开互联网网址 www.sanyoelevator.cn 后所显示的网页内容再次进行了公证证据保全。进入该网址，首页即显示"SYWXELEAVTOR 三洋电梯"字样；点击前述页面下端"中文"，进入中文主页，下端显示"@2007SanyoElevator（Wuxi）Co. Ltd. AllRightsReserved. 三洋电梯（无锡）有限公司"字样；点击首页"English"，进入英文主页，页面上称无锡三洋由"SANYOJAPAN"（三洋日本）和"WUXlELEVATOR"（无锡电梯）共同建立于2001年；点击英文主页上的"JoinUs"下拉菜单的"More-aboutus"，页面上称无锡三洋是"SANYOGroup"（三洋集团）和无锡电梯厂合作成立的有限责任公司。

诉讼期间，三洋电机申请法院调查取证，查明无锡三洋于2004年7月作为甲方与乙方上海呈益机电设备有限公司（简称呈益公司）签订《电梯部件定购协议书》，双方在协议中约定呈益公司按甲方要求贴三洋标志的铭牌。

2001年1月，株式会社三洋电梯在日本国注册成立，经营范围包括电梯、滚梯等产品的零配件销售，电梯、滚梯的设计与销售等。

2001年8月，三洋电梯（集团）有限公司（英文名 SANYOELEVATOR（GROUP）LIMITED）在香港特别行政区注册成立。2001年10月，无锡电梯厂和（香港）三洋电梯（集团）有限公司合资筹建的无锡三洋被核准使用"三洋电梯（无锡）有限公司"名称。

2002年4月，株式会社三洋电梯董事长刘正昭签署了授权书，授权无锡三洋为其在中国境内总代理，全权负责在中国境内生产、销售、安装、维修其各种电梯及相关产品等一切事宜，并办理了该授权书的公证、认证文书。2002

年10月，无锡三洋在《光明日报》广告版刊登了上述授权书、公证、认证文书，并刊登株式会社三洋电梯的声明启事，称无锡三洋是其中国地区唯一合法授权公司。

2007年7月6日，三洋电机作为原告与被告株式会社三洋电梯在东京地方法院民事第40部就注销企业名称登记案达成和解协议，约定：株式会社三洋电梯于2007年7月6日以后不再使用"株式会社三洋电梯"之企业名称以及其他产生"三洋"和"さんよう"（SANYO）称呼的营业标识及与其类似标识；（1）株式会社三洋电梯于2007年7月31日前，办理其以2001年1月22日为办理日期在东京法务局丰岛办事处设立登记中的"株式会社三洋电梯"之企业名称的注销手续；（2）在该日期前变更为不含有"三洋"、"さんよう"（SANYO）或与上述两者相类似的部分；（3）履行完毕（1）所载明的义务后不再进行任何含有上述（2）中所指内容的企业名称登记手续等。

2007年6月，株式会社三洋电梯变更名称为Sunny Japan International株式会社，电梯、滚梯等产品的设计与销售、零配件销售等项经营范围注销，其余经营范围保留。同年8月进行了变更登记。

无锡三洋2002年度审计报告载明该公司自2002年6月以来销售电梯45台，实现销售收入5984583.94元，销售成本为4749568.98元，销售税金及附加1300.50元，主营业务利润1233714.46元，销售毛利率20.61%；2003年度审计报告载明全年销售电梯实现销售收入14206561.83元，销售成本为11631223.64元，销售税金及附加57.44元，主营业务利润2575280.75元，销售毛利率18.13%；2004年度审计报告载明全年销售电梯实现销售收入44428251.93元，比前期增长了3.13倍，销售成本为35515235.11元，销售税金及附加7299.41元，主营业务利润8905717.41元，销售毛利率20.43%；2005年度审计报告载明主营业务利润8418834.45元，销售毛利率22.60%，并载明杭州三洋是该公司的关联方，两公司受同一公司控制；2006年审计报告载明主营业务利润为12920576.22元，净利润5488370.74元。

三洋电机因本案分别于2007年6月、7月和2008年10月支付给北京市安伦律师事务所律师费83448元、74654.40元、35421.20元，合计193523.6元。

诉辩情况

原告三洋电机诉称：其为世界著名的电子电器生产商，成立于1950年，从成立时起就以"三洋"、"SANYO"作为商号和商标，并持续使用至今。原告在世界各地均广泛注册了"SANYO"和/或"三洋"商标。在中国，原告在19个商品类别注册了88个上述商标，其中第1128994号注册的商品包括"电梯"。经过多年使用宣传，原告的"三洋"和"SANYO"商号和商标在中国具有极高的知名度。2004年，无锡三洋因涉嫌在生产经营中及电梯产品上使用了"SANYO/三洋"商标而被江苏省质监局立案调查。无锡质监局于2005年5月11日对其作出了处罚。2007年年初，原告发现，无锡三洋并没有因为受到处罚而停止侵权行为，而是持续地生产销售使用"SANYO"商标的电梯产品，并在其生产经营中使用"SANYO"和"三洋"商标宣传。无锡三洋近期的销售包括销售了16部带有"SANYO"商标的电梯给位于上海市浦东区巨峰路758弄的"巨峰家苑"小区使用。另外，无锡三洋以其杭州销售商即杭州三洋的名义，注册了域名 sanyoelevator.cn，并利用该网站对其业务作宣传。在该网站中多处使用"三洋"、"SANYO"商标，还大量引用了原告的一些事迹，误导人们以为其与原告有关联。原告因被告的侵权行为遭受了巨大的损失，为制止被告的侵权行为支出了巨大费用，被告应向原告支付侵权赔偿。综上，请求：（1）判令两被告立即停止侵权行为，包括停止在产品、宣传材料、网站上以及其他任何生产经营用物品上使用"SANYO"、"三洋"以及与其类似的字样，停止使用任何可能使人们误认为其与原告有关的词句，并停止销售带有上述字样的电梯产品；（2）判令无锡三洋立即停止使用"三洋电梯（无锡）有限公司"和/或"SANYOElevator（Wuxi）Co. Ltd."的企业名称，判令杭州三洋立即停止使用"杭州三洋电梯有限公司"的企业名称；同时判令两被告注销或变更其企业名称，在新的企业名称中不得含有"三洋"、"Sanyo"以及与其类似的字样；（3）判令两被告立即停止使用并注销域名 www.sanyoelevator.cn；（4）判令两被告在《新民晚报》上向原告公开道歉，并消除影响；（5）判令两被告向原告支付侵权赔偿人民币500万元，并承担连带责任；（6）判令两被告赔偿原告为制止其侵权行为及调查取证支出的律师费、调查费、交通费及其他合理开支人民币10万元，并承担连带责任；（7）判令两被告承担本案诉讼费。诉讼期间，原告进一步明确诉讼请求，请求以无锡三洋的侵权获利确定赔偿额，其中2004年以前的获利根据质监局的认定，2005年、2006年后的部分酌情判定，鉴于无锡三洋只生产电梯产品，杭州三洋与无锡三洋关系密切，两被告为共同侵权人，故承担共同赔偿责任；对杭州三洋注册域名和使用商号的不正当竞争行为仅主张其承担停止侵权的民事责任；杭州三洋注册域名供无锡三洋使用，无锡三洋在网站上虚假宣传，并大量使用了三洋电机的商标、商号，极大损害了三洋电机声誉，两被告应对此赔礼道歉、消除影响。

被告无锡三洋、杭州三洋共同答辩称：（1）原告的起诉案由不符合最高人民法院的规定，不正当竞争与侵犯商标权的请求权基础不同，法律关系也不同，一般应该分开起诉；（2）作为不正当竞争纠纷，本案原告不是适格主体，原告不是中国企业或法人，不能成为中国《反不正当竞争法》规定的经营者，而且原告及其在中国设立的公司都不生产电梯产品，与被告不构成竞争关系；（3）原告应当就自己的主张即商标侵权与不正当竞争分开举证，而不能依靠猜测。如果主张不正当竞争，应当证明被告有主观恶意。原告在日本自行调查无锡三洋的日本授权方株式会社三洋电梯情况，通过这种调查方式得出株式会社三洋电梯是空壳公司的结论没有依据。原告还称株式会社三洋电梯的法定代表人刘正昭是中国人，这也没有依据，原告以此证明无锡三洋有主观恶意没有道理。

裁判结果

无锡市中级人民法院依据《中华人民共和国商标法》第 52 条第 1 款第 1 项、第 56 条第 2 款，《中华人民共和国商标法实施条例》第 3 条，最高人民法院《关于审理商标民事纠纷案件适用法律若干问题的解释》第 1 条第 1 项、第 3 项和第 16 条第 1 款、第 2 款，最高人民法院《关于贯彻执行〈中华人民共和国民法通则〉若干问题的意见（试行）》第 174 条，《保护工业产权巴黎公约》第 8 条，《中华人民共和国反不正当竞争法》第 2 条、第 5 条第 3 项、第 9 条第 1 款，最高人民法院《关于审理不正当竞争民事案件应用法律若干问题的解释》第 6 条第 1 款和《中华人民共和国民事诉讼法》第 128 条的规定，判决：

一、无锡三洋立即停止侵犯三洋电机第 1128994 号注册商标专用权的行为，即停止在电梯产品、宣传材料、网站及其他经营用物品上使用"SANYO"、"三洋"字样；

二、无锡三洋立即停止使用 www.sanyoelevator.cn 域名；

三、无锡三洋立即停止使用含"三洋"或"SANYO"字样的中英文企业名称；

四、无锡三洋就其侵犯商标专用权行为和不正当竞争行为于本判决发生法律效力之日起 30 日内在《新民晚报》上刊登声明，消除影响（内容须经本院审核）；

五、无锡三洋于本判决发生法律效力之日起 5 日内赔偿三洋电机损失 50 万元；

六、杭州三洋立即停止使用 www.sanyoelevator.cn 域名，并于本判决发生法律效力之日起 30 日内注销该域名；

七、杭州三洋立即停止使用含"三洋"字样的企业名称；

八、无锡三洋、杭州三洋于本判决发生法律效力之日起 5 日内共同赔偿三洋电机律师费 10 万元；

九、驳回三洋电机其他诉讼请求。

> **裁判理由**

无锡市中级人民法院认为："三洋"、"SANYO"既是三洋电机的注册商标组成部分，也是其商号，其合法权利均受我国法律保护。鉴于三洋电机所指控的侵权行为涉及请求权竞合问题，故对相关行为可从侵犯注册商标专用权途径予以保护的，不再另行认定不正当竞争行为；商标法未能涵盖部分，将适用《反不正当竞争法》予以保护。

1. 关于无锡三洋、杭州三洋的相关行为是否构成侵犯商标专用权问题

原告三洋电机在我国在包括电梯在内的第7类产品上注册了第1128994号"三洋SANYO"商标，且在注册有效期内，故其依法享有商标专用权，有权禁止他人未经其许可使用该商标。无锡三洋擅自在生产、销售的电梯产品上使用"三洋"、"SANYO"字样，属侵犯原告注册商标专用权行为。无锡三洋在其产品宣传册、员工名片、商业用信封、商业合同、www.sanyoelevator.cn网站上多处以"三洋电梯"、"SANYOELEVATOR"指代其电梯产品或企业名称，并在其厂房外墙上以醒目方式标明"SANYOELEVATOR（WUXI）"，属在商品以外的其他商业活动中突出使用与原告注册商标相同的文字"三洋"、"SANYO"，容易使相关公众产生误认，亦侵犯了原告商标专用权。网页内容虽由无锡三洋发布，但杭州三洋在诉讼中自认其注册并使用了域名、网站是杭州三洋的，且据无锡三洋审计报告记载，两公司为关联公司，故可认定杭州三洋对无锡三洋在网站上的商标侵权行为应为明知而提供帮助，与无锡三洋构成共同侵权。域名www.sanyoelevator.cn虽由杭州三洋申请注册，但无锡三洋以版权权利人名义在该网站作出版权声明，且网页宣传内容均关于无锡三洋，故可认定无锡三洋为该域名的共同使用人。杭州三洋提供该域名供无锡三洋从事电梯产品的电子商务，该域名的主要部分"sanyo"与三洋电机的前述注册商标中的文字"SANYO"相似，仅有大小写之别，足以造成相关公众的误认，故杭州三洋、无锡三洋注册、使用域名的行为侵犯了三洋电机注册商标专用权，应当停止侵权、注销域名。此外，无锡三洋在商业活动中以标注企业全名方式规范使用其名称的行为，未突出使用"三洋"或"SANYO"，不侵犯原告注册商标专用权，但该认定不影响本院对该行为是否构成不正当竞争的判断。

2. 关于诉讼时效问题

原告对无锡三洋自2002年6月起生产、销售假冒其商标的行为提起诉讼，并以该事实为主要情节要求无锡三洋、杭州三洋赔偿500万元。被告无锡三洋对此提出已超过诉讼时效期间的抗辩。法院认为：江苏省质监局及无锡质监局

对无锡三洋 2002 年 6 月至 2004 年 5 月的假冒原告注册商标的行为进行调查处理期间，权利人三洋电机于 2004 年 10 月、11 月分别致函江苏省质监局、江苏省人民政府办公厅请求保护其商标权和商号权，故从此时起诉讼时效中断。2005 年 5 月 11 日，江苏省质监局回复三洋电机称案件已调查终结，三洋电机与被行政处罚人无锡三洋未经行政机关调处更未达成协议，诉讼时效期间可自此时起重新计算。因此，三洋电机于 2007 年 4 月向本院提交诉状、5 月 8 日预交案件受理费起诉无锡三洋、杭州三洋，未超过 2 年诉讼时效期间。

3. 关于无锡三洋注册使用中英文企业名称以及在网站上的有关宣传内容，杭州三洋注册使用企业名称是否构成不正当竞争行为问题

鉴于我国和日本均为《保护工业产权巴黎公约》缔约国，故该公约适用于本案。依照该公约第 8 条规定，厂商名称应在本联盟一切国家内受到保护，没有申请或注册的义务，也不论其是否为商标的一部分。因此，三洋电机的厂商名称在我国应受到法律保护。

三洋电机设立于 1950 年，历史悠久，通过投资等方式进入中国市场较长时间，其"三洋 SANYO"商标、商号在中国市场有很高的知名度。而无锡三洋、杭州三洋成立在后，作为机电设备行业经营者，其应当知道三洋电机的商标、商号在中国市场享有广泛声誉和知名度，上述两公司仍以"三洋"为字号进行工商登记注册，同时无锡三洋使用的英文名称以"SANYO"为字号。以上行为降低了"三洋 SANYO"商标、商号的区别性特征，以淡化商标、商号的方式损害了竞争对手三洋电机的声誉，并易造成相关公众误认双方为关联企业，违反了市场竞争应当遵循的诚实信用原则和基本商业道德准则，构成不正当竞争行为。

无锡三洋在网站上关于无锡三洋的介绍、与三洋电机的关系以及三洋电机在中国设立子公司的介绍等宣传内容明显虚假，无锡三洋具有攀附三洋电机商号、商标声誉及企图使相关公众误认其为三洋电机关联公司的主观故意，构成虚假宣传的不正当竞争行为。杭州三洋作为该网站的注册人和使用人，与无锡三洋又系关联公司，对无锡三洋在网站上的虚假宣传行为应为明知而提供上传帮助，与无锡三洋构成共同侵权。

4. 关于民事责任的承担问题

无锡三洋对其侵犯注册商标专用权的行为、不正当竞争行为，应承担停止侵权、消除影响的民事责任。原告对杭州三洋注册域名及使用商号的行为仅主张停止侵权的民事责任，法院予以准许。杭州三洋提供域名给无锡三洋在网站上虚假宣传并使用原告的商标、商号，对该侵权事实应由直接侵权人无锡三洋承担消除影响的民事责任为宜。因原告未提供证据证明涉案商标侵权行为、不

正当竞争行为已实际贬低了原告商标、商号的声誉，故本院对原告要求两被告赔礼道歉的诉讼请求不予支持。

关于侵犯商标权的损失赔偿责任问题，鉴于三洋电机并未生产电梯产品，即注册人在电梯产品上长期未使用注册商标，涉案注册商标对电梯产品的识别功能并未实现，无锡三洋的侵权行为并不会实际造成三洋电机在本不存在的电梯产品市场份额方面的丧失或减少，亦不会实际造成三洋电机在本不生产的电梯产品的利润方面损失，故损失额不宜以侵权人的经营获利为标准确定。因此，本院对三洋电机要求依无锡三洋侵权获利确定赔偿额 500 万元的主张不予支持。本院酌情考虑下列因素确定无锡三洋的赔偿额：无锡三洋的主观过错、具体侵权情节、三洋电机涉案商标的损失等。此外，三洋电机并无证据证明杭州三洋有生产、销售假冒商标电梯的共同侵权行为，故杭州三洋不应承担连带赔偿责任。三洋电机为本案支出的律师费 10 万元属合理开支，应由侵权人无锡三洋和杭州三洋共同承担。

29. 企业因合并发生变更，变更后的企业没有办理注册商标专用权转移手续的，合并后的企业是否享有注册商标专用权？

企业因合并发生变更的，其债权债务由合并后的企业承担，合并后的企业虽然没有办理注册商标专用权的移转手续，其仍然享有原企业注册的商标的专用权。

30. 注册商标 3 年未使用且持续至被控侵权行为发生时的，如何确定赔偿数额以及因合并发生变更，变更后的企业没有办理注册商标专用权转移手续的，合并后的企业是否享有注册商标专用权？

注册商标价值的大小主要体现在其所包含的商誉上，而商誉是通过对注册商标的使用而获得的，注册商标 3 年未使用且持续到被控侵权行为发生时的，权利人并没有为商标的商誉积累进行过付出，亦没有因为被控侵权行为的发生产生实际的损失，此时不宜简单地以被告获利的情况决定赔偿数额，人民法院可以根据

> 案件的具体情况，决定较小的赔偿数额或者对原告提出的赔偿经济损失的请求全部不予支持，只支持其为制止侵权行为支付的合理支出。

典型疑难案件参考

宜昌饭店有限责任公司诉宜昌市土渣儿食品营销管理有限公司等商标权纠纷案

基本案情

宜昌市旅游饮食服务有限公司于1998年向国家工商行政管理总局申请注册"接堂"文字商标，于同年获得准许，核定使用商品类别为第30类"包子"，注册有效期限自1998年5月7日至2008年5月6日。2000年4月24日，宜昌市旅游饮食服务公司在宜昌市工商行政管理局办理注销登记手续，其债权债务由宜昌市东泰旅游服务股份合作公司承担。2003年8月15日，宜昌市东泰旅游服务股份合作公司办理注销登记手续，其债权债务由现在的原告宜昌饭店有限责任公司（简称宜昌饭店）承担。

2006年3月底至5月22日，在"土渣儿"烧饼销售不景气的情况下，由被告宜昌市土渣儿食品营销管理有限公司（简称土渣儿公司）策划，在其分支机构土渣儿公司东方超市分店加工销售"接堂"包子，在该店门前立有"接堂包子"的广告宣传牌，该店销售的"接堂"包子包装袋上标注有"土渣儿系列食品之接堂包子"及"土渣儿公司"的字样，并附有土渣儿公司的加盟热线电话。

诉辩情况

原告宜昌饭店诉称：宜昌市旅游饮食服务公司于1998年向国家工商总局申请将"接堂"注册为商标。后来宜昌市旅游饮食服务公司几经改制，成为现在的原告宜昌饭店。原告享有"接堂"包子的注册商标专用权，其权利在商标有效期内依法受到保护。2006年3月底，原告宜昌饭店发现被告土渣儿公司东方超市分店在加工销售"接堂"包子，在其广告牌和食品包装袋上均标注有"接堂包子"、"土渣儿公司"字样，并附有被告土渣儿公司的加盟热线电话。这表明了被告土渣儿公司是此次营销的真正策划者。被告土渣儿公司、土渣儿公司东方超市分店的这种行为是未经"接堂"商标所有权人宜昌饭店的同意擅自使用其注册商标的行为，违反了《商标法》第27条的规定，应承担相应的民事责任。故请求人民法院判令：（1）被告土渣儿公司东方超市分店、土渣儿公司立即停止侵权行为，销毁所有涉及"接堂"注册商标的包装和店面招牌；（2）被告土渣儿公司东方超市分店、土渣儿公司在《宜昌日报》、《三峡晚报》和《三峡商报》上公开赔礼道歉，以消除影响；（3）被告土渣儿公司东方超市分店赔偿原告宜昌饭店损失2万元，被告土渣儿公司对被告土渣儿公司东方超市分店的赔偿责任负连带责任；（4）由被告土渣儿公司东方超市分店、土渣儿公司承担本案诉讼费用。

被告土渣儿公司辩称：我公司并没有对原告宜昌饭店造成侵权，原告宜昌饭店的诉讼请求没有任何法律依据，请求驳回原告宜昌饭店的诉讼请求。理由如下：（1）原告宜昌饭店并不是"接堂"商标的专用权人，不具备诉讼主体的资格。（2）若原告宜昌饭店确实在改制中办理了商标转移手续，拥有"接堂"商标专用权，那么原告宜昌饭店已经有五六年时间没有经营使用此商标。按照《商标法》第44条第4款规定，连续3年停止使用注册商标的，由商标局责令限期改正或者撤销其注册商标。

被告土渣儿公司东方超市分店未作答辩。

裁判结果

湖北省宜昌市中级人民法院依据《民事诉讼法》第128条，《民法通则》第130条，《商标法》第3条、第52条第1项、第53条和《商标法实施条例》第52条之规定，判决如下：

一、被告土渣儿公司、土渣儿公司东方超市分店立即停止使用"接堂"商标；

二、被告土渣儿公司、土渣儿公司东方超市分店于本判决生效后30日内销毁所有涉及"接堂"注册商标的包装袋和店面招牌；

三、被告土渣儿公司、土渣儿公司东方超市分店于本判决生效之日起15日内在《三峡商报》上刊登公开道歉声明（内容须经本院审核）；

四、被告土渣儿公司东方超市分店在本判决生效后30日内赔偿原告宜昌饭店经济损失1500元，被告土渣儿公司承担连带赔偿责任；

五、驳回原告宜昌饭店的其他诉讼请求。

裁判理由

湖北省宜昌市中级人民法院认为：（1）宜昌市旅游饮食服务公司是"接堂"商标的专用权人。其在注销工商登记时已明确其债权债务由宜昌市东泰旅游股份合作公司承担，后宜昌市东泰旅游股份合作公司又将其债权债务全部转移给原告宜昌饭店，"接堂"注册商标的权利人已经变更为原告宜昌饭店。（2）根据《商标法实施条例》第47条规定，商标注册人死亡或者终止，自死亡或终止之日起1年期满，该注册商标没有办理转移手续的，任何人可以向商标局申请注销该注册商标。宜昌市旅游饮食服务有限公司终止后，宜昌饭店虽未及时办理"接堂"注册商标权利人变更手续，但也没有任何人提出注销其注册商标的申请，该商标也一直未被注销或撤销。因此，原告宜昌饭店承接了宜昌市旅游饮食服务有限公司的债权债务，从而享有"接堂"商标的专用权。原告未及时办理商标专用权转移登记手续，系另一法律关系。原告宜昌饭店在取得"接堂"商标专用权后，即使有3年以上时间没有生产经营使用"接堂"商标的包子，在商标行政管理部门没有采取责令限期改正或撤销其注册商标的行政行为以前，原告宜昌饭店还是"接堂"商标的专用权人。被告土渣儿公司关于原告宜昌饭店不具备诉讼主体资格的答辩理由不成立。（3）被告土渣儿公司、土渣儿公司东方超市分店未经商标注册人的许可，在同一种商品上使用或策划他人使用与原告宜昌饭店注册商标相同或者近似的商标，属于侵犯他人注册商标专用权的行为，应承担相应的民事责任。（4）关于赔偿数额的问题，本院将结合被告土渣儿公司东方超市分店、土渣儿公司的主观过错程度及侵权所获利润、时间跨度等因素予以酌定。

三、合理使用标识的认定

31. 在产品标识中描述性使用与他人注册商标相同的标识，是否侵犯他人的注册商标专用权？

> 在产品标识中描述性使用与他人注册商标相同的标识，其目的是说明产品的质量、组成成分、制作工艺等，相关公众不会将该标识认为是商标。同时，产品生产者使用该标识也不存在使其产品与他人产品的来源产生混淆的故意，故其使用该标识的行为不构成侵犯注册商标专用权的行为。

典型疑难案件参考

雅戈尔集团股份有限公司诉李春红确认不侵害商标权纠纷案

基本案情

李春红于2003年8月21日注册了"DP"商标，核定使用商品第25类，即服装、鞋、帽等。2005年年底起，雅戈尔集团股份有限公司（简称雅戈尔集团）在其生产的使用了面料抗皱整理技术的"雅戈尔YOUNGOR"牌纯棉免熨衬衫上使用"DP"标识。2008年3月20日，李春红以律师函的形式向原告发出警告函，认为原告使用"DP"标识侵犯了其"DP"注册商标专用权，要求原告停止使用"DP"标识，并赔偿被告的损失。2008年4月8日，李春红向宁波市工商行政管理局鄞州分局投诉，要求该分局予以查处。该分局于2008年8月4日予以销案。

另查明，"DP"作为服装抗皱整理技术的缩写，被科研单位广泛使用。原告持有"雅戈尔YOUNGOR"注册商标，使用商品也是第25类，"雅戈尔YOUNGOR"商标是国家工商行政管理局商标局认定的驰名商标，2007年中国品牌500强中，"雅戈尔"品牌排名第66位，品牌价值92.11亿元。"DP纯棉免熨精品衬衫"是国家重点新产品，该产品约90%通过各大商场的雅戈尔专厅或雅戈尔专卖店销售，剩余的约10%是有关单位委托原告生产的职业服装。

诉辩情况

雅戈尔集团提起诉讼，请求法院确认其不侵害李春红的注册商标专用权。

裁判结果

宁波市鄞州区人民法院作出判决：原告雅戈尔集团在其生产的采用了DP抗皱整理技术的服装上使用"DP"标识不侵犯被告李春红的"DP"注册商标专用权。

裁判理由

宁波市鄞州区人民法院经审理认为：《商标法实施条例》第49条规定："注册商标中含有的本商品的通用名称、图形、型号，或者直接表示商品的质量、主要原料、功能、用途、重量、数量及其他特点，或者含有地名，注册商标专用权人无权禁止他人正当使用。""DP"虽为李春红的注册商标，但由于"DP"系服装面料整理技术的通用缩写，雅戈尔集团有权对自己产品因为描述需要而正当使用"DP"标识。雅戈尔集团在使用了DP技术的纯棉免熨衬衫上标识"DP"，客观上产品具备"DP"标识所描述的特征；雅戈尔集团的"雅戈尔YOUNGOR"商标是中国品牌500强中排位第66的驰名商标，品牌价值高达近百亿元，"DP纯棉免熨精品衬衫"更是国家重点新产品。相比之下，李春红的"DP"商标知名度相对较低，故雅戈尔集团显然不可能故意让公众把自己的产品误以为是知名度相对较低，又没有衬衫市场份额（被告自称只生产女装）的李春红的产品，所以，雅戈尔集团主观方面也没有与李春红注册的"DP"商标混淆的故意；雅戈尔集团使用"DP"标识的位置在衬衫的吊牌上，虽然"DP"标识在吊牌中间位置，且"DP"字母明显大于其雅戈尔商标，但由于吊牌相对于整体包装来说较小，而包装上的"YOUNGOR"商标十分醒目，吊牌上的"DP"标识相对于包装上"YOUNGOR"商标并不突出，所以雅戈尔集团客观方面没有突出使用"DP"标识，且雅戈尔集团生产的衬衫与李春红的产品有不同的销售方式和途径，当消费者在商场的雅戈尔专厅或雅戈尔专卖店看到外包装上标有显著的"YOUNGOR"商标的衬衫时，不可能把驰名的雅戈尔集团的产品误认为是知名度相对较低的李春红的产品。

32. 旅游公司在旅游服务广告中使用与他人注册在"观光旅游"等服务项目上的地名商标相同的地名以介绍其提供旅游的目的地或者线路的，是否侵犯他人享有的地名商标专用权？

旅游公司在旅游服务广告中使用与他人注册在"观光旅游"等服务项目上的地名商标相同的地名以介绍其提供旅游的目的地或者线路的，其目的是向消费者明确表达其实施旅游服务的目的地或者线路，属于合理使用该地名，不侵犯他人对地名商标享有的专用权。

典型疑难案件参考

云南大江旅游漂流有限公司诉昆明风情国际旅行社有限公司侵犯注册商标专用权案

基本案情

原告云南大江旅游漂流有限公司（简称大江公司）是专业经营旅游漂流服务的企业，该公司数位发起人开辟了沿南盘江漂流的旅游路线进行漂流旅游服务经营，并且原告于2003年8月21日获得"南盘江"注册商标，核定服务项目为第39类，服务范围包括旅行陪伴、旅客陪同、安排游艇旅行、观光旅游、安排游览、旅行座位预定、旅行预定和旅游预定。原告发现被告昆明风情国际旅行社有限公司（简称风情公司）未经原告许可擅自在旅游服务广告中使用了"南盘江"文字介绍其经营的旅游服务项目，对其旅游线路进行宣传。2004年2月2日、3月8日和3月15日，被告在《今日旅游》广告中3次登载相同内容广告，标题为《"野蛮"之南盘江激情漂流二日游》；2004 年 3 月 18 日，被告在《都市时报》登载广告，标题为《野外情趣，绝对放松》，其中有"南盘江激情漂流二日游 260 元/人"的内容。据此，原告认为被告在其广告宣传中擅自使用原告的注册商标已构成侵犯其注册商标专用权，应该承担侵权责任。

▶ 一审诉辩情况

原告大江公司诉称：原告是一个经营专业漂流旅游的公司，经过数月艰苦的探险，该公司开辟了沿南盘江漂流的旅游路线，并开始进行漂流旅游服务经营至今。为维护自己艰辛开发经营的旅游路线，原告于 2002 年 5 月 8 日向国家工商行政总局商标局申请注册"南盘江"服务商标，2003 年 8 月 21 日商标局核准原告的商标注册。被告风情公司未经原告许可擅自在其旅游广告中使用原告注册商标"南盘江"介绍其经营的旅游项目。据此，原告认为被告在其广告宣传中擅自使用原告的注册商标已构成侵犯其注册商标专用权，应该承担侵权责任，因此特向法院提起诉讼，请求：（1）确认被告的行为侵犯了原告"南盘江"注册商标专用权；（2）判令被告立即停止侵权并在同类刊物上赔礼道歉；（3）判令被告赔偿原告因被告侵权行为造成的损失人民币 30 万元；（4）本案诉讼费用由被告承担。

被告风情公司答辩称：原告拥有的"南盘江"注册商标所核准的服务项目是一般性服务项目，不包括原告诉称的"旅游线路"的提供，且"旅游线路"属国家资源，不可能由个人或单位注册、拥有；被告是拥有"中国公民出境游"在内的国内旅行社行业最高资质的旅行社，被告依法在报刊上宣传自己经营的旅游线路和项目是合法、正当的；原告不具有旅游业的经营资质，其经营旅游服务本身就是违法行为。因此，请求法院驳回原告的诉讼请求。

▶ 一审裁判结果

云南省昆明市中级人民法院依照《中华人民共和国商标法》第 52 条、《中华人民共和国商标法实施条例》第 49 条和《中华人民共和国民事诉讼法》第 64 条第 1 款的规定，判决如下：驳回原告大江公司的诉讼请求。

▶ 一审裁判理由

云南省昆明市中级人民法院认为：原告拥有的"南盘江"注册商标为服务商标，核准的服务范围包括旅行陪伴、旅客陪同、安排游艇旅行、观光旅游、安排游览、旅行座位预定、旅行预定和旅游预定。被告在其使用有"南盘江"文字的广告中所推广的是其提供的漂流旅游服务，该服务项目落入原告注册商标核准的经营范围，被告在自己提供的服务中使用了原告的注册商标。然而在相同的服务中使用他人注册商标的行为并不一定必然构成对他人享有的注册商标专用权的侵犯，《商标法实施条例》第49条规定，注册商标中含有的本商品的通用名称、图形、型号，或者直接表示商品的质量、主要原料、功能、用途、重量、数量及其他特点，或者含有地名，注册商标专用权人无权禁止他人正当使用。该条规定将使用人在符合一定条件下使用他人注册商标的行为排除在侵权行为的范畴之外，这是对注册商标专用权人权利的合理限制。根据《商标法实施条例》第49条的规定，判定使用人使用他人注册商标的行为不构成侵犯他人注册商标专用权必须符合以下两个要件：第一，被使用的注册商标必须含有本商品（服务）的通用名称、图形、型号，或者直接表示商品的质量、主要原料、功能、用途、重量、数量及其他特点，或者含有地名。该条中所称的地名应该指的是广义的地名，应包括行政区划地名和其他地名，其他地名包括江河、湖泊、山脉等地理名称。在本案所涉及的"南盘江"注册商标中，南盘江是河流的名称，因此符合这一要件。第二，使用者必须是正当使用。是否属于正当使用应该从两个方面来判断：首先，使用人客观上是合理使用他人注册商标；其次，使用者主观上是善意的，没有实施不正当竞争行为的意图。本案中，被告在其广告中使用"南盘江"文字只是为了对其提供的旅游服务项目的特点和情况进行说明，由于南盘江是被告提供的旅游服务项目的目的地，所以被告使用"南盘江"文字表述其提供的旅游服务项目的实施地是必须的且无法避免或替换的。此外，被告使用该文字也没有作过分夸大或虚假的表述，被告在广告中使用"野蛮之南盘江"的表述只是一种一般性的形容修辞方式，因此客观上被告的使用行为是合理的。本案中，被告在其使用有"南盘江"文字的广告中，在明显位置（台头）都注明了被告自己的名称，因此，公众在阅读这些广告或根据这些广告选择接受该服务时都不可能将此项服务的提供者误认为本案原告，从而使被告获得不正当的利益，并使原告遭受损失，被告在使用"南盘江"文字时没有对原告采取不正当竞争措施的意图。被告使用"南盘江"文字的行为属于正当使用。因此，被告在推广其提供的旅游服务项目的广告中使用"南盘江"文字不构成对原告注册商标专用权的侵犯。综上所述，一审法院认为原告云南大江旅游漂流有限公司的诉讼请求无事实和法律依据，不予支持。

二审诉辩情况

大江公司上诉称：原判根据《商标法实施条例》第49条认为风情国旅在其广告宣传中擅自使用"南盘江"注册商标属正当使用，但该条规定只适用于商品商标，对服务商标不适用。上诉人经历数年方申请到"南盘江"注册商标，之后根据有关法规进行申报、审批，最后得到云南省群众体育指导中心和云南省航务管理局批准，可以从事漂流活动。而被上诉人没有履行审批手续，擅自经营漂流业务，此行为是不合法的。既然不合法，就不是正当使用，也不能得出原判"使用者主观上是善意"的认定。被上诉人的行为严重侵犯了上诉人的注册商标专用权，请求二审法院依法撤销原判，支持上诉人的原审诉讼请求，并判令被上诉人承担一、二审诉讼费用。

被上诉人风情公司答辩称：漂流包括体育竞技和旅游娱乐两种不同意义的活动。体育竞技活动可能需要体育主管部门批准，但旅游娱乐活动在《旅行社管理条例》中并没有专项规定。被上诉人作为中国最高级别旅行社，经营范围涵盖了所有旅游项目，上诉人认为被上诉人组织漂流旅游娱乐活动不合法的观点不能成立。《商标法》明确规定注册商标包括商品商标、服务商标、集体商标和证明商标4种，上诉人认为《商标法实施条例》第49条的规定只适用于商品商标的主张不能成立。请求二审法院驳回上诉，维持原判。

▶ 二审裁判结果

云南省高级人民法院根据《中华人民共和国民事诉讼法》第153条第1款第1项、《商标法实施条例》第49条之规定，判决如下：驳回上诉，维持原判。

▶ 二审裁判理由

云南省高级人民法院认为：本案二审争议焦点为被上诉人风情公司在广告宣传中使用"南盘江"文字是否侵犯上诉人大江公司就其"南盘江"注册商标所享有的注册商标专用权。在此首先需要确定《商标法实施条例》第49条对本案是否适用的问题。本院认为，此条规定包含两层意义：（1）注册商标中含有的本商品的通用名称、图形、型号，或者直接表示商品的质量、主要原料、功能、用途、重量、数量及其他特点，注册商标专用权人无权禁止他人正当使用。此专指商品商标；（2）注册商标中含有地名，注册商标专用权人无权禁止他人正当使用。在此泛指所有注册商标，包括服务商标。上诉人认为本条规定只适用于商品商标的主张不能成立。

本院认为：南盘江是云南省的一条河流，属地理名称。上诉人用"南盘江"这一地理名称获得商标注册。地理名称不能被某一生产或经营者独占或垄断，商标权人在选择地理名称作为商标时，并不能阻止他人在原有一般叙述意义上对该地理名称的使用，也不能限制他人为了指示商品或者服务而使用地理名称。本案中,被上诉人在通过广告方式对其经营的旅游线路进行介绍时,在广告的显著位置标明了其公司名称,对旅游目的地使用了惯常的表述方法表明,既未夸大也未虚构、歪曲事实,目的是对其提供的旅游服务作客观表述,在此情况下使用"南盘江"这一地理名称是不可避免且正当的。现上诉人认为被上诉人经营南盘江漂流旅游未经审批,故其使用"南盘江"文字进行广告宣传不属正当使用。但本案属商标侵权纠纷,需要解决的法律问题是被上诉人是否侵犯上诉人的商标专用权,严格说从事漂流活动是否需要行政审批不属本案审理范围,且现有国家法律和行政法规并没有关于从事漂流旅游活动必须进行审批的明确规定。上诉人的上诉观点不能成立,本院不予支持。原判认定事实清楚,适用法律正确,依法应予维持。

33. 被告获准使用"金华火腿"原产地域产品专用标志是否侵犯原告对"金华火腿"享有的注册商标专用权?

被告使用"金华火腿"原产地域产品专用标志的目的是表明原产地域产品,获得了国家主管部门的授权和批准,其使用原产地域产品专用标志的行为属于合理的、正当的使用,不构成对原告"金华火腿"注册商标权的侵害。

典型疑难案件参考

浙江省食品有限公司诉浙江永康四路火腿一厂、上海市泰康食品有限公司侵犯注册商标专用权纠纷案

基本案情

1979年10月,浙江省浦江县食品公司在第33类商品(火腿)上申请注册了注册证号为第130131号的商标。后商品使用类别由第33类转为商品国际分类第29类。商标注册证记载"商标金华牌",该文字下面有一底色红色长方形纸张,纸张中有装饰性线条组成的方框,方框上端标有"发展经济保障供给",中间是"金华火腿"字样,下端有"浦江县食品公司"字样。该长方形红色纸张右下角有下列文字:"注:'发展经济、保障供给'、企业名称及装潢不在专用范围内"字样。1983年3月14日,该商标经核准转让给浙江省食品公司。1986年8月21日,浙江省食品公司在向国家工商行政管理局商标局

（简称商标局）《关于"金华"火腿商标事宜的请示》（简称《请示》）中提出，"今后凡印制有'金华'火腿商标的火腿包装物、产品合格证等，以及'金华'火腿商标的宣传、广告，除去掉'发展经济，保障供给'、'浦江县食品公司'部分外，均按照注册证核准的'金华'火腿商标标识使用，并标明'注册商标'或注册标记；由于工艺上的特点，在火腿上直接印盖的'金华火腿'的字体与排列位置，仍按照历史沿用的样式使用，但是，不标明'注册商标'或者注册标记，以此区别于注册证核准的注册标识"。同年9月，商标局《关于"金华"火腿商标使用问题的复函》（简称《复函》）同意浙江省食品公司食业请示的使用方法。原告在生产销售的火腿腿皮上标有"浙江省食品有限公司监制"、"金华火腿"、生产单位编号以及生产日期代号等。2000年10月7日，第130131号商标注册人变更为原告浙江省食品有限公司（简称食品公司）。2002年12月，商标经续展注册有效期自2003年3月1日至2013年2月28日。2004年3月9日，商标局《关于"金华火腿"字样正当使用问题的批复》（以下简称《批复》）认为：使用在商标注册用商品和服务国际分类第29类火腿商品上的"金华火腿"商标，是食品公司的注册商标；"金华特产火腿"、"××（商标）金华火腿"和"金华××（商标）火腿"属于《中华人民共和国商标法实施条例》第49条所述的正当使用方式；同时，在实际使用中，上述正当使用方式应当文字排列方向一致，字体、大小、颜色也应相同，不得突出"金华火腿"字样。

1992年8月至2004年1月，浙江省工商行政管理局先后4次认定原告"金华火腿"商标为浙江省著名商标。1993年8月浙江省工商行政管理局等多家单位颁发给浙江省食品公司的浙江名牌产品证书、1998年8月浙江省人民政府授予浙江省食品公司的浙江名牌产品证书等，其中对原告获奖产品表述为"金华牌"金华火腿或"金华牌"特级金华火腿。2001年9月，浙江名牌产品认定委员会颁发给浙江省食品有限公司的浙江名牌产品证书中，对原告获奖产品的表述为"金华牌"火腿。

1999年8月17日，国家质量技术监督局（简称国家质监局）颁布实施了《原产地域产品保护规定》，该规定第2条规定："本规定所称原产地域产品，是指利用产自特定地域的原材料，按照传统工艺在特定地域内所生产的，质量、特色或者声誉在本质上取决于其原产地域地理特征并依照本规定经审核批准以原产地域进行命名的产品。"第16条规定："生产者申请经保护办注册登记后，即可以在其产品上使用原产地域产品专用标志，获得原产地域产品保护。"1999年12月7日，国家质监局发布中华人民共和国国家标准《原产地域产品通用要求》，该标准第6.4款规定，标签："原产地域产品标签的内容除符合国家有关规定外,还应规定特殊标注的内容,如原产地域名称、原材料的名称和地址,并使用原产地域专用标志。"该标准第7.1款中规定,原产地域产品专用"标志的轮廓为椭圆形,灰色外圈,绿色底色,椭圆中央为红色的中华人民共和国地图,椭圆形下部为灰色的万里长城。在椭圆形上部标注'中华人民共和国原产地域产品'字样,字体为黑色、综艺体"。2002年8月28日,国家质检局发布2002年第84号公告,通过了对"金华火腿"原产地域产品保护申请的审查,批准自公告日起对金华火腿实施原产地域产品保护。2003年9月24日,国家质检局发布2003年第87号公告,通过了对浙江省常山县火腿公司、浙江永康四路火腿一厂(简称永康火腿厂)等55家企业提出的金华火腿原产地域产品专用标志使用申请的审核,并给予注册登记。自该日起,上述55家企业可以按照有关规定在其产品上使用"金华火腿"原产地域产品专用标志,获得原产地域产品保护。

1995年,中国特产之乡命名暨宣传活动组织委员会命名浙江省金华市为"中国金华火腿之乡"。2002年12月9日,金华市人民政府办公室、衢州市人民政府办公室印发了《金华火腿原产地域产品保护管理办法(试行)》。该办法第5条规定,"任何单位和个人使用金华火腿原产地域专用标志,必须按规定程序申请,经国家质量监督检验检疫总局原产地域产品保护办公室注册登记后,方可在其产品上使用";第9条规定,"金华火腿原产地域产品保护专用标志由国家标准所规定的原产地域产品专用标志图案和'金华火腿'文字组成。专用标志直接印制在包装物或说明书上,也可使用在企业产品介绍上";第12条规定,"持有《金华火腿原产地域产品专用标志证书》,生产的火腿符合金华火腿国家强制性标准要求的生产者,有权在其生产的金华火腿产品的标签、包装、广告说明书上使用金华火腿原产地域产品专用标志,获得原产地域产品保护;有权在其生产的金华火腿产品表皮上加印'××牌金华火腿,原产地管委会认定'字样,字样的印章由金华火腿管委会统一发放,统一管理"。2003年4月21日,永康火腿厂在核定使用的第29类商品(火腿、肉等)上申请注册了"真方宗"注册商标,注册有效期至2013年4月20日。同年6月,永康火腿厂被金华火腿行业协会评定为首届"金华火腿明星企业"。2003年10月16日,金华火腿原产地域产品保护管理委员会核发给永康火腿厂《金华火腿原产地域产品专用标志使用证书》。

2003年7月27日,原告食品公司向上海市泰康食品有限公司(简称泰康公司)发函,告知"金华火腿"系原告注册商标,要求其在收到函件后立即停止销售侵犯原告注册商标专用权的火腿,否则将采取相关的法律行动。2003年10月14日,原告委托代理人在泰康公司处购买到"真方宗"牌火腿一只。

火腿外包装印有"真方宗"、"真方宗火腿"、"金华火腿明星企业"及被告永康火腿厂名称、厂址、电话等；腿皮上印有"真方宗牌"、"金华火腿"、"原产地管委会认定"字样。根据原告的保全证据申请，上海市公证处对原告的上述购买过程进行了公证，并出具了〔2003〕沪证经第5829号公证书，公证书附有购买火腿的照片及被告泰康公司的销售发票联复印件。2003年11月20日，上海市第二中级人民法院根据原告申请，对被告泰康公司销售行为进行了证据保全，保全泰康公司销售的火腿一只以及部分销售发票。

诉辩情况

原告食品公司诉称：原告系"金华火腿"注册商标的专用权人。注册商标由"金华火腿"字样外加印章型方框构成，是具有显著性特征的可视性标志。2003年7月，原告在上海市南京东路776号的被告泰康公司门店发现被告正在销售的火腿使用了原告的注册商标"金华火腿"，原告遂发函给泰康公司，告知"金华火腿"是原告的注册商标，要求其停止销售侵权商品。同年9月，原告在被告泰康公司门店再次发现其销售的火腿上印有"金华火腿"的字样，该火腿的生产单位是永康火腿厂。原告认为，原告从未许可永康火腿厂使用"金华火腿"商标，因此，永康火腿厂擅自使用"金华火腿"字样，侵犯了原告的注册商标专用权。被告泰康公司明知销售的系侵犯他人注册商标专有权的商品，依照《商标法》第52条第2款的规定，也侵犯了原告的注册商标专用权。据此，请求法院判令：（1）被告泰康公司立即停止销售侵权商品，公开向原告赔礼道歉；（2）被告永康火腿厂停止生产与原告注册商标相同或近似的侵权商品，公开向原告赔礼道歉；（3）被告永康火腿厂在30日内消除其生产火腿上与原告注册商标相同或近似的标识，收缴其擅自制作的"金华火腿"皮印；（4）两被告共同赔偿原告人民币5万元，两被告承担连带责任；（5）两被告共同赔偿原告公证费用人民币2000元、公证时购买火腿费用人民币165元以及律师费人民币1万元。在法院组织交换证据时，原告明确被告永康火腿厂侵权行为具体包括两部分：一是火腿腿皮上使用"金华火腿"字样；二是外包装上使用"金华火腿明星企业"字样。但庭审时原告进一步明确，仅指控永康火腿厂在火腿腿皮上使用"金华火腿"字样构成侵权，本案不再追究被告产品外包装上使用"金华火腿明星企业"行为的责任。

被告泰康公司辩称：（1）被告在销售永康火腿厂产品前，已经对产品的外包装、商标等进行了检查和核对。确认外包装上标明的"真方宗"商标是永康火腿厂的注册商标，使用的原产地域名称和标记经国家职能部门审批。

(2)"金华火腿"是知名的商品名称,被告销售的"金华火腿"产自金华地区,不会误导消费者,也没有对消费者造成侵害。(3)被告店铺拥有"中华老字号"美名,"金华火腿"是其经营的传统产品。故请求法院驳回原告的诉讼请求。

被告永康火腿厂辩称:(1)原告注册商标标识是"金华",而不是"金华火腿"。原告注册商标证上的商标标识为"金华",而商标注册证是唯一证明原告商标权保护范围的法律文件。国家商标局曾同意原告在其产品上使用"金华火腿"字样,是基于原告相关请示中对加工工艺的特殊要求的描述。国家商标局只是准许原告在腿皮上可以使用"金华火腿"字样,但这种不规范使用不能对抗他人正当使用。(2)"金华火腿"是原产地域产品名称,被告使用该名称未侵犯原告的注册商标专用权。国家部委的有关公告及其国家标准明确,"金华火腿"是原产地域产品名称,只要生产厂家履行一定的法律手续就可以使用该名称;包括被告在内的55家企业经批准可以使用"金华火腿"原产地域产品名称。现被告生产的火腿上使用该名称,是经国家质检局和金华火腿原产地域产品保护委员会批准,并严格按照国家强制性标准规范使用。(3)被告使用"金华"属于合理使用。理由如下:①"金华"是行政地域名称。当描述产自金华地区的产品时,只有引用"金华"才能正确表述其产品的来源。②"火腿"是产品的通用名称,原告无权禁止他人使用。被告在"火腿"前加有"金华"两字,目的是表明产品的品质、产地和对消费者进行一定的消费指导。③被告使用属于善意使用,符合诚实信用原则。被告在使用时,没有故意突出或夸大与原告商标相同或相似部分使消费者产生误认。(4)"金华火腿"是知名商品特有的名称。"金华火腿"具有1200多年的历史,早在17世纪已经被广泛使用,并得到社会的接受和公认,是典型的在先使用。另外,允许被告使用"金华火腿"是对社会效益最大化的表现。(5)被告主观上没有侵害原告注册商标的故意。被告使用"金华火腿"的目的是要向消费者表明产品是产于金华,是真正的"金华火腿",主观上不存在侵权故意。综上,请求法院驳回原告的诉讼请求。

裁判结果

上海市第二中级人民法院根据《中华人民共和国民法通则》第96条,《中华人民共和国商标法》第16条、第51条,《中华人民共和国商标法实施条例》第6条第1款、第49条的规定,判决如下:驳回原告食品公司的诉讼请求。

> **裁判理由**

上海市第二中级人民法院认为：本案有三个争议焦点：

1. 原告注册商标的专用权保护范围。根据《民法通则》和《商标法》规定，公民、法人和其他组织的注册商标专用权受我国法律保护。注册商标的专用权，以商标行政管理部门核准注册的商标和核定使用的商品为限。原告注册证号为第130131号注册商标，经商标行政部门注册并经续展目前仍然有效，该注册商标的商标专用权受我国法律保护。关于原告注册商标的专用权保护范围，应当根据商标当时注册的历史背景以及商标注册证上记载的内容确定。原告商标注册证是一个完整的整体，该商标注册于20世纪70年代末，那时注册商标的形式、商标注册证等均与目前有明显的不同，但是这并不改变商标专用权的保护范围。原告商标注册证右下角注中明确注明将"'发展经济、保障供给'、企业名称及装潢内容"排除在专用范围外，商标局作为我国商标注册和管理工作的主管部门也在其《批复》中明确，食品公司的注册商标为"金华火腿"商标。由此可以认定，原告注册商标专用权保护范围的核心是"金华火腿"。被告永康火腿厂称原告注册商标的专用权保护范围仅仅为"金华"的观点，与事实不符，本院不予支持。

2. 两被告行为是否侵犯原告注册商标专用权。本院认为：原产地域产品，即地理标志，是指其标示出某商品来源于该地域中的某地区或某地方，该商品的特定质量、信誉或其他特征，主要与该地理来源相关联。我国加入世界贸易组织时承诺遵守《与贸易有关的知识产权协议》关于地理标志的有关条款。2001年10月27日修改的《商标法》第16条，专门增加了对地理标志的保护规定。之后颁布的《商标法实施条例》第6条规定，地理标志可以通过申请证明商标和集体商标予以保护。长期以来，我国重视对原产地域产品的保护工作。为了有效保护我国的原产地域产品，规范原产地域产品专业标志的使用，保护原产地域产品的质量和特色，1999年以来，国家质检局制定了《原产地域产品保护规定》和《原产地域产品通用要求》等规定，对原产地域产品的定义、申报机构、申报材料、审批管理部门、保护范围和专用标志的使用等作出了规定。上述一系列的规定，构成了我国对原产地域产品实施保护的法律体系。因此，原产地域产品与其他知识产权一样，在我国受法律保护。

被告永康火腿厂有权依法使用原产地域产品名称及专用标志。国家质检局批准了对"金华火腿"实施原产地域产品保护，同意包括永康火腿厂在内的55家企业使用"金华火腿"原产地域产品专用标志。因此，被告永康火腿厂有权依照国家的相关规定在其生产、销售的火腿产品外包装、标签等处标注

"金华火腿"原产地域产品名称及原产地域产品专用标记。被告永康火腿厂的使用行为不构成对原告商标权的侵害。首先,被告在其火腿外包装显著位置标明了自己的注册商标"真方宗",同时也标明了企业名称、厂址、联系方式等信息。其次,被告在火腿腿皮上标注的"金华火腿"字样下端标明了"原产地管委会认定",在腿皮上端还标有"真方宗"注册商标。因此,从上述使用方式可以认定,永康火腿厂标注"金华火腿"目的是表明原产地域产品。故永康火腿厂上述使用"金华火腿"原产地域产品名称行为,不构成对原告注册商标专用权的侵害。对于本案争议的商标权与原产地域产品冲突,应按照诚实信用、尊重历史以及权利与义务平衡的原则予以解决。从"金华火腿"历史发展来看,"金华火腿"有着悠久的历史,品牌的形成凝聚着金华地区以及相关地区几十代人的心血和智慧。原告成为商标注册人以后,对提升商标知名度做了大量的工作。原告的商标多次获浙江省著名商标、国家质检局金质奖及浙江省名牌产品等荣誉称号。原告的注册商标应当受到法律的保护。但是,另一方面,原告作为注册商标的专用权人,无权禁止他人正当使用。《商标法实施条例》第49条规定:"注册商标中含有的本商品的通用名称、图形、型号,或者直接表示商品的质量、主要原料、功能、用途、重量、数量及其他特点,或者含有地名,注册商标专用权人无权禁止他人正当使用。"在我国,权利人的注册商标专用权与原产地域产品均受到法律保护,只要权利人依照相关规定使用均属合法、合理。在本案中,被告永康火腿厂经国家质检局审核批准使用原产地域产品名称和专用标志受法律保护,被告永康火腿厂的使用行为不构成对原告商标权的侵害。被告泰康公司是金华火腿的销售商,鉴于生产商永康火腿厂的行为不构成对原告商标专用权侵害,故泰康公司的销售行为也不构成对原告商标权的侵害。

3. 原告要求两被告承担侵权民事责任是否有事实与法律依据。鉴于原告证据不足以证明两被告行为侵犯其注册商标专用权,因此,原告要求两被告承担相关民事责任的请求,本院不予支持。

商标权纠纷办案依据集成

1. 中华人民共和国商标法（2001年10月27日修正）（节录）

第四条　自然人、法人或者其他组织对其生产、制造、加工、拣选或者经销的商品，需要取得商标专用权的，应当向商标局申请商品商标注册。

自然人、法人或者其他组织对其提供的服务项目，需要取得商标专用权的，应当向商标局申请服务商标注册。

本法有关商品商标的规定，适用于服务商标。

第五条　两个以上的自然人、法人或者其他组织可以共同向商标局申请注册同一商标，共同享有和行使该商标专用权。

第五十二条　有下列行为之一的，均属侵犯注册商标专用权：

（一）未经商标注册人的许可，在同一种商品或者类似商品上使用与其注册商标相同或者近似的商标的；

（二）销售侵犯注册商标专用权的商品的；

（三）伪造、擅自制造他人注册商标标识或者销售伪造、擅自制造的注册商标标识的；

（四）未经商标注册人同意，更换其注册商标并将该更换商标的商品又投入市场的；

（五）给他人的注册商标专用权造成其他损害的。

2. 中华人民共和国商标法实施条例（2002年8月3日国务院令第358号公布）（节录）

第四十九条　注册商标中含有的本商品的通用名称、图形、型号，或者直接表示商品的质量、主要原料、功能、用途、重量、数量及其他特点，或者含有地名，注册商标专用权人无权禁止他人正当使用。

第五十条　有下列行为之一的，属于商标法第五十二条第（五）项所称侵犯注册商标专用权的行为：

（一）在同一种或者类似商品上，将与他人注册商标相同或者近似的标志作为商品名称或者商品装潢使用，误导公众的；

（二）故意为侵犯他人注册商标专用权行为提供仓储、运输、邮寄、隐匿等便利条件的。

3. 最高人民法院关于审理商标案件有关管辖和法律适用范围问题的解释（2002年1月9日　法释〔2002〕1号）（节录）

第一条　人民法院受理以下商标案件：

1. 不服国务院工商行政管理部门商标评审委员会（以下简称商标评审委员会）作出的复审决定或者裁定的案件；

2. 不服工商行政管理部门作出的有关商标的具体行政行为的案件；

3. 商标专用权权属纠纷案件；
4. 侵犯商标专用权纠纷案件；
5. 商标专用权转让合同纠纷案件；
6. 商标许可使用合同纠纷案件；
7. 申请诉前停止侵犯商标专用权案件；
8. 申请诉前财产保全案件；
9. 申请诉前证据保全案件；
10. 其他商标案件。

4. 最高人民法院关于审理商标民事纠纷案件适用法律若干问题的解释（2002年10月12日 法释〔2002〕32号）（节录）

第一条 下列行为属于商标法第五十二条第（五）项规定的给他人注册商标专用权造成其他损害的行为：

（一）将与他人注册商标相同或者相近似的文字作为企业的字号在相同或者类似商品上突出使用，容易使相关公众产生误认的；

（二）复制、摹仿、翻译他人注册的驰名商标或其主要部分在不相同或者不相类似商品上作为商标使用，误导公众，致使该驰名商标注册人的利益可能受到损害的；

（三）将与他人注册商标相同或者相近似的文字注册为域名，并且通过该域名进行相关商品交易的电子商务，容易使相关公众产生误认的。

第二条 依据商标法第十三条第一款的规定，复制、摹仿、翻译他人未在中国注册的驰名商标或其主要部分，在相同或者类似商品上作为商标使用，容易导致混淆的，应当承担停止侵害的民事法律责任。

5. 特殊标志管理条例（1996年7月13日国务院令第202号公布）（节录）

第十三条 特殊标志所有人可以在与其公益活动相关的广告、纪念品及其他物品上使用该标志，并许可他人在国务院工商行政管理部门核准使用该标志的商品或者服务项目上使用。

第十四条 特殊标志的使用人应当是依法成立的企业、事业单位、社会团体、个体工商户。

特殊标志使用人应当同所有人签订书面使用合同。

特殊标志使用人应当自合同签订之日起1个月内，将合同副本报国务院工商行政管理部门备案，并报使用人所在地县级以上人民政府工商行政管理部门存查。

第三部分 著作权纠纷

一、著作权归属的认定

34. 运动会闭幕式电视节目属于什么性质的作品？

运动会闭幕式电视节目由特定的电视台摄制，电视台在摄制节目时，摄制人员对摄制的角度、远近镜头、特写镜头的选择等体现了节目的独创性，属于以类似摄制电影的方式创作的作品。

35. 运动会闭幕式电视节目的著作权人是谁？

按照我国《著作权法》的规定，以类似摄制电影的方法创作的作品的著作权由制片者享有。在我国，运动会闭幕式电视节目由电视台摄制，电视台应当视为著作权法中规定的制片者，其对该电视节目享有著作权。

典型疑难案件参考

央视国际网络有限公司诉福州几何网讯科技有限公司侵害著作权纠纷案

基本案情

2009年4月20日，中央电视台出具《授权书》，包括如下内容：中央电视台将该台拍摄、制作或者广播的，享有著作权或与著作权有关的权利，或者获得相关授权的，该台所有电视频道及其所含之全部电视节目［包括但不限于现有及今后之综合晚会（包括但不限于：春节联欢晚会、元宵晚会、专题晚会）、访谈节目、体育赛事、社会活动、文化学术专栏、娱乐节目、重大事件报道、影视剧、动画片、纪录片等］，通过信息网络（包括但不限于互联网络、移动平台、IP电视、车载电视等新媒体传播平台）向公众传播、广播

（包括但不限于实时转播或延时传播）、提供之权利，授权原告央视国际网络有限公司（简称央视国际网络公司）在全世界范围内独占行使，并授权原告作为上述在全世界范围内进行交易的独家代理。原告作为上述权利的独占被授权许可人，可以以自己的名义，对外主张、行使上述权利，可以针对侵权行为（包括在本授权书签发以前的侵权行为），以其自己的名义或委托律师等第三方，采取包括但不限于调查取证、提出诉讼、谈判和解、获得赔偿等在内的各种法律措施。前述授权内容自2006年4月28日起生效，至该台书面声明取消前述授权之日失效。

2009年10月16日，中华人民共和国第十一届运动会组织委员会出具《授权书》，包括如下内容：该委员会授权原告独家享有中华人民共和国第十一届运动会的互联网络、移动平台（手机）、公交移动、IP电视和所有其他新媒体形式的独家视频直播、重播和点播的权利，并授予原告将上述权利进行分许可的权利，许可语言和许可期限无限制。原告作为上述权利的独占被授权许可人，可以针对侵权行为以自己名义采取包括但不限于调查取证、行政投诉、提起诉讼等在内的各种法律措施。前述所有授权内容自2009年10月1日起生效，至授权人书面声明取消前述授权之日失效。

2009年10月28日，上海市静安公证处根据原告委托代理人的申请，对互联网上浏览的网页和在线播放、录制视频的过程及内容进行了证据保全公证，并出具了公证书。公证书记载：2009年10月28日，网址为zhibo.haixiachina.com的网页上播放了《第十一届全国运动会闭幕式》的相关视频。被告福州几何网讯科技有限公司（简称几何网讯公司）在庭审中亦承认前述网址确为其所经营的网站网址，在2009年10月28日通过链接实时转播了中央电视台第五套直播的"第十一届全国运动会闭幕式"节目。原告在庭审过程中确认被告已经删除在中国海峡网（www.haixiachina.com）网站上的被诉侵权视频。

诉辩情况

原告央视国际网络公司诉称：2009年10月28日，原告发现被告在其经营的网站"中国海峡网"（网址：www.haixiachina.com）之视频直播室的页面，通过信息网络实时转播中央电视台CCTV-5正在直播的"第十一届全国运动会闭幕式"节目（以下简称涉案节目）。经原告审查确认，中央电视台授权（独占性质之授权）原告有权通过信息网络向公众传播、广播（包括但不限于实时转播或延时转播）、提供涉案节目，并有权许可或禁止他人行使或部分行使上述权利，而原告从未许可被告通过信息网络向公众传播或通过其他方式转播涉案节目。涉案节目是中央电视台和原告花费巨大的人力、物力和财力摄制并传播的,被告的行为严重侵犯了原告的合法权益,给原告造成极大的经济损失,危害涉及面广,侵权情节严重。为此,原告依据《著作权法》及其他相关法律法规,请求法院判令被告:(1)立即停止通过信息网络传播涉案节目的侵权行为,停止对原告享有的相关著作权的侵害;(2)在其经营的网站首页及《中国电视报》上发表声明,向原告公开赔礼道歉;(3)赔偿原告经济损失人民币50万元,诉讼合理费用人民币5万元,以上金额合计人民币55万元;(4)承担本案全部诉讼费用。

被告几何网讯公司辩称:(1)被告在庭审中承认其于2009年10月28日通过链接实时转播了中央电视台第五套直播的"第十一届全运会闭幕式"节目,但认为不构成侵权。第十一届全国运动会由国家主办、全民参与,具有公益性质。原告网站上涉案节目的视频不仅可以免费点击播放,且在该视频节目页面原告还设置了"分享链接"一栏,点击该栏后可获取外链代码,将该代码复制到任何网络空间就可以轻松实现对涉案节目进行分享播放。本案被告正是通过这种方式链接转播了涉案节目,且保持了节目的完整性,没有对涉案节目进行任何编辑、修改,始终标有CCTV-5和CCTV.com的LOGO,故被告复制嵌入自己网站对涉案节目进行分享播放是经原告默示许可的合法链接行为,依法不构成侵权。(2)全运会闭幕式节目在央视公开直播,原告没有在其网站上声明不得链接直播,国家领导人以及体育总局的领导参与节目,被告认为涉案节目系属时事性新闻,被告链接原告的涉案节目也纯属公益目的,播放时间很短,仅两个小时左右。在被告网站上该视频不能重播或节目结束后点播。据当时的流量统计,点击涉案视频的人数才10个左右,被告没有从中直接或间接获利。(3)如果法院认定被告构成侵权,首先,被告对涉案节目进行实时播放的分享,在闭幕式结束后即已经停播,原告停止侵权的主张没有事实依据。其次,赔礼道歉是以侵犯著作权人身权利为前提,被告播放涉案节目始终标有CCTV-5及CCTV.com的LOGO,没有侵害原告著作权中的人身权,原告要求被告公开赔礼道歉的主张没有事实和法律依据。再次,涉案节目系由第十一届全国运动会组委会制作后授权原告播放,不存在制作涉案节目的相关花费,原告诉称涉案行为给其造成巨大经济损失、危害、社会影响与事实不符。最后,被告公司和涉案网站系由几个毕业不久的大学生创办,影响力和知名度很小,涉案节目在被告网站上的点击率低,被告提供的银行对账单显示涉案节目播出后被告网站营业收入不但没有增加反而减少,被告涉案违法所得不超过人民币3500元。(4)被告不具有侵权故意,原告发现侵权行为后即进行删除,可产生不侵权的效果。诉讼前,涉案网站未收到原告要求删除或断开链接的通知,导致被告无法收集和固定涉案节目流量的证据。故被告请求驳回原告的诉讼请求。

> **裁判结果**

福州市中级人民法院依照《中华人民共和国著作权法》第15条第1款、第44条第1项、第47条第1项、第48条，最高人民法院《关于审理著作权民事纠纷案件适用法律若干问题的解释》第7条、第25条第1款和第2款、第26条和《诉讼费用缴纳办法》第29条第2款之规定，判决：被告几何网讯公司于本判决生效之日起10日内赔偿原告央视国际网络公司经济损失及合理费用共计人民币54000元；驳回原告央视国际网络公司的其他诉讼请求。

> **裁判理由**

福州市中级人民法院认为："第十一届全国运动会闭幕式"直播节目是摄制在一定的介质上，由一系列有伴音的画面组成，包括两大部分："运动员及代表团颁奖仪式"和"大型文艺演出《辉煌的记忆》"系以类似摄制电影的方法创作的作品，属于《著作权法》保护的客体。该节目以自己独特的手法体现了第十一届全国运动会闭幕式的整个过程，并非对该事件的简要报道，不属于时事新闻的范畴，故被告关于涉案节目系对第十一届全国运动会这一重大事件的客观报道，系合理使用行为不构成侵权的主张不成立。关于涉案作品的归属问题，由于第十一届全国运动会闭幕式系第十一届全国运动会的有机组成部分，根据第十一届运动会组织委员会出具的《授权书》，该组委会已授权原告独家享有第十一届运动会的互联网络等媒体形式的视频直播的权利，并有权针对侵权行为以自己的名义采取包括提起诉讼在内的法律措施。电影作品和以类似摄制电影的方法创作的作品的著作权由制片者享有。在作品上署名的自然人、法人或者其他组织视为作者，但有相反证明的除外。本案中，原告虽然未提供涉案作品的内容，但被告网站播放的内容是以第十一届全国运动会闭幕式为专题以类似摄制电影的方法创作的作品，涉案作品播放画面标注有"第十一届全国运动会闭幕式"字样、左上角标注有"CCTV-5"、右上角标注有"CCTV.com"的标志、在涉案作品的最后出现"中央电视台"字样的播放画面，根据本案现有证据，没有出现相反证据的情况下，可以认定中央电视台为所摄制的第十一届全国运动会闭幕式作品的作者。根据中央电视台于2009年4月20日出具的《授权书》，央视国际网络有限公司享有涉案作品通过互联网络形式向公众实时转播的权利以及提起诉讼的权利，其权益受法律保护，是本案适格的原告。

《著作权法》第44条规定，广播电台、电视台有权禁止未经其许可将其播放的广播、电视转播的行为。被告于2009年10月28日在其经营的中国海峡网（网址为www.haixiachina.com）的"在线直播室"页面上（网址为zhibo.haixiachina.com）全程实时转播了原告在其网站上（网址为cntv.com）同步播放的中央电视台第五频道直播的涉案作品，时长约为2个小时，转播未对涉案作品进行任何修改，且该网站用户不能在直播结束后继续点击播放涉案作品。被告称原告在其网站上直播涉案作品时设置了"分享链接"按钮，被告的行为系经原告默示许可的合法链接的行为，但未能提供证据加以证明，被告也未提供证据对其播放涉案作品的链接方式加以证明，故被告关于是链接不构成侵权的答辩理由不成立。即使是链接，此种链接与仅提供指向第三方网站的普通链接不同，系被告通过主动的行为将原告网站上的涉案作品上传到被告自己网站并向公众提供播放，被告是内容服务提供商，并非网络服务提供商，被告行为亦构成侵权。被告播放涉案作品时页面显示的网址为zhibo.haixiachina.com，被告承认属于其所经营的网站，且涉案作品的播放页面编排看，被告对中央电视台多个频道播放的节目设置了按钮，对播放涉案节目在首页上进行了预告，且未有证据表明播放涉案作品经过合法授权，可以推定被告播放涉案作品的行为具有主观故意。被告未经原告许可，擅自通过互联网络实时转播涉案作品，侵害了原告对涉案作品经过中央电视台授权所享有的实时转播的权利，应承担停止侵权、赔偿损失的法律责任。鉴于被告已实际停止播放涉案作品的行为，故判令其停止侵权已无必要，故本院对原告关于停止侵权的诉讼请求不再予以支持。关于原告请求的赔偿数额，由于没有证据证明原告因被告侵权所遭受的损失以及被告因侵权所获得的利益，故本院根据本案的具体情况，综合考虑作品的类型、侵权行为的方式、持续的时间、影响的范围等因素酌情确定为人民币5万元，根据原告为本案诉讼支出的票据酌情确定合理费用为人民币4000元。本案中，因被告未对涉案网站播出的内容进行修改，播放的视频标注有CCTV-5的台标、CCTV.com的标志和中央电视台字样，现有证据不能证明著作权人的署名权或其他人身权利受到侵害，故原告关于要求被告在其经营的网站及《中国电视报》上发表声明向原告赔礼道歉的诉讼请求不予支持。本案侵权行为发生在《著作权法》第二次修订之前，故适用行为发生时的《著作权法》的规定。

36. 被告所经营网站的网络版主删除原告所发帖子的行为，是否侵犯了原告的发表权？

发表权是指权利人有权决定其作品是否发表，于何时、何处、以何种方式发表的权利，亦指权利人制止他人擅自发表其作品的权利。发表权并不意味着权利人有权要求他人发表自己的作品的权利，他人是否发表权利人的作品取决于该人的意思，因此，被告所经营网站的网络版主删除原告所发帖子的行为没有侵犯原告的发表权。

典型疑难案件参考

谢丽君诉慈溪中兴网络信息广告有限公司作品发表权纠纷案

基本案情

原告谢丽君在被告慈溪中兴网络信息广告有限公司（简称中兴网络公司）所开设的慈溪论坛注册用户"美好"并多次发帖。由于所发的帖子经常被删除甚至被禁言，原告于是重新注册，用户名也从"美好"注册为"美好"后加5个"1"。原告注册"美好11111"后，所发帖子又被删除，根据原告陈述，其中一篇名为《论理篇：法和道德》的帖子主要阐述法与道德的关系，另一篇名为《看山东卫视天下故事之婚姻内外（上）（下）》两集的帖子则提供了山东卫视所播放的节目的链接。2007年8月3日，关注慈溪版版主徐若木发出标题为"只要我当版主，所有美好帖一律删除，不给予任何理由"的帖子，用户名"美好11111"也被禁言。原告遂向法院提起诉讼。另查明，用户注册慈溪论坛时须同意论坛协议中的发帖规则，进入论坛后的每个版面也有各自的分规则，根据关注慈溪版的分规则的规定，该版突出主题的本地性，讨论慈溪现状、发展，该版不欢迎与本版主题无关的帖子，如若发现会作转移或删除处理。

诉辩情况

原告谢丽君诉称：原告在被告所办慈溪论坛注册用户名"美好"发表文字作品，但总是被无故删除甚至被禁言。原告注册用户名"美好11111"后，其发表的文字作品又被无故删除，原告通过论坛短消息询问被告所聘的关注慈溪版版主徐若木为何删除原告合法的文字作品，但未收到回复。之后，徐若木仍然删除"美好11111"在该版面发表的文字作品，并发出标题为"只要我当版主，所有美好帖一律删除，不给予任何理由"的帖子。被告所办论坛之关注慈溪版无故删除原告文字作品并禁止原告继续发表文字作品，其行为严重侵害了原告的著作权和信息网络传播权，故诉请：（1）依法判令被告恢复原告著作文字作品公开发表的权利；（2）要求被告在《慈溪日报》上对原告赔礼道歉、消除影响；（3）要求被告赔偿原告精神损失费5000元；（4）本案的诉讼费由被告承担。

被告中兴网络公司辩称：首先，慈溪论坛是被告在网络上的一个经营场所，应根据被告所发布的相关规则进行管理，被告有权决定删除任何伤害被告公司利益的帖子。其次，用户注册论坛时的总规则和关注慈溪版的分规则规定了发帖的要求，根据分规则的规定，关注慈溪版突出主题的本地性，讨论慈溪现状、发展，该版不欢迎与本版主题无关的帖子，如若发现会作转移或删除处理。由于原告所发的帖子不但不符合该版面的主题，而且重复发表，故对其采取删帖和禁言的措施，这种措施符合慈溪论坛的相关规则。最后，被告并未阻止原告公开发表，而是说不能在被告所办的论坛上发表，但原告仍然可以通过其他途径发表。综上，请求法院驳回原告诉请。

裁判结果

浙江省慈溪市人民法院依照《中华人民共和国著作权法》第10条第1款第1项、第12项，《中华人民共和国民法通则》第3条、第4条之规定，判决如下：驳回原告谢丽君的诉讼请求。

裁判理由

浙江省慈溪市人民法院认为：要判断本案被告的行为是否侵害原告的发表权和信息网络传播权，首先须界定法律对作品发表权、信息网络传播权的保护范围。根据《著作权法》第10条第1款第1项的规定，所谓发表权是指"决定作品是否公之于众的权利"。据此，著作权中的发表权就是权利人对作品的支配权。支配权的效力包括积极效力和排他效力两个层面，积极效力是直接对权利客体采取积极行为的权利，排他效力是指对于权利客体，可排斥他人行为的消极性权利。发表权作为一种支配权同样具有这两方面的效力，权利人既有权决定作品发表与否，发表于何时、何处，以及以何种方式发表，也有权排斥他人擅自发表其作品的行为。而权利人虽然有权决定作品发表与否，但不能由此推出权利人有权要求他人发表自己的作品。因为就支配权的积极效力而言，支配权人固然可以不经他人协助直接行使对物的权利，但这种积极效力涉及的仅是人与物的关系，并不能改变人与人之间的法律关系。详言之，权利人支配的客体是外部世界中的有形物或无形物，故支配行为本身并不能改变权利人与他人之间的法律关系。即使法律关系发生了变动，也一定不是基于支配权人的单方意思，而是其与他人之间的协议。就支配权的消极效力而言，支配权人有权排斥他人对物的使用、处分等行为，但无权要求他人协助自己实现对物的支配意图，否则，支配权人无异于可以强加自己的意思于他人，这显然违背了《民法通则》第3条和第4条关于当事人在民事活动中的地位平等，以及民事活动应当遵循自愿、公平、等价有偿、诚实信用的原则。所以，就发表权的权利范围而言，应限于支配作品和排除他人利用作品的权利，而不包括要求他人为作品的发表积极作为的权利。在本案中，被告针对原告的删帖和禁言行为，实质上是拒绝为原告提供网络信息存储空间的行为。原告虽然对自己的作品享有发表权，但这种权利是原告对自身作品享有的权利，无权要求他人为作品的发表积极作为，换言之，被告不负有向原告提供网络信息存储空间的法定义务，而且，被告删帖和禁言的原因是原告的帖子不符合版块主题且重复发帖，其行为不违反论坛的相关规则。由于要求他人提供网络空间不属于发表权的权利范围，故被告对原告进行删帖和禁言的行为并未侵犯原告的发表权。对于被告是否侵犯原告信息网络传播权的问题，根据《著作权》第10条第1款第12项的规定："信息网络传播权，即以有线或者无线方式向公众提供作品，使公众可以在其个人选定的时间和地点获得作品的权利。"但作者通过互联网首次公开其作品的权利应属于发表权的范围，因为根据一般的法学理论，发表权具有人身权的性质，信息网络传播权则是财产权，而作品的首次公开涉及的正是作者的人身利益。据此，首次发表作品于互联网的权利是发表权，而非信息网络传播权。信息网络传播权与发表权一样，也是一种支配权，同理，要求他人提供网络空间不属于信息网络传播权的权利范围，故本案被告并未侵犯原告的信息网络传播权。至于原告在起诉状中认为被告的行为违反《著作权法》第47条第7款的问题，本院认为：根据该条规定，行为人未经著作权人或者与著作权有关的权利人许可，故意删除或者改变作品、录音录像制品等的权利管理电子信息的，构成侵权，但本案被告所删除的并非是作品的权利管理电子信息，而是作品本身，故不符合该条规定的侵权形态，不构成侵权。综上，原告要求被告恢复原告发表权，在《慈溪日报》上赔礼道歉、消除影响，赔偿原告精神损失费5000元的诉讼请求无事实和法律依据，本院不予支持。

二、著作权侵权认定

37. 印刷线路板上的字符层是否应受《著作权法》保护？

印刷线路板上的字符层具有指导操作工人插接元器件及进行维护，从而实现印刷线路板整体功能的作用，具有一定的实用功能。因此，印刷线路板上的字符层已经超出了文学、艺术、科学作品的范畴，不属于《著作权法》保护的客体。

38. 在生产印刷线路板过程中形成字符层的行为是否属于《著作权法》规定的复制行为？

在印刷线路板上形成字符层的过程属于生产印刷线路板的一个环节。因此，在印刷线路板生产过程中形成字符层的行为是生产工业产品的行为，不属于著作权法意义上的复制行为。

典型疑难案件参考

上海纽福克斯汽车配件有限公司、纽福克斯光电科技（上海）有限公司诉上海索雷亚汽车用品有限公司在印刷线路板上复制其字符层侵犯著作权案

基本案情

2001年5月8日，原告上海纽福克斯汽车配件有限公司（简称纽福克斯配件公司）与原告纽福克斯光电科技（上海）有限公司（简称纽福克斯光电公司）签订一份《印刷线路板合作开发合同》。合同约定，任何一方开发的或双方合作开发的印刷线路板的知识产权为两原告共同所有。如有任何第三方侵犯该知识产权的，两原告都有权单独提起或共同提起诉讼。原告纽福克斯配件公司于2001年11月18日、12月8日分别设计完成FB30W20C、DCAC70WB两款车载电源转换器的印刷线路板元器件位置图。

2001年3月28日，原告纽福克斯配件公司向国家知识产权局申请了名称为"可将直流电转变为交流电的电源转换器"的实用新型专利，2002年2月20日被授予专利权。2001年9月30日，原告纽福克斯配件公司向国家知识产

权局申请了名称为"高频逆变开关电源"的实用新型专利，2002年9月4日被授予专利权。

2003年5月6日，被告上海索雷亚汽车用品有限公司（简称索雷亚公司）成立，经营范围包括生产加工汽车零配件、汽车用小电器等。2004年4月13日，原告纽福克斯配件公司在北京顶茂科技有限公司购买了两个由被告生产的70W和150W车载电源转换器。同年7月28日，上海市公证处根据原告纽福克斯配件公司的委托进行网上公证保全，根据"Soleil汽车世界"和"奥林体育网——运动精品购物商城"网站的页面显示，被告在上述网站分别登载了各种索雷亚汽车用品广告，其中包括70W、150W、300W、500W索雷亚车载电源转换器产品的文字介绍和照片。

被告员工姜涛、李富启曾系原告纽福克斯配件公司员工。姜涛曾在原告纽福克斯配件公司采购部门担任副总经理，2000年11月离职，现为被告总经理。李富启曾在原告纽福克斯配件公司开发部担任开发工程师，2003年2月被辞退，现为被告开发部工程师。

被告生产销售70W3210、70W3110、120W、150W、175W、300W 6款车载电源转换器，其中120W、150W车载电源转换器中的印刷线路板上的字符层与17W、300W产品中的印刷线路板上的字符层完全相同。诉讼中，法院根据两原告申请，对被告70W3210、70W3110、120W、150W 4款车载电源转换器印刷线路板上的字符层与两原告DCAC70WB、FB30W20C印刷线路板上的字符层是否相同的技术事实，委托复旦大学微电子研究院李巍教授进行技术咨询。2004年11月30日，李巍教授出具一份《专家咨询意见》，其主要内容如下：（1）将被告70W3210印刷线路板与两原告DCAC70WB印刷线路板上的字符层相比较，两者关键元器件及其外围元器件的摆放位置基本相同，甚至元器件的编号也基本相同，所有信号走线（如宽窄、长短和折线等）基本相同；（2）将被告70W3110印刷线路板与两原告DCAC70WB印刷线路板上的字符层相比较，两者关键元器件及其外围元器件的摆放位置基本相同，甚至元器件的编号也基本相同，所有信号走线（如宽窄、长短和折线等）基本相同；（3）将被告120W印刷线路板与两原告DCAC70WB印刷线路板上的字符层相比较，两者关键元器件及其外围元器件的摆放位置基本相同，被告的个别元器件摆放位置与两原告稍有差异；（4）将被告150W印刷线路板与两原告FB30W20C印刷线路板上的字符层相比较，两者关键元器件及其外围元器件的摆放位置基本相同，甚至元器件的编号也基本相同，所有信号走线（如宽窄、长短和折线等）基本相同。被告仅增加了一个代号为PI的圆圈图形，但该图形无任何电路功能。综上，被告70W3210、70W3110、120W、175W印刷线路板与两原告

DCAC70WB 印刷线路板上的字符层基本相同；被告 150W、300W 印刷线路板与两原告 FB30W20C 印刷线路板上的字符层基本相同。经质证，原被告双方对于《专家咨询意见》的内容和结论均无异议。

一审诉辩情况

原告纽福克斯配件公司、原告纽福克斯光电公司共同诉称：两原告共同研发生产了型号为 DCAC70WB、FB30W20C 的两款车载电源转换器的印刷线路板，对印刷线路板上的字符层享有著作权。近来，两原告发现被告索雷亚公司生产销售的 70W3210、70W3110、120W、150W、175W、300W 6 款车载电源转换器与两原告的产品十分近似。经分析比对，两者印刷线路板上的字符层完全一致，属于复制、抄袭两原告作品的行为，侵犯了两原告印刷线路板的著作权，对两原告造成极大经济损失。故请求法院判决被告：（1）立即停止仿冒、抄袭两原告产品印刷线路板的行为，销毁现有的侵权印刷线路板并保证以后不再利用该印刷线路板生产产品；（2）赔偿因其侵权行为给两原告造成的经济损失以及两原告为制止侵权行为而支付的合理费用共计人民币 3 万元；（3）立即停止任何形式的宣传其侵权产品的行为，并在《新民晚报》上公开刊登道歉声明以消除影响。

被告索雷亚公司辩称：（1）本案系争印刷线路板上的字符层不属于我国《著作权法》保护的客体，元器件位置图才是《著作权法》保护的客体，两原告的主张没有法律依据；（2）两原告提供的现有证据不能证明其独立设计和研发了本案系争印刷线路板上的字符层；（3）被告生产印刷线路板的行为不属于《著作权法》上的复制行为，不构成著作权侵权。两原告的诉请没有事实和法律依据，请求法院驳回两原告的诉讼请求。

一审裁判结果

上海市第二中级人民法院依照《中华人民共和国著作权法》第 3 条第 7 项、第 10 条第 1 款第 5 项的规定，判决如下：对原告纽福克斯配件公司、原告纽福克斯光电公司的诉讼请求不予支持。

一审裁判理由

上海市第二中级人民法院认为，本案的争议焦点是：（1）印刷线路板上的字符层是否受《著作权法》保护。（2）被告按照印刷线路板上的字符层生产印刷线路板的行为是否属于《著作权法》规定的复制行为。

关于印刷线路板上的字符层是否受《著作权法》保护。法院认为：首先，从技术角度分析，印刷线路板是表面制有导体连接线的绝缘板，其作用是在人们完成具有一定功能的电子线路设计之后,通过它把多个电子元器件(集成电路和一些分立的晶体管、电阻、电容等)组合安装并向这些电子元器件提供它们之间需要的导体连接线,以实际形成所设计的电子线路。它被广泛地应用于各种电子设备内。制作印刷线路板一般需要两个阶段:一是在图纸上设计完成印刷线路板的布图设计图、元器件位置图;二是按照设计图纸生产印刷线路板实物,该印刷线路板上具有印刷线路和字符层。印刷线路板的元器件位置图是指由电子行业通用的元器件标识、字符组成,标注集成电路、二极管、三极管等元器件的插接位置,用以指导操作工人插接元器件及进行维护的图纸。印刷线路板上的字符层是体现元器件分布位置的油墨层。印刷线路板布图设计图和元器件位置图是互相对应的关系,一般在印刷线路板布图设计图完成后,再设计元器件位置图。印刷线路板上的印刷线路和字符层也是互相对应的关系,印刷线路的布局、布线决定元器件的摆放位置。其次,根据我国《著作权法》规定,工程设计图、产品设计图、地图、示意图等图形作品都属于《著作权法》保护的作品。印刷线路板的元器件位置图属于图形作品,受《著作权法》保护,未经著作权人同意,他人不得对印刷线路板的元器件位置图以出版等形式复制发行。现两原告主张的是印刷线路板上的字符层,并非印刷线路板的元器件位置图。印刷线路板的生产过程是一个复杂工艺流程,字符层是体现元器件分布位置的油墨层,与印刷线路板密不可分,成为印刷线路板的重要组成部分。虽然印刷线路板上的字符层本身不具有导电、传热和绝缘的功能,但是它具有指导操作工人插接元器件及进行维护,从而实现印刷线路板整体功能的作用。因此,印刷线路板上的字符层具有一定的实用功能,已经超出了文学、艺术、科学作品的范畴,不属于《著作权法》保护的客体。最后,从国际惯例考虑,大多数国家对于印刷线路板上字符层也不给予《著作权法》保护,而是从工业产权进行保护,故印刷线路板上字符层在我国也不应受《著作权法》保护。对于两原告认为印刷线路板上字符层应受我国《著作权法》保护的辩称意见,本院难以采信。

关于第二个争议焦点,审理法院认为:我国《著作权法》规定,复制权指以印刷、复印、拓印、录音、录像、翻录、翻拍等方式将作品制作一份或多份的权利。故即使被告按照两原告印刷线路板上的字符层生产印刷线路板的行为,无论通过何种方式,例如印刷方式,也应视为工业产权性质的实施。因此,被告按照两原告印刷线路板上的字符层生产印刷线路板的行为不构成《著作权法》意义上的复制行为。

综上,审理法院认为:两原告主张的印刷线路板上字符层已经超出了文学、艺术、科学作品的范畴,不属于《著作权法》保护的客体。被告按照两原告印刷线路板上的字符层生产印刷线路板的行为不属于《著作权法》规定的复制行为。

二审诉辩情况

纽福克斯配件公司与纽福克斯光电公司对该判决均不服，共同提起上诉，认为：一是一审判决认定事实错误。一审判决将元器件位置图和字符层机械割裂开来不符合事实。字符层表示的是每个元器件的位置和相互关系，就是元器件位置图，只不过是用油墨印刷的。二是一审判决适用法律不当。（1）一审判决对"印刷线路板上的字符层是否受《著作权法》保护"的问题作出了错误判断。一审判决混淆了作品本身和作品使用方法的概念，任何受保护的作品都不会因为权利人的使用方式而不被保护；一审判决混淆了著作权客体和载体的概念，元器件位置图是作品，在工业产品中存在，在绝缘板上体现也是作品，应受《著作权法》保护；一审判决混淆了实用功能和指导作用的概念，本案中系争字符层"指导操作工人插接元器件及进行维护"，字符层就是说明书，只不过它是由图形和字符组成的说明书，说明书是作品，应受《著作权法》保护。（2）一审判决对"被告按照印刷线路板上的字符层生产印刷线路板的行为是否属于《著作权法》规定的复制"的问题，没有予以充分的论述，混淆了"复制"和"实施"的概念。本案被上诉人的行为并不是"按图施工"，而仅仅是将一块绝缘板上的图形移植到另一块绝缘板上，就像复印一样简单。两上诉人诉讼请求中的侵权作品并不是工业产品成品，而是印刷线路板上附着的字符层（元器件位置图）。被上诉人的行为属于《著作权法》规定的复制。请求撤销一审判决，依法改判支持两上诉人的原审诉讼请求，本案诉讼费由被上诉人承担。

被上诉人索雷亚公司答辩称：一审判决正确，符合我国国情，应予维持。第一，两上诉人所称的字符层不属于我国《著作权法》中作品的范畴，不是《著作权法》保护的客体，元器件位置图才是《著作权法》保护的客体。第二，两上诉人提供的现有证据不能证明其独立设计和研发了本案系争印刷线路板上的字符层。第三，被上诉人生产印刷线路板的行为不属于《著作权法》上的复制行为，不构成著作权侵权。综上，两上诉人的上诉无事实和法律依据，请求二审法院驳回上诉，维持原判。

二审裁判结果

上海市高级人民法院依照《中华人民共和国民事诉讼法》第153条第1款第1项、第158条之规定，判决如下：驳回上诉，维持原判。

二审裁判理由

上海市高级人民法院认为：根据我国《著作权法》的规定，工程设计图、产品设计图、地图、示意图等图形作品属于著作权法保护的作品。印刷线路板的元器件位置图属于图形作品，应受《著作权法》的保护，他人未经著作权人许可，不得复制、发行印刷线路板的元器件位置图。但印刷线路板本身是一种工业产品，不属于《著作权法》保护的文学、艺术、科学作品的范畴。而字符层是印刷线路板上不可分割的组成部分，字符层本身也具有指导操作工人插接元器件及进行维护的实用功能，因此字符层属于印刷线路板这一工业产品的组成部分，不是《著作权法》保护的客体。无论字符层是通过何种方式如印刷等在印刷线路板上形成的，形成字符层的过程都属于生产印刷线路板这一工业产品的一个环节。因此，被上诉人在印刷线路板生产过程中形成字符层的行为，是生产工业产品的行为，而不属于《著作权法》意义上的复制行为。故被上诉人生产系争印刷线路板的行为并不构成著作权侵权。

综上所述，原审法院认定事实清楚，适用法律正确，审判程序合法。两上诉人的上诉请求与理由无事实和法律依据，应予驳回。

39. TOEFL 考试试题是否具备独创性，能否受到我国《著作权法》的保护？

TOEFL 考试一般包括写作、听力、语法和阅读 4 个部分的内容，TOEFL 考试试题在每一道考题的设计、创作上，每个部分的试题中每一道考题的选择、编排上，整套试题中每个部分的试题的选择、编排上，具有独创性，属于我国《著作权法》保护的作品范畴，受我国《著作权法》的保护。未经著作权人许可，任何人不得擅自复制、发行该考试试题。

典型疑难案件参考

美国教育考试服务中心诉北京市海淀区私立新东方学校侵犯著作权和商标专用权纠纷案

基本案情

原告美国教育考试服务中心（简称"ETS"）主持开发了美国大学、研生院入学考试以及以英语作为外语的考试，即 TOEFL 考试。

TOEFL 考试一般包括写作、听力、语法和阅读 4 个部分的内容，其中，写作、听力和语法部分的考题（包括题干和选择项）是"ETS"的工作人员独立命题。阅读部分所涉及的大部分文章则是整段地从专业杂志上摘录下来，再由"ETS"的工作人员以该段文章为基础设计考题。命题完成后，先由"ETS"的两名工作人员进行审核，再由"ETS"聘请的专家审核。审核完成后，将试题交给一些不知道考题性质的学生解答，并由"ETS"的工作人员根据学生解答的情况再对试题进行修改和删除。最后，由"ETS"聘请的专家最终审定。1989 年至 1999 年，"ETS"将其开发的 53 套 TOEFL 考试试题在美国版权局进行了著作权登记。

1988 年至 1995 年，"ETS"以"TOEFL"（文字）作为商标在中国核准注册号 746636、771160、176265 的商标，核定使用的范围分别是录音带、考试服务、出版物等，有效期分别为 1995 年 5 月 21 日至 2005 年 5 月 20 日、1994 年 11 月 7 日至 2004 年 11 月 6 日、1988 年 4 月 30 日至 1998 年 4 月 29 日。

1996 年 1 月，北京市工商行政管理局就北京市海淀区私立新东方学校（简称新东方学校）擅自复制 TOEFL 考试题一事对其进行了检查，并责令其停止侵权。有关谈话记录表明，俞敏洪陈述："美国在中国的考题都是保密的，任何考生都不可能带出考点……"后新东方学校停止使用 TOEFL 考试资料，并主动与 ETS 联系，商谈有偿使用 TOEFL 考试资料问题，但未获答复，遂继续向学生提供 TOEFL 考试资料。包括：《TOEFL 系列教材听力分册》、《TOEFL 系列教材语法分册》、《TOEFL 系列教材作文分册》、《TOEFL 系列教材阅读分册》、《最新练习题选编第一册》、《最新练习题选编第二册》、《最新练习题选编第三册》7 本图书及 25 盒听力磁带。2000 年 11 月 15 日北京市工商行政管理局宣武分局对新东方学校进行检查，并扣压了部分涉嫌侵权的图书。

1997 年 8 月 17 日，作为"ETS"委托代理机构的中原信达公司与新东方学校签订"盒式录音带复制许可（协议）"和"文字作品复制许可协议"，分别授权新东方学校以非独占性的方式复制协议附件中所列"ETS"享有版权的录音制品和文字作品作内部使用。两协议的有效期均至 1998 年 8 月 16 日届满。新东方学校同意只在课堂上与其学生使用上述两协议涉及的有关资料，不允许学生将有关资料带回家中做练习用，新东方学校不能销售、租借或是许可有关资料给任何其他单位，包括但不局限于其他考试准备学校或他们的机构。

2000 年 11 月 9 日和 2000 年 12 月 25 日，"ETS"分别委托他人在位于北京市海淀区中关村路 15 号的新东方学校公证购买了包括听力分册、听力文字分册、语法分册、阅读分册、作文分册及最新练习题选编第一、二、三册等在内的"TOEFL系列教材"和听力磁带。委托他人在新东方学校服务台获得的《新东方学校招生简章2000年》中载明，TOEFL住宿班所收取的费用中包含资料费、磁带费、住宿费、学费。

2000年11月13日，"ETS"委托他人使用北京市公证处的计算机上网登录新东方学校网站主页（网址为http：www.neworiental.org），并先后通过点击"英文书店"、"TOEFL"进入TOEFL培训教材书籍目录页面，可以邮购的有关TOEFL资料内容涉及1999年以前的绝大部分TOEFL考试试题。

2001年11月，"ETS"和新东方学校就"ETS"委托他人公证购买的上述被控侵权出版物中被控侵权的部分和与之有关的TOEFL考试试题进行了对比。对比结果为：听力分册、听力文字答案、语法分册、阅读分册、最新练习题选编第一册、最新练习题选编第二册和最新练习题选编第三册中被控侵权部分的内容与相关的TOEFL考试试题内容一致；听力磁带除在部分磁带的朗读者不同，朗读内容的时间间隔不同以及部分朗读内容不同以外大部分内容相同，且与听力文字答案相同。

在上述被控侵权出版物中，听力分册、听力文字答案、听力磁带、语法分册和阅读分册是将多套TOEFL考试试题中的听力、语法、阅读部分收录在一本分册中；而最新练习题选编第一册、最新练习题选编第二册和最新练习题选编第三册中则是将多套TOEFL考试试题整套地予以收录。

在上述被控侵权出版物中，听力分册、听力文字答案、阅读分册、语法分册、作文分册的封面均用醒目的字样标明"TOEFL系列教材"。在整个封面中"TOEFL"字样为红色，且字体最大。在听力磁带包装盒的封面、封底以及磁带两侧标签上，均用相同大小、颜色的字体标明"TOEFL听力磁带"。

在北京天正会计师事务所有限责任公司于2001年5月30日出具的审计报告中载明："根据委托审计函要求，审计期应自1998年1月至2001年1月，而据所提供的会计资料并没有2001年1月的相关账簿、凭证、报表及其他资料，所以，2001年1月的审计无法进行，本审计截止期至2000年12月31日。……该校在培训过程中向受培训人员收取资料费。在培训费中是否含有资料费用，审计中对此曾予以关注，但没有证据足以证明。资料费的收取，无一例外地都不标注收取的是什么资料费，且收费高低悬殊差距较大，从收费不同看其种类繁多，无法认定TOEFL的资料收费情况。"该报告中载明，新东方学校TOEFL的培训收入：1998年为5210709元，占全年培训总收入的20.1%；1999年为8498039元，占全年培训总收入的23.5%；2000年为19795214元，占全年培训总收入的24.3%。新东方学校的收入主要分为培训收入和资料收入。

一审诉辩情况

原告"ETS"诉称，自 90 年代中期以来，新东方学校未经"ETS"的同意大量复制、出版和发行"ETS"享有著作权和商标权的 TOEFL 考试试题，非法获利巨大，给"ETS"造成了损害。为制止新东方学校的侵权行为，"ETS"第 3 次向国家工商行政管理机关举报，国家工商行政管理机关于 2000 年 11 月 15 日对新东方学校进行了检查并封存了侵权的 TOEFL 材料。但新东方学校在被查处后仍然无视"ETS"的著作权和商标权，在其书店中继续大肆销售侵权的 TOEFL 材料。尤为严重的是，新东方学校于 2000 年 12 月 13 日起将侵权材料上传到一个新的网站上，任何国家的任何人均可以从该网站上下载这些材料。新东方学校的行为不仅侵犯了"ETS"拥有的著作权及商标权，而且危及了 TOEFL 考试的安全和权威性，贻害中国考生。综上，请求人民法院判令被告：（1）停止一切侵犯"ETS"著作权和商标权的行为；（2）销毁其所有的侵权资料和印制侵权资料的软片；（3）在全国媒体上向"ETS"公开赔礼道歉；（4）消除因侵权造成的影响；（5）赔偿"ETS"经济损失人民币 20292439.75 元；（6）承担"ETS"为制止其侵权行为而支付的合理费用 1418197.09 和本案诉讼费。

被告新东方学校辩称：（1）关于"ETS"起诉侵犯其著作权的问题。新东方学校是根据中国法律设立的非营利性教育机构，主要从事英语、计算机等专业的教育培训和研究。TOEFL 考试以往的试题，在中国、美国或其他的国家的学生和应试者中都有流传。对"ETS"而言，不论其对这些试题采取何种保密措施，一旦某一特定试题在众多的应试者参加考试，获知试题内容后，在法律上应没有权利要求禁止特定 TOEFL 考试试题信息的流传。新东方学校为满足学生的学习需要，在无法获得"ETS"授权的情形之下，只有将由各种渠道获得的"ETS"享有著作权的 TOEFL 以往考试的部分试题，根据学生的数量和要求进行复制，以用于课堂教学。由于在管理方面的问题，新东方学校没有完全控制复制的试题在本校学生中使用，出现过向学生之外的人销售的情形。新东方学校出现的这类问题，违反了《著作权法》的有关规定。但就总体而言，新东方学校复制的 TOEFL 试题，是由新东方学校在课堂教学中使用的，根据中国《著作权法》第 22 条的规定，这种使用属于合理使用，无须获得"ETS"的授权。因此，"ETS"要求全面禁止新东方学校复制其 TOEFL 试题，缺乏法律依据，不能成立。（2）关于"ETS"起诉侵犯其商标权的问题。新东方学校在教学中使用的一些资料上，确曾使用过 TOEFL 字样，作为资料名称的组成部分。虽然"ETS"在中国注册了相关的商标，但是，新东方学校的这种使用,是在 TOEFL 已经成为"ETS"某一考试的专有名称,为说明和叙述有关资料而作的使用,与作为商标的使用在目的和实际效果上完全不同,根据中国《商标法》的有关规定,不应被视为侵犯商标专用权的行为。因此,"ETS"要求新东方学校承担侵犯其商标权的法律责任,缺乏法律依据,不能成立。综上所述,"ETS"起诉的部分诉讼请求不能成立,请法院依法作出裁判。

一审裁判结果

北京市第一中级人民法院依照《中华人民共和国著作权法》第 2 条第 2 款、第 47 条第 1 项、第 4 项,《中华人民共和国商标法》第 51 条、第 52 条第 1 项之规定,判决如下:

一、被告新东方学校自本判决生效之日起立即停止侵犯原告美国教育考试服务中心 TOEFL 考试试题著作权的行为,并于本判决生效之日起 15 日内将所有的侵权资料和印制侵权资料的软片交本院销毁;

二、被告新东方学校自本判决生效之日起立即停止侵犯原告美国教育考试服务中心商标专用权的行为;

三、被告新东方学校自本判决生效之日起 30 日内在《法制日报》上向原告美国教育考试服务中心公开赔礼道歉,消除因其侵权行为造成的影响(逾期不履行,本院将在该报上刊登本判决主文,费用由被告新东方学校承担);

四、被告新东方学校自本判决生效之日起 15 日内赔偿原告美国教育考试服务中心经济损失人民币 500 万元及诉讼合理支出人民币 522000 元;

五、驳回原告美国教育考试服务中心的其他诉讼请求。

一审裁判理由

北京市第一中级人民法院审理后认为:

一是关于"ETS"对新东方学校侵犯其著作权的指控。我国《著作权法》规定,外国人在中国境外发表的作品,根据其作者所属国同中国签订的协议或者共同参加的国际条约享有的著作权,受本法保护。由于中国和美国均为《伯尔尼保护文学和艺术作品公约》的成员国,依据该公约,我国有义务对美国国民的作品在中国给予保护。

"ETS"作为 TOEFL 考试的主持、开发者,从考查考生听、读、写各项技能的要求出发,独立设计、创作完成了 TOEFL 考试中写作、听力和语法部分的试题,以专业报刊、杂志上已经发表的文章为基础设计、创作了阅读部分的考题,并在美国就 53 套 TOEFL 考试试题进行了著作权登记。从 TOEFL 考试试题的内容来看,分为听力、语法、阅读和写作 4 个部分,在每一道考题的设计、创作上,每个部分的试题中每一道考题的选择、编排方面,整套试题中每个部分的试题的选择、编排方面,TOEFL 考试试题具有独创性,属于我国《著作权法》保护的作品范畴。未经著作权人许可,任何人不得擅自复制、发行该考试试题。

对于"ETS"关于未经其许可复制、发行 TOEFL 考试试题的侵权指控,新东方学校提出其使用方式属于合理使用的抗辩理由。从新东方学校提交的证据分析:第一,"盒式录音带复制许可(协议)"和"文字作品复制许可协议"中明确约定了使用范围,根据查明的事实,新东方学校将 TOEFL 考试试题以出版物的形式在其校内和网上向不特定人公开销售,超出了协议约定的使用范围;第二,两协议的有效期均至 1998 年 8 月 16 日届满,新东方学校如欲继续使用 TOEFL 考试试题,必须与"ETS"或者"ETS"合法授权的代理人签订新的使用协议。但新东方学校并未提交相关证据;第三,世界图书出版公司出版发行《TOEFL 语法全真题详解》的事实不能证明新东方学校复制、发行 TOEFL 考试试题获得了"ETS"的授权,该事实不能作为其未经"ETS"许可使用 TOEFL 考试试题的理由,故与本案无关;第四,新东方学校大量复制并销售"ETS"享有著作权的作品,超出了课堂教学合理使用作品的范围。其关于教学所涉及的学习方法必然以使用 TOEFL 考试试题为教学条件的抗辩理由,不是法定的免责事由,不能成立。因此,新东方学校提交的有关证据均不能佐证其"合理使用"的主张,对其抗辩理由本院不予支持。由于新东方学校在未经"ETS"许可的情况下,擅自复制"ETS"享有著作权的 TOEFL 考试试题,并将试题以出版物的形式通过互联网等渠道公开销售,其行为侵害了"ETS"的著作权。

二是关于"ETS"对新东方学校侵犯其商标专用权的指控。我国《商标法》规定,商标注册人享有商标专用权,受法律保护。注册商标的专用权,以核准注册的商标和核定使用的商品为限。未经商标注册人的许可,在同一种商品或者类似商品上使用与其注册商标相同或者近似商标的属于侵犯注册商标专用权的行为。"ETS"将"TOEFL"(文字)作为商标核准注册,且其注册商标均在有效期内,故依据我国《商标法》,"ETS"对"TOEFL"(文字)在第 9 类、第 41 类和第 68 类上享有商标专用权,其合法权利受法律的保护。根据现有证据,新东方学校在由其发行的 TOEFL 考试试题出版物封面上以醒目的字体标明"TOEFL"字样,并在听力磁带上使用"TOEFL",其使用"TOEFL"的商品类别与"ETS"注册的第 9 类、第 41 类和第 68 类的商品类别相同,其标明的"TOEFL"字样也与"ETS"的注册商标完全一致。故新东方学校在与"ETS"核定使用商品类别相同的商品上使用了"ETS"的注册商标,构成对"ETS"注册商标专用权的侵犯。

综合上述两方面，新东方学校的行为已经构成对"ETS"著作权和"TOEFL"商标专用权的侵犯，应当承担停止侵害，赔偿损失，消除影响，向"ETS"赔礼道歉等民事责任。"ETS"因本案诉讼支出的合理费用，新东方学校亦应赔偿。

三是关于赔偿数额的确定。新东方学校自1997年1月已经实施侵犯"ETS"著作权的行为，审计报告的有关数据反映，其侵权行为在1998年至2000年一直处于连续的状态。但根据现有证据，"ETS"在1997年向有关机关举报后直至2000年11月15日，一直未向新东方学校主张权利，故本案赔偿数额的计算应当从2000年11月15日向前追溯2年，即从1998年11月15日开始计算。在新东方学校没有举证予以说明的情况下，其应当承担相应的不利的后果。审计报告表明，新东方学校的收入主要是资料费和培训费，因此，赔偿数额的计算也主要以这两项收入为依据。其中，资料费中涉及侵权出版物和录音制品的部分，本院将参照TOEFL培训在全年培训收入中所占比例予以确定。根据有关证据，培训收入中也包含有资料费，但不能确定涉及侵权的出版物和录音制品在培训收入中所占的份额，故本院将酌情以一定比例计算。鉴于"ETS"在主张权利的过程中，确实支付了一定的费用，且这些费用与本案诉讼具有直接关系，故本院酌情予以确定。由于新东方学校因侵犯"ETS"著作权和商标专用权的行为所获利润相互重合，本院一并予以计算。

▶ 二审诉辩情况

新东方学校上诉称：（1）一审判决认定ETS对其TOEFL考试题享有著作权，缺乏事实依据。实际上，考试题是不能作为作品受到我国法律保护的。（2）新东方学校只是在1997年和2000年两个时间点上，少量复制了TOEFL考试题，一审判决却依据《审计报告》认定我方大量复制并销售了TOEFL考试题。实际上，《审计报告》没有任何根据。（3）ETS是在庭审结束后才提出赔偿合理诉讼支出的请求，并提供了相关的证据材料，一审法院对这些证据材料并未质证就予以采信，同时支持了其诉讼请求，显然是错误的。（4）新东方学校在相关培训资料中只是叙述性或描述性地使用了TOEFL字样，并未将TOEFL作为商标使用，根本不会造成商品来源混淆之可能，实际上也从未造成过混淆，一审法院却判定为侵犯ETS的商标专用权，显系错误。（5）一审法院判决我方赔偿ETS巨额经济损失缺乏依据。新东方学校提供考试培训并未侵犯ETS的著作权，一审法院却将培训费收入作为确定赔偿额的基础，明显不合理。（6）新东方学校只少量向学员以外的人销售了相关培训资料，一审判决却判令我方在全国发行的《法制日报》上赔礼道歉，也不够公平合理。请求二审法院撤销一审判决之第二、三、四项并依法改判。

ETS 辩称：服从原审判决。

二审裁判结果

北京市高级人民法院依照《中华人民共和国民事诉讼法》第 153 条第 1 款第 3 项之规定，判决如下：

一、维持北京市第一中级人民法院〔2001〕一中知初字第 35 号民事判决之第（一）、（三）、（五）项；即：（一）新东方学校自判决生效之日起立即停止侵犯（美国）教育考试服务中心 TOEFL 考试试题著作权的行为，并于判决生效之日起 15 日内将所有的侵权资料和印制侵权资料的软片交法院销毁；（三）新东方学校自判决生效之日起 30 日内在《法制日报》上向（美国）教育考试服务中心公开赔礼道歉，消除因其侵权行为造成的影响（逾期不履行，法院将在该报上刊登判决主文，费用由新东方学校承担）；（五）驳回（美国）教育考试服务中心的其他诉讼请求。

二、撤销北京市第一中级人民法院〔2001〕一中知初字第 35 号民事判决之第（二）、（四）项；即：（二）新东方学校自判决生效之日起立即停止侵犯（美国）教育考试服务中心商标专用权的行为；（四）新东方学校自判决生效之日起 15 日内赔偿（美国）教育考试服务中心经济损失人民币 500 万元及诉讼合理支出人民币 52.2 万元；

三、新东方学校自本判决生效之日起 15 日内赔偿（美国）教育考试服务中心经济损失人民币 3740186.2 元及合理诉讼支出人民币 2.2 万元。

二审裁判理由

北京市高级人民法院认为：中国和美国均是《伯尔尼保护文学和艺术作品公约》的成员国，根据《著作权法》第 2 条第 2 款及《伯尔尼保护文学和艺术作品公约》第 3 条第 1 款（a）项的规定，我国有义务对美国国民的作品在中国给予保护。《著作权法实施条例》第 2 条规定，《著作权法》所称作品，指文学、艺术和科学领域内，具有独创性并能以某种有形形式复制的智力创作成果。TOEFL 试题分为听力、语法、阅读和写作 4 个部分，由 ETS 主持开发设计，就设计、创作过程来看，每一道考题均需多人经历多个步骤并且付出创造性劳动才能完成，具有独创性，属于我国《著作权法》意义上的作品，应受我国法律保护。根据本案查明的事实，新东方学校未经著作权人 ETS 许可，以商业经营为目的，以公开销售的方式复制发行了 TOEFL 试题，其使用作品的方式已超出了课堂教学合理使用的范围，故对新东方学校关于其相关行为系合理使用 TOEFL 试题的抗辩理由不予采信。本院认为，新东方学校成立的目的与是否侵犯 ETS 著作权并无必然联系，只要新东方学校实施的行为具有营利性，则必然对 ETS 的著作权构成侵害，新东方学校的这一抗辩理由亦不能成立。另外，1997 年新东方学校法定代表人俞敏洪向北京市工商行政管理局出具的不再发生侵权行为的保证书以及与中原信达知识产权代理有限责任公司签订的作品使用许可协议也表明，新东方学校承认 ETS 对 TOEFL 试题享有著作权，并且明知其相关行为已侵犯了 ETS 的著作权。综上，新东方学校复制并且对外公开销售 TOEFL 试题的行为已侵犯了 ETS 的著作权，理应承担相应的法律责任。但本院同时应当指出，鉴于 TOEFL 试题的特殊性质以及新东方学校利用这一作品的特别形式及目的，新东方学校在不使用侵权资料的情况下在课堂教学中讲解 TOEFL 试题应属于《著作权法》第 22 条规定的合理使用相关作品的行为，并不构成对他人著作权的侵犯。本案中，虽然 ETS 在出版物、录音磁带上合法注册了 TOEFL 商标，新东方学校在"TOEFL 系列教材"、"TOEFL 听力磁带上"突出使用了"TOEFL"字样，但新东方学校对"TOEFL"是在进行描述性或者叙述性的使用，其目的是说明和强调出版物的内容与 TOEFL 考试有关，便于读者知道出版物的内容，而不是表明出版物的来源，并不会造成读者对商品来源的误认和混淆。一审判决认定新东方学校的相关行为侵犯了 ETS 的商标专用权应属不当，本院予以纠正。审计报告表明，新东方学校 TOEFL 项下的收入主要包括资料费和培训费，TOEFL 住宿生的资料费已包含在培训费中。一审法院参照 TOEFL 培训收入在全年培训总收入中所占比例确定 TOEFL 资料收入的相应比例并无不当，但酌情以一定的比例推算 TOEFL 住宿生的资料收入不够严谨。本案二审审理中查明，1999 年和 2000 年 TOEFL 住宿生的资料收入为 773472 元。故本院确认，新东方学校 TOEFL 项下的侵权资料收入为 3740186.2 元，应当作为非法获利赔偿给 ETS。ETS 为本案诉讼而支出的合理费用 2.2 万元亦应一并赔偿。综上，一审判决在新东方学校侵犯 ETS 著作权问题上认定事实清楚、适用法律正确，但关于侵犯商标专用权及赔偿数额的认定和处理亦有不当，本院应予酌情纠正。上诉人新东方学校的上诉理由部分成立，其相应的上诉请求本院应予支持。

40. 如何理解《著作权法》规定的保护作品完整权？

《著作权法》规定的保护作品完整权是指保护作品不被歪曲、篡改的权利。如果他人未经著作权人的许可，对作品的改动造成了违背作品原意或者严重背离了作品所表达的意境、情感等后果，则构成了对著作权人享有的保护作品完整权的侵犯。

41. 报社对作者投稿的作品进行文字性的修改、删节，是否侵犯了作者对作品享有的保护作品完整权？

2001年修改的《著作权法》第33条第2款规定"报社、期刊社可以对作品作文字性修改、删节，对内容的修改，应当经作者许可"。报社对作者投稿的作品进行文字性修改、删节，没有改变作品的基本内容、表达形式及主题思想，没有侵犯作者享有的保护作品完整权。

典型疑难案件参考

丁如云诉无锡日报社侵犯著作人身权纠纷案

基本案情

2005年6月20日，丁如云将自己写作的《如何判断房价是否合理》一文以传真方式投稿给无锡日报社，投稿全文如下：

"目前的房价是否合理是多方评论的焦点话题，如何判断房价是否合理，也有多方面的理论，比如西方国家较为流行的收入比价法，我认为房价是否合理是可以判断的，方法也比较简单。

一、商品市场的价值规律是判断房价的基本规律

大家知道商品房是商品，是商品就会有基本的价值规律，即供需规律。俗话说，物以稀为贵，当供应量少于需求时，价值就会上升，当供应量大于需求量时，价值就会下降。同一地段的同一套住房，一年前的价值是20万（元），现在是40万，是什么原因促使同一商品在不同的时段发生如此大的变化，是供求关系，这一基本的价值规律所起的作用。

二、只有健康的市场才能体现真实的供求关系

影响价值规律的供求关系只有在健康的市场环境条件下才是真实的。如果这个市场是一个无序的、法制不健全的、投机盛行的环境，那么这个供求关系就可能是不真实的。这好比是足球比赛，如果比赛规则是公平的，裁判执法是公正的，一场踢进10个球都应该被认为是合法有效的。反之，即使只踢进一个球也是无效的。根据这一基本方法我们可以判断，当前的房价是不正常的，至少可以认定是偏离了正常合理的价值。

三、怎样的市场环境才是健康有序的市场

根据这几年市场各个环节所暴露出来的问题，我认为必须解决以下几个方

面的问题,才能促进房地产市场健康发展。

1. 首先银行的放贷必须严格把关,合理控制,再也不能给炒房者大开方便之门,随便贷个几百万元、上千万元。

2. 开发商在获得商品房预售许可前,不能以任何形式变通预售商品房。预售的商品房必须网上实名备案,不准更名炒作。

3. 没有获得房产权登记的房产不能以任何形式进入市场,包括信息发布。

4. 中介商、代理商不能赚取差价,只能收取佣金。

5. 安居房、经济适用房必须真正出售给符合条件者。

只有解决了以上问题,我们的市场才能是一个健康正常的市场,在正常的市场条件下,即使一个平方的商品房价值10万元,只要能真实地反映市场的供求关系,也应该认为这个价值是正常的。"

2005年6月21日,《无锡日报》B6版刊登了丁如云上述投稿,但删除了"二、只有健康的市场才能体现真实的供求关系"一段中"根据这一基本方法我们可以判断,当前的房价是不正常的,至少可以认定是偏离了正常合理的价值"的表述。丁如云遂以无锡日报社侵犯其著作权为由诉至江苏省无锡市中级人民法院。

一审诉辩情况

原告丁如云诉称:2005年6月21日,《无锡日报》B6版"经济房市"刊登了丁如云的标题为"如何判断房价是否合理"的文章,但却未经著作权人丁如云同意,删除了文章最重要的一段:"根据这一基本方法我们可以判断,当前的房价是不正常的,至少可以认定是偏离了正常合理的价值。"这一段文字是该文的重要内容,删除这段文字,会使读者误解本文的意愿,违背了作者的观点。依照《中华人民共和国著作权法》(简称《著作权法》)规定,无锡日报社未经著作权人许可,故意删除或改变作品,侵犯了著作权人的权利。综上,请求判令无锡日报社向丁如云赔礼道歉,重新全文刊登丁如云的上述文章并承担本案诉讼费。

被告无锡日报社辩称:根据《著作权法》相关规定,报社对来稿有最终审定权,有权对来稿文字进行编辑、删减,无锡日报社对丁如云来稿的编辑、修改行为属合法行为,请求驳回丁如云的诉讼请求。

一审裁判结果

无锡市中级人民法院根据《中华人民共和国著作权法》第10条第1款第3项、第4项,第33条第2款及《中华人民共和国民事诉讼法》第128条之规定,判决如下:驳回原告丁如云对被告无锡日报社的诉讼请求。

一审裁判理由

无锡市中级人民法院认为：本案的争议焦点主要在于无锡日报社删减作者投稿中的一句表述是否构成对作者丁如云作品修改权和保护作品完整权的侵害。一般认为，修改权与保护作品完整权是同类权利的正反不同表述，修改权表明作者有权修改自己的作品，而保护作品完整权则指作者有权禁止他人修改、增删或歪曲自己的作品。判断作品完整性是否受到损害，主要应当考察作品主题、表达形式、基本内容的完整性是否被不当增删或歪曲。本案中，丁如云投稿主题在于"如何判断房价是否合理"，而阐述其主题的分论点分别为："一、商品市场的价值规律是判断房价的基本规律"、"二、只有健康的市场才能体现真实的供求关系"、"三、怎样的市场环境才是健康有序的市场（如何培育健康有序的市场）"。无锡日报社删除的一段表述既不能论证分论点"只有健康的市场才能体现真实的供求关系"，也缺乏相应论据表明该结论，更与丁如云投稿主题"如何判断房价是否合理"没有直接关联。此外，根据《著作权法》第33条的规定，报社等出版机构可以对作品作文字性修改、删节。由此可见，无锡日报社对丁如云投稿所作的删节既不具备违法性，也未曲解或破坏丁如云投稿作品的同一性或完整性，故并未侵犯丁如云作品的修改权和保护作品完整权。丁如云诉称的无锡日报社未经著作权人许可，故意删除或改变作品，侵犯了著作权人的权利，缺乏相应的事实依据，该院不予采信。

二审诉辩情况

丁如云向江苏省高级人民法院提起上诉称：本案的争议焦点应是无锡日报社删除"根据这一基本方法我们可以判断，当前的房价是不正常的，至少可以认定是偏离了正常合理的价值"，是文字性删除、修改，还是对内容的修改、删除。一审法院回避这一焦点，把本案的焦点定为修改权和保护作品完整权。一审判决书也承认，删除的一段是一个结论性的内容。无锡日报社未经作者同意把文章结论性的内容任意删除，还谈什么保护作品完整权？对照《著作权法》第33条：报社、期刊社可以对作品作文字性的修改、删节，对内容的修改，应当经作者许可的规定及《著作权法》第47条规定，一审判决明显错误。请求二审法院撤销一审判决，改判无锡日报社侵权事实成立，并当面赔礼道歉。

被上诉人无锡日报社辩称：一审判决认定事实清楚，适用法律准确，二审应予维持。

二审裁判结果

江苏省高级人民法院依据《中华人民共和国民事诉讼法》第153条第1

款第1项的规定，判决如下：驳回上诉，维持原判。

二审裁判理由

江苏省高级人民法院认为：本案二审中争议的主要焦点为无锡日报社删除"根据这一基本方法我们可以判断，当前的房价是不正常的，至少可以认定是偏离了正常合理的价值"这段表述，是文字性删节还是对作品内容的删节。《著作权法》第33条第2款规定："报社、期刊社可以对作品作文字性修改、删节，对内容的修改，应当经作者许可。"该条规定是对作者修改权和保护作品完整权的一个限制，即报刊出版者在对作品进行文字性修改、删节时，无须征得作者同意。但这种修改、删节是有限度的，不能涉及作品的内容，不能歪曲、篡改作品。因此，在判断报刊出版者对作品是作文字性修改、删节，还是对内容的修改，应结合作者的修改权和保护作品完整权进行综合判断。本案中丁如云投稿主题是介绍读者判断房价合理与否的方法。该文从三个方面进行了论述，其中第二点论述了"只有健康的市场才能体现真实的供求关系"，并在该论点最后表述"根据这一基本方法我们可以判断，当前的房价是不正常的，至少可以认定是偏离了正常合理的价值"。然而，综观该论点的表述，只是对健康的市场环境对供求关系真实性的影响作了阐述，并没有对当前的商品房市场的供求关系是否真实作进一步的论述。因此，该"结论"在文意上与前面的表述没有直接的联系，缺乏逻辑关联性。无锡日报社根据文章的结构、主题思想、文字表述，删除了"根据这一基本方法我们可以判断，当前的房价是不正常的，至少可以认定是偏离了正常合理的价值"这一"结论"，并不影响作品的主题，没有破坏作品的完整性，亦未歪曲、篡改作品。因此，无锡日报社对该句文字表述的删除，不属于对作品内容的修改，不构成对丁如云著作权的侵权。

42. 如何判定小说与小品的相似性？

小品与小说的表现形式存在一定的差别，在认定二者是否相似时，需要考虑两作品在背景设置、主要情节、关键对话等方面是否相似。在对比的时候，两作品在情节方面是否近似是一个非常重要的考虑因素。情节包括大的情节和具体的某些细小情节等。如果在具体的细小情节方面相似，则两作品被认定为相似的可能性较大。

典型疑难案件参考

刘汉雷诉中央电视台、上海市群众艺术馆、徐英侵犯著作权纠纷案

基本案情

2003年12月，新疆青少年出版社、克孜勒苏柯尔克孜文出版社出版发行了《魔袋》一书，封面注明"喊雷著"，封面折页注明"喊雷，原名刘汉雷，中国作家协会会员，工艺美术师"，书中第77页至第79页为小说《鸭趣》一文，全文约800余字，文末注明该文曾载于《城市人》1997年第7期等10本图书、杂志并获首届中国小小说金麻雀奖提名奖。2005年1月20日，中央电视台以"第五届CCTV小品大赛"组委会办公室名义向上海市群众艺术馆发出邀请函，邀请上海市群众艺术馆选送作品参加"第五届CCTV小品大赛"。邀请函中未见与著作权审查相关的内容。庭审过程中，中央电视台称曾口头要求选送方明确版权责任，但未提交相应证据。中央电视台提交了关于第五届CCTV小品大赛参赛选手报名的说明和"第五届CCTV小品大赛"参赛选手报名表，该说明称：小品大赛在筹备阶段，在中国电视报及央视网站上刊发了通知并于网站上设置了下载报名表的链接，在评选出进入决赛的作品进行决赛直播过程中，剧组工作人员根据报名表上所填写的作品名称、作者、导演、表演内容制作电视字幕。报名表中列有姓名、参赛用名、参赛作品名称、作者、导演、作品类型、作品简介等栏目。上海市群众艺术馆、徐英对此不持异议，刘汉雷称说明和报名表都是诉讼期间形成的，对其证明力表示异议，但未提交相反证据。2005年3月4日，上海市群众艺术馆向"第五届CCTV小品大赛"组委会办公室回函，称该馆选送包括《鸭蛋》在内的18个小品参赛。经组委会评选，小品《鸭蛋》与另一小品《金色池塘》被选入参加决赛。2005年5月，中央电视台向徐英颁发了获奖证书。庭审过程中，上海市群众艺术馆自认其因选送18个小品参赛而荣获优秀组织奖。刘汉雷称徐英、上海市群众艺术馆因此获得经济利益，未提交相应证据，徐英、上海市群众艺术馆均称未获得任何经济利益。

2006年6月5日，经刘汉雷申请，陕西省西安市汉唐公证处对www.cctv.com网站内容进行了证据保全。庭审时播放了载有小品《鸭蛋》的光盘。3被告对播放的光盘不持异议，也认可视频文件与刘汉雷提供的文字表内容一致，中央电视台认可公证获取的光盘与www.cctv.com网站上的视频文件内容一致，同意承担www.cctv.com网站在本案中的责任，否认网页上列有广告，但未提交相反证据予以证明。

刘汉雷称：其在小品播出后即向中央电视台导演刘铁民打电话交涉，要求中央电视台停止在央视国际网站传播小品，并写信提供了权属证明，刘铁民不否认侵权但称管不了太多。中央电视台提交了中央电视台文艺节目中心文艺部的情况说明，称"该作品播出后，刘汉雷曾与我部导演通过电话，我部导演已经将情况及上海市群众艺术馆联系方法告知对方"。庭审过程中，中央电视台对刘铁民称"不否认侵权、管不了许多"不予认可，对其他内容未提出异议。2006年10月17日，经刘汉雷申请，陕西省西安市汉唐公证处对福视广告网网页内容进行了证据保全，在"福视广告网2005年4月25日至5月1日各类型节目收视排行TOP10"页面显示有今麦郎杯第五届CCTV小品大赛收视率的相关内容，根据该网页页面显示的内容，小品大赛的收视率、占有率、最高收视分别为：3.1、10、6.3，同页显示的天气预报和焦点访谈节目的相应数值分别为：3.3、11、4.6和2.9、9、4.8，3被告对网页上曾经存在上述内容无异议，但对网页内容的客观性和对待证事实的证明力持有异议。刘汉雷曾申请证人杨本平出庭作证，以证明杨本平曾登录国际互联网，在GOOGLE搜索引擎中输入"'今麦郎杯'第五届CCTV小品大赛"进行搜索，搜索页面显示有如下内容："CCTV.com继2005年第一季度实现'开门红'，同比净增超过3亿元之后，2005年4月，央视的广告收入再创新高，突破了7个亿等语。此外'今麦郎杯'小品大赛的广告创新以及传播效果也都非常好。"3被告对互联网上曾经存在上述内容不持异议，但对网页内容反映事实的客观性和待证事实的证明力持有异议，且辩称广告收入与小品大赛及小品《鸭蛋》无直接关联。

徐英向本院提交了《鸭蛋》作品选送稿和《鸭蛋》作品原稿，以证明其自行创作《鸭蛋》作品的过程，但两份稿件均为打印稿，刘汉雷对其真实性表示异议。徐英辩称小品《鸭蛋》为职务作品，未提交相应证据，且其当庭陈述亦未说明小品《鸭蛋》构成职务作品的充分理由，在徐英的领导给刘汉雷写的信中也未有小品《鸭蛋》属于职务作品的任何体现。关于小说《鸭趣》的创作过程，刘汉雷称：创作素材源于发生在江西吉安的一件事，我从中有所感悟，开始考虑创作。我把人际关系的微妙因素融入小说，把鸡变成鸭，增加了小丁多给蛋证明老赵不老实等情节，并加以创作，形成了我的作品。关于小品《鸭蛋》的创作过程，徐英在答辩状中称：我听一个老师讲了一个小笑话，朋友建议我写出小品，并将主题立在诚信上。我以这个小笑话为素材写作了戏剧小品，并着重设计"审鸭"的情节作为小品重点和点题的高潮。作品几经修改后，导演要将道具鸭蛋作为剧名，我同意了，改《审鸭》为《鸭蛋》。

刘汉雷主张小品《鸭蛋》与小说《鸭趣》场景相同（一个是食堂、一个是伙房）、人物相同（个别人物姓名不同，但人数相同）、道具相同（一个是一只公鸭、一个是两只公鸭）、送蛋情节完全相同、关键对话以及结尾对话相同。庭审过程中，刘汉雷提供了小品《鸭蛋》与小说《鸭趣》的文字对比稿，3被告认可文字对比稿与视频小品《鸭蛋》内容一致，也认可小品《鸭蛋》与小说《鸭趣》在人物设置、场景背景、公鸭下蛋的情节上构成相似。3被告辩称二者在作品立意、体裁、名称、篇幅以及其他情节上均不构成相似。小说《鸭趣》全文约800余字，小品《鸭蛋》戏剧作品全文约3000余字，根据刘汉雷提交的小品《鸭蛋》与小说《鸭趣》比较对照表，刘汉雷主张4处关键对话和1处结尾对话构成相似，这5处对话分别涉及"把乡下父亲（亲戚）带来的鸭子杀了吃"、"毛多肉少、杀了可惜、养起来"、"老赵老实人（人不错），一个月送来几个蛋（每月送来10个或20来个），谁也不说他少，他不，全都送来，让老赵当食堂（伙房）采购员"、"同样是一只鸭子（同样那两只鸭），老赵收了30个蛋（有时下蛋30个），阿全收了60个蛋（有时下蛋60个），小许，在你那养了一个月就真的一个鸭蛋都没有？（有时一个蛋也不下，这到底是咋回事？）"、"它要是会下蛋呀，那你们啊也都会生小娃娃啦！（两只公鸭怎么会下蛋呢）"。以上5处对话表述的是相同或者相似的内容。

诉辩情况

原告刘汉雷诉称：原告已发表了300余篇次的作品，获得过数十次奖项，拥有广泛的读者群。1997年第七期的《城市人》发表了原告创作的微型小说《鸭趣》后该文转载于《中国当代幽默微型小说选》等十多家书报刊，并于2004年9月入选《感动大学生的100篇微型小说》。2005年5月，被告中央电视台电视台"今麦郎杯第五届CCTV小品大赛"中将该作品改编成小品《鸭蛋》演出，但没有得到原告的许可，也没有给原告署名。该小品的编剧为被告徐英，送选单位为被告上海市群众艺术馆。该剧获得大赛优秀奖，被告上海市群众艺术馆获得大赛组织奖，该节目的播出获得了很高的收视率。被告中央电视台于2005年5月12日起将该作品存放于www.cctv.com网站上，在全球范围内广泛传播至今。为制止被告中央电视台的长期侵权行为，原告于2005年夏曾向该小品大赛组委会负责人写信并附有小说《鸭趣》全文，要求中央电视台及网站停止侵权。另经原告了解，小品大赛给中央电视台带来了丰厚的经济利益：（1）收取今麦郎企业商标的冠名广告费；（2）展演时每天获取上百万计的观众的短信（每条1元）收入；（3）小品在网站长期供网民点击，所获取的广告费收入；(4) 发行该小品的光盘收入；(5) 地方电视台转播该节目所获得的收入；(6) 被告上海市群众艺术馆、徐英因此获得的物质利益和精神奖励。同时，由于该小品获得了广泛的好评，中央电视台演出该小品和在网上长期存放该小品的行为，也给3被告带来了较高的社会评价。被告中央电视台"明知故犯"地作出了侵权行为，被告上海市群众艺术馆在向中央电视台送选作品时应当查明真正的著作权人，被告徐英则是实施了剽窃行为。原告故请求判令3被告：(1) 立即停止侵权、消除影响、公开赔礼道歉；(2) 连带赔偿原告经济损失及其他合理开支共计50万元；(3) 连带赔偿原告精神损害抚慰金5万元；(4) 承担本案诉讼费用。

被告中央电视台辩称：参赛小品都是由各选送单位选送的，我台没有参与前期创作，且在大赛初期已再三告知选送单位认真审核著作权；小品《鸭蛋》的字幕署名完全是根据第二、第三被告的选送打上去的，我台对小品只有播出权，没有著作权，也没有进行任何创作和改编；小品《鸭蛋》获得的优秀奖是最末等奖，第二、第三被告没有获得任何的物质奖励；我台是事业单位，实行收支两条线，广告并非针对涉案小品，广告收入和盈利没有关系，和小品《鸭蛋》也没有关系，短信收入是公司行为，与我台及本案无关，我台也无权支配；小品《鸭蛋》没有发行光盘，也没有地方台转播；我台确实把小品放在www.cctv.com网站上，接到诉状后已经责令网站屏蔽；原告没有提供其知名度和受到损失的证据，小说《鸭趣》大概800~900字，原告提出巨额赔偿无事实和法律依据，请求法院依法判决。

被告上海市群众艺术馆辩称：我馆不是小品大赛的承办方或主办方，只是收到中央电视台的邀请函后向基层单位转达，把各基层单位报送的作品转到中央电视台，我馆只起到协调、辅助的作用，且只有一个工作人员负责这项工作，没有能力一一审核著作权；我馆没有参与创作或者评选，不存在侵权的过错；著作权侵权要么为名要么为利，我馆在这件事中没有得到名或利，获得优秀组织奖是因为我们报送了18个小品，不是原告1个，故不同意原告的诉讼请求。

被告徐英辩称：(1) 被告的作品并没有对原告的作品构成侵权。无论从体裁、立意、落脚点还是作品的名称、篇幅、讽刺的对象来看，被告都没有实施侵权行为。作为戏剧作品，原告和被告的作品都是来源于百姓的日常生活，作品的思路、取材都难免会有雷同。(2) 被告没有主观上的故意和动机。被告作为上海市浦东新区文化艺术指导中心的工作人员，其工作都是非营利性的纯公益行为。涉案作品完全是属于职务工作的一部分，是职务作品，素材的收集也仅仅源于朋友的一个小笑话。在《鸭蛋》的写作过程中，被告自始至终都没有看过原告的作品《鸭趣》。原告作品的发表时间、册数和地区都使被告难以获得。（3）即使被告行为侵权，其侵权后果也极其微小。被告的作品在中央电视台举办的"第五届 CCTV 小品大赛"上只是获得了优秀奖，且此次大赛不设任何奖金和经济补贴。原告作品发表时间是 1997 年，而被告小品参赛时间是 2005 年，不可能出现"众多读者误以为'喊雷不是《鸭趣》的原作者，是剽窃他人的作品'，降低原告的声誉和社会评价"。（4）被告徐英家庭经济十分困难，客观上无力承担原告提出的赔偿要求。（5）如果自己的行为对原告构成了侵权，虽然出于无意，被告仍愿意就此表示道歉，被告也愿意在法庭的主持下和原告达成协商，共同商讨出一个调解方案，恳请法院在查明事实、分清是非的基础上作出公正的判决。

▶ **裁判结果**

北京市海淀区人民法院依据《中华人民共和国著作权法》第 46 条第 6 项、第 47 条第 1 项、第 48 条之规定，判决：

一、本判决生效之日起，被告徐英、被告中央电视台未经原告刘汉雷许可，不得使用根据小说《鸭趣》改编的小品《鸭蛋》；

二、本判决生效之日起 10 日内，被告徐英在央视国际网站（WWW.CCTV.COM，连续 24 小时）或者在一家全国发行的报刊上刊登声明，向原告刘汉雷赔礼道歉（声明内容须经本院审核，逾期不履行，本院将公布本判决主要内容，费用由被告徐英负担）；

三、本判决生效之日起 10 日内，被告中央电视台在央视国际网站（WWW.CCTV.COM，连续 24 小时）或者在一家全国发行的报刊上刊登声明，更正说明小品《鸭蛋》改编自小说《鸭趣》，以消除影响（声明内容须经本院审核，逾期不履行，本院将公布本判决主要内容，费用由被告中央电视台负担）；

四、本判决生效之日起 10 日内，被告徐英赔偿原告刘汉雷经济损失 20000 元；

五、本判决生效之日起 10 日内，被告中央电视台赔偿原告刘汉雷经济损失 20000 元；

六、驳回原告刘汉雷的其他诉讼请求。

▶ **裁判理由**

北京市海淀区人民法院认为：

1. 刘汉雷是小说《鸭趣》的著作权人。我国《著作权法》规定，如无相反证明，在作品上署名的公民、法人或者其他组织为作者。《魔袋》一书第 77

页至第 79 页为小说《鸭趣》一文,关于该文的署名,书中封面注明"喊雷著",折页注明"喊雷原名刘汉雷",中国作家协会创作联络部也证明"刘汉雷笔名喊雷",3 被告对此均无异议,故本院认定刘汉雷为小说《鸭趣》的作者,对小说《鸭趣》享有著作权。

2. 小品《鸭蛋》与小说《鸭趣》主要内容基本相似,前者系对后者的改编。根据著作权法及著作权法实施条例的规定,作品可以分为文字作品、戏剧作品等不同的种类。小品《鸭蛋》属于戏剧作品,小说《鸭趣》属于文字作品。从作品角度讲,二者在作品体裁、题目、篇幅及部分情节上确有不同,但在人物设置、场景背景、主要情节、关键对话等方面构成相似。虽然不同作者对同一题材的创作可能出现巧合,但这种巧合应当体现在合理的限度之内,并且在相互隔离的状态下独立创作产生。小说《鸭趣》早在 1997 年就已发表,而小品《鸭蛋》发表于 2005 年,明显晚于小说《鸭趣》的发表时间,故小品《鸭蛋》的作者存在接触小说《鸭趣》的可能。小品《鸭蛋》与小说《鸭趣》主要内容基本相似,且大量内容高度相似,甚至部分内容完全相同,这种相似或相同已经超出巧合的合理限度,在存在接触可能性的情况下,本院认定这种相似并非源于独创,小品《鸭蛋》使用了小说《鸭趣》的主要内容。但是,修改权是修改或者授权他人修改作品的权利,改编权是改变作品、创作出具有独创性的新作品的权利。小说《鸭趣》是文字作品,小品《鸭蛋》是戏剧作品,二者表达形式不同、属于两部作品,因而小品《鸭蛋》是对小说《鸭趣》的改编而非修改,小品《鸭蛋》并未侵犯小说《鸭趣》的修改权。保护作品完整权是保护作品不受歪曲、篡改的权利,此项权利旨在制止有损作者声誉的歪曲、篡改和割裂行为,小品《鸭蛋》并不构成对小说《鸭趣》的歪曲、篡改和割裂,因而并未侵犯其保护作品完整权。

3. 徐英的行为构成侵权,应依法承担侵权责任。徐英辩称小品《鸭蛋》为职务作品,但未提交相应证据也未说明充分理由,故该主张不能成立。小品《鸭蛋》署名为"编剧徐英",在无相反证据的情况下,可以认定徐英是小品《鸭蛋》戏剧作品的作者。徐英将小说《鸭趣》改编为小品《鸭蛋》,未经刘汉雷许可,未为刘汉雷署名,未向刘汉雷支付报酬,侵犯了刘汉雷的署名权、改编权和获得报酬的权利,应当承担停止侵权、赔礼道歉、赔偿损失的民事责任。

4. 中央电视台构成间接侵权。刘汉雷主张:中央电视台是小品大赛的组织者和主办者,未对小品的著作权进行严格审查,未尽合理注意义务,应承担侵权责任。本院认为:中央电视台确实应当对参赛小品的著作权尽到合理审查义务。但就本案而言,小品《鸭蛋》署名编剧为徐英,在无他人提出异议且无相反证据的情况下,中央电视台确实难以知晓小品《鸭蛋》系根据刘汉雷的《鸭趣》改编。因此，刘汉雷主张中央电视台未注意到小品《鸭蛋》系根据刘汉雷的《鸭趣》改编因此具有过错，本院不予支持。刘汉雷还主张：中央电视台在其已经提出异议的情况下，仍然未尽合理注意义务，拒不停止在央视国际网站上传播侵权作品的表演录像，具有过错，应承担侵权责任。对此本院认为，在刘汉雷向中央电视台提出异议并提交权属证明的情况下，中央电视台只要表面进行审查，就很容易发现小品《鸭蛋》确实有根据刘汉雷的《鸭趣》改编的可能，因此应当采取合理措施制止侵权行为的延续和侵权范围的扩大。但中央电视台在权利人发出通知后，未采取合理措施制止侵权，扩大了侵权范围和损失，产生了不良影响，具有过错，间接侵犯了刘汉雷的著作权，应依法承担停止侵权、消除影响、赔偿损失的法律责任。

5. 上海市群众艺术馆的行为并无过错，不应承担民事责任。上海市群众艺术馆在收到中央电视台的邀请函后转发给各基层单位，并将各基层单位上报的小品汇总后上报中央电视台，只是小品大赛上传下达的一个中转环节。上海市群众艺术馆不是小品的创作者，不是小品大赛的组织者或承办者，也未从涉案小品中获取经济利益，故本院认定其对侵权事实的发生没有过错，不应承担民事责任。

通常情况下，中央电视台因小品大赛冠名及插播广告应能获取一定的经济利益，央视国际网站传播涉案小品也应获取一定的经济利益，但该利益的取得与中央电视台的声誉、小品大赛的整体运营情况有紧密的联系，而本案赔偿数额则与涉案作品在小品大赛中的地位及获利的情况、剧本的许可使用费用等因素存在紧密的联系，故本院将综合考虑上述因素酌情予以判定。刘汉雷主张被告赔偿其诉讼合理支出，但因其未提供相应证据，故本院对其此项诉讼请求不予支持，依据最高人民法院《关于确定民事侵权精神损害赔偿责任若干问题的解释》，只有在精神损害造成严重后果的情况下才可以判令侵权人承担精神损害抚慰金。徐英的侵权行为给刘汉雷造成了一定的精神损害，但其精神损害还不足以达到支持精神损害抚慰金的程度，适用消除影响、赔礼道歉的救济方式符合法律确认的标准，故本院对刘汉雷主张精神损害抚慰金5万元的诉讼请求也不予支持。徐英和中央电视台对侵权的发生均有过错，但二者的过错并不相同，中央电视台应当分别依法承担相应的法律责任。关于损害赔偿，本院综合考虑侵权人的主观过错、获利情况、此类侵权作品的赔偿标准等因素酌定徐英和中央电视台均应赔偿刘汉雷经济损失。刘汉雷主张的赔偿数额中的过高部分，本院不予支持。

43. 电视剧属于何种性质的作品？

电视剧属于以类似摄制电影的方式创作的作品，依法应当由制片人享有著作权。

44. 电视台擅自播放他人创作的电视剧，侵犯了电视剧著作权人何种著作财产权？

电视台未经电视剧制片人的许可而擅自播放电视剧，侵犯了制片人对该电视剧享有的广播权。

45. 有线电视网络传播的电视节目侵害他人对该电视节目享有的广播权，有线电视网络经营者如何承担责任？

有线电视网络经营者以自己的设备接受并传输电视台发出的电视节目信号的行为属于广播行为。在电视节目侵害他人广播权时，有线电视网络经营者的行为亦构成侵权。但是，一般而言，有线电视网络经营者对其传播的电视节目是否侵犯他人著作权没有预见的义务和能力，故其只需要承担停止广播行为的责任，无须承担赔偿责任。

典型疑难案件参考

北京金视映画文化传播有限公司诉上海广播电视台、上海文广互动电视有限公司、北京市天龙有线电视设备器材厂侵害广播权案

基本案情

北京金视映画文化传播有限公司（简称金视映画公司）是涉案电视剧《春桃的战争》的制片者，享有该电视剧的著作权。"都市剧场"是由上海广播电视台向国家广播电影电视总局申请开办的付费数字电视频道。上海文广互动电视有限公司（简称文广互动公司）是该频道的实际经营者。文广互动公司与北京歌华有线电视网络股份有限公司（简称歌华有线公司）签订合同，将该频道推向北京市场。

文广互动公司在只取得了涉案电视剧的信息网络传播权授权而未取得广播权授权的情况下，于 2010 年 3 月 30 日至 4 月 8 日在上述 "都市剧场" 中播放了涉案电视剧。用户在收看该电视剧时，只能在上述时间逐集观看，无法自行选择其他时间观看。2010 年 4 月 7 日 10：45 至 12：38，根据金视映画公司的申请，公证部门在北京市朝阳区来广营乡水岸庄园小区的住户家中对 "都市剧场" 当天播出该电视剧的情况进行了公证。

天龙器材厂在北京市朝阳区来广营乡的水岸庄园小区内铺设了有线电视线缆，为用户提供数字电视机顶盒并接通节目信号，收取每月 18 元的有线电视收看维护费、付费数字频道的费用。目前该 "都市频道" 在北京地区并未收费，天龙器材厂也未因该频道收取费用。对于天龙器材厂为用户传送的节目信号的来源，天龙器材厂认为是经歌华有线公司许可，来自于歌华有线公司，但未对此举证证明。歌华有线公司对此予以否认，并提出歌华有线公司和文广互动公司签订的是独家合同，在北京地区只有歌华有线公司可以传送 "都市频道" 的节目信号，故天龙器材厂传送的节目信号不是来自于歌华有线公司。

诉辩情况

金视映画公司起诉称：上海广播电视台、文广互动公司、天龙器材厂共同经营 "都市频道"，共同侵害了其对涉案电视剧享有的广播权，据此要求 3 被告赔偿经济损失及合理费用共计 200 万元。

上海广播电视台答辩称：其仅仅是 "都市频道" 开办者，不实际经营该频道，不应当承担法律责任。

文广互动公司答辩称：其取得了涉案电视剧的信息网络传播权，其涉案使用电视剧的方式是信息网络传播的方式，不侵害金视映画公司的广播权，不应当承担法律责任。

天龙器材厂答辩称：其仅仅铺设了有线电缆，并不经营 "都市频道"，主观上不具有过错，不应当承担法律责任。

裁判结果

2010 年 11 月 23 日，北京市朝阳区人民法院依照《中华人民共和国著作权法》第 48 条第 1 项、第 49 条之规定，判决如下：

一、文广互动公司于本判决生效之日起 10 日内赔偿金视映画公司经济损失 52 万元；

二、文广互动公司于本判决生效之日起 10 日内赔偿金视映画公司合理费用3万元；

三、驳回金视映画公司的其他诉讼请求。

> **裁判理由**

北京市朝阳区人民法院认为：金视映画公司作为制片者，享有电视剧《春桃的战争》的著作权。通过文广互动公司将涉案电视剧信号从上海发送到北京的过程及在"都市频道"收看涉案电视剧的情况，可以得知文广互动公司是通过无线的方式，将涉案电视剧的数字信号传送至歌华有线公司在北京的接收设备中，再通过有线电缆传送至用户家中，且用户只能在文广互动公司指定的时间逐集观看涉案电视剧，而不能自行选择时间观看。故文广互动公司的行为实际上是以无线的方式公开广播涉案电视剧，而不是以信息网络传播的方式传播涉案电视剧。由于文广互动公司获得的涉案电视剧的权利并不涵盖其传播涉案电视剧的方式，因此文广互动公司侵害了金视映画公司对涉案电视剧享有的广播权，应当承担赔偿经济损失的法律责任。

上海广播电视台只是"都市剧场"的开办者，其并不实际从事该频道的经营，也不决定该频道内播放的节目内容，实际从事广播涉案电视剧行为的是文广互动公司，而不是上海广播电视台，故上海广播电视台不应当承担侵权责任。

天龙器材厂尽管从事了涉案电视剧的广播行为，但其并不经营"都市剧场"，其无法控制节目信号内容，客观上也不可能对节目信号内容进行审查，难以注意到"都市剧场"频道中的节目信号是否侵权；其收取的费用为有线电视收看维护的基本费用，不包含为收看涉案电视剧而支付的额外费用。故天龙器材厂主观上并无过错，也未因此获利，不应承担赔偿责任。

46. 音乐电视（MV）作品属于《著作权法》规定的何种作品？

一般情况下，音乐电视（MV）作品是根据音乐的情境、内容拍摄的具有相应情节、体现一定故事内容的作品。就其法律性质而言，应当属于《著作权法》规定的以类似摄制电影的方法创作的作品。

47. KTV 经营者擅自使用他人音乐电视（MV）作品经营卡拉 OK 侵犯了权利人的什么权利？

KTV 的经营者在未经音乐电视作品的著作权人允许的情况下，将其作品设置在卡拉 OK 点歌系统中的行为，侵犯了著作权人的复制权。KTV 的经营者在未经音乐电视作品的著作权人允许的情况下，通过点歌系统公开再现音乐电视作品的行为是一种放映行为，侵犯了著作权人享有的放映权。

典型疑难案件参考

中国音像著作权集体管理协会诉北京京瑞房产有限公司侵犯著作权纠纷案

基本案情

中国音像著作权集体管理协会（简称音集协）是经国家版权局批准成立的著作权集体管理组织，通过与多部音乐电视（MV）作品的权利人签订《音像著作权授权合同》，以信托方式取得了涉案 46 部音乐电视（MV）作品的放映权、复制权等权利，并获得了以自己的名义对侵犯信托音乐电视（MV）作品著作权的行为提起诉讼的权利。2008 年 9 月 26 日，音集协在位于北京市东三环南路 17 号的"京瑞大厦"4 层 222 房间使用点歌机点播了涉案音乐电视作品，并支付餐费 1280 元，取得了北京京瑞房产有限公司（简称京瑞公司）出具的发票。北京市方圆公证处对此进行了公证，音集协为此支出了公证费 2650 元。京瑞公司虽提出公证的 KTV 包房是由北京瑞港餐饮娱乐有限公司（简称瑞港公司）承包经营的，但未就此提交充分证据予以证明。京瑞房产公司没有就使用涉案音乐电视作品支付费用，并认可经营 KTV 的包间共有 7 间。

诉辩情况

原告音集协诉称：我协会是经国家版权局正式批准成立的唯一音像著作权集体管理组织。2008 年以来，我协会先后与权利人签署了《音像著作权授权合同》，我协会有权以自己的名义对该音乐电视作品遭受侵权的行为提起诉讼。经查，被告京瑞公司未经权利人许可，也未支付费用，而在其营业场所的点唱机中完整地收录了我协会管理的 46 首音乐电视作品，侵犯了权利人的放映权、复制权。原告要求被告京瑞公司停止侵权、删除涉案音乐电视作品，赔偿经济损失及合理费用共计20万元。

被告京瑞公司辩称：原告音集协公证的KTV场所是由瑞港公司向我公司承包经营的，根据双方合同约定，如遇法律责任应由瑞港公司承担。原告音集协最早取得授权的时间距现在仅100多天，瑞港公司经营的KTV包房只有7间。音集协主张20万元的赔偿数额没有依据。因此不同意原告音集协的诉讼请求。

裁判结果

北京市朝阳区人民法院依据《中华人民共和国著作权法》第8条第1款、第47条第1项、第48条的规定，判决：

一、京瑞公司停止使用涉案46首音乐电视作品；

二、京瑞公司于本判决生效之日起10日内向音集协支付赔偿金46000元；

三、京瑞公司于本判决生效之日起10日内赔偿音集协为制止侵权行为而支出的合理费用2650元；

四、驳回音集协的其他诉讼请求。

裁判理由

北京市朝阳区人民法院认为：根据《著作权法》及相关法律的规定，著作权集体管理组织经权利人授权有权以自己的名义进行诉讼。音集协是依法成立的音像著作权集体管理组织，通过与权利人签订《音像著作权授权合同》取得了以信托方式管理涉案音乐电视（MV）作品的放映权、复制权的权利，其有权以自己的名义向侵犯涉案音乐电视（MV）作品放映权、复制权的侵权人提起诉讼。音集协在京瑞公司的注册地点发现了使用涉案音乐电视（MV）作品从事KTV经营的活动，而且获得了京瑞公司出具的消费发票。京瑞公司虽提出KTV的实际经营者是其他公司，但并未就此充分举证，故京瑞公司应对使用涉案音乐电视（MV）作品进行卡拉OK经营活动的行为承担责任。现京瑞公司未举证证明使用涉案音乐电视作品征得了许可，并支付了报酬，故其应当承担停止侵权、赔偿损失的责任。就具体的赔偿数额，法院将综合考虑涉案音乐电视作品的数量、京瑞公司的使用方式、经营模式和规模等因素，酌情判处。

48. 擅自将他人在杂志上发表的雕塑作品制作成立体的雕塑作品并进行商业使用的，是否侵犯他人对该雕塑作品享有的著作权？

擅自将他人在杂志上发表的雕塑作品制作成立体的雕塑作品并进行商业使用的行为构成对他人雕塑作品的非法复制，侵犯了他人的著作权。

典型疑难案件参考

范英海、李先飞诉北京市京沪不锈钢制品厂侵犯著作权案

▶ 基本案情

原告范英海、李先飞于1996年设计了雕塑作品《韵》，后由案外人张明贵制作成不锈钢雕塑作品。该雕塑作品作为二原告在中央工艺美术学院毕业创作的作品于1996年9月在《装饰》杂志1996年第5期上发表，并发表在黑龙江美术出版社出版的《装饰雕塑设计》（1996年版）一书中。原告创作的雕塑作品《韵》是将中国传统吉祥图案"方胜盘长图形"进行夸张变形，用连续的曲线联接成五环图形，该雕塑正面线条的走向与英文字母"w"手写体形似。被告北京市京沪不锈钢制品厂（简称"京沪不锈钢厂"）的前身为河南省恒达装潢有限公司金属制品厂，2000年3月26日变更为该名称。被告法定代表人郑景峰设计并由案外人制作完成了涉案不锈钢雕塑作品，在被告的产品宣传册中，使用了该不锈钢雕塑作品。该不锈钢雕塑作品曾作为被告的产品参加过1997年、1998年北京国际酒店用品展览会及1999年郑州酒店用品展览会，后一直作为展品陈列在业务室内。被告于2001年建立网站，并在网站首页中使用了该不锈钢雕塑作品。

被告京沪不锈钢厂使用的涉案不锈钢雕塑作品，与原告的不锈钢雕塑作品《韵》相比，二者均由连续的曲线连接成五环图形，在线条走向和连接方式上被告使用的涉案雕塑作品与原告雕塑作品《韵》相同，二者仅在线条的粗细、曲度、圆滑度以及侧面线条连接处的空间位置上有一定的差异。

▶ 诉辩情况

原告范英海、李先飞起诉称：雕塑作品《韵》是其在1995年中央工艺美术学院毕业创作中完成的，曾先后发表在《中央工艺美术学院装饰雕塑设

计》、《中央工艺美术学院四十年校庆作品集》、《装饰》等刊物上。2002年4月,原告发现被告京沪不锈钢厂未经许可在其公司主页上使用了该作品,同年5月,原告又发现被告将该作品用于其工厂宣传画册中,改名为《律》,并将其制成产品经营获利。原告认为被告的上述行为侵犯了其对该作品享有的署名权、发表权、展览权、信息网络传播权和相应的获酬权。故请求法院判令被告:(1)停止侵权、赔礼道歉、消除影响;(2)赔偿经济损失8万元;(3)承担原告因诉讼所支出的保全费800元、律师费5000元。

被告京沪不锈钢厂辩称:被告在网页上使用的作品,以及在内部宣传材料上使用的作品并非原告的作品,而是被告法定代表人郑景峰于1995年以山洪流淌为创作来源设计完成的;被告的作品创作时间早于原告涉案作品,不构成对原告作品的侵权,不应承担民事责任;被告对自己作品的使用仅限于本企业的宣传,没有批量制作销售的牟利行为;即便构成侵权,侵权事实也是于1996年就存在了,现在已经超过了诉讼时效。故请求驳回原告的诉讼请求。

▶ **裁判结果**

北京市第二中级人民法院依照《中华人民共和国著作权法》第10条第1款第2项、第8项、第12项、第2款、第46条第5项、第6项、第47条第1项的规定,判决如下:

一、京沪不锈钢厂未经许可不得以展览的方式及在其网站和产品宣传册上使用涉案侵权雕塑作品;

二、京沪不锈钢厂于本判决生效后30日内在一家全国发行的报纸上刊登向范英海、李先飞赔礼道歉的声明,致歉内容需经法院核准,逾期不执行,法院将在一家全国发行的报纸上公布本判决内容,相关费用由京沪不锈钢厂负担;

三、京沪不锈钢厂于本判决生效后15日内赔偿范英海、李先飞经济损失15000元人民币,赔偿范英海、李先飞为本案诉讼支出的合理费用28000元;

四、驳回范英海、李先飞的其他诉讼请求。

▶ **裁判理由**

北京市第二中级人民法院认为:原告范英海、李先飞创作完成了雕塑作品《韵》,作为该雕塑作品的作者,其对该作品所享有的著作权应当受到我国《著作权法》的保护。本案双方当事人争议的焦点问题为:(1)被告使用的涉案不锈钢雕塑作品是否构成对原告创作完成的雕塑作品《韵》的剽窃;(2)被告展览及在其网站上和产品宣传册中使用涉案不锈钢雕塑作品是否构成对原告享有的雕塑作品《韵》著作权的侵犯。

关于本案第一个焦点问题，原告的雕塑作品《韵》是以该作品的正面照片的形式在公开出版物上发表的。一般人通过该平面照片，均可推知原雕塑作品的线条走向和连接方式，因此，该平面照片能够再现原告的雕塑作品。通过对该平面照片与被告使用的涉案雕塑作品的对比，可得出被告使用的涉案雕塑作品是该平面照片所载物体在立体上的再现的结论，通过对被告雕塑作品与原告雕塑作品《韵》的对比，二者除在线条的粗细、曲度、圆滑度以及侧面线条连接处的空间位置上有细节上的差异外整体基本相同。尤其二者在正面视觉效果上难分彼此，而作为以抽象的线条构成的雕塑作品，线条的走向和连接方式构成了作者具有独创性的实质部分，正面的视觉效果则是比对作品近似与否的重要依据。被告提出其使用的涉案不锈钢雕塑作品系其法定代表人郑景峰自行创作完成，其应就该主张承担相应的举证责任。现被告缺乏证据证明该作品创作时间早于原告雕塑作品的完成时间，且原告的雕塑作品《韵》具有一定的独创性和创作高度，原告又以平面照片的形式在公开出版物上发表了其雕塑作品，被告主张不同作者可能在互不知情的情况下创作出相似作品的说法缺乏证据支持，被告关于郑景峰以山洪流淌为设计构思来源的说法亦缺乏说服力，因此，被告对涉案不锈钢雕塑作品的创作思路或素材来源缺乏合理依据。综合上述理由，法院确认原告创作完成了雕塑作品《韵》，并于1996年在公开出版物上予以发表，被告使用的涉案不锈钢雕塑作品构成了对原告雕塑作品《韵》的剽窃。

关于本案第二个焦点问题，我国《著作权法》规定美术作品、摄影作品的著作权人对其作品的原件或者复制件享有展览权。对于包括雕塑作品在内的美术作品，其复制件应指由对该作品的复制行为所产生的与该作品完全相同或者相近似的作品。由于被告展览的涉案不锈钢雕塑作品构成了对原告雕塑作品《韵》的剽窃，该剽窃作品应属原告雕塑作品《韵》的复制件，因此，被告展览该剽窃作品的行为对原告享有的雕塑作品《韵》的署名权、展览权构成了侵犯。除法律另有规定外，未经许可对立体美术作品以平面形式加以使用，构成了对该立体美术作品作者享有的复制权的侵犯。本案被告在其网站和产品宣传册中使用了涉案剽窃作品的行为，应视为一种以平面的方式商业性使用原告雕塑作品《韵》的行为，侵犯了原告对雕塑作品《韵》所享有的署名权、复制权和信息网络传播权。被告对上述侵犯原告著作权的行为应承担相应的法律责任。被告关于其产品宣传册系内部资料，并未公开发行的主张，缺乏合理性及相应的证据支持，法院不予采纳。原告主张被告侵犯了其对雕塑作品《韵》享有的署名权、展览权、信息网络传播权和相应的获酬权，应当承担停止侵权、赔礼道歉、赔偿经济损失的法律责任的诉讼请求，法院予以支持。鉴于原告已于 1996 年 9 月以公开出版物的方式发表了雕塑作品《韵》的平面照片，而该平面照片再现了原告的雕塑作品《韵》，故应认定原告已就雕塑作品《韵》进行了发表，原告主张被告侵犯其对雕塑作品《韵》所享有的发表权的诉讼主张，法院不予支持。由于原告未提交证据证明被告将涉案不锈钢雕塑作品制成产品销售获利，法院对原告指控被告存在上述侵权行为的主张，亦不予支持。由于被告未能举证证明其所使用的涉案不锈钢雕塑作品于 1996 年制作完成，且其涉案使用行为一直持续进行，故其关于原告主张权利已过诉讼时效的主张，缺乏事实依据，法院不予采纳。原告未能就其因被告侵权行为所受经济损失提交相应的证据，原告请求被告赔偿经济损失的数额，缺乏合理的依据，法院将根据涉案的作品类型、被告侵权行为的性质、后果、合理费用支出等因素酌情确定被告赔偿原告经济损失的数额。

49. 出版社依据教学课程标准自行组织编写的教师用书是否属于《著作权法》中规定的教科书？

我国《著作权法》中规定的教科书是指为了满足学生日常上课的基本需要，按照教学大纲编写的学生用书。出版社依据教学课程标准自行组织编写的教师用书并非为了满足学生日常上课的基本需要，而是为了拓展、补充教科书内容或者知识面的不足，供教师深化教学使用的教学类材料，其通常超出了教学大纲的要求，编写的自由度较高，形式比较灵活，不属于《著作权法》中规定的教科书。

典型疑难案件参考

陈果诉人民教育出版社侵犯著作权纠纷案

基本案情

1997 年 1 月 25 日，《羊城晚报》第 9 版刊登《拐弯处的回头》（简称《拐》文）一文，同年 5 月的《读者》亦刊载了该文。教育科学出版社 2005 年版《语文》三年级上册收录了《拐》文，人民教育出版社（简称人教社）2006 年版《思想品德》八年级上册亦收录了《拐》文，这两本书均为义务教育课程标准实验教科书。上述文章均署名陈果。

2007年5月31日，陈果通过邮寄向人教社订购《教师用书》（语文五年级上册）（简称《教师用书》）及配套光盘。该书版权页显示：课程教材研究所、小学语文课程教材研究开发中心编著，人教社出版发行；2005年6月第1版，2006年8月第4次印刷；定价15.60元。该书共264页，其中第187页至第188页的"拓展阅读"为《父爱，在拐弯处》（简称《父》文）一文，全文约400字。该文无作者署名。后陈果于福建省南平新华书店购买到2007年6月第5次印刷的《教师用书》，其中的《父》文亦无作者署名。

2007年6月至8月间，陈果与人教社多次通过电子邮件协商对《教师用书》中《父》文的署名、题目及赔偿事宜，人教社拟定了协议书，同意赔偿陈果经济损失3000元，但陈果未在协议书上签字。

2007年7月湖南省第1次印刷的《教师用书》中，第187页至第188页"拓展阅读"文章题目改为《拐弯处的回头》，署名陈果。

2007年11月27日，陈果向福建省武夷山市公证处申请证据保全。该公证处制作的〔2007〕武证内字第204号公证书显示，在人教网（网址为www.pep.com.cn），路径为"主页＞＞小学语文＞＞教师中心＞＞同步教学资源＞＞教师用书＞＞五年级上册"的网页中，有未署名的《父》文，该网页底端注明版权所有者为人教社。人教社承认由其提供给人教网《父》文，并认可网站注明其为版权所有者。

另查，2001年的《中小学教材编写审定管理暂行办法》第2条规定："本办法所称中小学教材（简称教材）是指中小学用于课堂教学的教科书（含电子音像教材、图册），及必要的教学辅助资料。"陈果为本案诉讼支付公证费1320元，律师费10000元，火车票及住宿费1292元。

诉辩情况

原告陈果诉称：陈果为《拐》一文的作者。该文发表于1996年，后多次刊载于报纸杂志，并自2004年起被收录于《小学语文》、《初中思想品德》等义务教育教科书。2005年6月，人教社未经许可，亦未署名，将该文改名为《父》文使用于《教师用书》中。2005年7月25日，人教社还将未署名的《父》文全文发布到其官方网站供浏览、下载。人教社的行为严重侵犯了陈果对《拐》文的修改权、署名权、保护作品完整权和获得报酬权，应依法承担相应的法律责任。陈果请求法院判令人教社：（1）立即停止发行侵权教学用书，立即从网站删除侵权作品；（2）在一家以上全国性非专业报纸及其官方网站向陈果公开赔礼道歉、消除影响；（3）赔偿陈果经济损失50万元及为制止侵权而支出的合理开支12643.2元。

被告人教社辩称：人教网属于人教网络信息传播有限公司经营，该公司为独立法人，网站上的侵权内容与人教社无关。2005年，人教社为义务教育课程标准实验教科书《语文》（五年级上册）组织编写了《教师用书》，该书拓展阅读部分选用了《父》文，全文共400字。《教师用书》属于教科书，应当适用我国《著作权法》第23条关于"教科书"的规定，无须取得作者授权即可使用《父》文。2007年3月，人教社在陈果电话告知后，于同年7月在湖南印刷《教师用书》时即为陈果署名，并更正了作品名称。2008年，人教社已不再使用涉案作品。人教社愿意与陈果协商解决纠纷，也有诚意向陈果道歉，但陈果主张的赔偿数额过高。

裁判结果

北京市海淀区人民法院依照《中华人民共和国著作权法》第23条第1款、第47条第1项、第48条第2款之规定，判决：

一、被告人教社于本判决生效之日立即在人教网（www.pep.com.cn）上删除《父》一文；

二、被告人教社于本判决生效之日起30日内在人教网（www.pep.com.cn）上连续24小时，以及在全国性的教育类报刊上刊登致歉声明，公开向原告陈果赔礼道歉（致歉声明内容须经法院审批。逾期不履行，除依法承担拒不履行生效判决的相应法律责任外，法院还将依原告陈果申请在全国性相关媒体公布本判决的主要内容，费用由被告人教社负担）；

三、被告人教社赔偿原告陈果经济损失及诉讼合理支出共计3300元，于本判决生效之日起10日内付清。

裁判理由

北京市海淀区法院认为：人教社在《教师用书》上使用陈果享有著作权的《拐》文时，将《拐》文改名为《父》文，且未标明作者姓名，亦未支付报酬，侵犯了陈果依法享有的修改权、署名权和获得报酬权，应依法承担相应的法律责任，人教社对此并无异议。本案的争议焦点在于：（1）人教社是否应当对人教网上提供《父》文在线浏览的行为承担侵权责任；（2）人教社是否可依据《著作权法》第23条在《教师用书》上使用《父》文，即涉案的《教师用书》是否属于《著作权法》第23条规定的"教科书"；（3）陈果主张其保护作品完整权被侵犯是否成立。

1. 人教网上的作品使用行为应由人教社承担责任

人教社虽称人教网由有法人资格的人教网络信息传播有限公司经营，但同时表示,《父》文由其提供给人教网,且人教网上的作品由人教社享有版权。上述事实表明,人教社对人教网上的作品内容有控制力并享有权利,故根据权利义务对等原则,人教社应当对人教网上的作品内容负责。人教社通过人教网提供《父》文的互联网在线浏览,侵犯了陈果对《拐》文享有的信息网络传播权,应依法承担停止侵权、赔偿损失等法律责任。

2. 涉案《教师用书》不属于《著作权法》第 23 条规定的"教科书"

涉案《教师用书》不属于《著作权法》第 23 条规定的"教科书",理由如下:(1)2001 年的《中小学教材编写审定管理暂行办法》第 2 条规定:"本办法所称中小学教材(以下简称教材)是指中小学用于课堂教学的教科书(含电子音像教材、图册),及必要的教学辅助资料。"这表明,教学辅助资料并不当然属于教科书;(2)人教社称,2002 年起《教师用书》不再需要经过立项审批和审定,由各出版社依据教学课程标准自行组织编写,《教师用书》的编写和出版已经基本市场化,《教师用书》不符合《著作权法》第 23 条规定的"为实施九年制义务教育和国家教育规划而编写出版"这一条件;(3)《教师用书》虽然与教科书同样用于教学,但二者的作用和地位并不相同,《教师用书》在使用作品时不享受《著作权法》规定的教科书使用作品的特殊待遇,通过市场交易获得作品使用授权,有利于维护著作权与《教师用书》作品使用权之间的平衡,并不损害公共利益。因此,人教社有关涉案《教师用书》对作品的使用无须经过作者授权的主张因缺乏法律依据不能成立。

3. 陈果的保护作品完整权未被侵犯

修改权,即修改或者授权他人修改作品的权利,即作者有权改动,同时禁止他人改变作品的外在表现形式的权利;保护作品完整权,即保护作品思想、原意等内在表达内容不受歪曲、篡改的权利。虽然人教社使用《拐》文时修改了名称,但并未修改文章的内容,而此名称的修改并未歪曲文章的内容,只构成对陈果修改权的侵犯,不构成对保护作品完整权的侵犯。

4. 陈果的诉讼请求是否应当支持

由于涉案《教师用书》已经停止出版发行,陈果的该项请求已经实现,故法院仅支持陈果要求删除人教网上涉案作品的诉讼请求。人教社侵犯了陈果的署名权,故陈果要求赔礼道歉、消除影响的诉讼请求有事实和法律依据,应予支持。考虑到影响范围主要为教育界,消除影响和赔礼道歉的范围也应为人教网和教育类报刊。关于损害赔偿数额,陈果以权利人损失和侵权人获利均不清楚为由主张赔偿数额按照法定赔偿计算,而人教社则主张损害赔偿按照国家版权局规定的稿酬标准即每千字不超过 100 元计算。由于陈果的损失和人教社的获利依现有证据难以查清,故法院结合作品使用方式、文字稿酬标准、涉案作品字数、侵权行为性质等综合确定损害赔偿数额。此外，陈果主张的公证费应予支持，其支出的律师费、差旅费的合理部分亦应予支持。

50. 实施以文字作品方式固定的活动方案是否属于《著作权法》规定的表演？

《著作权法》中规定的表演是指表演者使用他人的文学艺术作品进行演出的行为。活动方案虽然表现为文字作品的方式，但该文字作品并非文学艺术作品，该活动方案的组织实施者不属于《著作权法》中规定的演出单位，活动的参与者也不属于演员。因此，实施该活动方案不属于《著作权法》规定的表演。

51. 实施以文字作品方式固定的活动方案是否侵犯了该文字作品著作权人的复制权？

《著作权法》中规定的复制行为是指以复印、拓印、翻录、翻拍等方式制作复制件的行为。实施以文字作品方式固定的活动方案并不属于《著作权法》规定的复制行为，没有侵犯该文字作品著作权人的复制权。

典型疑难案件参考

胡明方、云南中新对外新闻文化发展有限公司诉曹文志、北京亚视星空国际文化艺术交流中心侵犯著作权及不正当竞争纠纷案

基本案情

原告胡明方于2004年10月9日创作完成《首届"马帮茶道·瑞贡京城"普洱茶文化北京行总体方案》（简称《北京行方案》），该方案系文字作品，于同年10月12日在云南省版权局进行版权登记。后胡明方于2004年10月19日与原告云南中新对外新闻文化发展有限公司（简称中新公司）签订《关于共同实施"马帮茶道·瑞贡京城"普洱茶文化行系列活动的协议书》，约定两原告共同实施《北京行方案》。随后，两原告于2005年1月19日与"首届'马帮茶道·瑞贡京城'普洱茶文化北京行活动组委会"（简称"北京行组委

会")（两原告均不是该组委会成员）签订授权合作协议书，约定三方授权原告中新公司负责组织实施"首届'马帮茶道·瑞贡京城'普洱茶文化北京行活动"（简称"北京行活动"），在实施活动过程中，中新公司可以使用其名义或组委会名义。其后，"北京行活动"开始实施。被告曹文志在2005年2月7日之前一直与原告胡明方在同一处所办公，并曾担任"北京行组委会"副秘书长。2004年12月16日曹文志与"北京行组委会"另一副秘书长张子文共同印制并散发了20份《投资云南》文字材料。该《投资云南》文字材料首页抬头写有"著名策划人曹文志、张子文先生云南项目推介"，第2页上部写有"招商项目：马帮茶道"及"知识产权编号：23－2004－A－085"，中部有项目文字简介一段，下部写有项目单位名称"马帮茶道·瑞贡京城北京行组委会"、联系人"曹文志 胡明方"、联系电话及传真号、联系地址，其中，联系地址与邮编为原告胡明方办公处所的地址与邮编。2005年2月5日，被告北京亚视星空国际文化艺术交流中心（简称交流中心）与西双版纳州政府正式决定共同举办"马帮贡茶万里行活动"（简称"万里行活动"），被告曹文志任该活动项目总监，而且该活动的组委会（简称万里行组委会）于2005年3月30日制作了《马帮茶道万里行》文字资料，后该活动也开始实施。

诉辩情况

原告胡明方及中新公司诉称：胡明方于2004年10月9日完成了《北京行方案》，并于2004年10月12日经云南省版权局进行了版权登记，登记号为23－2004－A－085。之后，胡明方授权中新公司共同实施《北京行方案》，并授权中新公司负责实施"北京行活动"并进行招商。被告曹文志自2003年起一直与原告胡明方接触，并于2004年9月至12月与胡明方在同一处所办公，曾担任"北京行组委会"副秘书长，后因其离职被"北京行组委会"除名。该被告在与胡明方接触及共同工作期间对"'马帮茶道·瑞贡京城'系列活动策划实施方案"及后来形成的《北京行方案》完全了解，遂据此与被告交流中心合作，组织实施了所谓"万里行活动"，并进行招商经营，对原告实施恶意侵权。两被告组织的"万里行活动"与原告胡明方创作的"'马帮茶道·瑞贡京城'系列活动策划实施方案"及后来形成的《北京行方案》基本相同，已造成商家、消费者、新闻媒体及社会各界对两者的混淆和误解。"'马帮茶道·瑞贡京城'系列活动策划实施方案"系原告胡明方具有独创性的智力成果，两原告还共同对《北京行方案》作品享有使用实施权。两被告的恶意侵权行为及不正当竞争行为严重侵害了两原告的合法权益。据此，原告向法院起诉，请求判令：（1）依法确认"'马帮茶道·瑞贡京城'系列活动策划实施方案"为原告胡明方的智力成果，原告胡明方对《北京行方案》享有著作权等合法权益；（2）请求依法确认两原告共同对《北京行方案》享有使用实施权；（3）请求依法判令两被告立即停止对原告的侵权，立即停止以所谓"马帮贡茶万里行"等类似的名义进行活动；（4）请求依法判令两被告共同在《云南日报》、《春城晚报》、《都市时报》、《云南信息报》等媒体上公开向原告赔礼道歉、消除影响；（5）请求依法判令两被告共同赔偿原告经济损失100万元；（6）请求依法判令两被告承担本案全部诉讼费用及原告因此所支付的其他合理费用。

被告曹文志答辩称：原告的第一、第二项诉讼请求是其单方行为，与被告无关。第三项至第六项诉讼请求，没有事实和法律依据，请求法院予以驳回。

被告交流中心答辩称：（1）"万里行活动"系由交流中心与西双版纳州政府及其他多个单位共同举办，交流中心只是其中的举办者之一，该活动的实施主体是"万里行组委会"，而该组委会系经过当地公安机关批准成立的。同时，"北京行活动"也系该组委会组织的，在该组委会符合《民事诉讼法》对于"其他组织"所规定的条件，可以独立参加民事诉讼的情况下，原告以交流中心为被告起诉系诉讼主体选择不当。并且，两原告在本案中也无权主张该活动的相关权利；（2）原告胡明方享有的是《北京行方案》的著作权，法律保护的是该作品的表现形式，即文字，而不是作品的内容，被告并未实施任何侵权行为。

裁判结果

云南省昆明市中级人民法院依照《中华人民共和国著作权法》第11条、第10条第1款第5项、第9项、第17项以及第46条、第47条，《中华人民共和国反不正当竞争法》第5条第2项和《中华人民共和国民事诉讼法》第64条第1款的规定，判决如下：

一、确认原告胡明方系登记号为23-2004-A-085的《首届"马帮茶道·瑞贡京城"普洱茶文化北京行总体方案》文字作品的著作权人；

二、驳回原告胡明方的其他诉讼请求；

三、驳回原告云南中新对外新闻文化发展有限公司的诉讼请求。

裁判理由

云南省昆明市中级人民法院认为：本案争议的问题是：（1）两原告及两被告在本案中是否为适格的诉讼主体；（2）原告胡明方是否有权请求确认"'马帮茶道·瑞贡京城'系列活动策划实施方案"为其智力成果，以及其对

《北京行方案》是否享有著作权等合法权益；如有权，该诉讼请求是否能得到支持；（3）两原告请求确认其对《北京行方案》享有使用实施权，其主张的使用实施权的内容是什么，该权利是否属于著作权法所保护的权利范畴，两原告此项诉讼请求能否得到支持；（4）两被告的行为是否对两原告的合法权益构成侵犯；如构成，应如何承担责任。

对于争议的第一个问题。涉及本案的"万里行组委会"和"北京行组委会"均不符合最高人民法院《关于适用〈中华人民共和国民事诉讼法〉若干问题的意见》第40条关于"其他组织"所规定的条件，不能成为民事诉讼的主体。以它们的名义实施民事行为产生的权利、义务，应由它们的具体实施主体行使和承担。本案中，原告胡明方系《北京行方案》的作者，原告中新公司获得胡明方的授权实施该作品，同时两原告也具备民事诉讼主体资格，因此，两原告以该作品产生的相关权利被侵犯为由提起诉讼符合法律规定。被告交流中心系"万里行组委会"的主要组成成员，又是该活动的实施单位，具备民事诉讼主体资格，因此，其可以作为本案适格的当事人，列为本案被告。

对于争议的第二个问题。结合诉状和举证意见可知，原告胡明方的该项诉讼请求包含两个方面的内容：一是对《北京行方案》的著作权权属的确认；二是对"'马帮茶道·瑞贡京城'系列活动策划实施方案"权利及权属的确认。对于第一方面的内容。因为原告提交了云南省版权局2004年10月12日颁发的著作权登记证，因此，根据《著作权法》第11条的规定，可以认定原告胡明方系《北京行方案》的著作权人，对其主张确认其为该作品的著作权人的诉讼请求依法应予以支持。对于第二方面的内容。首先，原告胡明方此项诉讼请求的基础并非著作权。就著作权而言，"'马帮茶道·瑞贡京城'系列活动策划实施方案"已由《北京行方案》以文字作品的形式予以固定，故以著作权作为该诉讼请求的基础并无必要性；其次，排除了该系列活动实施方案作为著作权的客体，原告并不能证明其对该方案享有何种知识产权或智力成果权，故其主张享有该系列活动实施方案智力成果权的请求没有法律依据，依法不应得到支持。

对于争议的第三个问题。在审理过程中，两原告认为：作为《北京行方案》的合法权利人，其对该作品进行使用实施的活动形成类似于著作权法中赋予著作权人享有的表演权的一种权利，该权利应作为著作权人的专有权利而依据著作权法得到确认。本院认为：作品作为一种人类智力创造的成果，它会因被利用而对利用人产生财产上的权益，所以著作权中的财产权即源自于著作权人对作品进行的利用活动。但是，本案中两原告使用实施的作品《北京行方案》从创作方式上看属于文字作品，进一步从内容上看其属于文字作品中的非文学艺术类作品，这类作品与文学艺术类作品在内容上有很大区别。《著作权法》第 10 条第 1 款第 9 项规定的表演权中的表演活动所指向的作品，应该是内容可供表演的文学艺术类作品，如剧本、舞蹈等，而非文学艺术类作品的内容是不可能进行表演的，因此，此类作品不应成为表演活动所指向的作品，其著作权人不可能实施表演活动，亦不能主张表演权。故本院认为：两原告使用实施《北京行方案》的活动不属于著作权法中规定的表演活动，两原告不能主张拥有该作品表演权。另外，两原告主张的使用实施《北京行方案》的权利是否属于《著作权法》第 10 条第 1 款第 17 项规定的应当由著作权人享有的其他权利，对该主张支持与否应当审查该使用实施活动是否是著作权法上的复制活动，即该使用实施活动是否能够再现该作品的表达。对此，本院认为：虽然作品可以看作作者进行智力活动投入而产生的智力成果的最终载体，但是，《著作权法》所保护的仅仅是该智力成果的表达而不是该智力成果的构思和思想。本案中，《北京行方案》所记载的关于进行北京行活动的策划方案、组织方法及具体实施步骤的内容可视为作者的智力成果；而对这些策划方案、组织方法及具体实施步骤所进行的独创性的文字表达才是著作权制度保护的范畴，能再现这些文字表达的活动才属于《著作权法》上的复制活动。本案中，两原告按照《北京行方案》所记载的进行北京行活动的策划方案、组织方法及具体实施步骤，开展筹集资金、吸收参与者、组织人员和马匹、进行宣传等活动使用实施了该作品，这些活动所再现的作品中的策划方案、组织方法及具体实施步骤的内容属于作品的构思和思想。因此，本院认为：两原告使用实施《北京行方案》再现的是作品中不受《著作权法》保护的内容，即再现的不是对这些内容的表达方式，而是该作品的构思和思想，故其活动不属于《著作权法》上的复制活动，依此活动主张权利，不属于《著作权法》规定的应当由著作权人享有的权利范畴，原告关于请求确认其享有《北京行方案》的使用实施权的诉讼请求，因无法律依据，应予以驳回。

对于争议的第四个问题：首先，两原告认为被告曹文志制作的《投资云南》文字材料侵犯了原告胡明方所作的《北京行方案》的著作权。经审理查明：《投资云南》文字材料中确实载明了《北京行方案》的知识产权编号，但是因"北京行组委会"系于 2005 年 2 月 7 日才登报声明对被告曹文志除名，而在此之前该被告系担任"北京行组委会"的副秘书长，具有组织、实施"北京行活动"的职权，而该文字材料系在其任职期间内（2004 年 12 月 16 日）所制作；而且，从《投资云南》文字材料的内容来看，载明的单位名称系"北京行组委会"，联系人是胡明方与曹文志，地址和邮编均系胡明方办公室的。因此，本院认为：被告曹文志在其任职期间制作《投资云南》文字材料系其履行其职权范围内的行为,该行为的主体系"北京行组委会"而不是其个人,其制作该文字材料的行为并未侵犯原告《北京行方案》的著作权。其次,两原告认为被告交流中心策划、组织的"万里行活动"侵犯了其合法权利。而从原告提交的《北京行方案》文字作品与被告交流中心制作的《马帮贡茶万里行》文字材料比对来看:一方面,两部文字作品均反映了作者以云南古代马帮贡茶历史为据,结合现代文化发展趋势,产生出以古代方式组织现代马帮驮茶进行长途贩运活动的构思。但是《著作权法》将作者的构思和思想排除在保护范围之外,因此,被告《马帮贡茶万里行》文字资料的构思与原告作品的构思相似并不导致前者对后者构成侵犯;另一方面,两部文字作品和材料在文字表达上没有相同之处,从内容上看,两部作品除表述云南古代马帮贡茶文化方面有共同之处外,其余包括活动宗旨、活动意义、活动时间、参与单位等方面均完全不同。虽然两部作品在表述云南古代马帮贡茶文化方面有共同之处,但云南古代马帮贡茶文化是公知的历史知识,任何单位及个人均可根据此历史知识开展创作与表达,甚至是一些不可避免的相同的优化表达。因此,本院认为:被告制作的《马帮贡茶万里行》文字材料并没有侵犯原告《北京行方案》文字作品的著作权。另外,如前所述,两原告对《北京行方案》的使用实施活动并不受《著作权法》保护,因此,被告按照《马帮贡茶万里行》文字材料实施"万里行活动"并不可能构成对原告合法权益的侵犯。两原告认为两被告应立即停止以"马帮贡茶万里行"等类似的名义进行活动的主张不能得到支持。此外,两原告认为其"北京行活动"经过宣传、实施,已经成为一个知名商品,两被告实施与此内容相似的"万里行活动",造成了公众对两个活动的误认,两被告此行为对两原告构成不正当竞争。对此,本院认为:根据《反不正当竞争法》第1条、第2条的规定,本案中涉及的"北京行活动"从其活动宗旨、活动方式和活动内容看该活动并不以提供商品或服务为目的,而是为了弘扬云南普洱茶文化,促进普洱茶产业的发展而举办的一次大型文化活动,该活动涉及的领域并非《反不正当竞争法》规范的商品交换和服务提供领域。因此,两原告称"北京行活动"系一个商品没有事实及法律依据,其主张被告对其实施不正当竞争行为亦没有事实及法律依据,对此本院不予支持。

综上所述,本院认为:原告胡明方请求法院确认其系《北京行方案》文字作品的著作权人的诉讼请求符合法律规定,应予以支持;而原告胡明方和原告中新公司的其他诉讼请求无事实及法律依据,应予以驳回。

52. 视频分享网站提供储存空间供用户上传侵权影视作品的行为是否构成侵权？

视频分享网站仅仅是为用户提供存储空间，用户上传侵权影视作品的，该用户侵犯了影视作品著作权人的信息网络传播权。但是，由于影视作品的投资较大，一般需要专业的制作公司完成，权利人不会将影视作品上传至视频分享网站供人免费浏览或者下载，故视频分享网站应当预见到用户上传他人影视作品的行为系侵权行为。若视频分享网站没有预见到或者预见到而没有删除，则其构成帮助侵权，需要承担相应的赔偿责任。如果用户上传的仅仅是影视作品较短的片段，则视频分享网站没有能力预见到其属于侵权的视频，无须承担赔偿的责任。

典型疑难案件参考

北京搜狐新媒体信息技术有限公司诉上海全土豆网络科技有限公司侵害作品信息网络传播权纠纷案

基本案情

本案涉案影片的片头显示名为"麦兜故事"，片尾显示"Copyright？2001 Bliss Distribution LTD. ALLRIGHTSRESERVED"。涉案影片未在中国大陆地区公映过，2003年作为音像制品引进大陆，DVD光碟盘芯及封套均显示："国权像字04-2003-313号"、"文像进字（2003）1838号"及"ISRCCN-A65-03-0191-0/V.J9"。2009年8月31日，香港影业协会出具的版权证明书载明：涉案影片《麦兜故事》的出品人和版权持有人是Bliss Distribution Limited。2009年9月3日，Bliss Distribution Limited出具的《授权书》中明确，其授权北京搜狐新媒体信息技术有限公司（简称搜狐公司）及相关联北京搜狐互联网信息服务有限公司行使涉案影片在中华人民共和国境内（不包括香港、澳门、台湾地区）的信息网络传播权独占许可权、广告经营权收益权、单独进行相应的法律维权行动的权利以及上述全部权利的转授权；授权范围为通过互联网（包括局域网、广域网、城域网等），以有线或者无线方式，以网络点播、直播、轮播、广播、下载等形式，供用户用电脑、手机、机顶盒等终端观看，并包括IPTV、无线增值业务、网吧等环境的网络版权和复制权等网络信息传输范畴；授权期限为自2009年9月2日至2014年9月1日。2009年10

月27日，北京搜狐互联网信息服务有限公司出具了声明，表示放弃涉案影片的所有实体权利。

2009年9月7日，北京市中信公证处根据搜狐公司申请进行证据保全公证，并于同年9月10日就公证过程出具〔2009〕京中信内经证字第09611号公证书一份。该公证书载明内容显示：在IE地址栏中输入www.tudou.com，进入土豆网首页页面，页面上方显示"影视、播客、汽车、财富、科技、教育"等分类频道。在该页面"视频"搜索框中输入关键字"麦兜的故事"，显示含有该关键字的相关视频和豆单，如"麦兜故事"、"麦兜故事（国语）"、"麦兜的故事国语版"等417个视频，以及"麦兜故事"、"［经典回顾］麦兜故事"2个豆单。其中名称为"麦兜故事（国语）"视频显示：播客是"wanme夏日"，时长是1小时14分19秒，播放次数是3558次，上传时间是2009年8月23日。点击播该视频，片头显示"麦兜故事"。在播放该视频过程中，视频框内左上角标有"土豆网"或"tudou.com"字样，视频框右下角及两侧显示有"闪亮滴眼液"等广告。公证处对上述过程显示的网页页面进行了截屏打印，在公证书中打印的搜索截屏和视频播放截屏页面上都未显示上述417个视频及2个豆单的分类频道类别。为此，搜狐公司支付了公证费人民币2000元。

在审理中，一审法院组织双方当事人当庭在原审法院电脑中上网演示，通过在上海全土豆网络科技有限公司（简称全土豆公司）网站首页的"视频"搜索栏输入关键字"麦兜故事"，搜索结果仍显示有相关视频253个。该些视频的时长均在几十秒至几分钟之间。双方当事人一致确认该些视频的内容与搜狐公司主张的电影《麦兜故事》内容一致。但全土豆公司认为，这些视频时长很短，不可能构成完整作品，故在删除电影《麦兜故事》后，对这些视频予以忽略。

另查明，全土豆公司系涉案网站的经营者，该网站为其注册用户提供信息网络存储空间服务。注册用户可自行选择将其视频等文件上传至全土豆公司作预先设置的各分类频道中，以供其他用户免费点播观看。

搜狐公司为本次诉讼支出律师费人民币10000元、为香港影业协会的版权证明书及涉案影片的授权委托书进行公证、认证支出费用港币10710元。

一审诉辩情况

原告诉称：搜狐公司2009年9月2日出巨资购得动画片《麦兜故事》的独家信息网络传播权，在其主办的搜狐网络平台上播出，以期通过该剧促进搜狐高清电视项目的发展。全土豆公司在其主办的网站提供该剧的在线播放服务。被告在其经营的网站上提供涉案影片的播放服务,通过销售广告等方式牟取非法利益,其行为侵害了原告享有的著作权,严重影响了原告网站播出平台的点击率,给原告造成了极大的经济损失,故请求判令被告停止侵权、赔偿原告的经济损失及合理支出人民币12万元,其中合理支出费用包括香港公证认证费港币10710元、因开庭支出的差旅费人民币1万元、侵权网页公证费人民币1000元及律师费人民币1万元,并承担本案的诉讼费。

被告辩称:首先,原告只取得涉案影片原始权利人之一的授权,且亦未依法以书面合同的形式进行著作权转让,故原告对涉案影片不享有信息网络传播权。其次,由于原告搜索的关键字"麦兜的故事"与涉案影片名称不一致导致搜索范围扩大,搜索结果与本案无关联。再次,被告网站上的涉案影片是网络用户自行上传的,原告未向被告发过侵权通知函,被告无法知道涉案影片的存在,被告亦未从播放涉案视频中获利,主观上没有过错,不构成侵权。最后,原告主张的香港公证认证系原告举证的义务,不属于合理支出范围。律师费亦过高。

一审裁判结果

上海市浦东区人民法院依照《中华人民共和国民法通则》第130条,《中华人民共和国著作权法》(2010年修正)第10条第1款第12项、第48条第1项、第49条,最高人民法院《关于审理涉及计算机网络著作权纠纷案件适用法律若干问题的解释》第3条,最高人民法院《关于审理著作权民事纠纷案件适用法律若干问题的解释》第25条第1款、第2款、第26条的规定,于2010年4月28日判决:被告全土豆公司于本判决生效之日立即停止在其网站上提供电影《麦兜故事》及其任何片段的在线播放服务;被告全土豆公司于本判决生效之日起7日内赔偿原告搜狐公司经济损失人民币3000元以及侵权网页公证费人民币1000元、律师费人民币3000元、香港公证认证费用港币10710元。

一审裁判理由

一审法院认为,该案涉及两个争议焦点问题:一是搜狐公司是否就涉案影片享有信息网络传播权;二是全土豆公司是否侵害搜狐公司上述权利而应承担侵权责任。

关于争议焦点一,涉案影片的片尾显示"Copyright 2001 Bliss Distribution LTD. ALLRIGHTSRESERVED",且香港影业协会出具的版权证明书亦显示涉案影片的版权持有人是Bliss Distribution Limited,故依法认定Bliss Distribution Limited

是涉案影片的著作权人，依法受到法律保护。Bliss Distribution Limited 将涉案影片在中国大陆地区包括独占信息网络传播权在内的相关权利授权给搜狐公司与北京搜狐互联网信息服务有限公司，现因北京搜狐互联网信息服务有限公司已明确表示放弃了涉案影片的所有实体权利，故在本案中搜狐公司在授权范围及期限内对涉案影片享有独家信息网络传播权。

关于争议焦点二，首先，虽然公证书中记录在公证时通过在全土豆公司网站首页"视频"搜索栏中输入"麦兜的故事"，搜索结果中既含有名称为"麦兜的故事"也含有"麦兜故事"等视频，但公证书中记录的系点击播放搜索结果中的"麦兜故事（国语）"视频，且双方当事人一致确认该视频内容与搜狐公司主张的电影《麦兜故事》内容完全一致，虽然两者在时长上有差异，但根据涉案视频的播放内容，以及全土豆公司网站的运营模式，可以判断注册用户在上传时进行了名称及内容分段编辑。

其次，涉案网站是视频分享网站，为网站注册用户上传各类视频提供信息存储空间的服务，涉案影片视频系网站注册用户上传，故全土豆公司未直接侵害搜狐公司信息网络传播权。但根据最高人民法院《关于审理涉及计算机网络著作权纠纷案件适用法律若干问题的解释》的规定，网络服务提供者通过网络参与他人侵害著作权行为，或者通过网络教唆、帮助他人实施侵害著作权行为的，追究其与其他行为人或者直接实施侵权行为人的共同侵权责任。在本案中，搜狐公司提供的公证书中仅显示涉案影片是搜狐公司在全土豆公司网站首页"视频"搜索框中输入关键字"麦兜的故事"搜索而得，而在搜索结果及播放页面中均未显示涉案影片储存于任何分类频道。此外，涉案影片中国大陆地区从未公映过，故全土豆公司在涉案影片的相关权利人没有送达权利通知的情况下，确实无法知道在其网站海量的视频中存在涉案影片。但是搜狐公司起诉后，全土豆公司仍在其网站上为注册用户提供平台在线播放涉案影片的视频片段，这些视频是注册用户将涉案影片的精彩片段经过简单的剪辑上传至全土豆公司网站，该些精彩片段同样能吸引大量网络用户观看，从而提供全土豆公司网站视频点击率，有助于全土豆公司从投放的广告中获得收益。因此，全土豆公司明知在其网站上有涉案影片视频片段仍向网络用户提供在线播放服务，其主观过错明显。该行为已构成帮助侵权，应承担相应停止侵权、赔偿损失的责任。

最后，鉴于双方当事人均无法举证证明因本案所涉侵权行为导致搜狐公司的实际损失和全土豆公司的获利数额，法院综合考虑了全土豆公司的主观过错程度、侵权性质和方式、侵权发生时间、涉案影片知名度、播放档期等因素，对全土豆公司应承担的经济损失赔偿额予以酌定。因搜狐公司主张的侵权网页公证费、香港公证认证费用均系搜狐公司为本案诉讼所支付的合理费用，于法有据，原审法院对该两笔合理费用予以支持。搜狐公司主张的律师费，原审法院参照相关律师收费规定予以酌定。搜狐公司主张的差旅费，未提供证据证明不予支持。

二审诉辩情况

搜狐公司上诉称：搜狐公司针对一审法院就起诉前全土豆公司在线播放涉案影片的行为认定不构成侵权的判决提出上诉。理由是：（1）全土豆公司并非单纯的网络存储空间提供者，其在涉案视频框内左上角标有"土豆网"或"tudou.Com"字样，在视频右下角及两侧显示有"闪亮滴眼液"等广告，该节事实表明全土豆公司参与了涉案视频的编辑，是涉案视频的共同制作者。同时全土豆公司的该编辑行为提升了土豆网的知名度，为土豆网带来巨大的广告收入；（2）土豆网实质参与了涉案视频的网上传播，应当对影视内容承担较高的审核义务，而不仅仅对影视频道内的内容承担较高的审核义务，该项义务应与全土豆公司的经营模式紧密相关。一审法院以通过视频搜索栏内搜索到的涉案电影作品不能证明存放在影视频道为由认定搜狐公司举证不能，全土豆公司无须承担审核义务，实属举证责任分配错误；（3）从土豆网的视频分享运营模式来看，其在视频序曲时段、视频播放框两侧、视频页面右下角均出现各种广告，土豆网正是以海量的视频吸引大量的网民和大量的广告商，进而获得海量的经济利益，而最终却在有能力对上传行为进行限制和审查的情况下却因为视频海量而免于审核义务，这显属权利义务明显不对等；（4）根据著作权相关法律规定，全土豆公司的行为构成侵权，且不应免除赔偿责任。搜狐公司据此请求本院对一审判决第二项改判为全土豆公司支付搜狐公司人民币9万元以及侵权网页公证费人民币1000元、律师费1万元、香港公证认证费用港币10710元。

全土豆公司答辩称：作为信息存储空间服务提供者，全土豆公司已尽到注意义务，其行为完全符合《信息网络传播权保护条例》第22条规定的免责条件，不应承担责任。全土豆公司在视频上加注文字水印及广告并没有对视频内容进行改变，亦未进行编辑；涉案电影作品在大陆地区未公映过，涉案作品的上传次数和播放次数与土豆网平台数量相比是非常小的，故全土豆公司不知道亦不可能知道涉案电影的存在，全土豆公司为了降低侵权事实的发生，随机审查上传作品并删除侵权作品，目前采用技术过滤，事后人工删除的方式，但不能保证所有侵权视频全部被屏蔽，不能因为土豆网上存在侵权电影作品，就认定全土豆公司知道或应当知道；全土豆公司投放的广告不是针对特定的客户，未从涉案视频中直接获得经济利益。

全土豆公司上诉称：搜狐公司起诉后土豆网仍然存在涉案电影的片段视频，土豆网的该项行为完全符合《信息网络传播权保护条例》第22条规定的各项免责条件，不应承担赔偿责任。理由是：土豆网作为信息存储空间提供者，所有视频都来源于注册用户，土豆网没有理由知道或应当知道这些视频构成侵权。第一，搜狐公司起诉后土豆网上仍然存在的视频时长都是极短的，根本不能反映整部影片的内容，而且这类视频都属于片花，是对影片的宣传和介绍，并无损害之处；第二，一审法院以涉案电影片段视频是精彩片段为由认定全土豆公司存在主观过错缺乏法律依据；第三，一审法院认定该些片段视频是精彩片段没有事实依据；第四，全土豆公司未从这些片段视频中直接获益；第五，全土豆公司收到起诉状后，已经对存在的涉案电影进行了删除。据此，全土豆公司请求本院依法撤销一审判决，改判驳回搜狐公司的全部诉讼请求。

搜狐公司答辩称：原审法院关于其起诉后土豆网上传播涉案电影片段视频的行为认定，其不持异议。

二审裁判结果

上海市第一中级人民法院依照《中华人民共和国著作权法》第10条第1款第12项、第47条第1项、第48条，最高人民法院《关于审理涉及计算机网络著作权纠纷案件适用法律若干问题的解释》第3条，最高人民法院《关于审理著作权民事纠纷案件适用法律若干问题的解释》第25条第1款、第2款、第26条，《中华人民共和国民事诉讼法》第153条、第158条的规定，判决：驳回上诉，维持原判。

二审裁判理由

二审法院认为：全土豆公司通过其技术与设备为网络用户在网络上传播信息提供空间服务，其本身不直接传播网络信息，而是帮助网络用户提供的信息在网络上传播，全土豆公司客观上帮助了网络用户实施侵权行为，同样侵害了搜狐公司的权利，应当承担停止侵权的责任。全土豆公司作为专业视频分享网站土豆网的经营者，应知晓电影作品制作需耗费大量的人力、物力和财力，著作权人通常情况下不会将其作品无偿提供给广大网络用户，因此应承担注意义务。但其未能尽到相应的注意义务，具有主观过错，应当承担侵权赔偿责任。

搜狐公司起诉后对"麦兜的故事"的搜索结果均是时长在几十秒至几分钟之间的涉案电影片段，这些电影片段并不能反映整部电影的内容，不能以此认定全土豆公司知道或者应当知道这些同名视频片段是侵权作品，而且这些片段的传播也不必然会导致权利人遭受经济损失。因此，对一审法院关于全土豆公司明知在其网站上有涉案影片视频片段仍向网络用户提供在线播放服务，具有主观过错的认定，二审法院不予赞同。

基于本案各项因素酌情确定全土豆公司应承担的赔偿数额为 3000 元，至于搜狐公司诉请的公证费、认证费与律师费等合理费用部分，一审法院的判定并无不当，应予维持。

> **53. 作品的著作权人委托他人使用其作品参加投标，该作品中标且招标人支付了相应费用的，招标人在投标目的范围内使用该作品的，是否构成侵犯著作权的行为？**
>
> 作品的著作权人委托他人使用其作品参加投标，该作品中标且招标人支付了相应费用的，应当认定作品著作权人与招标人之间成立著作权许可使用合同，招标人有权在招标目的范围内使用该作品，其行为不侵犯著作权。

典型疑难案件参考

林汉强诉广东省美术家设计中心、广东省三水市三水中学、张志强侵犯著作权纠纷案

基本案情

2000 年 12 月 30 日，广东省美术家设计中心（简称设计中心）（甲方）与张志强（乙方）签订了一份合作协议书。该协议书约定，在合作期间，甲方允许乙方以设计中心业务经理或创作总监的身份对外开展业务，并为乙方提供发票；乙方向甲方上缴基本管理费。合同同时约定甲方对乙方与第三方所签订的合同可以进行合理监督；由乙方与第三方引起的法律纠纷概由乙方负责；合作期内乙方所创作的版权归乙方所有。上述合同签订后，张志强以设计中心的名义参加了广东省三水市三水中学（简称三水中学）的校园雕塑竞标活动。张志强邀请了原告林汉强参与。张志强将《启航》等 4 套设计方案（含效果图和创作说明）交给三水中学，三水中学选定了《启航》作为其校园雕塑。《启航》中标后，张志强让原告制作了两个模型，一个留给原告自己，另一个给了张志强。张志强给了原告林汉强 5000 元钱。诉讼中，双方对该款的性质有争议。林汉强主张该款项是制作雕塑模型的工本费，但林汉强在一审两次庭

审中对此作了不同的解释。第一次庭审解释该款为创作启动费,第二次庭审解释为该款不是委托创作费而是创作雕塑模型的工本费,同时又承认雕塑模型现在其本人手中。张志强主张该款是其支付给林汉强的著作权使用费。

《启航》中标以后,张志强以设计中心的名义与三水中学签订了有关校园雕塑《启航》的设计、制作、安装的协议书,雕塑总的造价是151000元,其中设计费10000元。该合同现已履行完毕。随后,张志强以设计中心的名义与广州市海珠区绿岛雕塑艺术工程部签订一份艺术工程合同书,定作并安装雕塑《启航》,合同造价为35320元。

设计中心、三水中学、张志强认可林汉强在起诉状中的如下陈述：林汉强是雕塑作品《体育风》的著作权人。2001年春,受设计中心之邀,林汉强将其创作的《体育风》修改后命名为《启航》,通过张志强交与设计中心,参与三水中学的校园雕塑竞标。

一审诉辩情况

原告林汉强诉称：原告是雕塑作品《体育风》的著作权人。2001年春,受设计中心之邀,原告将其创作的《体育风》修改后命名为《启航》,通过张志强交与设计中心,参与三水中学的校园雕塑竞标,后音讯全无。2003年2月份,原告发现耸立在三水中学的雕塑作品《启航》,是原告为被告招标而创作的作品,进而了解得知该作品系本案设计中心未经原告许可,以自己的名义、剽窃原告的作品制作而成的。3被告的行为违反了法律的有关规定,侵害了原告的合法权益,请求人民法院：（1）依法确认位于三水中学内雕塑作品《启航》的著作权归原告所有。（2）判令3被告停止侵权,即拆除在三水中学校园内的雕塑,3被告在《广州日报》、《羊城晚报》、《佛山日报》上公开赔礼道歉,并将该报纸在学校的公告栏上进行张贴。（3）判令3被告赔偿20000元损失,其中设计中心承担主要责任,三水中学、张志强承担连带责任。（4）本案一切诉讼费用由3被告承担。

设计中心辩称：（1）我方对三水中学的雕塑作品工程承接情况不清楚；（2）具体的工程签约不是以我方的名义签订的,没有盖我方的公章,是张志强以个人名义签订的。因此原告起诉我方侵权不能成立,请求人民法院驳回原告的诉讼请求。

三水中学辩称：（1）我方没有侵权的主观故意,张志强是设计中心的艺术总监,可以代表设计中心。我方使用权的获得是通过公开合法的方式,是通过招标、经过师生广泛讨论确定以《启航》作为校园雕塑。（2）我方已经尽到注意的义务,稿件上面的署名全部都是设计中心,而且附有详细的题解、创作意图等,我方依据著作权法的规定,没有其他相反的证据,可以认定设计中心是著作权人。(3)原告早已知道其作品用于我方,发生争议之后也没有与我方商议,我方不清楚原告是否享有著作权。我方没有相反的证据判定《启航》的著作权人不是设计中心。我方使用该作品支付了使用费,原告也承认就《启航》收到了设计中心5000元的创作费用,可以认定原告已经将著作权授予设计中心。本案纠纷只是原告与设计中心的纠纷,与我方无关。请求人民法院驳回原告的诉讼请求。

张志强辩称:首先,原告是在知道三水中学招标的情况下,将作品交给设计中心和本人,在客观上原告已经将权利转让给设计中心。原告的《体育风》作品被否决之后,其与我方共同重新设计了《启航》,原告不是《启航》的唯一著作权人。其次,原告已经获得报酬。请求人民法院驳回原告的诉讼请求。

一审裁判结果

广东省广州市中级人民法院依据《中华人民共和国著作权法》(指2001年修改后的《著作权法》,下同)第10条第2项、第24条第1款、第26条的规定,判决如下:

一、原告林汉强为雕塑作品《启航》的著作权人;
二、驳回原告林汉强的其他诉讼请求。

一审裁判理由

广东省广州市中级人民法院经审理认为:本案争议的焦点是《启航》著作权的归属问题和张志强给原告林汉强5000元的性质问题。将作品《体育风》与《启航》进行比较,二者在线条、底座的造型、球体以及叶片的体积与数量上都有明显的不同,作品所表达的意境和内容都有所不同,应认定《启航》是新的作品。原告向法院提交的作品《体育风》著作权的证明、设计样稿以及《启航》模型照片不能证明《启航》的再创作就是由其自己独立完成的。由于张志强承认原告参与过《启航》创作的事实,法院予以认可。张志强主张《启航》是合作作品,但没有向法院提交其参与创作的证据,不予认定。综上所述,鉴于被告认可原告参与了雕塑作品《启航》的创作,但被告没有提交证据证明被告以及其他人参与了创作,因此法院认定原告是《启航》的著作权人。对于张志强给原告林汉强的5000元,原告主张是创作雕塑模型的工本费,原告应该承担相应的举证责任。但原告的解释并不合理,首先,原告在两次庭审中作了不同的解释,第一次解释是创作启动费,第二次解释是不是委托创作费而是创作雕塑模型的工本费;其次,在第二次庭审过程中，原告在主张收到5000元创作雕塑模型的工本费的同时又承认雕塑模型现在其本人手中。原告主张其是将《启航》模型交给张志强参与投标的，原告没有证据证明该费用是双方约定的创作启动费或模型工本费或者证明该项费用的支付是行业惯例。因此，原告的该项主张法院不予支持。张志强是以设计中心的名义向三水中学投标以及邀请原告参与竞标活动的，因此法院认定，张志强给付原告的5000元是原告作为《启航》著作权人，在《启航》中标以后原告得到的著作权使用费。至于5000元的费用是否合理，原告没有主张，法院不予审查。原告要求法院判令被告停止侵权即拆除在三水中学校园内的雕塑并公开赔礼道歉以及赔偿经济损失20000元。虽然法律规定使用他人作品应当同著作权人订立许可使用合同，未经著作权人明确许可的权利，另一方当事人不得行使。但从本案的案情来看，原告很明确自己是受到设计中心的邀请参与三水中学的校园雕塑竞标，原告作为中标作品的著作权人之一，并且拿到了5000元的报酬，应视为许可合同是成立的，其委托设计中心处分并许可三水中学使用合作作品《启航》。参加三水中学校园雕塑投标的是设计中心，而不是原告本人，原告是受到设计中心的邀请参加投标活动的。三水中学也为中标的作品支付相应的设计费用。从原告指控的行为来看，被告的使用并没有超越校园雕塑招标作品合理的使用范围。因此，3被告的行为没有构成对原告著作权的侵害，原告的该项诉讼请求不能得到支持。至于署名权的问题，虽然整个投标过程是张志强以设计中心的名义向三水中学投标的，电脑效果图仅为招标过程中的一个环节也不是本案标的最后指向对象，但设计中心、张志强仍应尊重作品的作者，在电脑效果图上表明雕塑作品《启航》作者的身份，因此，法院认定设计中心、张志强侵犯了原告的署名权。

▶ **二审诉辩情况**

林汉强上诉称：一审有关林汉强是雕塑作品《启航》的著作权人的判决正确，一审判决驳回林汉强的其他诉讼请求不正确。本案的真实事实是：张志强假以设计中心的名义，邀请林汉强参加三水中学的竞标活动，并支付给林汉强5000元的作品设计及模型制作工本费。又向设计中心隐瞒了其以设计中心的名义投标的事实，后又以自己的名义与三水中学签订了工程制作合同（设计中心对此工程情况并不清楚），并以其他公司的名义收取了三水中学支付的高额的著作权许可使用报酬的事实，欺骗本案的全部当事人，张志强的上述行为侵犯了林汉强的著作权。因此，一审判决认定林汉强委托张志强处分并许可三水中学使用合作作品，同时也支付了相应的设计费的事实认定错误。请求二审法院撤销一审判决第二项判决，全部支持其一审诉讼请求。

张志强答辩称：张志强是《启航》的合作作者，一审判决认定林汉强是该作品的著作权人不正确。张志强依照与设计中心签订的协议，以设计中心的名义参加三水中学雕塑的竞标活动并无不当。张志强主持并直接参与《启航》的创作，并依照各方的意见没有在《启航》的成品上署任何一个作者的名字，并给予参与者之一林汉强5000元作为其参与该项工作的所有报酬。因此，张志强均没有侵犯林汉强的任何权益，请求二审法院查明事实，确认张志强为《启航》的著作权人之一，驳回林汉强的诉讼请求。

三水中学答辩称：一审法院认定事实清楚，适用法律正确。林汉强的上诉意见曲解事实，无法自圆其说。林汉强在起诉状及其上诉状中明确承认：林汉强受设计中心之邀，将其创作的《体育风》修改后命名为《启航》，交与设计中心，参与三水中学的校园雕塑竞标。根据张志强与设计中心签订的协议，设计中心已经授权张志强以其名义对外开展业务，因此，张志强以设计中心的名义与三水中学签订了雕塑的设计、制作、安装协议书完全合法。林汉强亦承认收到5000元报酬，但其无法否认该款即为著作权使用费。上述事实已经表明林汉强委托张志强以设计中心名义许可三水中学使用雕塑，三水中学也支付高额报酬。因此，三水中学在著作权使用上无任何过错，无任何侵权行为，不应承担任何责任。林汉强上诉无理，请求二审法院查清事实，驳回林汉强的上诉请求。

设计中心没有提供书面答辩意见，其在二审法庭调查时认为一审判决认定事实清楚，处理正确。

二审裁判结果

广东省高级人民法院依照《中华人民共和国民事诉讼法》第153条第1款第1项之规定，判决如下：驳回上诉，维持原判。

二审裁判理由

广东省高级人民法院认为：张志强对一审判决没有提出上诉，在答辩中提出其是《启航》的著作权人之一，要求变更一审有关林汉强为雕塑作品《启航》的著作权人的判决，依照最高人民法院《关于民事经济审判方式改革问题的若干规定》第36条"被上诉人在答辩中要求变更或者补充第一审判决内容的，第二审人民法院可以不予审查"的规定，本院二审对张志强的上述答辩不予审查。一审判决认定林汉强为雕塑作品《启航》的著作权人，对此当事人均未提出上诉，本院予以确认。林汉强为雕塑作品《启航》的著作权人，有权决定对其作品的使用，除法律另有规定外，任何人不论以何种形式使用其作品均应取得许可并支付报酬。张志强支付5000元的款项给林汉强，林汉强亦承认收到该款,现也没有相反证据证明该款不是支付著作权使用费,该款应认定为张志强支付给林汉强的著作权使用费。林汉强虽在诉讼中主张该款项是制作雕塑模型的工本费,但林汉强在一审诉讼两次庭审中对此作了不同的解释。且林汉强也没有提供相应的证据予以证实该款为制作雕塑模型的工本费,因此,一审判决对林汉强的该项主张不予支持,认定该款是林汉强将《启航》交给张志强以设计中心的名义参加三水中学校园雕塑投标中标后,张志强支付给林汉强的著作权使用费并无不当,本院予以确认。虽然林汉强没有与上述当事人签订书面合同许可他人使用其作品,但林汉强受设计中心邀请,将《启航》交给张志强以设计中心的名义参加三水中学校园雕塑投标,中标后张志强亦支付著作权使用费给林汉强,林汉强的上述行为就是履行著作权许可合同的行为,其委托张志强以设计中心的名义用《启航》作品参加三水中学校园雕塑投标,中标亦得到5000元著作权使用费,三水中学使用《启航》也没有超越校园雕塑招标作品合理的使用范围。因此,设计中心、三水中学、张志强使用林汉强作品的行为均属著作权许可使用的合理行为,并未侵犯林汉强的著作权的财产权。一审判决驳回林汉强要求设计中心、三水中学、张志强拆除三水中学校园《启航》雕塑、赔礼道歉、赔偿经济损失的诉讼请求正确,本院予以维持。综上,林汉强上诉无事实和法律依据,本院予以驳回。原审判决认定事实清楚,处理正确,本院予以维持。

54. 作品的著作权人如何确定?

我国《著作权法》规定,著作权属于作者,本法另有规定的除外。创作作品的公民是作者。如无相反证明,在作品上署名的公民、法人或者其他组织为作者。诉讼中,当事人提供的涉及著作权的底稿、原件、合法出版物、著作权登记证书、认证机构出具的证明、取得权利的合同等可以作为证据证明作品著作权的归属。

55. 民间文学艺术作品是否受到《著作权法》的保护?

民间文学艺术作品是利用民间文学艺术形式创作的作品,如果该作品具有我国《著作权法》规定的独创性,应当受到《著作权法》的保护。不能将我国《著作权法》中关于民间文学艺术作品的著作权保护办法由国务院另行规定的内容解释为《著作权法》排除了对民间文学艺术作品的保护。

56. 把三维工艺美术作品印刷在商品包装上是否属于复制行为？

我国《著作权法》第10条第1款第5项规定，复制权，即以印刷、复印、拓印、录音、录像、翻录、翻拍等方式将作品制作一份或者多份的权利。其中具体列举了几种复制的方式，但不宜解释为除了其中列明的具体方式外，不存在其他的复制方式。从立体到平面的复制仍然属于《著作权法》中规定的复制的范畴，否则，权利人的著作权无法得到有效的保护。因此，把三维工艺美术作品印刷在商品包装上构成我国《著作权法》中规定的复制行为。

典型疑难案件参考

白广成诉北京稻香村食品有限责任公司著作权权属、侵权纠纷案

基本案情

北京鬃人是北京传统民间工艺。2007年6月，北京鬃人被北京市人民政府评为"市级非物质文化遗产"。原告白广成与其兄白大成是北京鬃人的传承人。"跑驴"是北京鬃人的传统制作项目。2007年5月，原告白广成制作完成了涉案作品"跑驴"，该作品底座刻有"北京鬃人白"的字样。2009年9月，原告购得被告北京稻香村公司生产的"老北京"广式月饼一盒，单价146元。月饼的包装盒和手提袋上使用了涉案作品"跑驴"，具体使用情况为：(1) 手提袋一面的左上部使用1次，该面还有"老北京皮影"、"老北京冬虫儿"、"老北京京剧"3幅图画；(2) 月饼大包装盒盒顶左侧中部使用1次，该面还有"老北京皮影"、"老北京冬虫儿"、"老北京京剧"、"老北京兔儿爷"、"老北京沙燕风筝"、"老北京四合院"6幅图画；(3) 大包装盒内装有6例独立小包装盒，每个小包装盒在盒面上使用4次，小包装盒上也有上述6幅图画。经比对，月饼包装盒上使用的"跑驴"作品与原告创作的"跑驴"作品具有

一致性。

诉辩情况

原告诉称：被告未经许可，未支付使用费，以营利为目的，擅自将原告独自创作的涉案作品"跑驴"作为其月饼包装的一部分，并进行了颜色的修改，获利巨大，侵害了原告的署名权、修改权、使用权和获得报酬的权利。请求人民法院判令被告：（1）立即停止侵权行为；（2）在《北京晚报》上公开赔礼道歉；（3）赔偿原告经济损失53万元；（4）承担诉讼费用。

被告辩称：（1）被告不认可原告系涉案作品"跑驴"的作者，也不能确认该"跑驴"作品是否对北京鬃人的传统作品"跑驴"进行了改进，形成了《著作权法》上的新作品；（2）被告使用的是"跑驴"的图片，而不是鬃人作品；（3）原告并未因为被告使用图片的行为产生实际损失。被告销售的是月饼，与鬃人作品不具有竞争关系，不会造成原告鬃人作品销售数量的减少；（4）原告主张的赔偿数额过高，无法律依据；（5）被告设计使用"跑驴"图片的行为是对老北京文化的宣传和保护，没有侵害著作权的故意，也没有获得商业利益的目的，不应承担侵权责任。综上，不同意原告的诉讼请求。

裁判结果

2010年12月20日，北京市东城区人民法院判决：

一、自本判决生效之日起，被告北京稻香村食品有限责任公司停止在其生产、销售的"老北京"广式月饼包装盒上使用原告白广成创作的"跑驴"作品；

二、自本判决生效之日起30日内，被告北京稻香村食品有限责任公司在《北京晚报》上就其生产、销售的"老北京"广式月饼包装盒上，未经许可使用原告白广成创作的"跑驴"作品，未署原告姓名的行为，刊登致歉声明；

三、自本判决生效之日起10日内，被告北京稻香村食品有限责任公司赔偿原告白广成经济损失人民币2万元；

四、驳回原告白广成的其他诉讼请求。

裁判理由

北京市东城区人民法院一审认为：北京鬃人已被评为北京市非物质文化遗产。北京鬃人艺术作为代代相传的手工技艺，本身具有非物质的特性。原告白广成是北京鬃人艺术的传承人，在吸纳传统工艺和艺术风格的基础上制作完成的"跑驴"作品，是以有形载体形式表现的民间艺术作品。民间艺术作品可以成为知识产权保护的对象。在此种情况下，如民间艺术作品符合《著作权法》上作品的条件，可适用《著作权法》进行保护。本案中，原告持有"跑驴"作品原件，且其兄白大成出庭证明该作品系原告所做，在无相反证据的情况下，可认定原告为该作品的作者。虽"跑驴"属于北京鬃人的传统制作项目，但并无证据证明原告创作的"跑驴"作品与之前的鬃人作品相同，故确认涉案作品"跑驴"具有独创性，是《著作权法》所保护的作品。被告在其生产月饼的包装盒上使用了涉案作品"跑驴"，且包装盒上的"跑驴"作品与原告创作的涉案作品"跑驴"具有一致性，不构成对修改权的侵害，但确系自立体三维作品到平面二维作品的使用，属于复制行为之一。关于被告辩称月饼包装上使用的是"跑驴"图片，但未举证证明月饼包装上使用图片的合法来源，故对被告的该项辩称意见，本院不予采信。综上，被告未经许可使用原告创作的"跑驴"作品，未署姓名，亦未支付报酬，应承担停止侵害、赔礼道歉、赔偿损失的责任。

57. 在侵犯著作权案件中，被告没有侵犯著作权人的人格权的，是否适用赔礼道歉的民事责任方式？

赔礼道歉是对当事人精神权利受到侵害的一种救济方式，而精神权利是著作权人人格权的一种体现，仅仅为自然人所拥有。因此，在侵犯著作权案件中，如果被告没有侵犯著作权人的人格权，则不适用赔礼道歉的民事责任。

典型疑难案件参考

上海保奇文化发展有限公司诉宣城市广播电视总台播放电视连续剧侵犯著作权案

基本案情

电视连续剧《大案组》系原告上海保奇文化发展有限公司（简称保奇公司）与海南柯瑞影业有限责任公司联合制作。2007年6月5日，原告保奇公司与海南柯瑞影业有限责任公司签订一份《合作协议》，约定原告负责电视连续剧《大案组》所有资金的投入，并保证拍摄的艺术质量，同时约定本剧版权为原告独家拥有。2007年12月30日，该剧获得（琼）剧审字〔2007〕第011号《国产电视剧发行许可证》，许可该剧在全国范围适当时段播出。随后，原告通过签订播映权转让合同形式在北京、上海、贵州、广东等省级有线电视台进行了播映。2008年9月5日起，被告宣城市广播电视总台（简称宣城电视台）未经原告许可，在其新闻综合频道（一套）晚间22时42分的《阳光剧场》栏目中播放电视连续剧《大案组》，并随剧插播了部分商业广告。2008年9月13日，原告因接到安徽省旌德县一观众的举报，随即赶往旌德县进行核实，并用DV摄录了被告播放该剧的事实。为此，原告支出差旅费298元。2008年9月16日，原告以传真方式向被告发出一份通知，告知其已经收集了被告盗播该剧的证据材料，要求被告立即停播该剧，并将提起诉讼。被告收到传真后，立即对电视节目作出调整，取消了当晚该剧的播出，并于次日向被告电话进行了道歉。截至2008年9月15日，被告已经播出该剧21集。2008年9月19日，原告向被告发出传真，称因被告行为造成了原告巨大损失，影响了该剧在安徽地区的发行销售，但考虑到被告停播及时，处理得当，要求被告按照安徽地区的首轮价格买下该剧安徽地区的放映权，并可以授权被告在安徽地区发行销售。2008年9月25日，被告回函表示宣城地区经济落后，被告资金紧缺，无力接受原告提出的要求，仅同意以安徽省供片中心首轮剧每集172元的价格购买宣城地区的放映权。

另查，2008年9月20日，旌德县观众张来旺从原告处领取了举报奖励的1万元人民币。2008年11月3日，原告为本案诉讼聘请律师，支付律师代理费1万元。

又查，2007年1月与2008年1月，安徽省电视节目供片中心（甲方）与被告宣城电视台（乙方）分别签订了《电视节目发行播映合同》，约定甲方于2007年度向乙方发行电视剧800集，2008年度为1200集，单价均为每集172元。

诉辩情况

原告保奇公司诉称：电视剧《大案组》是原告与海南柯瑞影业有限责任公司联合制作，原告获得该电视剧的全部版权。同年9月13日，原告接到安徽省旌德县观众打来的举报电话，得知被告用DVD光盘盗播电视剧《大案组》。原告立即赶到宣城核实，发现被告在其一套节目黄金时段播放电视剧《大案组》，中间插播贴片广告、冠名广告长达15分钟。原告立即与被告联系，要求被告停播并给予赔偿，但被告态度极为恶劣，对原告要求置之不理。此间，原告正与安徽省电视台洽谈该剧的发行工作，已进入审片程序，由于被告的侵权导致其与安徽电视台的交易失败，损失达25万元。为此，原告提起诉讼，请求依法判令被告：在相关媒体上公开道歉、消除影响；赔偿原告因侵权而受到的经济损失25万元，有奖举报承诺金1万元，律师代理费1万元，差旅费 5000 元；承担本案诉讼费用。

被告宣城电视台答辩称：被告对原告诉状所称未经原告许可播放电视剧《大案组》的事实无异议，被告表示道歉，并希望原告谅解；原告在诉状中称发现侵权后要求被告赔偿而被告态度恶劣一节不属实，实际上被告接到原告通知后立即停止了侵权行为，且希望与原告达成谅解并协商一致意见，因原告的要求过高没有达成。原告在诉状中称其与安徽省电视台已经洽谈达成一致意见，由于被告的行为导致其损失达 25 万元也不属实，原告该剧未被引进的原因是剧情一般，且同类题材多；被告播出该剧是在夜间 11 时而非黄金时段，且被告从省台购进同类电视剧仅为每集 172 元，原告过高的诉请没有事实和法律依据，对其过高的请求应予以驳回。

裁判结果

宣城市中级人民法院依照《中华人民共和国著作权法》（简称《著作权法》）第 10 条第 1 款第 10 项、第 45 条、第 47 条第 1 项、第 48 条第 2 款，以及最高人民法院《关于审理著作权民事纠纷案件适用法律若干问题的解释》第 25 条第 1 款、第 2 款、第 26 条之规定，作出如下判决：

一、被告宣城电视台于本判决生效之日起 15 日内赔偿原告保奇公司经济损失人民币 5 万元；

二、驳回原告保奇公司其他诉讼请求。

裁判理由

宣城市中级人民法院经审理认为，本案的争议焦点为：原告主张的赔偿数额等请求是否有事实和法律依据。《著作权法》第 45 条规定："电视台播放他人的电影作品和以类似摄制电影的方法创作的作品、录像制品，应当取得制片者或者录像制作者许可，并支付报酬；播放他人的录像制品，还应当取得著作权人许可，并支付报酬。"本案中，原告保奇公司与海南柯瑞影业有限责任公司合作制作的 25 集电视连续剧《大案组》，属于以类似摄制电影的方法创作的作品，并获取了《国产电视剧发行许可证》，应受我国《著作权法》的保护。在创作过程中，合作双方通过协议方式约定该剧的版权为原告独家拥有，该约定不违反法律禁止性规定，合法有效，故原告系涉案作品的著作权人。被告宣城电视台未经原告许可，或合法受让取得该电视剧的放映权，擅自在其电视节目中播放该剧，系对原告著作权中放映权的侵犯。其公开放映行为影响了原告对该剧电视放映权商业目的的实现，从而给原告造成了经济损失，故被告对其侵权行为应当承担停止侵权和赔偿损失的民事责任。关于赔偿损失的数额,原告诉称由于被告的侵权行为导致原告与安徽电视台的交易失败,损失达25万元一节,因未提供相应证据证实,故对其主张的该实际损失不予支持;原告诉讼中虽然提供了其从网络上下载的被告广告价目表,以证实被告侵权行为的获利所得,但由于被告对其真实性提出异议,且该价目表本身已注明随时可能发生变化,原告并无证据证明被告侵权时的广告实际价格,同时根据该价目表也无法直接计算出被告的实际获利数额,故对原告庭审中提出的该主张也不予采纳。由于原告对其实际损失或被告的获利数额均无证据证实,故依据相关法律规定,从本案所涉作品的类型、合理使用费、侵权行为的性质、后果等情节,以及被侵权人调查、制止侵权所支付的合理费用等因素,综合确定赔偿数额。根据被告在非法行使放映权中插播部分商业广告以实现其营利目的的基本事实,结合原告因被告侵权行为可能导致其电视放映权在安徽地区转让的不利影响,考虑到侵权行为地的经济水平较为落后,被告电视信号的覆盖区域在全省所占比例较小,播映的时段接近深夜收视率较低,以及原告在被告发生侵权行为之前已在全国多家省级有线电视台许可放映等因素,参考本省同期购买同类电视剧的价格,同时考虑到被告在接到原告通知后当即取消了该剧的播出,停止了侵权行为,并及时向原告赔礼道歉,积极协商解决办法,最大限度地减少了消极影响,故综合原告在本案中为调查、制止被告侵权所支付的举报奖励、律师代理费及差旅费等实际支出的合理费用,酌定被告因其侵权行为应赔偿原告的经济损失为人民币5万元。关于原告请求判令被告公开赔礼道歉的诉讼主张,因为在知识产权侵权诉讼中,赔礼道歉的民事责任是针对权利人人身权受到伤害的救济方式,本案被告侵犯的系原告对电视连续剧《大案组》作品的放映权,根据我国《著作权法》第10条的规定,放映权为财产权的内容,不含有人身权利,因此被告的侵权行为不会造成原告人身权的伤害,且被告已对其侵权行为以书面及口头等合理方式向原告进行了赔礼道歉,故原告要求被告再行在相关媒体上公开道歉、消除影响之请求,不予支持。

58. 导航电子地图是否构成《著作权法》中的地图作品?

导航电子地图的独创性主要表现在把具体地物、地貌、信息点等测量到地图上的过程中,根据地图使用目的、地图比例尺及相关测量规范等要求对地物、地貌、信息点等进行取舍。这种取舍的过程,实际上就是制图者创作的过程,体现了导航电子地图的独创性,故导航电子地图构成《著作权法》中的地图作品。

59. 在原告没有提交其因侵权受到损失的证据，被告也没有提交其因侵权获得利益的证据时，人民法院是否可以在法定赔偿最高限额之上确定赔偿额？

虽然原告没有提交其因侵权受到损失的证据，被告也没有提交其因侵权获得利益的证据，但人民法院根据案件中涉及的被控侵权产品的价格、被告侵权持续的时间、产品的利润情况、被告对查明其获得的利益情况是否配合等情况，认为被告因侵权获得的利益或者原告因侵权受到的损失超过法定赔偿最高限额的，可以在法定赔偿最高限额之上确定赔偿数额。

典型疑难案件参考

北京长地万方科技有限公司诉凯立德欣技术（深圳）有限公司、深圳市凯立德计算机系统技术有限公司、佛山市劲力汽车用品有限公司南海分公司、深圳市中佳讯科技有限公司侵犯著作权纠纷案

基本案情

2005年5月13日，原告北京长地万方科技有限公司（简称长地万方公司）获得国家测绘局颁发的甲级测绘资质证书，拥有导航电子地图制作资质。原告第四版《"道道通"导航电子地图》（简称"第四版《道图》"）于2006年8月16日由中国地图出版社向国家测绘局提出地图审核申请，2006年8月17日获得国家测绘局签发的《地图审核批准书》。原告的委托代理人于2007年7月25日在被告佛山市劲力汽车用品有限公司南海分公司（简称劲力公司）购买了中佳讯导航器两台，价格2500元/台，包装盒标示有被告深圳市中佳讯科技有限公司（简称中佳讯公司）名称，内装有被控产品《凯立德全国导航电子地图（362城市）》（简称"《362图》"）光盘，光盘显示的版权与制作人为凯立德欣技术（深圳）有限公司（简称凯立德欣公司），附有凯立德欣公司的凯立德移动导航系统用户手册，该手册标明时间2007年1月，还有一本GPS导航终端使用手册和保修卡，两本手册和保修卡均盖有劲力公司南海分公司业务专用章。被告劲力公司确认上述中佳讯导航器系其向被告中佳讯公司订购，被告中佳讯公司的代理商黄雄坚证明上述中佳讯导航器装有凯立德地图，该证明盖有劲力公司南海分公司业务专用章。佛山市南海区公证处对上述购买过程及在购买过程中取得的发票、证明、名片进行了公证和拍照。

凯立德欣公司被法院保全的《362图》光盘未记载制作人，凯立德公司、凯立德欣公司拒不提供被控产品的生产、销售财务账册。中国地图出版社提供了原告在该社备案的第四版《道图》光盘。中国版权保护中心提供了深圳市凯立德计算机系统技术有限公司（简称凯立德公司）在该中心登记的《362图》光盘，其中显示凯立德公司最早应于2007年1月22日后才向该中心登记《362图》，但其自称创作完成的时间是2006年3月1日。凯立德公司请求法院向国家测绘局调取其在该局备案的《362图》光盘和原告在该局备案的第四版《道图》光盘，但国家测绘局未能提供。另查明，《362图》在2006年12月21日由广东省地图出版社向国家测绘局提出地图审核申请，2007年2月1日获得国家测绘局签发的《地图审核批准书》。

另外，广东省高级人民法院查明如下事实：

1. 从整体对比情况看，凯立德公司《362图》与长地万方公司第四版《道图》存在虚设地址相同、长地版本号相同、特制信息相同、个别字误相同、表述不当相同、同类地点的多种表述相同、不规范简称相同、未简全称相同、信息取舍相同、被控作品存在有点无路的不合理情形、两者所犯错误相同、位置关系标注相同的情况；

2. 二审期间，凯立德公司当庭主张《362图》与其在先作品《全国导航电子地图（243城市）》（简称《243图》）构成实质近似，第四版《道图》侵犯其《243图》，但凯立德公司承认第四版《道图》与《362图》的上述全部相似点在其《243图》中均不存在；

3. 在原审法院于2007年11月7日组织的听证程序中，长地万方公司提交的证据12为〔2007〕佛南内民证字第6889号公证书，以此证明凯立德欣公司、凯立德公司共同生产、销售涉案《362图》产品；中佳讯公司生产、销售装有《362图》的"中佳讯"GPS导航仪；劲力公司销售装有《362图》的"中佳讯"GPS导航仪，凯立德公司对上述证据的真实性、证明内容、关联性均表示无异议；

4. 在原审法院于2008年4月29日组织的听证程序中，凯立德公司提交了4册外业作业记录和费用发票复印件，但其未提供相应原件；

5. 长地万方公司提交的侵权损害赔偿计算依据有：〔2007〕南公证内字第21191号公证书、凯立德公司一审提交的答辩状、评估咨询报告、凯立德公司2007年度工商年检报告书、长地万方公司维权过程中支出的各项费用发票复印件。

▶ 一审诉辩情况

原告长地万方公司诉称：原告自成立之日起开始组建测绘队伍，投入了大量的人力、物力、财力，先后制作出版了第一版至第四版《"道道通"导航电子地图》（简称第四版《道图》）。原告第四版《道图》于 2006 年 7 月制作完成，2006 年 8 月通过中国地图出版社公开出版，范围覆盖全国 31 个省、市、自治区和直辖市（除台湾地区和香港、澳门特区外）。原告对自己独立制作完成的第四版《道图》依法享有著作权。原告经调查发现，被告凯立德欣公司、凯立德公司生产销售的《凯立德全国导航电子地图（362 城市）》（简称《362 图》）抄袭剽窃了原告第四版《道图》的内容；被告劲力公公司、被告中佳讯公司销售了上述侵权产品。本案被告凯立德公司、凯立德欣公司的法人代表为同一人即张文星，被告凯立德公司的实际经营场所即被告凯立德欣公司的注册地。广东省地图出版社的备案资料显示，《362 图》产品的版权与制作人为被告凯立德公司，但市场上所见的《362 图》产品标示的版权与制作人却为被告凯立德欣公司。显然，本案被告凯立德欣公司、凯立德公司共同生产、销售了《362 图》产品，该产品通过像本案被告中佳讯公司这样的上游经销商和像本案被告劲力公司这样的下游经销商在全国各地大量销售。被告的侵权行为给原告造成了重大经济损失，故请求法院判令：（1）劲力公司立即停止侵犯长地万方公司第四版《道图》著作权的销售行为，包括销毁其尚未出售的侵权产品《道图》；（2）中佳讯公司立即停止侵犯长地万方公司第四版《道图》著作权的产品行为，包括销毁其尚未出售的使用侵权产品《362 图》的"中佳讯"GPS 导航仪；（3）凯立德欣公司、凯立德公司立即停止生产、销售侵犯长地万方公司第四版《道图》著作权产品的生产、销售行为，包括销毁其尚未出售的侵权产品《362 图》；（4）凯立德欣公司、凯立德公司在《测绘报》和《人民日报》上（除中缝以外位置）以及凯立德公司的网站首页上刊登致歉声明，公开向长地万方公司赔礼道歉；（5）凯立德欣公司、凯立德公司连带向长地万方公司赔偿经济损失 1000 万元（含长地万方公司在本案维权过程中支出的律师代理费、差旅费、公证费、财产保全费、证据保全费、诉前禁令费等合理费用）；（6）由 4 被告承担本案全部诉讼费用。

被告凯立德公司辩称：凯立德公司没有实施侵犯原告著作权的行为，《362 图》是凯立德公司 2006 年在全国首个开发完成的覆盖全国的最详尽的导航电子地图产品，导航电子地图的内容包括路网、背景、注记、索引 4 大类信息，而对于这 4 大类信息的筛选、取舍、表达和操作方式则各厂家都有自己的规则，这是受《著作权法》保护的核心。原告对导航电子地图中的地名等客观存在的地理信息主张著作权，缺乏充分法律依据。地图的许多表现方法在按照强制标准和规范制作过程中，出现"相似"、"相同"和"雷同"现象是必然的和不可避免的，也是法律所允许的，故地图中很多部分是不受《著作权法》保护的。此外，鉴于原告的"道道通"第一、二、三版地图存在侵犯凯立德公司《全国导航电子地图（243城市）》知识产权的事实，凯立德公司已经于2007年6月22日向深圳市中级人民法院以侵犯著作权为由起诉原告。原告企图通过诉讼来挽回在市场竞争中的失利局面，是滥用诉讼权利的行为，其起诉不符合《著作权法》第49条的规定，故请求法院驳回原告全部诉讼请求。

被告凯立德欣公司、劲力公司没有答辩。

被告中佳讯公司辩称：没有销售凯立德公司产品，故不应承担责任。

一审裁判结果

广东省佛山市中级人民法院判决：

一、劲力公司自判决生效之日起立即停止侵犯长地万方公司第四版《道图》著作权的销售行为，销毁其尚未出售的侵权产品《362图》；

二、中佳讯公司自判决生效之日起立即停止侵犯长地万方公司第四版《道图》著作权的生产、销售行为，销毁其尚未出售的侵权产品《362图》；

三、凯立德公司、凯立德欣公司立即停止侵犯长地万方公司第四版《道图》著作权的生产、销售行为，包括销毁其尚未出售的侵权产品《362图》；

四、凯立德公司、凯立德欣公司自判决生效之日起30日内在《中国测绘报》上刊登声明，向长地万方公司公开赔礼道歉；

五、凯立德公司、凯立德欣公司自判决生效之日起10日内，赔偿长地万方公司经济损失1000万元；

六、驳回长地万方公司其他诉讼请求。

一审裁判理由

广东省佛山市中级人民法院认为：长地万方公司第四版《道图》于2006年8月16日由中国地图出版社向国家测绘局提出地图审核申请，于2006年8月17日获得国家测绘局签发的《地图审核批准书》，故长地万方公司第四版《道图》最迟于2006年8月16日已创作完成，其系四版《道图》的著作权人，该作品的完成时间和出版时间均明显早于被控侵权作品。根据"接触加实质性相似"的判定原则，双方经营的均为电子地图产品，长地万方公司的产品推出市场后，凯立德公司有接触长地万方公司产品的条件和可能性。将被控侵权的《362图》产品与长地万方公司享有著作权的第四版《道图》进行对比，两者多方面相同，特别是长地万方公司在自己地图产品中设置的大量暗记和版本信息号，也在被控产品中大量出现。凯立德公司主张其《362图》的完成时间是 2006 年 3 月 1 日，但该时间仅是其在向国家版权局进行版权登记时自行申报的时间，国家版权局也没有对此进行实质审查，且没有其他证据佐证，故现有证据不足以证明《362 图》系其自行创作，同时鉴于《362 图》中出现了长地万方公司电子地图的错误或不规范之处，故可以认定凯立德公司构成侵权，应依法承担相应的侵权责任。广东省地图出版社的备案资料显示被控产品《362 图》的版权与制作人为凯立德公司，长地万方公司在劲力公司处公证购买的被控产品《362 图》标示的版权与制作人为凯立德欣公司，结合凯立德公司在其网站上宣传介绍，可以认定凯立德欣公司、凯立德公司共同生产、销售了侵权产品《362 图》，构成共同侵权。中佳讯公司生产、销售装有侵权产品《362 图》的"中佳讯"GPS 导航仪，劲力公司销售装有侵权《362 图》的"中佳讯"GPS 导航仪，也构成侵权。

▶ 二审诉辩情况

中佳讯公司、凯立德欣公司、凯立德公司不服一审判决并提起上诉，其主要上诉理由为：（1）凯立德公司在 2006 年 3 月 1 日完成《362 图》，取得的中国版权保护中心颁发的著作权证书应当作为著作权证据使用，而长地万方公司没有提交第四版《道图》权利证明文件，也没有提交任何涉及作品的底稿、原件和著作权证书；（2）一审法院没有对劲力公司的行为进行审理，也没有对劲力公司销售的光盘与凯立德公司光盘进行对比，无法辨认劲力公司销售的光盘是凯立德公司的产品，据此得出凯立德公司侵权的结论没有事实依据；（3）一审法院进行的比对存在错误，仅仅从《362 图》与第四版《道图》对比中的一个或者几个相同点就推断完全侵权，不符合逻辑；（4）长地万方公司第四版《道图》抄袭凯立德公司在先作品《凯立德全国导航电子地图（243 城市）》（简称《243 图》），其对第四版《道图》不享有合法的著作权。长地万方公司提交法院的第四版《道图》与其向国家测绘局提交的送审盘内容不符，属于非法出版物，不受《著作权法》保护；（5）一审判决凯立德公司赔偿 1000 万元，缺乏充分证据。

长地万方公司答辩同意一审判决。

▶ 二审裁判结果

广东省高级人民法院根据《中华人民共和国著作权法》第 3 条第 7 项、第 10 条、第 47 条、第 48 条以及《中华人民共和国民事诉讼法》第 153 条第 1 款第 2 项之规定，判决如下：

一、维持原审判决第一、二、三、四、六项；

二、变更原审判决第五项为：凯立德公司、凯立德欣公司自判决生效之日起 10 日内，赔偿长地万方公司经济损失 100 万元及合理费用 821870 元。

二审裁判理由

广东省高级人民法院认为：导航电子地图主要以集成文本、图片、图表、视频等多媒体手段来展示城市、乡村、旅游景点等区域的综合信息。导航电子地图的独创性主要表现在把具体地物、地貌、信息点等测量到地图上的过程中，根据地图使用目的、地图比例尺及相关测量规范等要求对地物、地貌、信息点等进行取舍。这种取舍的过程，实际上就是制图者创作的过程，并存在不同测量方法的选择问题。因此，电子导航地图与其他地图一样，属于具有独创性的作品，依据我国《著作权法》的规定可以作为地图作品予以保护。

长地万方公司提交了第四版《道图》的《地图审核批准书》、第四版《道图》正式出版物。《地图审核批准书》记载的送审受理时间为 2006 年 8 月 16 日，批准时间为 2007 年 8 月 17 日，审图号为 GS〔2006〕807 号，正式出版物记载出版时间为 2006 年 8 月。在没有相反证据的情况下，可以认定长地万方公司对第四版《道图》享有著作权。凯立德公司未提交有关测绘行政主管部门认定公开出版的第四版《道图》属于非法出版的证据。同时，第四版《道图》是否属于非法出版物，系测绘行政主管部门监管问题，并不影响其作为具有独创性的作品而存在。即使第四版《道图》存在违反有关行政管理规定不能出版，长地万方公司仍然可以基于对第四版《道图》享有的著作权而制止他人侵权。长地公司公证购买的导航器包装盒上标示有中佳讯公司名称，包装盒内的《362 图》光盘标注的版权与制作人为凯立德欣公司，包装盒内的《362 图》光盘标注的审图号为 GS〔2007〕164 号，与国家测绘局批准凯立德公司制作《362 图》的审图号相同，包装盒内附有的《凯立德移动导航系统用户手册》也标有凯立德欣公司名称，这些事实与劲力公司出具的证明内容能够相互印证。尤其是凯立德公司对〔2007〕佛南内民证字第 6889 号公证书的真实性、证明内容、关联性均表示无异议，且其能够清楚地进行解释说明公证购买的导航器所附《362 图》中涉及的争议内容，且中佳讯公司、凯立德公司、凯立德欣公司也均未提交侵权物品、作品系第三人制作、销售的相反证据，故应认定被控侵权的导航器系中佳讯公司生产、销售，其所附《362 图》系凯立德欣公司与凯立德公司生产、销售。长地万方公司第四版《道图》系 2006 年 8 月 16 日由中国地图出版社向国家测绘局提出地图审核申请，并由国家测绘局于 2006 年 8 月 17 日签发《地图审核批准书》，故第四版《道图》系于 2006 年 8 月 16 日前创作完成。中国地图出版社提供的备案第四版《道图》载明："出版时间 2006 年 8 月第四版"，该出版物时间与中国地图出版社提供的《电子地图出版物合作项目计划表》中第四版《道图》计划交稿、计划上市的时间相吻合，据此可以认定第四版《道图》出版时间为 2006 年 8 月。《362 图》作品登记档案资料显示，凯立德公司于 2007 年 1 月 22 日委托深圳中一专利商标事务所向提出《362 图》作品登记申请，并于 2007 年 4 月 18 日获得《著作权登记证书》，其中载明的创作完成时间"2006 年 3 月 1 日"源于凯立德公司的自述。我国采取作品自愿登记制度，在《著作权登记证书》中记载的作品创作完成时间与凯立德公司向国家测绘局提出地图审核申请时间不能吻合的情况下，凯立德公司未进一步提供证据证明其自述的创作时间属实，故不能以《著作权登记证书》登记的作品创作完成时间作为《362 图》的创作完成时间。基于上述证据及理由，可以认定《362 图》的创作完成时间不晚于 2006 年 12 月 21 日，并于 2007 年 2 月 1 日后出版。基于上述理由，可以认定长地万方公司能够提供证据证明第四版《道图》于 2006 年 8 月 16 日前创作完成并于 2006 年 8 月出版，而凯立德公司不能提供证据证明其《362 图》早于第四版《道图》创作完成和出版；长地万方公司第四版《道图》出版发行后，作为同业竞争者，凯立德公司完全可以通过公开渠道获得长地万方公司第四版《道图》，故可以推定凯立德公司接触了长地万方公司第四版《道图》。

长地万方公司主张从 12 个方面，采取列举具有个性特征的信息点的对比方式，对第四版《道图》与《362 图》是否相同或实质相似进行对比。中佳讯公司、凯立德公司、凯立德欣公司均未对该对比方式提出异议。鉴于导航电子地图信息量巨大的作品特点，以举例说明的证明方法可以有效地对两个作品之间的异同进行认定。虽然原审法院列举的信息点中存在个别信息点认定错误，但从整体上看，《362 图》与第四版《道图》存在虚设地址相同、长地版本号相同、表述不当相同、同类地点的多种表述相同、不规范简称相同、被控作品存在有点无路的不合理情形、两者所犯错误相同、位置关系标注相同等情况。虽然电子地图中的具体地理信息是客观存在的，但对于地理信息的采集需要实地勘查，付出劳动。而对地理信息的筛选、取舍以及表达方式，会体现不同作品的独创性。因此，不同企业制作的电子地图不可能存在上述大量的不同类别的雷同，更不可能在被控侵权作品中出现请求保护作品的版本号"暗记"。《362 图》与第四版《道图》出现的雷同明显超越了常理，显然不属独立创作之巧合，且被控侵权人始终无法提交任何有效证据证明其投入资金、人员制作《362 图》，故可以认定《362 图》抄袭、剽窃了第四版《道图》。

《著作权法》第 48 条规定："侵犯著作权或者与著作权有关的权利的，侵权人应当按照权利人的实际损失给予赔偿；实际损失难以计算的，可以按照侵权人的违法所得给予赔偿。赔偿数额还应当包括权利人为制止侵权行为所支付的合理开支。权利人的实际损失或者侵权人的违法所得不能确定的，由人民法院根据侵权行为的情节，判决给予五十万元以下的赔偿。"本案原审法院有关凯立德公司和凯立德欣公司侵权获利数额至少在1000万元人民币以上的判断依据不足。虽然由于长地万方公司的实际损失以及凯立德公司和凯立德欣公司侵权获利具体数额均不能确定，但现有证据可以证明长地万方公司的实际损失或者凯立德公司和凯立德欣公司侵权获利明显超过《著作权法》规定的法定赔偿最高限额，故应综合全案的证据情况在50万元以上合理确定赔偿额。特别是考虑到如下因素：（1）本案作品属全国导航电子地图，制作投入的人力、物力巨大，市场利润率较高；（2）凯立德公司和凯立德欣公司不能提供创作被控侵权产品的任何证据，侵权性质恶劣、侵权时间为1年5个月；（3）凯立德公司在答辩状中自称在2006—2007年连续5个季度在GPS后装导航电子地图市场销售占有率达到50.1%，其销售量已占据全国市场的一半以上；（4）在原审法院保全过程中，凯立德公司和凯立德欣公司拒不提供有关侵权产品的财务账册；（5）已生效的北京市第一中级人民法院〔2008〕一中民终字第6833号民事判决认定凯立德公司制作的《凯立德全国导航电子地图（335城市）》侵犯长地万方公司《道道通电子导航地图》第一、二、三版著作权，本案认定的事实系凯立德公司重复侵权，主观过错明显，综合确定凯立德公司和凯立德欣公司赔偿长地万方公司经济损失100万元。同时，长地万方公司因本案维权过程中支出的合理费用亦应由凯立德公司和凯立德欣公司一并赔偿。此外，原审法院判决中佳讯公司、劲力公司承担停止侵权的民事责任于法有据，予以维持。

著作权纠纷办案依据集成

1. 中华人民共和国著作权法（2010年2月26日修正）（节录）

第二章 著作权

第一节 著作权人及其权利

第九条 著作权人包括：

（一）作者；

（二）其他依照本法享有著作权的公民、法人或者其他组织。

第十条 著作权包括下列人身权和财产权：

（一）发表权，即决定作品是否公之于众的权利；

（二）署名权，即表明作者身份，在作品上署名的权利；

（三）修改权，即修改或者授权他人修改作品的权利；

（四）保护作品完整权，即保护作品不受歪曲、篡改的权利；

（五）复制权，即以印刷、复印、拓印、录音、录像、翻录、翻拍等方式将作品制作一份或者多份的权利；

（六）发行权，即以出售或者赠与方式向公众提供作品的原件或者复制件的权利；

（七）出租权，即有偿许可他人临时使用电影作品和以类似摄制电影的方法创作的作品、计算机软件的权利，计算机软件不是出租的主要标的的除外；

（八）展览权，即公开陈列美术作品、摄影作品的原件或者复制件的权利；

（九）表演权，即公开表演作品，以及用各种手段公开播送作品的表演的权利；

（十）放映权，即通过放映机、幻灯机等技术设备公开再现美术、摄影、电影和以类似摄制电影的方法创作的作品等的权利；

（十一）广播权，即以无线方式公开广播或者传播作品，以有线传播或者转播的方式向公众传播广播的作品，以及通过扩音器或者其他传送符号、声音、图像的类似工具向公众传播广播的作品的权利；

（十二）信息网络传播权，即以有线或者无线方式向公众提供作品，使公众可以在其个人选定的时间和地点获得作品的权利；

（十三）摄制权，即以摄制电影或者以类似摄制电影的方法将作品固定在载体上的权利；

（十四）改编权，即改变作品，创作出具有独创性的新作品的权利；

（十五）翻译权，即将作品从一种语言文字转换成另一种语言文字的权利；

（十六）汇编权，即将作品或者作品的片段通过选择或者编排，汇集成新作品的权利；

（十七）应当由著作权人享有的其他权利。

著作权人可以许可他人行使前款第（五）项至第（十七）项规定的权利，并依照约定或者本法有关规定获得报酬。

著作权人可以全部或者部分转让本条第一款第（五）项至第（十七）项规定的权利，并依照约定或者本法有关规定获得报酬。

第二节　著作权归属

第十一条　著作权属于作者，本法另有规定的除外。

创作作品的公民是作者。

由法人或者其他组织主持，代表法人或者其他组织意志创作，并由法人或者其他组织承担责任的作品，法人或者其他组织视为作者。

如无相反证明，在作品上署名的公民、法人或者其他组织为作者。

第十二条　改编、翻译、注释、整理已有作品而产生的作品，其著作权由改编、翻译、注释、整理人享有，但行使著作权时不得侵犯原作品的著作权。

第十三条　两人以上合作创作的作品，著作权由合作作者共同享有。没有参加创作的人，不能成为合作作者。

合作作品可以分割使用的，作者对各自创作的部分可以单独享有著作权，但行使著作权时不得侵犯合作作品整体的著作权。

第十四条　汇编若干作品、作品的片段或者不构成作品的数据或者其他材料，对其内容的选择或者编排体现独创性的作品，为汇编作品，其著作权由汇编人享有，但行使著作权时，不得侵犯原作品的著作权。

第十五条　电影作品和以类似摄制电影的方法创作的作品的著作权由制片者享有，但编剧、导演、摄影、作词、作曲等作者享有署名权，并有权按照与制片者签订的合同获得报酬。

电影作品和以类似摄制电影的方法创作的作品中的剧本、音乐等可以单独使用的作品的作者有权单独行使其著作权。

第十六条　公民为完成法人或者其他组织工作任务所创作的作品是职务作品，除本条第二款的规定以外，著作权由作者享有，但法人或者其他组织有权在其业务范围内优先使用。作品完成两年内，未经单位同意，作者不得许可第三人以与单位使用的相同方式使用该作品。

有下列情形之一的职务作品，作者享有署名权，著作权的其他权利由法人或者其他组织享有，法人或者其他组织可以给予作者奖励：

（一）主要是利用法人或者其他组织的物质技术条件创作，并由法人或者其他组织承担责任的工程设计图、产品设计图、地图、计算机软件等职务作品；

（二）法律、行政法规规定或者合同约定著作权由法人或者其他组织享有的职务作品。

第十七条　受委托创作的作品，著作权的归属由委托人和受托人通过合同约定。合同未作明确约定或者没有订立合同的，著作权属于受托人。

第十八条　美术等作品原件所有权的转移，不视为作品著作权的转移，但美术作品原件的展览权由原件所有人享有。

第十九条　著作权属于公民的，公民死亡后，其本法第十条第一款第（五）项至第（十七）项规定的权利在本法规定的保护期内，依照继承法的规定转移。

著作权属于法人或者其他组织的，法人或者其他组织变更、终止后，其本法第十条第一款第（五）项至第（十七）项规定的权利在本法规定的保护期内，由承受其权利义务的法人或者其他组织享有；没有承受其权利义务的法人或者其他组织的，由国家享有。

第三十一条　图书出版者对著作权人交付出版的作品，按照合同约定享有的专有出版权受法律保护，他人不得出版该作品。

第三十六条　出版者有权许可或者禁止他人使用其出版的图书、期刊的版式设计。

前款规定的权利的保护期为十年，截止于使用该版式设计的图书、期刊首次出版后第十年的12月31日。

第三十八条　表演者对其表演享有下列权利：

（一）表明表演者身份；

（二）保护表演形象不受歪曲；

（三）许可他人从现场直播和公开传送其现场表演，并获得报酬；

（四）许可他人录音录像，并获得报酬；

（五）许可他人复制、发行录有其表演的录音录像制品，并获得报酬；

（六）许可他人通过信息网络向公众传播其表演，并获得报酬。

被许可人以前款第（三）项至第（六）项规定的方式使用作品，还应当取得著作权人许可，并支付报酬。

第三十九条　本法第三十八条第一款第（一）项、第（二）项规定的权利的保护期不受限制。

本法第三十八条第一款第（三）项至第（六）项规定的权利的保护期为五十年，截止于该表演发生后的第五十年的12月31日。

第四十二条　录音录像制作者对其制作的录音录像制品，享有许可他人复制、发行、出租、通过信息网络向公众传播并获得报酬的权利；权利的保护期为五十年，截止于该制品首次制作完成后第五十年的12月31日。

被许可人复制、发行、通过信息网络向公众传播录音录像制品，还应当取得著作权人、表演者许可，并支付报酬。

第四十五条　广播电台、电视台有权禁止未经其许可的下列行为：

（一）将其播放的广播、电视转播；

（二）将其播放的广播、电视录制在音像载体上以及复制音像载体。

前款规定的权利的保护期为五十年，截止于该广播、电视首次播放后的第五十年的12月31日。

第四十六条　电视台播放他人的电影作品和以类似摄制电影的方法创作的作品、录像制品，应当取得制片者或者录像制作者许可，并支付报酬；播放他人的录像制品，还应当取得著作权人许可，并支付报酬。

第五章　法律责任和执法措施

第四十七条　有下列侵权行为的，应当根据情况，承担停止侵害、消除影响、赔礼道歉、赔偿损失等民事责任：

（一）未经著作权人许可，发表其作品的；

（二）未经合作作者许可，将与他人合作创作的作品当作自己单独创作的作品发表的；

（三）没有参加创作，为谋取个人名利，在他人作品上署名的；

（四）歪曲、篡改他人作品的；

（五）剽窃他人作品的；

（六）未经著作权人许可，以展览、摄制电影和以类似摄制电影的方法使用作品，或者以改编、翻译、注释等方式使用作品的，本法另有规定的除外；

（七）使用他人作品，应当支付报酬而未支付的；

（八）未经电影作品和以类似摄制电影的方法创作的作品、计算机软件、录音录像制品的著作权人或者与著作权有关的权利人许可，出租其作品或者录音录像制品的，本法另有规定的除外；

（九）未经出版者许可，使用其出版的图书、期刊的版式设计的；

（十）未经表演者许可，从现场直播或者公开传送其现场表演，或者录制其表演的；

（十一）其他侵犯著作权以及与著作权有关的权益的行为。

第四十八条 有下列侵权行为的，应当根据情况，承担停止侵害、消除影响、赔礼道歉、赔偿损失等民事责任；同时损害公共利益的，可以由著作权行政管理部门责令停止侵权行为，没收违法所得，没收、销毁侵权复制品，并可处以罚款；情节严重的，著作权行政管理部门还可以没收主要用于制作侵权复制品的材料、工具、设备等；构成犯罪的，依法追究刑事责任：

（一）未经著作权人许可，复制、发行、表演、放映、广播、汇编、通过信息网络向公众传播其作品的，本法另有规定的除外；

（二）出版他人享有专有出版权的图书的；

（三）未经表演者许可，复制、发行录有其表演的录音录像制品，或者通过信息网络向公众传播其表演的，本法另有规定的除外；

（四）未经录音录像制作者许可，复制、发行、通过信息网络向公众传播其制作的录音录像制品的，本法另有规定的除外；

（五）未经许可，播放或者复制广播、电视的，本法另有规定的除外；

（六）未经著作权人或者与著作权有关的权利人许可，故意避开或者破坏权利人为其作品、录音录像制品等采取的保护著作权或者与著作权有关的权利的技术措施的，法律、行政法规另有规定的除外；

（七）未经著作权人或者与著作权有关的权利人许可，故意删除或者改变作品、录音录像制品等的权利管理电子信息的，法律、行政法规另有规定的除外；

（八）制作、出售假冒他人署名的作品的。

第五十三条 复制品的出版者、制作者不能证明其出版、制作有合法授权的，复制品的发行者或者电影作品或者以类似摄制电影的方法创作的作品、计算机软件、录音录像制品的复制品的出租者不能证明其发行、出租的复制品有合法来源的，应当承担法律责任。

2. 计算机软件保护条例（2001年12月20日国务院令第339号公布）（节录）

第八条 软件著作权人享有下列各项权利：

（一）发表权，即决定软件是否公之于众的权利；

（二）署名权，即表明开发者身份，在软件上署名的权利；

（三）修改权，即对软件进行增补、删节，或者改变指令、语句顺序的权利；

（四）复制权，即将软件制作一份或者多份的权利；

（五）发行权，即以出售或者赠与方式向公众提供软件的原件或者复制件的权利；

（六）出租权，即有偿许可他人临时使用软件的权利，但是软件不是出租的主要标的除外；

（七）信息网络传播权，即以有线或者无线方式向公众提供软件，使公众可以在其个人选定的时间和地点获得软件的权利；

（八）翻译权，即将原软件从一种自然语言文字转换成另一种自然语言文字的权利；

（九）应当由软件著作权人享有的其他权利。

软件著作权人可以许可他人行使其软件著作权，并有权获得报酬。

软件著作权人可以全部或者部分转让其软件著作权，并有权获得报酬。

第九条 软件著作权属于软件开发者，本条例另有规定的除外。

如无相反证明，在软件上署名的自然人、法人或者其他组织为开发者。

第十条 由两个以上的自然人、法人或者其他组织合作开发的软件，其著作权的归属由合作开发者签订书面合同约定。无书面合同或者合同未作明确约定，合作开发的软件可以分割使用的，开发者对各自开发的部分可以单独享有著作权；但是，行使著作权时，不得扩展到合作开发的软件整体的著作权。合作开发的软件不能分割使用的，其著作权由各合作开发者共同享有，通过协商一致行使；不能协商一致，又无正当理由的，任何一方不得阻止他方行使除转让权以外的其他权利，但是所得收益应当合理分配给所有合作开发者。

第十一条 接受他人委托开发的软件，其著作权的归属由委托人与受托人签订书面合同约定；无书面合同或者合同未作明确约定的，其著作权由受托人享有。

第十二条 由国家机关下达任务开发的软件，著作权的归属与行使由项目任务书或者合同规定；项目任务书或者合同中未作明确规定的，软件著作权由接受任务的法人或者其他组织享有。

第十三条 自然人在法人或者其他组织中任职期间所开发的软件有下列情形之一的，该软件著作权由该法人或者其他组织享有，该法人或者其他组织可以对开发软件的自然人进行奖励：

（一）针对本职工作中明确指定的开发目标所开发的软件；

（二）开发的软件是从事本职工作活动所预见的结果或者自然的结果；

（三）主要使用了法人或者其他组织的资金、专用设备、未公开的专门信息等物质技术条件所开发并由法人或者其他组织承担责任的软件。

第十四条 软件著作权自软件开发完成之日起产生。

自然人的软件著作权，保护期为自然人终生及其死亡后50年，截止于自然人死亡后第50年的12月31日；软件是合作开发的，截止于最后死亡的自然人死亡后第50年的12月31日。

法人或者其他组织的软件著作权，保护期为50年，截止于软件首次发表后第50年的12月31日，但软件自开发完成之日起50年内未发表的，本条例不再保护。

第十五条 软件著作权属于自然人的，该自然人死亡后，在软件著作权的保护期内，软件著作权的继承人可以依照《中华人民共和国继承法》的有关规定，继承本条例第八条规定的除署名权以外的其他权利。

软件著作权属于法人或者其他组织的，法人或者其他组织变更、终止后，其著作权在本条例规定的保护期内由承受其权利义务的法人或者其他组织享有；没有承受其权利义务的法人或者其他组织的，由国家享有。

第十六条 软件的合法复制品所有人享有下列权利：

（一）根据使用的需要把该软件装入计算机等具有信息处理能力的装置内；

（二）为了防止复制品损坏而制作备份复制品。这些备份复制品不得通过任何方式提供给他人使用，并在所有人丧失该合法复制品的所有权时，负责将备份复制品销毁；

（三）为了把该软件用于实际的计算机应用环境或者改进其功能、性能而进行必要的修改；但是，除合同另有约定外，未经该软件著作权人许可，不得向任何第三方提供修改后的软件。

第十七条 为了学习和研究软件内含的设计思想和原理，通过安装、显示、传输或者存储软件等方式使用软件的，可以不经软件著作权人许可，不向其支付报酬。

第二十三条 除《中华人民共和国著作权法》或者本条例另有规定外，有下列侵权行为的，应当根据情况，承担停止侵害、消除影响、赔礼道歉、赔偿损失等民事责任：

（一）未经软件著作权人许可，发表或者登记其软件的；

（二）将他人软件作为自己的软件发表或者登记的；

（三）未经合作者许可，将与他人合作开发的软件作为自己单独完成的软件发表或者登记的；

（四）在他人软件上署名或者更改他人软件上的署名的；

（五）未经软件著作权人许可，修改、翻译其软件的；

（六）其他侵犯软件著作权的行为。

第二十四条 除《中华人民共和国著作权法》、本条例或者其他法律、行政法规另有规定外，未经软件著作权人许可，有下列侵权行为的，应当根据情况，承担停止侵害、消除影响、赔礼道歉、赔偿损失等民事责任；同时损害社会公共利益的，由著作权行政管理部门责令停止侵权行为，没收违法所得，没收、销毁侵权复制品，可以并处罚款；情节严重的，著作权行政管理部门并可以没收主要用于制作侵权复制品的材料、工具、设备等；触犯刑律的，依照刑法关于侵犯著作权罪、销售侵权复制品罪的规定，依法追究刑事责任：

（一）复制或者部分复制著作权人的软件的；

（二）向公众发行、出租、通过信息网络传播著作权人的软件的；

（三）故意避开或者破坏著作权人为保护其软件著作权而采取的技术措施的；
（四）故意删除或者改变软件权利管理电子信息的；
（五）转让或者许可他人行使著作权人的软件著作权的。

有前款第（一）项或者第（二）项行为的，可以并处每件100元或者货值金额5倍以下的罚款；有前款第（三）项、第（四）项或者第（五）项行为的，可以并处5万元以下的罚款。

3. 中华人民共和国著作权法实施条例（2002年8月2日国务院令第359号公布）（节录）

第九条 合作作品不可以分割使用的，其著作权由各合作作者共同享有，通过协商一致行使；不能协商一致，又无正当理由的，任何一方不得阻止他方行使除转让以外的其他权利，但是所得收益应当合理分配给所有合作作者。

第十条 著作权人许可他人将其作品摄制成电影作品和以类似摄制电影的方法创作的作品的，视为已同意对其作品进行必要的改动，但是这种改动不得歪曲篡改原作品。

第十一条 著作权法第十六条第一款关于职务作品的规定中的"工作任务"，是指公民在该法人或者该组织中应当履行的职责。

著作权法第十六条第二款关于职务作品的规定中的"物质技术条件"，是指该法人或者该组织为公民完成创作专门提供的资金、设备或者资料。

第十二条 职务作品完成两年内，经单位同意，作者许可第三人以与单位使用的相同方式使用作品所获报酬，由作者与单位按约定的比例分配。

作品完成两年的期限，自作者向单位交付作品之日起计算。

第十三条 作者身份不明的作品，由作品原件的所有人行使除署名权以外的著作权。作者身份确定后，由作者或者其继承人行使著作权。

第十四条 合作作者之一死亡后，其对合作作品享有的著作权法第十条第一款第（五）项至第（十七）项规定的权利无人继承又无人受遗赠的，由其他合作作者享有。

第十五条 作者死亡后，其著作权中的署名权、修改权和保护作品完整权由作者的继承人或者受遗赠人保护。

著作权无人继承又无人受遗赠的，其署名权、修改权和保护作品完整权由著作权行政管理部门保护。

第十六条 国家享有著作权的作品的使用，由国务院著作权行政管理部门管理。

第十七条 作者生前未发表的作品，如果作者未明确表示不发表，作者死亡后50年内，其发表权可由继承人或者受遗赠人行使；没有继承人又无人受遗赠的，由作品原件的所有人行使。

第十八条 作者身份不明的作品，其著作权法第十条第一款第（五）项至第（十七）项规定的权利的保护期截止于作品首次发表后第50年的12月31日。作者身份确定后，适用著作权法第二十一条的规定。

第十九条 使用他人作品的，应当指明作者姓名、作品名称；但是，当事人另有约定或者由于作品使用方式的特性无法指明的除外。

第二十条 著作权法所称已经发表的作品,是指著作权人自行或者许可他人公之于众的作品。

第二十一条 依照著作权法有关规定,使用可以不经著作权人许可的已经发表的作品的,不得影响该作品的正常使用,也不得不合理地损害著作权人的合法利益。

第二十二条 依照著作权法第二十三条、第三十二条第二款、第三十九条第三款的规定使用作品的付酬标准,由国务院著作权行政管理部门会同国务院价格主管部门制定、公布。

第二十三条 使用他人作品应当同著作权人订立许可使用合同,许可使用的权利是专有使用权的,应当采取书面形式,但是报社、期刊社刊登作品除外。

第二十四条 著作权法第二十四条规定的专有使用权的内容由合同约定,合同没有约定或者约定不明的,视为被许可人有权排除包括著作权人在内的任何人以同样的方式使用作品;除合同另有约定外,被许可人许可第三人行使同一权利,必须取得著作权人的许可。

4. 信息网络传播权保护条例(2006年5月18日国务院令第468号公布)(节录)

第二条 权利人享有的信息网络传播权受著作权法和本条例保护。除法律、行政法规另有规定的外,任何组织或者个人将他人的作品、表演、录音录像制品通过信息网络向公众提供,应当取得权利人许可,并支付报酬。

第五条 未经权利人许可,任何组织或者个人不得进行下列行为:

(一)故意删除或者改变通过信息网络向公众提供的作品、表演、录音录像制品的权利管理电子信息,但由于技术上的原因无法避免删除或者改变的除外;

(二)通过信息网络向公众提供明知或者应知未经权利人许可被删除或者改变权利管理电子信息的作品、表演、录音录像制品。

第十八条 违反本条例规定,有下列侵权行为之一的,根据情况承担停止侵害、消除影响、赔礼道歉、赔偿损失等民事责任;同时损害公共利益的,可以由著作权行政管理部门责令停止侵权行为,没收违法所得,并可处以10万元以下的罚款;情节严重的,著作权行政管理部门可以没收主要用于提供网络服务的计算机等设备;构成犯罪的,依法追究刑事责任:

(一)通过信息网络擅自向公众提供他人的作品、表演、录音录像制品的;

(二)故意避开或者破坏技术措施的;

(三)故意删除或者改变通过信息网络向公众提供的作品、表演、录音录像制品的权利管理电子信息,或者通过信息网络向公众提供明知或者应知未经权利人许可而被删除或者改变权利管理电子信息的作品、表演、录音录像制品的;

(四)为扶助贫困通过信息网络向农村地区提供作品、表演、录音录像制品超过规定范围,或者未按照公告的标准支付报酬,或者在权利人不同意提供其作品、表演、录音录像制品后未立即删除的;

(五)通过信息网络提供他人的作品、表演、录音录像制品,未指明作品、表演、录音录像制品的名称或者作者、表演者、录音录像制作者的姓名(名称),或者未支付报酬,或者未依照本条例规定采取技术措施防止服务对象以外的其他人获得他人的作品、表演、录音录像制品，或者未防止服务对象的复制行为对权利人利益造成实质性损害的。

5. 最高人民法院关于审理著作权民事纠纷案件适用法律若干问题的解释

（2002年10月12日　法释〔2002〕31号）（节录）

第一条　人民法院受理以下著作权民事纠纷案件：

（一）著作权及与著作权有关权益权属、侵权、合同纠纷案件；

（二）申请诉前停止侵犯著作权、与著作权有关权益行为，申请诉前财产保全、诉前证据保全案件；

（三）其他著作权、与著作权有关权益纠纷案件。

第十一条　因作品署名顺序发生的纠纷，人民法院按照下列原则处理；有约定的按约定确定署名顺序；没有约定的，可以按照创作作品付出的劳动、作品排列、作者姓氏笔划等确定署名顺序。

第十二条　按照著作权法第十七条规定委托作品著作权属于受托人的情形，委托人在约定的使用范围内享有使用作品的权利；双方没有约定使用作品范围的，委托人可以在委托创作的特定目的范围内免费使用该作品。

第十三条　除著作权法第十一条第三款规定的情形外，由他人执笔，本人审阅定稿并以本人名义发表的报告、讲话等作品，著作权归报告人或者讲话人享有。著作权人可以支付执笔人适当的报酬。

第十四条　当事人合意以特定人物经历为题材完成的自传体作品，当事人对著作权权属有约定的，依其约定；没有约定的，著作权归该特定人物享有，执笔人或整理人对作品完成付出劳动的，著作权人可以向其支付适当的报酬。

第十五条　由不同作者就同一题材创作的作品，作品的表达系独立完成并且有创作性的，应当认定作者各自享有独立著作权。

第十六条　通过大众传播媒介传播的单纯事实消息属于著作权法第五条第（二）项规定的时事新闻。传播报道他人采编的时事新闻，应当注明出处。

第十七条　著作权法第三十二条第二款规定的转载，是指报纸、期刊登载其他报刊已发表作品的行为。转载未注明被转载作品的作者和最初登载的报刊出处的，应当承担消除影响、赔礼道歉等民事责任。

第十八条　著作权法第二十二条第（十）项规定的室外公共场所的艺术作品，是指设置或者陈列在室外社会公众活动处所的雕塑、绘画、书法等艺术作品。

对前款规定艺术作品的临摹、绘画、摄影、录像人，可以对其成果以合理的方式和范围再行使用，不构成侵权。

第十九条　出版者、制作者应当对其出版、制作有合法授权承担举证责任，发行者、出租者应当对其发行或者出租的复制品有合法来源承担举证责任。举证不能的，依据著作权法第四十六条、第四十七条的相应规定承担法律责任。

第二十条　出版物侵犯他人著作权的，出版者应当根据其过错、侵权程度及损害后果等承担民事赔偿责任。

出版者对其出版行为的授权、稿件来源和署名、所编辑出版物的内容等未尽到合理注意义务的，依据著作权法第四十八条的规定，承担赔偿责任。

出版者尽了合理注意义务，著作权人也无证据证明出版者应当知道其出版涉及侵权的，依据民法通则第一百一十七条第一款的规定，出版者承担停止侵权、返还其侵权所得利润的民事责任。

出版者所尽合理注意义务情况，由出版者承担举证责任。

第二十一条　计算机软件用户未经许可或者超过许可范围商业使用计算机软件的，依据著作权法第四十七条第（一）项、《计算机软件保护条例》第二十四条第（一）项的规定承担民事责任。

第二十二条　著作权转让合同未采取书面形式的，人民法院依据合同法第三十六条、第三十七条的规定审查合同是否成立。

第二十三条　出版者将著作权人交付出版的作品丢失、毁损致使出版合同不能履行的，依据著作权法第五十三条、民法通则第一百一十七条以及合同法第一百二十二条的规定追究出版者的民事责任。

第二十四条　权利人的实际损失，可以根据权利人因侵权所造成复制品发行减少量或者侵权复制品销售量与权利人发行该复制品单位利润乘积计算。发行减少量难以确定的，按照侵权复制品市场销售量确定。

第二十五条　权利人的实际损失或者侵权人的违法所得无法确定的，人民法院根据当事人的请求或者依职权适用著作权法第四十八条第二款的规定确定赔偿数额。

人民法院在确定赔偿数额时，应当考虑作品类型、合理使用费、侵权行为性质、后果等情节综合确定。

当事人按照本条第一款的规定就赔偿数额达成协议的，应当准许。

第二十六条　著作权法第四十八条第一款规定的制止侵权行为所支付的合理开支，包括权利人或者委托代理人对侵权行为进行调查、取证的合理费用。

人民法院根据当事人的诉讼请求和具体案情，可以将符合国家有关部门规定的律师费用计算在赔偿范围内。

第二十七条　在著作权法修改决定施行前发生的侵犯著作权行为起诉的案件，人民法院于该决定施行后作出判决的，可以参照适用著作权法第四十八条的规定。

第二十八条　侵犯著作权的诉讼时效为两年，自著作权人知道或者应当知道侵权行为之日起计算。权利人超过两年起诉的，如果侵权行为在起诉时仍在持续，在该著作权保护期内，人民法院应当判决被告停止侵权行为；侵权损害赔偿数额应当自权利人向人民法院起诉之日起向前推算两年计算。

第四部分 不正当竞争纠纷

60. 认定知名商品应当考虑哪些因素？

最高人民法院《关于审理不正当竞争民事案件应用法律若干问题的解释》第 1 条规定，在中国境内具有一定的市场知名度，为相关公众所知悉的商品，应当认定为《反不正当竞争法》第 5 条第 2 项规定的"知名商品"。人民法院认定知名商品，应当考虑该商品的销售时间、销售区域、销售额和销售对象，进行任何宣传的持续时间、程度和地域范围，作为知名商品受保护的情况等因素，进行综合判断。据此，判断某一商品是否属于知名商品，需要考虑该商品的销售时间、销售区域、销售额和销售对象，进行任何宣传的持续时间、程度和地域范围。

典型疑难案件参考

黛尔吉奥品牌有限公司、帝亚吉欧（上海）洋酒有限公司诉蓝樽（上海）酒业有限公司不正当竞争纠纷案

基本案情

原告黛尔吉奥品牌有限公司（简称黛尔吉奥公司）是"黑牌"威士忌酒包装装潢的权利人。原告帝亚吉欧（上海）洋酒有限公司（简称帝亚吉欧上海公司）经原告黛尔吉奥公司授权，对"黑牌"威士忌酒的包装装潢享有使用权。同时，原告黛尔吉奥公司在中国注册了"BLACK LABEL"、"黑牌"、"JOHNNIE WALKER"、"人形"图形、"'黑牌'威士忌酒瓶外观"平面、立体商标。

2003 年 3 月，北京捷鼎咨询有限责任公司对"JOHNNIE WALKER"品牌市场认知情况的调查结果显示，有超过 64% 的相关公众知道"JOHNNIE WALKER"品牌，有约 41% 的相关公众知道"黑牌"威士忌酒。"国际葡萄酒及烈酒

研究所"网站统计数据显示:"黑牌"威士忌酒1997年在中国的销量为20000箱,2002年至2006年的销量分别为37000箱、56000箱、123250箱、206000箱和395500箱。

原告帝亚吉欧上海公司主营包括"黑牌"威士忌酒在内的"JOHNNIE WALKER"系列威士忌酒的销售。其2004年度、2005年度、2006年度的主营收入分别为25914万余元、42311万余元、66428万余元,主营利润分别为12615万余元、20301万余元、32271万余元。在2004年7月至2007年6月间,原告帝亚吉欧上海公司为"JOHNNIE WALKER"系列威士忌酒共计支出49869万元的广告和推广费用。

"黑牌"威士忌酒包装装潢的主要特征包括:四方形透明玻璃瓶;黑底金色英文手写体瓶盖;瓶身的颈部、中部、底部为采用了黑、金两色组合的文字标贴,其中颈部标贴为弧形,中部标贴为自右向左下方倾斜;底部标贴为长方形,中间标有表明年份的"12"。同时,上述装潢上还使用了原告黛尔吉奥公司的"BLACK LABEL"、"黑牌"、"JOHNNIE WALKER"、"人形"图形等注册商标。

被告蓝樽(上海)酒业有限公司(简称蓝樽公司)的"宝路"威士忌酒包装装潢与两原告主张的"黑牌"威士忌酒包装装潢相比,除文字内容不同外,也采用了四方形透明玻璃瓶、黑底金色英文手写体瓶盖、弧形颈标、斜形标贴、长方形底标、黑、金两色的色彩组合等设计元素,尤其是底部标贴的中间也标有表明年份的"12"。

被告蓝樽公司在其网站的产品展示栏目中,将"黑牌"威士忌酒作为自己的产品进行宣传,并称:"黑牌是全球首屈一指高级威士忌,是全球免税店销售量最高的高级威士忌,在国际间屡获殊荣。"

诉辩情况

两原告共同诉称:原告黛尔吉奥公司是"JOHNNIE WALKER"系列威士忌酒知识产权的持有人及合法的起诉权利人,享有包括"黑牌"威士忌酒等产品包装装潢的权利。原告帝亚吉欧上海公司经原告黛尔吉奥公司授权,对"黑牌"威士忌酒等的包装装潢享有使用权。20世纪90年代"黑牌"威士忌酒进入中国以来,已为中国消费者所熟知,属于知名商品。"黑牌"威士忌酒自1909年以来一直使用特有的四方形透明玻璃瓶、黑底金色英文手写体瓶盖、弧形颈标、斜形标贴、长方形底标、黑金两色色彩组合等构成的独特包装装潢。因此,"黑牌"威士忌酒的包装装潢属于知名商品的特有包装装潢。

2006年，两原告发现被告蓝樽公司生产、销售的"POLONIUS"威士忌酒（简称"宝路"威士忌酒）使用与"黑牌"威士忌酒相近似的包装装潢，足以造成相关消费者的误认。两原告认为，被告蓝樽公司生产、销售的"宝路"威士忌酒使用与知名商品"黑牌"威士忌酒近似的包装装潢，对两原告构成不正当竞争，请求判令：确认被告蓝樽公司的不正当竞争行为，并立即停止侵权；赔偿两原告包括合理费用在内的经济损失200万元。

被告蓝樽公司辩称：（1）被告蓝樽公司对两原告系"黑牌"威士忌酒包装装潢的权利人没有异议，但两原告尚未证明"黑牌"威士忌酒的包装装潢属于知名商品的特有包装装潢，且市场上销售的"黑牌"威士忌酒的包装装潢并不一致；（2）"宝路"威士忌酒的包装装潢与"黑牌"威士忌酒的包装装潢既不相同也不相近似；（3）"宝路"威士忌酒的包装装潢系由被告蓝樽公司聘请专业人员设计完成，没有故意侵犯"黑牌"威士忌酒的包装装潢；（4）两原告提出的赔偿金额过高，没有事实及法律依据。

裁判结果

上海市第二中级人民法院依据《中华人民共和国反不正当竞争法》第5条第2项、第20条，最高人民法院《关于审理不正当竞争民事案件应用法律若干问题的解释》第1条第1款、第2条第1款、第4条、第17条第1款，最高人民法院《关于审理商标民事纠纷案件适用法律若干问题的解释》第13条、第15条之规定，判决：被告蓝樽公司停止对原告黛尔吉奥公司、原告帝亚吉欧上海公司的不正当竞争行为；被告蓝槽公司赔偿两原告包括合理费用在内的经济损失人民币125万元。

裁判理由

上海市第二中级人民法院经审理认为，本案主要的争议焦点在于：（1）"黑牌"威士忌酒的包装装潢是否属于知名商品的特有包装装潢；（2）被告蓝樽公司在"宝路"威士忌酒上使用的包装装潢是否构成不正当竞争；（3）若被告蓝樽公司的行为构成不正当竞争，则其在本案中应承担的赔偿数额。

关于第一个争议焦点。最高人民法院《关于审理不正当竞争民事案件应用法律若干问题的解释》（简称《不正当竞争案件司法解释》）第1条规定，在中国境内具有一定的市场知名度，为相关公众所知悉的商品，应当认定为《反不正当竞争法》第5条第2项规定的"知名商品"。人民法院认定知名商品，应当考虑该商品的销售时间、销售区域、销售额和销售对象，进行任何宣传的持续时间、程度和地域范围，作为知名商品受保护的情况等因素，进行综合判断；该司法解释第 2 条规定，具有区别商品来源的显著特征的商品的名称、包装、装潢，应当认定为《反不正当竞争法》第 5 条第 2 项规定的"特有的名称、包装、装潢"。

本案中，首先，根据两原告共同向本院提供的〔2003〕沪卢证经字第 526 号、〔2007〕沪黄一证经字第 7288 号、〔2008〕沪黄一证经字第 1256 号公证书，原告帝亚吉欧上海公司 2004 年度、2005 年度、2006 年度审计报告、上骁审专字〔2007〕第 311 号审计报告以及工商行政处罚决定书等证据，足以证明"黑牌"威士忌酒在中国境内具有一定的市场知名度，为相关公众所知悉，应当认定为《反不正当竞争法》第 5 条第 2 项规定的"知名商品"。

其次，从两原告主张的"黑牌"威士忌酒的包装装潢看，该包装装潢使用了四方形透明玻璃瓶、黑底金色英文手写体瓶盖、弧形颈标、斜形标贴、长方形底标、黑、金两色的色彩组合等特有的设计元素。这些特有的设计元素是"黑牌"威士忌酒区别其他同类商品的显著特征。被告蓝樽公司提供的现有证据并不能否定上述设计元素的特有性和显著性。因此，本院认为：两原告主张的"黑牌"威士忌酒的包装装潢应当认定为《反不正当竞争法》第 5 条第 2 项规定的"特有的包装、装潢"。综上，"黑牌"威士忌酒采用的包装装质属于知名商品的特有包装装潢，两原告据此享有的合法权利受我国《反不正当竞争法》的保护。

关于第二个争议焦点。被告蓝樽公司在其生产、销售的"宝路"威士忌酒的包装装潢上，使用了"黑牌"威士忌酒包装装潢中四方形透明玻璃瓶、黑底金色英文手写体瓶盖、弧形颈标、斜形标贴、长方形底标、黑、金两色的色彩组合等特有的设计元素。使"宝路"威士忌酒的包装装潢与"黑牌"威士忌酒包装装潢在视觉上相近似，足以造成普通消费者将"宝路"威士忌酒误认为"黑牌"威士忌酒，或者认为两者具有某种关联。被告蓝樽公司的上述行为，违反了《反不正当竞争法》第 5 条第 2 项的规定，构成对两原告的不正当竞争。关于被告蓝樽公司称"宝路"威士忌酒的包装装潢系其聘请专业人员设计完成，没有故意侵犯"黑牌"威士忌酒的包装装潢的辩称意见。本院认为：被告蓝樽公司系专业生产、销售威士忌酒的公司，其在网站上对"黑牌"威士忌酒的介绍也表明，被告蓝樽公司对"黑牌"威士忌酒的知名度是明知的。因此，其在设计"宝路"威士忌酒的包装装潢时，理应避免与"黑牌"威士忌酒的包装装潢相近似。但是，被告蓝樽公司既在"宝路"威士忌酒上使用与"黑牌"威士忌酒相近似的包装装潢，又在其经营的网站中将"黑牌"威士忌酒作为自己的产品宣传。可见，被告蓝樽公司主观上具有使普通消费者将"黑牌"威士忌酒与"宝路"威士忌酒相混淆的故意。故对于被告蓝樽公司的上述辩称意见，不予采信。

关于第三个争议焦点：

1. 两原告经济损失的计算方法。根据《不正当竞争案件司法解释》及最高人民法院《关于审理商标民事纠纷案件适用法律若干问题的解释》的规定，人民法院在确定侵权人的赔偿责任时，可以根据权利人选择的计算方法计算赔偿数额。在计算被侵权人因侵权所受损失的方法中，包括了侵权商品销售量与被侵权商品的单位利润乘积的计算方法。因此，本案中，两原告要求以被告蓝樽公司销售"宝路"威士忌酒的数量与原告帝亚吉欧上海公司销售"黑牌"威士忌酒的单位利润的乘积，作为确定两原告经济损失的计算方法，符合上述法律的规定，本院予以支持。

2. 被告蓝樽公司销售侵权"宝路"威士忌酒的数量。两原告根据被告蓝樽公司在两次行政处罚过程中向上海工商检查总队提供的销售资料，认为被告蓝樽公司至少对外销售侵权"宝路"威士忌酒3082箱，计36984瓶。而被告蓝樽公司则辩称：两原告统计的销售数量中，许绍好与"广州四舅"系同一人，被告蓝樽公司仅向其发货250箱，并非两原告统计的500箱。两原告统计的销售数量中有300箱属于重复计算。此外，另有539箱属于赠品，不能作为"宝路"威士忌酒的销售数量。故被告蓝樽公司认为：其仅对外销售"宝路"威士忌酒2243箱。对此，本院认为：（1）关于被告蓝樽公司称539箱属于赠品的辩称意见。被告蓝樽公司对该539箱"宝路"威士忌酒属于赠品，尚未提供充足的证据予以证实。且即使该539箱"宝路"威士忌酒属于赠品，被告蓝樽公司的此种行为，也属于商业行为，其结果同样会导致两原告"黑牌"威士忌酒销售数量的减少，损害两原告的合法权益。故本院对被告蓝樽公司称539箱属于赠品，不能作为"宝路"威士忌酒销售数量的辩称意见，不予采信。（2）关于被告蓝樽公司称300箱属于重复计算的辩称意见。本院认为：被告蓝樽公司向本院提供的现有证据中，证人许绍好、汕城营销部并未出庭作证。这些证据无法证明许绍好与"广州四舅"，梁荣刚与汕城营销部，汕城营销部与金葆莉公司、威事吉公司之间的对应关系，故无法得出300箱系重复计算的事实，本院对于被告蓝樽公司的上述辩称意见，不予采信。

综上，应当确认被告蓝樽公司至少销售侵权"宝路"威士忌酒3082箱，计36984瓶。

3. 原告帝亚吉欧上海公司销售"黑牌"威士忌酒的单位利润。本院认为：两原告主张原告帝亚吉欧上海公司销售"黑牌"威士忌酒的单位利润为54.7元，并向本院提供了上骁审专字〔2008〕第42号审计报告。但是，两原告在庭审中以保护商业秘密为由，拒绝向本院提供得出该审计结果的相关财务账册。故本院对该审计报告难以采信。因此，对于两原告销售"黑牌"威士忌酒所获的单位利润，本院将按照该类商品的行业内一般销售利润，酌情予以确定。

4. 被告蓝樽公司应承担的赔偿数额。本院认为：根据《反不正当竞争法》的规定，被告蓝樽公司除应承担两原告因被告蓝樽公司侵权行为所受经济损失外，还应当承担两原告因调查、制止被告蓝樽公司的侵权行为所支付的合理费用。因此，对于被告蓝樽公司在本案中所应承担的赔偿数额，本院除根据被告蓝樽公司销售侵权"宝路"威士忌酒的数量与威士忌酒一般销售利润的乘积计算两原告经济损失外，还将酌情确定两原告为制止被告蓝樽公司侵权所支出的合理的公证费、购买"宝路"威士忌酒的费用、翻译费、审计费、律师费等。

综上所述，原告黛尔吉奥公司、原告帝亚吉欧上海公司分别系"黑牌"威士忌酒包装装潢的权利人和被许可使用人。"黑牌"威士忌酒的包装装潢属于知名商品的特有包装装潢。被告蓝樽公司在其生产的"宝路"威士忌酒上擅自使用与两原告知名商品"黑牌"威士忌酒相近似的特有包装装潢，足以造成普通消费者的误认，构成对两原告的不正当竞争。被告蓝樽公司应当就此承担停止侵权、赔偿损失的民事责任。

61. 原告在某一商品上的注册商标成为驰名商标的，能否据此推定其使用该商标的类似商品为知名商品？

原告在某一商品上的注册商标成为驰名商标，仅能够证明原告在该商品上长期、大量地使用了该商标，从而使得使用在该商品上的商标获得了很高的知名度。商标在特定商品上的知名度不能自然延伸到与该商品类似的商品上，因此，不能根据原告在某一商品上的注册商标成为驰名商标的事实而直接推定使用该商标的类似商品为知名商品。

62. 商品的包装、装潢被他人仿冒的，能否仅仅据此认定该商品为知名商品？

某一商品是否为知名商品需要根据案件的具体情况进行个案判断，不能仅仅根据商品的包装、装潢被他人仿冒的事实而认定该商品为知名商品。

典型疑难案件参考

上海培罗蒙西服公司、余勇华诉上海旗枪企业发展有限公司、江苏旗枪服饰有限公司仿冒知名商品特有包装、装潢纠纷案

基本案情

"培罗蒙"文字商标于1981年3月被核准注册，商标注册人为原告上海培罗蒙西服公司（简称培罗蒙公司），该商标核定使用的商品为第25类服装。2001年1月，"培罗蒙"商标被认定为上海市著名商标。2002年3月，使用在西服商品上的"培罗蒙"商标（商标图样包括"培罗蒙"、"Baromon"等）被认定为驰名商标。

1998年3月、2000年11月，原告培罗蒙公司与溧阳市江南针织厂（简称江南厂）分别签订商标使用许可合同，授权江南厂在针织内衣商品上使用"培罗蒙"商标。

1999年8月，江南厂委托江阴市申达包装材料厂印制涉讼的"培罗蒙"内衣的包装袋。2001年3月，上海运城制版有限公司（简称运城公司）根据江苏旗枪公司的委托制版印制了"欧罗蒙"内衣包装袋。

2001年9月14日，培罗蒙公司在无锡招商城针纺织品市场购得"欧罗蒙"牌女式内衣6套，男式内衣4套，共计人民币205.70元。同日，培罗蒙公司又在上海旗枪企业发展有限公司（简称上海旗枪公司）常熟总代理处购得"欧罗蒙"牌女式内衣4套，男式内衣6套，共计人民币192元。上述内衣商品的包装袋上均有醒目的"欧罗蒙名牌内衣"字样和上海旗枪公司的企业名称。

江南厂系个人独资企业。常州溧阳市工商行政管理局溧城分局于2004年7月7日出具《证明》，证明江南厂因未参加年检而于2002年11月被吊销营业执照，该厂营业执照和公章已上交，并据投资人余勇华表示清算已完成。

上海市第一中级人民法院将双方当事人提交的包装袋上的图案进行比对后确认："培罗蒙"内衣的包装袋左上部有椭圆形框，边框红色；左边偏下部位有蓝色白边"培罗蒙"和黑色"名牌内衣"字样；右边为身着内衣的模特形象；底部自上而下有暗红色和蓝色的条形装饰，其中暗红色条饰中有白色"BAROMON"字样，蓝色条饰中有白色"上海培罗蒙公司"字样。"欧罗蒙"包装袋图案的整体布局、色彩运用与"培罗蒙"包装袋均相同，所不同的是模特的相貌、姿势以及相应文字为"欧罗蒙"、"OUROMON"、"上海旗枪公司"。

一审诉辩情况

两原告培罗蒙公司及余勇华诉称：原告培罗蒙公司是一家专业生产服装的企业，拥有"培罗蒙"注册商标。2001年1月，该商标被评为著名商标，2002年2月，该商标又被认定为驰名商标。原告余勇华是原江南厂的业主。自1997年起，原告培罗蒙公司许可江南厂为国内唯一生产销售"培罗蒙"内衣系列商品的企业。从2001年3月起，两被告开始生产、销售"欧罗蒙"内衣商品，该商品采用了与两原告商品基本相同的包装、装潢，足以引起消费者误认、误购。两原告认为：两被告的上述行为已经构成了对两原告的不正当竞争，故请求判令两被告立即停止不正当竞争行为；共同在《扬子晚报》和《文汇报》上公开向两原告赔礼道歉；连带赔偿两原告经济损失人民币50万元。

被告上海旗枪公司辩称：其并未实施侵权行为，现得知被告江苏旗枪服饰有限公司（简称江苏旗枪公司）的行为侵犯其权益，日后将追究江苏旗枪公司的责任。

被告江苏旗枪公司辩称：原告培罗蒙公司从未生产内衣，商标也是许可江南厂使用，故其不能主张权利；原告余勇华不是许可合同的签约主体，也无权起诉，故两原告没有诉讼主体资格。江苏旗枪公司生产的商品使用的包装、装潢与两原告商品的包装、装潢不同，不会造成消费者混淆，且江苏旗枪公司的包装袋早在1999年就已使用，故其使用在先。"培罗蒙"商标只是在西服商品上驰名，因此两原告并不能以"培罗蒙"商标作为知名商品的特有名称来主张权利，其装潢也无显著性区别特征，不属于特有的装潢。此外，两被告在原告培罗蒙公司提起的商标侵权案中已经承担相应的侵权责任，两原告现重复起诉，故其请求应予驳回。一审中，两原告确认，两被告已停止实施侵害"培罗蒙"内衣包装、装潢的行为。

一审裁判结果

上海市第一中级人民法院依照《中华人民共和国反不正当竞争法》第5条第2项的规定，判决：驳回原告培罗蒙公司、余勇华的诉讼请求。

一审裁判理由

上海市第一中级人民法院认为：双方当事人的主要争议焦点是两被告是否实施了不正当竞争行为。两原告主张两被告实施了仿冒知名商品特有的包装、装潢的行为，故两原告首先应当证明系争的"培罗蒙"内衣是否为知名商品，其包装、装潢是否属特有的包装、装潢。诉讼中，两原告并未提供证据证明

"培罗蒙"内衣的广告宣传、销售时间、市场占有率、商品声誉或获奖情况等一系列事实,两原告提供的证据均只能反映"培罗蒙"西服属于知名商品,而没有任何证据证明该知名度还延及内衣,因此,两原告就"培罗蒙"内衣是否为知名商品并未提供有效的证据予以证明。《国家工商行政管理局关于禁止仿冒知名商品特有的名称、包装、装潢的不正当竞争行为的若干规定》中关于"商品的名称、包装、装潢被他人擅自作相同或者近似使用,足以造成购买者误认的,该商品即可认定为知名商品"的规定,在与其他相关因素相互印证的情况下,可以作为认定知名商品的一个因素予以考虑,但其并非是对知名商品判定的标准。至于"培罗蒙"内衣的包装、装潢是否特有的问题,采用身着内衣的外国模特形象,结合配有文字的条形图案并表明企业名称等属于内衣商品普通的包装、装潢,并未体现出其特别之处,该装潢中唯一具有识别作用的特有部分是商标文字,而关于该商标的权益,原告培罗蒙公司已经在另案中主张并获得胜诉,因此,两原告提供的证据亦不能证明"培罗蒙"内衣包装、装潢是知名商品特有的包装、装潢。两原告主张两被告实施的行为属仿冒知名商品特有包装、装潢的不正当竞争行为缺乏事实和法律依据,不能支持。

二审诉辩情况

培罗蒙公司和余勇华不服一审判决,提起上诉,请求撤销原判,改判两被上诉人承担仿冒知名商品特有包装、装潢的侵权责任。其上诉的主要理由为:(1)国家工商行政管理局《关于禁止仿冒知名商品特有的名称、包装、装潢的不正当竞争行为的若干规定》第4条是本案应当适用的明确标准。培罗蒙内衣曾屡次荣获名牌称号,并被无锡中院的〔2002〕锡知初字第37号判决认定为知名商品。(2)根据国家工商行政管理局《关于禁止仿冒知名商品特有的名称、包装、装潢的不正当竞争行为的若干规定》第3条的规定,两上诉人的培罗蒙内衣包装具有显著的区别性特征,因此符合法律规定的特有包装、装潢的要件。

上海旗枪公司辩称:(1)培罗蒙西服是名牌,但内衣不是名牌;(2)两上诉人称其包装系特有的理由无依据。原审判决认定事实清楚,适用法律正确。

江苏旗枪公司辩称:原审认定事实清楚,适用法律正确,应予维持。具体理由为:(1)两上诉人内衣商品并非知名商品。国家工商行政管理局关于认定知名商品的规定,法院只能作为参考。本案两上诉人与两被上诉人内衣产品的包装、装潢并不相同或近似,两上诉人亦未能提供证据证明两者导致了消费者的误认。两上诉人的证据只能反映培罗蒙西服为知名商品，不能延及内衣。
（2）两上诉人内衣的包装、装潢并非特有。身着内衣的外国模特形象、文字的条形图案、企业名称的标注等属于行业内通用的包装、装潢，因此无显著的区别性特征。唯一具有识别性的特有部分是商标文字，对此两上诉人已在另案中获得了赔偿，故不应依据同一事实以不正当竞争再主张权利。

二审裁判结果

上海市高级人民法院依照《中华人民共和国民事诉讼法》第153条第1款第1项、第158条之规定，判决：驳回上诉，维持原判。

二审裁判理由

上海市高级人民法院经审理认为：我国《反不正当竞争法》第5条第2项所称的"知名商品"是指在市场上具有一定知名度、为相关公众所知悉的商品。首先，两上诉人并未提供任何证据证明其内衣产品在系争被控侵权行为发生时已经成为知名商品。其次，上诉人系争内衣产品使用透明塑料袋进行包装是市场上该类商品通用的包装，其装潢中使用的身着内衣的外国模特形象、注明公司名称、洗涤方法、规格参考以及公司信息之内容均是市场上该类商品普遍采用的装潢内容。虽然本案两上诉人和两被上诉人内衣产品的包装、装潢有相似之处，但足以导致消费者将两者商品进行混淆的原因，并非两者采用的相似的通用包装、装潢，而在于两者近似的商标。对该商标侵权行为，两上诉人已在另案中获得了充分的救济。因此，原审法院认定事实清楚，适用法律正确，审判程序合法。两上诉人不能主张两被上诉人的行为侵犯了其知名商品特有的包装、装潢，其上诉请求及理由缺乏事实及法律依据，应予驳回。

63. 冒用他人企业名称将有关商品送检的行为是否构成不正当竞争？

冒用他人企业名称将有关商品送检的行为属于擅自使用他人的企业名称或者姓名的行为，这种行为会使他人认为送检的商品来源于被冒用的企业，从而造成他人对商品来源产生误认，因此，该行为违反了《反不正当竞争法》的规定，属于一种不正当竞争行为。

典型疑难案件参考

烟台东诚生化有限公司诉中化（青岛）实业有限公司不正当竞争纠纷案

基本案情

原告烟台东诚生化有限公司（简称东诚生化公司）成立于1998年，系专业从事生化药品的企业，经营范围为生产、加工、销售肝素钠、硫酸软骨素及系列产品。原告生产的硫酸软骨素于2006年7月11日通过了美国USP办公室的产品认证，原告被授权在其生产的硫酸软骨素上使用USP成分验证标志。被告成立于2002年，经营范围为批发零售：针纺织品、服装、纸制品、橡胶及其制品、普通机械、钢材、干鲜果品及海产品；自营和代理各类商品及技术的进出口业务（但国家限定公司经营或禁止进出口的商品及技术除外）；食品加工、储存、销售（仅限分公司经营）；销售棉花等。2006年4月，原告与被告中化（青岛）实业有限公司（简称中化青岛实业公司）下属企业中化（青岛保税区）工贸实业有限公司进行过硫酸软骨素的贸易，原告向被告下属企业提供了15吨产品，共计15个批次。2007年1月11日至2007年3月26日，被告分7次将共计146个样品提交给上海胜邦质量检测有限公司进行检测。被告向上海胜邦质量检测有限公司提交的送检申请单显示：送检是应Leiner公司要求，送检申请表有订单号、每次送检的样品数、批次号等。被告向上海胜邦质量检测有限公司提供的样品瓶上有被告的企业名称、被告的企业标识、样品的品名硫酸软骨素、批次号、生产日期、取样日期，还有产品的生产厂家东诚生化公司等详细内容。上海胜邦质量检测有限公司出具的检测报告除了描述了样品瓶上的全部信息外，同时对样品成分出具了检测数据，并表明样品符合代码号为0387LEINER产品所有规定的标准要求。上述146个样品均标注为东诚生化公司生产。2006年12月至2007年4月，被告中化青岛实业公司共向美国出口硫酸软骨素168.5吨，但未标明生产厂家。原告为本案支付了翻译费、房费、交通费8647元。

一审诉辩情况

原告东诚生化公司诉称：原告是中国最大的生化原料药生产企业之一，原告生产的硫酸软骨素的出口量位居中国同类企业第一。2006年7月之后，原告的硫酸软骨素出口量大幅度减少，经查系被告中化青岛实业公司将他人生产的硫酸软骨素冒充原告的产品对外出口，直接冲击了原告的产品出口。被告的行为构成不正当竞争，给原告造成巨额损失。原告请求法院判令被告：（1）立即停止将他人生产的硫酸软骨素冒充原告的产品进行销售；（2）赔偿原告经济损失50万元；（3）在《人民日报》上赔礼道歉。

被告中化青岛实业公司辩称：原告在诉状中的陈述与客观事实不符，原告没有证据证明其主张的事实，请求人民法院驳回原告的诉讼请求。

一审裁判结果

青岛市中级人民法院依据《中华人民共和国民法通则》第99条、第120条，《中华人民共和国反不正当竞争法》第5条第1款第3项、第20条第1款，最高人民法院《关于审理不正当竞争民事案件应用法律若干问题的解释》第7条、第17条第1款之规定，判决：

一、被告中化青岛实业公司于本判决生效之日起立即停止在送检过程中的不正当竞争行为；

二、被告中化青岛实业公司于本判决生效之日起10日内赔偿原告东诚生化公司经济损失人民币8647元；

三、驳回原告东诚生化公司对被告中化青岛实业公司的其他诉讼请求。

一审裁判理由

青岛市中级人民法院经审理认为：

1. 被告送检过程中实施了冒用原告企业名称的行为，该行为构成不正当竞争。具体理由包括以下几个方面。（1）被告实施了将非原告产品冒用原告的名义送检的行为，被告分7次向上海胜邦质量检测有限公司送检过146个样品，每次样品标注的生产厂家都是原告"烟台东诚生化有限公司"。被告主张其送检的样品确系原告生产，但该主张因无事实及法律依据不能成立。首先，原告与被告下属的中化（青岛保税区）工贸实业有限公司于2006年4月21日签订了15吨产品的购销合同，原告向被告提供货物的时间是2006年4月至5月，应当认定产品的生产日期只能是早于原告向被告供货的日期，而被告送检样品的生产日期是2006年12月至2007年3月，样品的生产日期与以往原、被告所从事交易的生产日期有半年至一年的时间差距；其次，原告与被告曾经有过贸易的15吨货物仅涉及15个批次，而被告向上海胜邦质量检测有限公司送检的是146个批次，已出口的15个批次无一个批次与被告向上海胜邦送检的146个批次一致，最后，在原告否认标有其企业名称的样品是由原告生产的情况下，被告未能提供有效证据证明其送检的146个批次的产品来源于原告，根据最高人民法院《关于民事诉讼证据的若干规定》第16条"当事人对自己的主张，只有本人陈述而不能提出其他相关证据的，其主张不予支持"的规定，综合考虑以上因素，应当认定被告实施了冒用原告产品名义送检的行为。

(2)被告擅自冒用原告企业名称的行为构成不正当竞争。我国《反不正当竞争法》第5条规定："经营者不得采用下列不正当手段从事市场交易，损害竞争对手：……（三）擅自使用他人的企业名称或者姓名，引人误认为是他人的商品。"最高人民法院《关于审理不正当竞争民事案件应用法律若干问题的解释》第7条规定："在中国境内进行商业使用、包括将知名商品特有的名称、包装、装潢或者企业名称、姓名用于商品、商品包装以及商品交易文书上，或者用于广告宣传、展览以及其他商业活动中，应当认定为反不正当竞争法第五条第（二）项、第（三）项规定的使用。"本案原告系大型的硫酸软骨素生产和出口企业，被告则是从事化工产品贸易的专业外贸公司，二者之间在硫酸软骨素的出口领域存在高度的竞争关系，系同业竞争者。作为商业标识的企业名称具有区别、指引和质量保证等标识作用，作为同业竞争者，被告将非原告产品冒用原告的名义送检的行为，属于商业活动的一种，可能使相关公众误认为被告与原告建立了产品购销关系，使相关公众对产品来源造成误认，其检测报告可能对原告产品声誉造成影响，故被告的行为构成不正当竞争。

2. 责任承担方式及赔偿数额的确定问题。被告冒用原告名义送检样品，构成不正当竞争，依法应当承担停止不正当竞争行为、赔偿损失的民事责任。被告应当赔偿原告包括合理费用在内的经济损失，但根据原告所提交的证据，仅能证明其为调查、制止被告侵权而支出了合理费用8647元，并不能证明该146批次送检货物已实际出口，故无法认定被告的侵权获利，同时原告也无法证明其因被告的送检行为遭受经济、商誉受损，故原告要求其赔偿侵权损失的诉讼请求仅在合理费用的范围内予以支持。由于被告没有实施出口行为，被告的侵权行为没有在社会上造成影响，所以不会使原告的商誉及商品信誉的社会评价下降，因此原告要求被告在报纸上公开赔礼道歉的请求缺乏法律依据。

▷ **二审诉辩情况**

东诚生化公司上诉称：原审法院没有判令被上诉人中化青岛实业公司赔礼道歉无法律依据，其应赔偿上诉人经济损失50万元。请求改判中化青岛实业公司向其赔礼道歉，并赔偿其经济损失50万元。

中化青岛实业公司服从原审判决。

▷ **二审裁判结果**

山东省高级人民法院法院依照《中华人民共和国民事诉讼法》第153条第1款第1项的规定，判决：驳回上诉，维持原判。

二审裁判理由

山东省高级人民法院认为：中化青岛实业公司的不正当竞争行为仅是其在送检样品上冒用东诚生化公司企业名称的行为，该行为不会造成东诚生化公司实际的经济损失，没有在相关市场中对东诚生化公司的商誉造成贬损，也没有在社会上对东诚生化公司造成不良影响，不会导致东诚生化公司的利润、商誉和社会评价的降低。因此，中化青岛实业公司不应当承担赔礼道歉和赔偿50万元经济损失的民事责任。

64. 将知名电视节目名称作为商标标识在商品上使用的行为是否构成不正当竞争？

擅自将知名电视节目名称作为商品标识在产品上使用，容易使相关公众认为商品的生产者与知名电视节目的制作者具有赞助或者合作关系，商品生产者因此获得了不正当的竞争优势。商品生产者的行为违反了诚实信用原则，亦违反了公认的商业道德，构成了我国《反不正当竞争法》第2条规定的不正当竞争行为。

典型疑难案件参考

湖南电视台娱乐频道、上海天娱传媒有限公司诉广东美洁卫生用品有限公司、刘祥富、汤阳春不正当竞争纠纷案

基本案情

湖南电视台娱乐频道（简称娱乐频道）一直使用"超级女声"作为该档节目的名称与标志，并于2003年10月31日向国家工商行政管理总局商标局申请"超级女声"第38类商标注册，获得第3778764号《商标注册证》，有效期限：2007年3月28日至2017年3月27日。2004年2月28日，娱乐频道与上海天娱传媒有限公司（简称天娱传媒公司）签订《商标许可合同》，授权天娱传媒公司对"超级女声"商标进行合理的开发使用，期限自2004年2月18日至2014年2月17日。2005年1月1日，娱乐频道将"超级女声"图形作品除署名权以外的著作权有关权利授予天娱传媒公司独占使用，授权期限自2005年1月1日至2014年12月31日。2005年12月29日，湖南省版权局为"超级女声"图形进行美术作品版权登记，作者为王炼，著作权人为"湖南电

视台娱乐频道"。

2004年5月28日，刘祥富向国家工商行政管理总局商标局申请"超级女声"第5类商标注册，但《商标注册证》未颁发。刘祥富对外宣称自己是"香港超级女声文化传播集团有限公司"董事长、"佛山市美洁卫生用品有限公司超级女声事业部"总经理。2005年12月以来，广东美洁卫生用品有限公司（简称美洁公司）开始生产13种型号的"超级女声健康卫生巾"产品18970箱，销售12772.62箱。美洁公司生产的产品名称是"超级女声"，与电视娱乐节目"超级女声"文字完全相同，文字的书写方法以及文字周围图案也相同。美洁公司还在其宣传册和网页上使用"超级女声"特殊标识，其产品包装上还标记"香港超级女声文化传播集团有限公司监制"。汤阳春作为销售商，在湖南省长沙市雨花区湖南高桥大市场飘雪纸品商行经营该涉案产品的批发销售业务。

一审诉辩情况

原告湖南电视台娱乐频道及天娱传媒公司诉称：被告刘祥富、美洁公司和汤阳春擅自使用"超级女声"的行为构成不正当竞争，请求法院判令3被告立即停止一切侵犯"超级女声"名称权、"超级女声"标识的著作权及模仿"超级女声"营销宣传方式等不正当竞争行为，即停止生产、销售以"超级女声"作为商品标识的系列卫生巾，销毁侵权商品、包装、装潢等；赔偿原告损失700万元，并承担原告为制止被告侵权所发生的合理开支、律师费等共12万元和本案诉讼费、证据保全费等全部诉讼费用。

被告美洁公司和刘祥富辩称：（1）被告没有任何不正当竞争行为。美洁公司基于同刘祥富之间的加工承揽关系，贴牌生产"超级女声"卫生巾，没有进行不正当竞争。刘祥富委托美洁公司加工系列卫生巾，所使用的"超级女声"商标已经向国家申请注册，申请的日期是2004年5月28日，注册的类别是第5类，国家商标局已经受理，刘祥富是注册人，具有合法使用该商标的权利。（2）原告诉称侵犯"超级女声"标识著作权没有事实和法律依据。"超级女声"文字加图形的组合，并不是《著作权法》所指的拥有著作权的作品。（3）原告不享有"超级女声"的名称权。"超级女声"是一个电视节目名，根据《民法通则》第99条第2款的规定，名称权是具有人身属性的权利，主要内容是相关主体依法使用名称，并禁止他人使用或者损害其名称的权利，而原告不享有"超级女声"的名称权。（4）原告请求赔偿损失700万元没有事实和法律依据。据此，美洁公司和刘祥富请求法庭驳回原告的诉讼请求。

被告汤阳春未向法院提供答辩意见。

一审裁判结果

湖南省长沙市中级人民法院依照《中华人民共和国反不正当竞争法》第 2 条第 1 款、第 20 条第 1 款和《中华人民共和国民法通则》第 134 条第 1 款第 1 项、第 7 项之规定，判决如下：

一、美洁公司、刘祥富于本判决生效之日起立即停止生产、销售以"超级女声"作为商品标识的系列卫生巾的不正当竞争行为，并销毁侵权商品、包装、装潢。被告汤阳春停止销售以"超级女声"作为商品标识的系列卫生巾；

二、美洁公司、刘祥富于本判决生效之日起 10 日内赔偿原告湖南电视台娱乐频道、天娱传媒公司经济损失 1352709.75 元，汤阳春在 5000 元的范围内承担连带赔偿责任；

三、驳回原告的其他诉讼请求。

一审裁判理由

湖南省长沙市中级人民法院认为：原告娱乐频道 2003 年以来创作、使用"超级女声"字样及图形作为其电视节目的名称，使"超级女声"在全国乃至全世界有着很高的知名度。原告天娱传媒公司作为品牌运营商基于合法授权对"超级女声"品牌享有使用权和获益权。被告刘祥富和美洁公司自 2005 年 12 月以来开始使用"超级女声"作为其卫生巾产品的商业标识，足以使消费者和相关公众对商品来源产生误认。被告刘祥富和美洁公司出于商业目的，擅自使用"超级女声"的商业标识的行为是一种不正当地获取竞争优势的行为，违背了诚实信用原则，损害了正常的市场竞争秩序，构成针对原告的不正当竞争。被告刘祥富和美洁公司基于合作关系，共同生产涉案"超级女声"产品，侵犯了原告的合法权益，应承担停止侵权、赔偿损失的民事责任。鉴于侵权人在侵权期间因侵权所获得的利益为 1352709.75 元，被告刘祥富和美洁公司应在此金额范围内连带赔偿原告经济损失。被告汤阳春销售涉嫌侵权产品，未向法庭提供证据证明其所销售商品的合法来源，也构成对原告的不正当竞争，应停止不正当竞争行为，并承担一定的损失赔偿责任。

二审诉辩情况

美洁公司上诉称：（1）原审判决认定上诉人获利 1352709.75 元缺乏证据支持；（2）上诉人实际销售收入只有 28 万余元，如果不进行评估鉴定或者无法鉴定出侵权利润，则只能在 50 万元以下确定赔偿数额；（3）本案一审诉讼标的额高达 700 多万元，原审判决仅支持 130 多万元，却判决上诉人负担大部分案件受理费不合理。美洁公司请求：（1）撤销原判第二项，对上诉人获利数额进行鉴定，并依据鉴定结果对赔偿数额予以改判；如果不予鉴定，则在50万元的法定赔偿标准以下确定赔偿数额；（2）判令由被上诉人承担本案大部分诉讼费用。

被上诉人娱乐频道、天娱传媒公司辩称：原审判决赔偿数额是根据上诉人的销售数量与销售价格确定的，符合法律规定，依据本案证据足以认定赔偿数额，不需要进行鉴定；原审判决认定事实清楚，适用法律正确，请求予以维持。

二审裁判结果

湖南省高级人民法院根据《中华人民共和国反不正当竞争法》第20条第1款，《中华人民共和国商标法》第56条第2款，《中华人民共和国民事诉讼法》第108条、第153条第1款2项、第3项之规定，判决如下：

一、撤销湖南省长沙市中级人民法院〔2007〕长中民三初字第0246号民事判决；

二、美洁公司于本判决生效之日起立即停止生产、销售以"超级女声"作为商品标识的系列卫生巾的不正当竞争行为，并销毁侵权商品、包装、装潢；汤阳春停止销售以"超级女声"作为商品标识的系列卫生巾；

三、美洁公司于本判决生效之日起10日内赔偿娱乐频道、天娱传媒公司经济损失50万元，汤阳春在5000元的范围内承担连带赔偿责任；

四、驳回美洁公司的其他上诉请求；

五、驳回娱乐频道、天娱传媒公司对刘祥富的起诉；

六、驳回娱乐频道、天娱传媒公司的其他诉讼请求。

二审裁判理由

湖南省高级人民法院经审理认为：本案争议焦点在于侵权赔偿数额的认定。原审法院分别以美洁公司在网站上的销售价格、原审被告汤阳春在飘雪纸品商行的批发价格以及案外人金沙自选商场的销售价格作为依据计算美洁公司的侵权所得不当。侵权人的获利以及被侵权人因侵权所造成的损失均无法查明，且根据现有证据，本案不具有鉴定的基础，因此，对侵权赔偿数额由法院参照《商标法》第56条第2款的规定予以酌定。本案上诉人美洁公司以及原审被告刘祥富、汤阳春侵权行为持续时间较长、侵权情节较为严重，应酌定其承担法定赔偿最高额50万元的损害赔偿责任。本案纠纷系由上诉人的侵权行为引起，且原审法院已根据娱乐频道、天娱传媒公司起诉的标的额与实际判赔数额进行了适当分担，故由上诉人美洁公司负担大部分诉讼费用并无不妥。另外，原审法院认定刘祥富为美洁公司超级女声事业部总经理，其以公司名义从事销售行为，法律后果应归属于公司，但又认定双方系合作关系，并判定刘祥富与美洁公司共同承担损害赔偿责任，属于适用法律错误。刘祥富不是本案的适格被告。

> **65. 比较广告方式不当，造成相关公众对相互比较的商品或服务之间产生混淆的，是否构成不正当竞争？**
>
> 　　比较广告不得使用不当的方式攫取或者贬低原告的商誉以获得不正当的利益。如果比较广告的方式不当，造成相关公众对相互比较的商品或者服务产生误解或者混淆，损害被比较方利益的，构成不正当竞争行为。

典型疑难案件参考

北京巴黎婚纱摄影有限公司诉北京米兰春天婚纱影楼不正当竞争纠纷案

基本案情

　　1994年5月，原告北京巴黎婚纱摄影有限公司经国家工商行政管理局核准登记成立并开始营业，经营范围为婚纱摄影及相关美容、美发系列服务。1999年11月，原告拍摄了被告北京米兰春天婚纱影楼西单店和前门店门前的招牌广告。该广告顶端有较小字型组成的"台湾企业家协会协助、非以营利为主要目的、照顾广大的薪资顾客"一行字样。下面一行为美术字"米兰春天婚纱摄影"，其中"米兰春天"几字为广告所使用的最大字型。下面标明"巴黎婚纱原店经理吴骏、薇薇新娘原店经理赵永裕共同主持"；其中"巴黎婚纱"及"薇薇新娘"并列一行，字型较大，其字型在广告中仅次于"米兰春天"几字；"巴黎婚纱"几字下为黑体小字"原店经理吴骏"，"薇薇新娘"几字下为黑体小字"原店经理赵永裕"，两部分内容之间由"共同主持"几字相连。2000年3月3日和3月9日的《精品购物指南》报上刊登了被告的广告。该广告载有"3月3日米兰春天前门店正式开业，3月4日米兰春天总店扩店营业，原巴黎婚纱店经理台湾吴骏、原薇薇新娘店经理台湾赵永裕共同主持，台湾企业家协会协助、非以营利为主要目的、照顾广大的工薪顾客"等内容，该广告还有"收费比较"一栏，称：其"米兰春天套系"内容在同档次的台资影楼收费在2500~2800元，不同档次的国内影楼收费在1900~2300

元，（米兰春天）台湾企业家协会赞助价1680元；其"巴黎香树套系"内容在同档次的台资影楼收在1800~2500元；不同档次的国内影楼收费在1600~1900元，（米兰春天）台湾企业家协会赞助价1380元。吴骏于1998年离开原告公司，现在被告处担任经理职务。原告于1999年及2000年共支付广告费用2341646.66元。

一审诉辩情况

原告诉称：原、被告双方均为从事婚纱摄影及相关服务的专业性公司。原告在北京开业已有多年，在市场中享有很高的知名度。被告成立后，擅自使用原告的企业商号用于广告及其他宣传活动，牟取非法利益，对消费者产生严重误导，侵犯了原告的合法权益；被告在广告中的"台湾企业家协会协助"为虚假宣传，广告中的价格对比内容违反广告法规定，构成不正当竞争。根据《反不正当竞争法》的有关规定，被告的行为已构成不正当竞争，其因不正当竞争所得利益至少在30万元以上。请求法院判令被告停止侵权，消除影响，赔偿经济损失30万元。

被告辩称：被告与原告均系从事婚纱摄影及相关服务的专业性公司。被告的经理吴骏曾在台湾巴黎婚纱公司、上海巴黎婚纱公司、武汉巴黎婚纱公司、北京巴黎婚纱公司主持工作，担任经理职务。被告在广告及其他宣传活动中所称"原巴黎婚纱店经理台湾吴骏"，情况完全属实，恰当地反映了吴骏的工作经验和经历。被告引用"巴黎婚纱"的目的只在于说明吴骏的专业水平，并非通过"巴黎婚纱"来介绍被告本身。"巴黎婚纱"的商号并不是为原告所独有，全国各地均有以此商号命名的同行业企业，所以无从谈起"擅自使用原告的企业商号"。根据《反不正当竞争法》的规定，不正当竞争是指造成和他人知名商品相混淆，引人误认为是他人商品，作虚假表示等。而被告的广告及宣传活动的目的就在于将被告与原告及其他企业相区别，广告中突出了被告自身的特点，并没有误导消费者。广告所述情况也完全属实。因此，被告不存在不正当竞争行为。

一审裁判结果

北京市第一中级人民法院依照《中华人民共和国反不正当竞争法》第2条、第5条第3项，《中华人民共和国广告法》第25条、第47条第4项之规定，判决如下：

一、被告北京米兰春天婚纱影楼在本判决生效之日起，立即停止不正当竞争行为；

二、被告北京米兰春天婚纱影楼在本判决生效之日起 30 日内，在《精品购物指南》报上就其不正当竞争行为向原告北京巴黎婚纱摄影有限公司公开赔礼道歉。道歉内容须经本院审核，逾期不执行，本院将公布判决主要内容，其费用由被告北京米兰春天婚纱影楼承担；

三、被告北京米兰春天婚纱影楼在本判决生效之日起 10 日内，赔偿原告北京巴黎婚纱摄影有限公司经济损失人民币 1 万元；

四、驳回原告北京巴黎婚纱摄影有限公司其他诉讼请求。

一审裁判理由

北京市第一中级人民法院认为：原告于 1994 年起即在北京地区开始营业，并进行了一定的广告宣传。原告的全称为北京巴黎婚纱摄影有限公司，其中"巴黎婚纱"几字在原告企业名称中占突出位置，属于原告名称中最显著、最具有识别作用的内容。对于北京地区知悉原告的普通消费者来说，在婚纱摄影服务中，"巴黎婚纱"店代表的就是原告。被告虽主张在全国各地均有使用"巴黎婚纱"作为企业名称的摄影企业，但被告未举证证明在北京地区有其他使用此名称且与原告具有同等知名度的摄影企业。本案的被控侵权行为的行为地在北京，判断公众是否会认为该名称就是代表原告，应以北京地区消费者的认识为根据。因此，目前在北京地区，"巴黎婚纱"店作为婚纱摄影企业的名称，为原告所特有。被告在其招牌广告及报刊广告中，使用了"巴黎婚纱原店经理（或原巴黎婚纱店经理）吴骏""主持"被告业务的用语。该用语在未经原告许可的情况下，使用了原告的名称。该用语虽系对吴骏经历的描述，但在被告的广告中，该用语所产生的作用并非仅是介绍了吴骏本人的经历，更重要的是突出了吴骏曾在原告处担任经理的身份，并使公众认为该身份代表了原告的管理水平、业务水平及服务水平。被告的广告用语会使公众认为被告有与原告同水平的服务，也会使公众认为被告在业务上、管理上或隶属关系上可能与原告存在某种程度的联系，形成误认。同时，吴骏在原告处工作期间，其所创造的经营业绩虽与其个人能力相关，但作为原告的聘任人员，其经营业绩所给原告带来的商业上的信誉，应由原告享有。因此，被告使用该广告用语的行为，无偿占用了原告的商誉，违反了公平及诚实信用的经营原则，构成不正当竞争。根据《广告法》的规定，广告中未经同意使用他人名义的，构成侵权。原告的特有名称应属于该规定所称的名义范围之内。被告在未经原告同意的情况下，在其广告中使用原告的名称，其行为同样违反了广告法的有关规定。被告作为广告主，应依法对原告承担相应的民事责任。在现实中，确实存在着介绍个人经历时使用其他企业名称的现象，这种使用是否构成侵权，应根据使用方式以及是否可能给其他企业权益造成损害等实际情况进行判断。在本案中，被告是在商业广告中使用原告的名称，原告的名称在被告的招牌广告中占有较突出的位置，被告与原告又均为从事婚纱摄影服务且具有较直接竞争关系的经营者，在这种情况下，被告的使用行为在客观上会给原告的权益造成一定的损害，应属于侵权行为。被告广告中的价格对比未直接针对原告，不构成对原告的不正当竞争。根据以上理由，被告在未经原告许可的情况下，在其广告中使用原告名称"巴黎婚纱"，构成不正当竞争，侵犯了原告的合法权益。被告应承担侵权责任，依法停止侵权、公开赔礼道歉并赔偿损失。原告对其主张的赔偿数额没有提供有效根据，被告的侵权行为给其可能造成的损失也是有限的，故对原告主张的赔偿数额本院不予支持。具体赔偿数额本院酌情确定。

▶ 二审诉辩情况

北京巴黎婚纱摄影有限公司不服一审判决，提起上诉，理由是：一审法院在确定损失赔偿额上适用法律不妥。北京巴黎婚纱摄影有限公司的商誉是用优质服务及大量广告费换来的，仅1999年一年的广告费用，支出已达234万余元；而北京米兰春天婚纱影楼利用北京巴黎婚纱摄影有限公司之名称和商誉进行广告活动，极大地侵害了北京巴黎婚纱摄影有限公司的合法权益并极大地削弱了该公司的广告影响。一审法院判决北京米兰春天婚纱影楼支付北京巴黎婚纱摄影有限公司1万元赔偿费显然过低，请求二审法院予以改判。

北京米兰春天婚纱影楼不服一审判决，提起上诉，理由是：原审判决对"巴黎婚纱"是否为北京巴黎婚纱摄影有限公司所特有、对吴骏先生工作经历以及对"原告的商誉"问题的事实认定不清。"巴黎婚纱"是来自台湾的具有国际性的一个商号，是婚纱摄影行业的知名商品，不应该将其片面地、人为地局限在北京地区，更不应该等同于北京巴黎婚纱摄影有限公司的企业名称。北京米兰春天婚纱影楼在广告及宣传活动中的表述突出了吴骏担任经理的身份，也应该是吴骏在台湾巴黎婚纱摄影公司担任经理的身份，而不仅仅是吴骏在北京巴黎婚纱摄影有限公司担任经理的身份，代表的是台湾的管理水平、业务水平及服务水平。原审法院判定北京米兰春天婚纱影楼在其广告及宣传活动中使用"巴黎婚纱"字样，"在客观上会给原告的权益造成一定的损害"没有确切的事实根据，由此判令北京米兰春天婚纱影楼向北京巴黎婚纱摄影有限公司赔礼道歉并赔偿损失人民币1万元没有根据。请求二审法院依法改判，切实维护北京米兰春天婚纱影楼的合法权益。

▶ 二审裁判结果

北京市高级人民法院依照《中华人民共和国民事诉讼法》第153条第1

款第 1 项之规定,判决如下:驳回上诉,维持原判。

二审裁判理由

北京市高级人民法院认为:北京巴黎婚纱摄影有限公司自 1994 年成立以来,即在北京地区营业,该公司为经营进行了一定的广告投入,其在北京地区的婚纱摄影行业中享有一定的知名度,其服务应属于知名商品。对于北京地区的普通消费者来说,在婚纱摄影服务中,"巴黎婚纱"店代表的就是北京巴黎婚纱摄影有限公司。因此,判断公众是否会认为该名称就是代表北京巴黎婚纱摄影有限公司,应以北京地区消费者的认识为根据。北京米兰春天婚纱影楼未经北京巴黎婚纱摄影有限公司同意,在其招牌广告中使用了"巴黎婚纱"用语,从其广告的整体布局来看,其突出使用了"米兰春天"和"巴黎婚纱"几个字,由于双方都是从事婚纱摄影服务的经营者,公众很容易由此产生二者在业务上和服务上有某种联系的联想,从而造成误认。在北京巴黎婚纱摄影有限公司的服务在北京地区已有了一定知名度的情况下,北京米兰春天婚纱影楼如此利用其商号,违反了公平、诚实信用的原则,已构成不正当竞争,应依法承担相应的侵权责任。故北京米兰春天婚纱影楼的上诉理由不能成立,对其上诉请求本院不予支持。原审法院鉴于北京巴黎婚纱摄影有限公司对其主张的赔偿数额没有提供有效证据,且北京米兰春天婚纱影楼的侵权行为给其造成的损失有限,酌情确定的赔偿数额并无不当。北京巴黎婚纱摄影有限公司的上诉理由同样不能成立,对其上诉请求本院亦不予支持。综上,原审判决认定事实清楚,适用法律正确,应予维持。

66. 他人未经行政审批出版教材是否必然对其他同类教材的出版者构成不正当竞争?

未经行政审批出版的教材虽然构成行政违法,出版者需要承担相应的行政责任,该责任涉及行政相对人和行政主体之间的关系。他人未经行政审批出版教材是否对其他同类教材的出版者构成不正当竞争需要考察前者是否违反了《反不正当竞争法》的相关规定,其涉及的是作为民事主体的经营者之间的法律关系。当事人违反行政管理规范不必然构成不正当竞争。

67. 未经相关部门审定的教材却标注通过审定的信息，是否构成虚假宣传？

未经相关部门审定的教材却标注通过审定的信息，容易使消费者误认为该教材确实通过了相关部门的审定，获得了相关部门的认可，从而对该教材产生更大的信任感，更愿意购买该教材，因此，教材经营者的行为已经构成了利用其他方法对商品的质量等进行令人误解的虚假宣传，对其他经营者构成了不正当竞争。

典型疑难案件参考

北京市仁爱教育研究所诉星球地图出版社不正当竞争纠纷案

基本案情

2001年6月7日教育部第11号令发布《中小学教材编写审定管理暂行办法》（简称《教材管理办法》），其中第2条规定："本办法所称中小学教材（简称教材）是指中小学用于课堂教学的教科书（含电子音像教材、图册），及必要的教学辅助资料。"第4条规定："编写教材事先须经过有关教材管理部门核准；完成编写的教材须经教材审定机构审定后才能在中小学使用。"

2001年12月25日，教育部基础教育教材审定工作办公室（简称教材审定办公室）向原告北京市仁爱教育研究所（简称仁爱研究所）出具教基材室〔2001〕108号《关于同意立项编写中小学教材的通知》，对仁爱研究所编写地理学科七至九年级教材准予立项，要求教科书封面应印有"义务教育课程标准实验教科书"字样。

2004年5月20日，教材审定办公室向仁爱研究所出具教基材室〔2004〕149号《关于下发义务教育课程标准实验教科书初审结果的通知》，通知仁爱研究所其所送审的大象出版社出版的七年级上下册地理教科书已经于2004年4月经过全国中小学教材审定委员会初审通过。

2005年1月26日，仁爱研究所与地质出版社签订《合同书》，约定双方合作编制《地理图册（七年级上册）》（简称《图册》），《图册》的著作权归双方共同所有，该书的出版由地质出版社负责，发行由仁爱研究所负责。合同第4条第3款还约定，仁爱研究所支付地质出版社的合作款为《图册》发行总码洋的3%，但其中不包括河南省范围内的发行量。

2005年3月21日，河南省教育厅发布教基〔2005〕134号《河南省教育厅关于印发河南省2005年秋季普通中小学教学用书目录的通知》，通知河南省各市、县教育局《河南省2005年秋季普通中小学教学用书目录》已经印发，《河南省2005年秋季普通中小学教学用书目录》第21页"地理"目录中标明，七年级上册地理图册可在星球出版社出版的地理图册和地图出版社出版的地理图册之中选用一种。

2005年5月，仁爱研究所与地质出版社地图编辑一室合编的《图册》第1版由地质出版社出版，该书版权页注明由地质出版社发行，主编为李铁钢、王辑慈。

2005年7月，星球地图出版社（简称星球出版社）编制的《地理地图册（七年级上册）》（简称《地图册》）第1版由星球出版社出版，主编为周瑞祥，封面上标明"义务教育课程标准实验教科书"、"河南省专用"的字样。该书版权页注明由河南新华书店发行。

2005年10月18日，教育部办公厅发布教基厅〔2005〕15号《教育部关于印发〈2006年义务教育课程标准实验教学用书目录〉的通知》，要求各省、自治区、直辖市教育厅要完整转发《2006年义务教育课程标准实验教学用书目录》，不得删减或者增加。在《2006年义务教育课程标准实验教学用书目录》第26页为地理图册的选用目录，其中包括仁爱研究所编著的李铁钢、王辑慈主编的地质出版社出版的《图册》；还包括星球出版社出版的由朱翔、陈民众、周瑞祥主编的地理图册，该书备注栏标明"与本出版社教材配套，供学生自愿选用"；并包括周瑞祥、高培英主编的星球出版社出版的地图册，该书备注栏标明"与湖南教育出版社教材配套（供学生自愿选用）"。在二审法院主持的询问中，仁爱研究所认可其并未进入《河南省2005年秋季普通中小学教学用书目录》，且认可只有进入该目录中的地理图册才可以在河南省发行。

一审诉辩情况

原告仁爱研究所诉称：我所编著的《地理》是经全国中小学教材审定委员会2004年初审的义务教育课程标准实验教科书，该书于2004年7月由大象出版社出版发行。《地理》已经成为河南等省中学生使用的教材。星球出版社未经教育部审批，非法出版发行与《地理》配套使用的《地图册》），并在河南省以每册3.38元的价格销售。星球出版社出版发行《地图册》的行为属于"搭便车"的行为，导致我社的《图册》在河南省无法销售，严重侵害了我社的合法权益，扰乱了中小学教材市场秩序。而且，星球出版社的《地图册》封面上标有"义务教育课程标准实验教科书"、"河南省专用"的字样，误导消费者，构成虚假宣传。综上，星球出版社构成不正当竞争，应依法承担停止侵权、赔偿损失的法律责任。我社的《地理》教材 2005 年秋季在河南省的销售量为 374500 册，星球出版社销售《地图册》的数量应按照此计算，其非法获利超过了 100 万元。综上，我社诉请法院判令星球出版社停止不正当竞争行为，停止出售、使用、宣传《地图册》，并赔偿我社经济损失 100 万元。

被告星球出版社辩称：《图册》由仁爱研究所与地质出版社合编，双方共同享有该书著作权，仁爱研究所无权单独提起诉讼。而且，《图册》由地质出版社出版发行，仁爱研究所并非该书的出版发行者，无权主张该书的出版发行受到不正当竞争。我社具有合法的出版资质，且经过教育部审批，有权编制、出版地理教材配套使用地图册，我社出版的《地图册》是合法出版物。而且，《地图册》是否经教育部教材审定，与是否构成不正当竞争无关。综上，仁爱研究所的诉讼请求无事实和法律依据，请法院予以驳回。

▶一审裁判结果◀

北京市海淀区人民法院依照《中华人民共和国著作权法》第 11 条第 4 款，《中华人民共和国反不正当竞争法》第 2 条、第 9 条之规定，判决如下：

一、被告星球出版社立即停止出版、发行封面标注"义务教育课程标准实验教科书"、"河南省专用"的《地图册》；

二、驳回原告仁爱研究所的其他诉讼请求。

▶一审裁判理由◀

北京市海淀区人民法院认为：综合双方诉辩意见，本案的争议焦点为：（1）仁爱研究所作为《图册》的著作权人之一，针对星球出版社出版发行《地图册》提起反不正当竞争之诉，主体是否适格；（2）星球出版社违反教育部的行政法规出版《地图册》的行为以及在《地图册》封面上标注"义务教育课程标准实验教科书"、"河南省专用"的字样是否均构成不正当竞争；（3）星球出版社是否应当赔偿仁爱研究所经济损失。

如无相反证据，在作品上署名的公民、法人或其他组织即为作者。在《图册》上署名的是地质出版社地图编辑一室和仁爱研究所，且仁爱研究所与地质出版社签订的《合同书》约定《图册》的著作权归双方共同所有，故法院确认仁爱研究所为《图册》的著作权人之一。仁爱研究所通过《图册》的出版发行获得利益，有权就《图册》的发行受到不正当竞争提起诉讼。虽然仁爱研究所仅为《图册》的著作权人之一，但根据仁爱研究所与地质出版社签订的《合同书》第 4 条第 3 款可知，《图册》在河南省发行的利益全部归于仁爱研究所，故仁爱研究所就《图册》在河南省的发行提起不正当竞争之诉主体适格。

诉讼中，星球出版社称其出版的《地图册》经过了教育部的教材审定，但并未证明主编为周瑞祥、与《地理》配套使用的《地图册》进入了教育部2005年或2006年的《义务教育课程标准实验教学用书目录》，而且，亦未提供《地图册》经过教材审定办公室审定的批文，故法院依证据规则确认《地图册》未经过教育部教材审定，《地图册》的出版发行，违反了《教材管理办法》第2条和第4条关于地理地图册应当经过教材审定之规定。是否构成不正当竞争应取决于是否符合不正当竞争的构成要件。根据我国《反不正当竞争法》的规定，不正当竞争的构成要件为损害其他经营者合法权益、扰乱市场经济秩序。教辅用书的相互竞争，有利于教辅用书质量的提高。地理图册属教辅用书，应允许其依法进入市场相互竞争。竞争优势取决于图书质量等因素，经过教材审定的地理图册的竞争优势应是其图书质量而非审批资质，如果经营者面对的不是市场的竞争而是资质的竞争亦不利于市场竞争秩序的建立，故未经教材审定本身并不能提高地理图册的市场竞争优势，不会损害其他地理图册经营者的合法的竞争利益。因此，仅仅因为没有经过教材审定就出版、销售地理图册，并不构成不正当竞争。仁爱研究所据此主张星球出版社构成不正当竞争，无法律依据，法院不予支持。

经营者不得利用广告或者其他方法，对商品的质量、制作成分、性能、用途、生产者、有效期限、产地等作引人误解的虚假宣传。星球出版社的《地图册》并未经过教育部教材审定，却在《地图册》封面上标注"义务教育课程标准实验教科书"、"河南省专用"的字样，属虚假宣传。星球出版社的虚假宣传行为，还威胁和破坏了公平竞争的市场秩序。因此，星球出版社的此种虚假宣传行为构成不正当竞争，应依法立即停止该虚假宣传的不正当竞争行为。仁爱研究所因此主张星球出版社构成不正当竞争，有法律依据，法院予以支持。

经营者的不正当竞争行为，给其他经营者造成损害的，应当承担损害赔偿责任。法院认为：虽然《地图册》的封面上标注"义务教育课程标准实验教科书"、"河南省专用"构成不正当竞争，但《图册》于2005年秋季未在河南省发行，原因在于《图册》通过教材审定的时间较晚，未能进入教育部2005年的《义务教育课程标准实验教学用书目录》，因此不能进入《河南省2005年秋季普通中小学教学用书目录》。《图册》不能在2005年秋季在河南省发行，并非《地图册》的发行导致。因此，仁爱研究所主张的损失与星球出版社的不正当竞争行为无因果关系，仁爱研究所要求星球出版社赔偿100万元的诉讼请求，无事实依据，法院不予支持。

二审诉辩情况

仁爱研究所提起上诉称：首先，原审判决认定地理图册属教辅用书系认定事实错误。地理图册应属教材，被上诉人未经教材审定而发行地理图册的行为属不正当竞争行为；其次，原审判决认定被上诉人不承担赔偿责任系认定错误。被上诉人发行地理图册的行为抢占了上诉人市场份额，应赔偿上诉人经济损失。据此，请求二审法院撤销原审判决第二项，判令星球出版社赔偿仁爱研究所经济损失100万元人民币。

被上诉人星球出版社辩称：上诉人请求二审法院判令被上诉人赔偿其经济损失100万元的上诉请求缺乏事实及法律依据，请求二审法院维持原判。

二审裁判结果

北京市第一中级人民法院依据《中华人民共和国民事诉讼法》第153条第1款第1项之规定，判决如下：驳回上诉，维持原判。

二审裁判理由

对于仁爱研究所认为因地理图册属教材而非教辅用书，故星球出版社未经教材审定而出版发行《地图册》的行为属不正当竞争行为这一上诉理由，北京市第一中级人民法院认为：因只有进入《河南省2005年秋季普通中小学教学用书目录》的地理图册才可于2005年7月在河南省内出版发行，而仁爱研究所认可其《图册》未进入该目录，故其无权在河南省内发行地理图册，进而亦无法从在河南省内发行地理图册这一行为中获得利益。鉴于此，无论地理图册是否属于教材，无论星球出版社在河南省出版发行《地图册》的行为是否已经过教育部的教材审定，均与仁爱研究所无关。据此，对于仁爱研究所认为星球出版社的出版发行行为构成不正当竞争的上诉理由，法院不予支持。

对于仁爱研究所认为星球出版社出版发行地图册的行为抢占了其市场份额，应赔偿损失这一上诉理由，法院认为：虽然星球出版社客观上实施了出版发行《地图册》的行为，但鉴于仁爱研究所无权在河南省内出版发行地理图册，其亦不会从出版发行地理图册这一行为中获得利益，故无论该行为是否合法均不会损害仁爱研究所的经济利益，其亦无权要求星球出版社承担赔偿损失的民事责任。据此，仁爱研究所的该上诉理由缺乏事实及法律依据，法院不予支持。

68. 对软件注册表信息的修改是否侵犯了软件的著作权？

计算机软件是指计算机程序及其有关文档。软件注册表信息不属于计算机软件的组成部分，修改软件注册表信息不视为修改软件，不构成侵犯软件著作权。

69. 通过修改他人在先安装软件的注册表信息以阻碍在先安装软件的正常下载、安装和运行，其行为的性质属于侵犯著作权还是不正当竞争？

通过修改他人在先安装软件的注册表信息以阻碍在先安装软件的正常下载、安装和运行的行为并没有复制或者修改该软件，也不存在使用该软件的行为，依法不构成侵犯软件著作权。该行为使在先安装的软件不能接受用户的平等选择，从而使软件权利人丧失了相应的交易机会，违反了公平、公正的商业道德，构成了不正当竞争。

典型疑难案件参考

百度在线网络技术（北京）有限公司诉北京三七二一科技有限公司侵犯著作权及不正当竞争纠纷案

基本案情

1998年，北京三七二一科技有限公司（简称三七二一公司）推出地址栏搜索软件——"3721网络实名"，供用户免费下载、安装。后该软件不断升级，并于2003年6月包含cnsminkp文件。

2002年6月17日，百度在线网络技术（北京）有限公司（简称百度公司）在其网站上推出地址栏搜索软件——"百度IE搜索伴侣"，供用户免费下载、安装。之后即出现"百度IE搜索伴侣"软件和"3721网络实名"软件均安装在计算机中时，"3721网络实名"软件不能正常运行，且"3721网络实名"软件在IE中设置的"启用网络实名"等3个选项被取消。卸载"百度IE搜索伴侣"软件并选定上述3个选项后，"3721网络实名"软件即可正常运行。同年7月,不论先安装"3721网络实名"软件或者"百度IE搜索伴侣"软件,查看注册表信息"［ab］代码",均出现在后安装者替换在先安装者。同年12月23日,未安装"百度IE搜索伴侣"软件时,登陆三七二一网站则弹出"3721网络实名"软件的安装提示框。若已安装"百度IE搜索伴侣"软件,再登陆三七二一网站,则不弹出"3721网络实名"软件的安装提示框。此现象在2003年11月17日亦存在。2003年10月17日,安装"3721网络实名"软件后,在系统目录中即出现cnsminkp文件;之后,再登陆百度网站则无法通过点击鼠标左键正常下载"百度IE搜索伴侣"软件,仅可通过点击鼠标右键另存为方式下载"百度IE搜索伴侣"软件,但无法安装;删除cnsminkp文件后,仍仅可通过点击鼠标右键另存为方式下载"百度IE搜索伴侣"软件,但能够安装,且运行正常。2003年11月17日,在安装"3721网络实名"软件的前提下,下载安装"百度IE搜索伴侣"软件,则弹出提示用户卸载"3721网络实名"或者"上网助手"的话框。卸载"3721网络实名"软件后,再登录百度网站,可以通过点击鼠标左键方式下载"百度IE搜索伴侣"软件,且能正常安装运行。"3721网络实名"软件中还包含cnsmincg.ini文件,该文件内容含有"百度"、"baidu.com"等字符串。百度公司未就该文件对"百度IE搜索伴侣"软件的影响举证,亦未举证证明安装"3721网络实名"软件前后,"百度IE搜索伴侣"软件的内容存在变化。百度公司为此次诉讼支出公证费5150元。

2004年2月17日,在本案二审审理期间,先安装"3721网络实名"软件,再下载安装"百度IE搜索伴侣"软件时,安装失败并弹出"软件冲突警告"对话框,选择其中每一选项后,安装均失败。而卸载"3721网络实名"软件后,即可成功下载安装"百度IE搜索伴侣"软件。百度公司据此主张三七二一公司在原审判决之后继续实施涉案侵权行为。2004年2月10日,天津市质量监督检验站第70站对于三七二一公司委托检验"3721网络实名"软件作出检验结论,并出具检验报告。该检验报告备注栏载明:"对在已安装3721网络实名软件的系统上进一步安装其他同类浏览器地址栏搜索软件时,会改变系统原有网络实名软件功能的情况进行检验。"该检验报告的检验结论为:在安装了"3721网络实名"软件的情况下,再安装"百度IE搜索伴侣"软件或"CNNIC通用网址"软件,这两个软件对注册表中"3721网络实名"软件的部分项目进行了删除,使"3721网络实名"软件无法正常使用。经检验,安装"百度IE搜索伴侣"软件和"CNNIC通用网址"软件将改变用户已安装的"3721网络实名"软件的功能。三七二一公司据此主张从技术角度看,"3721网络实名"软件与"百度IE搜索伴侣"软件或"CNNIC通用网址"软件之间存在正常的软件冲突问题。百度公司虽对出具上述检验报告的检验站的资质提出质疑，但对该证据所载明的现象予以认可。"3721网络实名"软件中还包含cnsmincg.ini文件，该文件内容含有"百度"、"baidu.com"等字符串。百度公司主张该文件是cnsminkp文件运行时需调用的文件，该文件与cnsminkp文件共同对百度公司的涉案软件起到屏蔽作用，阻碍了百度公司涉案软件的正常下载、安装和运行，但三七二一公司主张上述两文件为两个独立的文件，cnsmincg.ini文件仅起到对同类地址栏搜索软件进行识别，以进行冲突提示的作用。百度公司未就此进一步举证证明，亦未举证证明安装"3721网络实名"软件前后，"百度IE搜索伴侣"软件的内容存在变化。百度公司及三七二一公司对原审判决查明的"双方均认可先安装'百度IE搜索伴侣'软件，登录三七二一网站，亦仅能使用鼠标右键另存为方式下载'3721网络实名'软件，但可以安装运行"均提出异议。百度公司主张阻碍百度公司涉案软件下载的行为是三七二一公司所为，百度公司未曾对三七二一公司的涉案软件下载采取任何技术措施，其可通过鼠标左键或右键正常下载。三七二一公司主张百度公司不仅限制了"3721网络实名"软件的下载，而且不能正常安装运行，对此三七二一公司未能提供证据予以证明。经查，在2003年12月10日原审谈话笔录中，双方曾对原审判决中所查明的上述事实予以认可。

在二审审理期间，百度公司认可其并非百度网站的经营者，但主张其系该网站内容的著作权人。经查，百度网站的所有者为北京百度网讯科技有限公司，在百度网站标注的版权声明表明，百度公司为该网站相关内容的权利人。百度公司主张在本案中三七二一公司对其"百度IE搜索伴侣"软件的软件版和插件版均实施了阻碍其正常下载、安装、运行的行为，其中其网页上显示"点此在线安装"所下载的为该软件的插件版，显示"下载本地安装"所下载的为该软件的软件版。

■■■ 一审诉辩情况 ▶

百度公司诉称：百度公司于2002年6月17日推出"百度IE搜索伴侣"软件的当日，即发现该软件的注册表信息被三七二一公司的"3721网络实名"软件所删除，且不能正常运行。2002年7月3日，百度公司推出"百度IE搜索伴侣"软件的升级版后，三七二一公司于当晚升级了"3721网络实名"软件，依然删除百度公司软件的注册表信息，使该软件不能正常运行。同年7月9日，三七二一公司再次将"3721网络实名"软件版本升级，增加了对"百度IE搜索伴侣"软件的安装拦截功能。2003年以来，三七二一公司在"3721网络实名"软件中专门设置了一个程序（cnsminkp文件），该程序对"3721

网络实名"软件的运行无任何帮助，专为阻止用户从百度网站下载"百度IE搜索伴侣"软件，致使所有安装了"3721网络实名"软件的用户均不能正常运行"百度IE搜索伴侣"软件，给百度公司造成巨大的经济损失，并导致用户对百度公司软件可靠性的怀疑，严重损害了百度公司的声誉。百度公司认为三七二一公司的行为违反诚实信用原则及公认的商业道德，侵犯了其对"百度IE搜索伴侣"软件所享有的修改权、发行权和网络传播权，并构成了不正当竞争。故诉至法院请求判令三七二一公司停止侵权行为，在"3721.com"网站和"baidu.com"网站公开赔礼道歉，就侵犯著作权和不正当竞争行为赔偿经济损失100万元，赔偿其他经济损失5150元并承担诉讼费用。

三七二一公司辩称：百度公司并未就其主张权利的作品及其为权利人进行举证，因此无法认定三七二一公司侵犯了其著作权。Cnsminkp文件是三七二一公司"3721网络实名"、"上网助手"等多种软件产品共同的组成部分，是负责进程管理、文件管理以及文件统筹的底层支持模块。删除该文件不影响"3721网络实名"软件的表面功能，不意味着不影响该软件的其他功能。同样，"百度IE搜索伴侣"软件也影响三七二一公司的"3721网络实名"软件的正常下载和安装，出现相同的冲突现象，故百度公司提出的涉案现象属于正常的软件冲突问题。对于冲突的软件，用户完全可以自主选择。综上，三七二一公司从未接触过"百度IE搜索伴侣"软件的代码或其他文档，没有实施侵犯著作权和不正当竞争的行为，故不同意百度公司的诉讼请求。

▶ 一审裁判结果

北京市朝阳区人民法院依据《中华人民共和国民事诉讼法》第64条第1款，《中华人民共和国反不正当竞争法》第2条第1款、第20条第1款之规定，判决：

一、三七二一公司于本判决生效之日起不得妨碍"百度IE搜索伴侣"软件以点击鼠标左键的方式正常安装；

二、三七二一公司于本判决生效之日起10日内赔偿百度公司为诉讼支出的合理费用5150元；

三、驳回百度公司的其他诉讼请求。

▶ 一审裁判理由

北京市朝阳区人民法院认为：百度公司作为"百度IE搜索伴侣"软件的著作权人，享有许可他人修改、发行和通过网络传播该软件的权利。百度公司并未举证证明三七二一公司未经许可对"百度IE搜索伴侣"软件进行了增补、删节，或改变指令、语句顺序；也未举证证明三七二一公司未经许可向公众提供了该软件的原件、复制件或通过网络传播了该软件。含有 cnsminkp 文件的"3721 网络实名"软件对"百度 IE 搜索伴侣"软件的下载安装制造的障碍，可以通过卸载"3721 网络实名"软件或删除其中的 cnsminkp 文件或其他技术手段加以解决，以达到使"百度 IE 搜索伴侣"软件正常下载、安装的目的。由此可以判断，"3721 网络实名"软件并未导致"百度 IE 搜索伴侣"软件绝对不能下载安装，仅对"百度 IE 搜索伴侣"软件的发行和通过网络传播设置了障碍，没有根本地阻止该软件的发行及网络的传播。故对百度公司提出的三七二一公司侵犯其对"百度 IE 搜索伴侣"软件所享有的修改权、发行权和网络传播权的诉讼主张不予支持。"百度 IE 搜索伴侣"软件和"3721 网络实名"软件均系供互联网用户免费下载、具有地址栏搜索功能的商业软件，百度公司和三七二一公司均通过收取注册费等形式获利，双方存在竞争关系。百度公司和三七二一公司均采取了用自己的软件注册表信息替代对方软件注册表信息的措施，可以认定双方均通过不正当的技术手段阻止了用户使用对方软件，导致双方原本平等地接受用户的选择，变为只有一方能被用户选择，另一方丧失了被选择的机会。

作为同是提供地址栏搜索软件的经营者，三七二一公司和百度公司在保证自己的软件有效下载、安装的同时，均不应有意采取针对或影响对方软件正常下载、安装的技术措施，使对方处于不平等的竞争地位。三七二一公司还采用了不正当的技术手段进一步阻止用户对"百度 IE 搜索伴侣"软件的安装。百度公司和三七二一公司均采取技术措施替代对方软件注册表信息以及阻止用户正常下载对方软件的行为，尤其是三七二一公司进一步阻止"百度 IE 搜索伴侣"软件安装的行为，减少了对方的交易机会，以不正当手段谋取竞争优势，违反了公平、诚实信用的原则，三七二一公司实施的行为构成不正当竞争。由于三七二一公司未就"百度 IE 搜索伴侣"软件影响"3721 网络实名"软件的下载和安装提出相应诉讼请求，故法院对此不予处理。

由于三七二一公司的行为并未根本地导致"百度 IE 搜索伴侣"软件无法下载、安装，百度公司可以通过相应的手段使用户实现下载、安装该软件的目的，且百度公司并未就三七二一公司损害其声誉予以举证，故对于百度公司提出三七二一公司的行为导致用户对其软件可靠性怀疑，严重损害其声誉，以及要求三七二一公司赔礼道歉的诉讼请求不予支持。鉴于"百度 IE 搜索伴侣"软件属免费下载软件，且三七二一公司的行为并未根本地导致"百度 IE 搜索伴侣"软件无法下载、安装，百度公司又未就三七二一公司的不正当竞争行为使其遭受的经济损失举证，故对于百度公司提出三七二一公司赔偿经济损失的诉讼请求，不予支持。但三七二一公司应当支付百度公司为本次诉讼支出的合理费用。

二审诉辩情况

百度公司不服一审判决，向北京市第二中级人民法院提起上诉，上诉请求撤销原判并判令：三七二一公司立即停止对"百度IE搜索伴侣"软件的识别，取消旨在误导用户的各种提示，停止以各种方式妨碍"百度IE搜索伴侣"软件正常下载、安装、运行的侵权行为；三七二一公司在"3721.com"网站和"baidu.com"网站公开赔礼道歉；三七二一公司赔偿因涉案著作权侵权行为和不正当竞争行为给百度公司造成的经济损失100万元及其他损失5150元。百度公司的上诉理由为：第一，原审认定三七二一公司的行为不构成侵犯著作权不当，属适用法律错误。根据有关法律规定，三七二一公司妨碍著作权人行使其所享有的著作权的涉案行为构成对百度公司所享有的发行权和网络传播权侵犯；第二，原审判决并不足以使三七二一公司停止涉案侵权行为。三七二一公司涉案侵权行为主要表现为阻止用户正常下载、安装和运行百度公司涉案软件，但原审判决结果却忽略了下载和运行两个重要步骤，未禁止其妨碍用户正常从百度网站下载涉案软件的行为，不能促使三七二一公司停止侵权行为；第三，原审未支持百度公司要求三七二一公司公开赔礼道歉和赔偿经济损失的诉讼请求，缺乏事实和法律依据。原审认定"3721网络实名"软件对"百度IE搜索伴侣"软件的下载、安装和运行设置了不必要的技术障碍，这种障碍无法满足用户的需求，用户必然对百度公司软件的可靠性产生怀疑，客观上损害了百度公司的声誉，应当承担赔礼道歉的责任。对于提供搜索服务的企业而言，使用软件的用户数及网络流量即意味着巨大的经济收益。百度公司请求赔偿数额的计算是基于百度公司的实际损失和三七二一公司的违法所得，法院对赔偿请求应予以支持。

三七二一公司辩称：百度公司的上诉请求中有关要求三七二一公司停止相关行为的请求超出了原审所提诉讼请求的范围，该请求范围亦不明确；百度公司并非百度网站的经营者，不应就涉案发生在该网站上的行为作为权利人主张权利；百度公司并未提供证据证明其对涉案"百度IE搜索伴侣"软件享有著作权，且软件安装过程中产生注册表信息修改增删的原因是多方面的，注册表信息的变化不能表明软件被修改，只有将前后两个软件的代码进行比对，才能判断是否被修改；虽然存在两软件冲突的现象，但并非三七二一公司直接实施的行为所导致的，而是通过软件用户在安装使用过程中出现的，因此不存在不正当或不公正问题；百度公司并无证据证明其经济损失或商誉受到损害的情况，其也不能通过诉讼达到均分市场的目的。因此，请求法院驳回百度公司的诉讼请求。

三七二一公司也不服一审判决，上诉请求撤销原判第一、二项并判决驳回百度公司的诉讼请求。其上诉理由为：三七二一公司主营业务是向互联网用户和企业提供网络关键词服务，即"3721网络实名"。百度公司涉案软件与三七二一公司涉案软件之间虽然存在冲突，但属于正常的软件冲突，并不存在侵犯著作权或不正当竞争问题。原审判决未能查明导致涉案技术现象的真正原因，三七二一公司就原审判决所认定的技术现象已经通过公开渠道向用户告知了软件可能存在冲突的情况以及解决冲突的方法，原审判决不应认定其存在过错；原审判决在未了解本行业的技术背景和商业背景的情况下所作出的判决，缺乏依据，且会对该行业造成负面影响。原审判决第一项缺乏可执行性，因为该项判决的执行取决于双方的技术升级状况，不仅需要三七二一公司重新进行技术上的研究，而且也不是该公司单方可以控制的。

百度公司辩称：涉案软件之间的冲突并非正常冲突，三七二一公司的行为侵犯了百度公司的著作权，且构成不正当竞争，应当承担相应的法律责任。

二审裁判结果

北京市第二中级人民法院依照《中华人民共和国反不正当竞争法》第2条第1款、第20条第1款，《中华人民共和国民事诉讼法》第153条第1款第3项之规定，判决如下：

一、维持北京市朝阳区人民法院〔2003〕朝民初字第24224号民事判决第二项，即三七二一公司于本判决生效之日起10日内赔偿百度公司为诉讼支出的合理费用5150元；

二、撤销北京市朝阳区人民法院〔2003〕朝民初字第24224号民事判决第一、三项，即第一项三七二一公司于本判决生效之日起不得妨碍"百度IE搜索伴侣"软件以点击鼠标左键的方式正常安装；第三项驳回百度公司的其他诉讼请求；

三、自本判决生效之日起，三七二一公司停止以"3721网络实名"软件阻碍百度在线网络技术（北京）有限公司"百度IE搜索伴侣"软件正常下载、安装和运行的涉案不正当竞争行为；

四、驳回百度公司的其他诉讼请求。

二审裁判理由

北京市第二中级人民法院认为，本案争议的主要焦点问题是：三七二一公司的涉案行为是否侵犯了百度公司主张的其对"百度IE搜索伴侣"软件所享有的著作权，是否构成不正当竞争及应否承担停止侵权、赔礼道歉和赔偿经济损失的法律责任问题。

首先，关于三七二一公司的涉案行为是否侵犯了百度公司主张的其对"百度IE搜索伴侣"软件所享有的著作权问题。根据我国《著作权法》的有关规定，如无相反证明，在作品上署名的公民、法人或者非法人单位为作者。本案中百度公司虽并非百度网站的经营者，但其在百度网站所标注的版权声明表明，百度公司为该网站相关内容的权利人。据此，百度公司应为涉案"百度IE搜索伴侣"软件的著作权人，其所享有的著作权应当受到我国法律的保护。三七二一公司虽对百度公司为"百度IE搜索伴侣"软件的著作权人提出异议，但其未提供相反证明，因此本院对其上述抗辩主张不予采纳。百度公司在本案主张其享有"百度IE搜索伴侣"软件的插件版和软件版的著作权，但该软件的插件版和软件版仅表明用户获取该软件的不同渠道和技术手段，二者并不就此构成《著作权法》意义上的不同作品，因此其上述主张缺乏法律依据，本院不予支持。百度公司作为"百度IE搜索伴侣"软件的著作权人，未经其许可，他人不得对该软件进行修改或是通过网络传播该软件。根据本案查明的事实，2002年7月，"百度IE搜索伴侣"软件与"3721网络实名"软件之间存在在后安装者修改在先安装者注册表信息的情况。虽然注册表信息直接影响软件的运行，但注册表信息并非计算机软件作品的组成部分，对注册表信息的修改不应视为对软件作品的修改；而且，我国《著作权法》所规定的信息网络传播权是指以有线或者无线方式向公众提供作品，使公众可以在其个人选定的时间和地点获得作品的权利。本案中虽然存在"3721网络实名"软件与"百度IE搜索伴侣"软件相冲突，影响"百度IE搜索伴侣"软件正常下载、安装、运行的情况，但百度公司未举证证明三七二一公司未经许可，提供百度公司涉案软件并通过网络传播该软件，因此百度公司据此主张三七二一公司侵犯了其对"百度IE搜索伴侣"软件所享有的著作权并要求其承担停止侵权、赔礼道歉及赔偿经济损失的法律责任，于法无据，本院不予支持。

其次，关于三七二一公司的涉案行为是否构成不正当竞争，其应否承担停止侵权、赔礼道歉和赔偿经济损失的法律责任问题。根据我国《反不正当竞争法》的有关规定，经营者在市场交易中，应当遵循自愿、平等、公平、诚实信用的原则，遵守公认的商业道德。互联网行业作为新兴行业，发展速度很快。为规范网络的健康发展，我国除制定相关法律法规外，中国互联网协会还组织制定了互联网行业自律规范——《中国互联网行业自律公约》。本案中，涉案"百度IE搜索伴侣"软件和"3721网络实名"软件均为供互联网用户免费下载具有地址栏搜索功能的商业软件,百度公司虽不是百度网站的经营者,但其与三七二一公司均作为提供地址栏搜索软件的经营者,属于同行业竞争者,具有竞争关系。百度公司和三七二一公司在对各自的商业软件进行经营的过程中不得采取不正当的技术措施,影响对方涉案软件的正常下载、安装和运行。三七二一公司提出百度公司并非百度网站的经营者,其不能就该网站上发生的涉案行为主张权利的抗辩主张,依据不足,本院不予采信。根据本案查明的事实,百度公司与三七二一公司的涉案两软件之间所存在的冲突是不断发展变化的,两公司都曾对各自软件进行升级。在2002年7月,存在无论先安装哪个涉案软件,均出现在后安装者修改在先安装者注册表信息的情况,致使在先安装的软件不能正常运行。软件之间的正常冲突现象表现为在后安装的软件生效,但仍保留在先安装的软件,用户仍有对在先安装的软件的选择权。而上述涉案冲突现象的存在使用户的计算机操作系统无法再识别在先安装的软件,继而用户无法再使用在先安装的软件,而只能使用在后安装的软件,此冲突现象不仅使用户不能正常行使选择权,而且使在先安装的软件不能接受用户的平等选择,从而使软件权利人丧失了相应的交易机会。因此,依据合法、公平、有序的互联网行业竞争规范,涉案两软件之间的上述冲突现象已经超出了软件正常冲突的合理范畴,上述修改他人软件注册表信息的技术措施具有不正当竞争行为的性质。根据本案现有证据,显然,"3721网络实名"软件对"百度IE搜索伴侣"软件的下载、安装和运行产生了阻碍。三七二一公司虽认为上述现象系由于正常的软件冲突或可能由于其他原因所致,但其未就此举证证明。因此,可以认定上述现象的产生与该公司"3721网络实名"软件中的cnsminkp文件有关。三七二一公司虽主张cnsminkp文件对其软件具有特定的功能,但该文件确实存在阻碍"百度IE搜索伴侣"软件下载、安装的问题,而三七二一公司又未对该现象产生的原因进一步举证证明,因此可以认定该阶段的软件冲突也超出了正常软件冲突的范畴,三七二一公司的上述行为阻碍了"百度IE搜索伴侣"软件的正常下载、安装和运行。依据二审查明的事实,在2004年2月17日安装"3721网络实名"软件后,下载安装"百度IE搜索伴侣"软件时,安装失败并弹出"软件冲突警告"对话框,选择其中每一选项后,安装均失败。而卸载"3721网络实名"软件后,即可成功下载安装"百度IE搜索伴侣"软件。上述4选项均不能成功安装的事实,表明普通用户丧失了对"百度IE搜索伴侣"软件的选择权,三七二一公司使用上述技术措施所造成的上述冲突超出了正常软件冲突的范畴。鉴于百度公司在原审指控的是三七二一公司通过"3721网络实名"软件拦截"百度IE搜索伴侣"软件的正常下载安装等行为,而上述冲突现象发生在原审判决后,从行为性质上看，该行为应属百度公司所指控的涉案行为在本案审理期间的延续，属于本案的审理范围。故对于三七二一公司提出的上述行为超出本案审理范围，应另案处理的抗辩主张，本院不予采纳。

综上，三七二一公司的上述行为不仅使用户不能正常行使其选择权，而且使百度公司的"百度IE搜索伴侣"软件不能接受用户的平等选择，从而使软件权利人丧失了相应的交易机会。现百度公司指控三七二一公司的上述行为构成不正当竞争，本院予以支持。关于三七二一公司提出的涉案两软件之间及两软件与其他地址栏搜索软件之间存在的冲突为正常的技术冲突，对双方均无损害，且其为避免正常的技术冲突，已向用户作出卸载"3721网络实名"软件的提示，卸载后亦可避免冲突的发生，因此其行为并不构成不正当竞争的上诉主张，本院认为虽然"百度IE搜索伴侣"软件于2002年6月17日推出时确与"3721网络实名"软件存在冲突，但仅限于"3721网络实名"软件不能正常运行的情况；涉案两软件与其他地址栏软件之间的冲突也大多表现为相关软件不能正常运行，而不涉及相关软件的下载、安装问题。而三七二一公司的涉案行为不仅表现为使百度公司的"百度IE搜索伴侣"软件不能正常运行，而且表现为不能正常下载、安装等方面，对此三七二一公司又未能作出合理说明，因此其涉案行为不应视为正常的软件冲突的表现。虽然百度公司认可"百度IE搜索伴侣"软件亦对"3721网络实名"软件的安装运行产生妨碍，但三七二一公司不能以二者之间存在非正常的冲突为由，对其实施的涉案不正当技术措施所造成的后果免除相应的法律责任。因此，三七二一公司的上述主张依据不足，本院不予支持。

综上，百度公司与三七二一公司为同业竞争者，三七二一公司上述修改软件注册表信息、阻碍点击鼠标左键正常下载安装运行、弹出软件冲突警告对话框中任一选项均导致安装失败的涉案行为阻碍了"百度IE搜索伴侣"软件的正常下载、安装和运行，构成了不正当竞争。百度公司认可其对三七二一公司的涉案软件的安装运行亦采取了屏蔽措施，但其主张该行为系出于防御目的。百度公司的上述行为虽有不当之处，但三七二一公司对此未提出主张，故本院对此不予处理。百度公司在本案中主张"3721网络实名"软件中含有"百度"、"baidu.com"等字符串的cnsmincg.ini文件是cnsminkp文件运行时需调用的文件，该文件与cnsminkp文件共同对百度公司的涉案软件起到屏蔽作用，阻碍了百度公司涉案软件的正常下载、安装和运行，但三七二一公司主张上述两文件为两个独立的文件，cnsmincg.ini文件仅起到对同类地址栏搜索软件识别，以进行冲突提示的作用。百度公司未就此进一步举证证明，本院对其上述主张不予支持。

百度公司请求法院就三七二一公司涉案不正当竞争行为判令其承担停止侵权及赔偿因本案诉讼而支出的合理费用的法律责任的主张，理由正当，本院予以支持。鉴于百度公司未提交证据证明三七二一公司的涉案行为对其商誉造成损害，因此百度公司主张三七二一公司承担赔礼道歉法律责任的上诉请求，依据不足，本院不予支持。鉴于百度公司作为涉案商业软件的经营者，并非百度网站的实际经营者，其免费向用户提供涉案软件，亦未能举证证明三七二一公司涉案行为给其造成的经济损失，且责令三七二一公司停止涉案行为足以达到维护其正当合法权益，规范涉案不正当竞争行为的目的。因此，百度公司主张三七二一公司承担赔偿经济损失的上诉请求，本院不予支持。原审判决主文第一项表述为三七二一公司不得阻碍"百度IE搜索伴侣"软件以点击鼠标左键的方式正常安装，该表述并未涵盖涉案妨碍"百度IE搜索伴侣"软件正常下载、安装和运行的不正当竞争行为，因此原审上述表述欠妥，本院对此予以纠正。上诉人百度公司所提上诉理由部分成立，其相应的上诉请求本院予以支持。上诉人三七二一公司所提上诉理由缺乏依据，其相应的上诉请求本院不予支持。原审法院认定事实部分不清，本院予以纠正。

不正当竞争纠纷办案依据集成

1. 中华人民共和国反不正当竞争法（1993年9月2日主席令第10号公布）（节录）

第五条 经营者不得采用下列不正当手段从事市场交易，损害竞争对手：

（一）假冒他人的注册商标；

（二）擅自使用知名商品特有的名称、包装、装潢，或者使用与知名商品近似的名称、包装、装潢，造成和他人的知名商品相混淆，使购买者误认为是该知名商品；

（三）擅自使用他人的企业名称或者姓名，引人误认为是他人的商品；

（四）在商品上伪造或者冒用认证标志、名优标志等质量标志，伪造产地，对商品质量作引人误解的虚假表示。

第八条 经营者不得采用财物或者其他手段进行贿赂以销售或者购买商品。在帐外暗中给予对方单位或者个人回扣的，以行贿论处；对方单位或者个人在帐外暗中收受回扣的，以受贿论处。

经营者销售或者购买商品，可以以明示方式给对方折扣，可以给中间人佣金。经营者给对方折扣、给中间人佣金的，必须如实入帐。接受折扣、佣金的经营者必须如实入帐。

第九条 经营者不得利用广告或者其他方法，对商品的质量、制作成分、性能、用途、生产者、有效期限、产地等作引人误解的虚假宣传。

广告的经营者不得在明知或者应知的情况下，代理、设计、制作、发布虚假广告。

第十条 经营者不得采用下列手段侵犯商业秘密：

（一）以盗窃、利诱、胁迫或者其他不正当手段获取权利人的商业秘密；

（二）披露、使用或者允许他人使用以前项手段获取的权利人的商业秘密；

（三）违反约定或者违反权利人有关保守商业秘密的要求，披露、使用或者允许他人使用其所掌握的商业秘密。

第三人明知或者应知前款所列违法行为，获取、使用或者披露他人的商业秘密，视为侵犯商业秘密。

本条所称的商业秘密，是指不为公众所知悉、能为权利人带来经济利益、具有实用性并经权利人采取保密措施的技术信息和经营信息。

第十一条 经营者不得以排挤竞争对手为目的，以低于成本的价格销售商品。

有下列情形之一的，不属于不正当竞争行为：

（一）销售鲜活商品；

（二）处理有效期限即将到期的商品或者其他积压的商品；

（三）季节性降价；

（四）因清偿债务、转产、歇业降价销售商品。

第十二条 经营者销售商品，不得违背购买者的意愿搭售商品或者附加其他不合理的条件。

第十三条 经营者不得从事下列有奖销售：

（一）采用谎称有奖或者故意让内定人员中奖的欺骗方式进行有奖销售的；

（二）利用有奖销售的手段推销质次价高的商品；

（三）抽奖式的有奖销售，最高奖的金额超过五千元。

第十四条 经营者不得捏造、散布虚伪事实，损害竞争对手的商业信誉、商品声誉。

第十五条 投标者不得串通投标，抬高标价或者压低标价。

投标者和招标者不得相互勾结，以排挤竞争对手的公平竞争。

2. 中华人民共和国广告法（1994年10月27日主席令第34号公布）（节录）

第九条 广告中对商品的性能、产地、用途、质量、价格、生产者、有效期限、允诺或者对服务的内容、形式、质量、价格、允诺有表示的，应当清楚、明白。

广告中表明推销商品、提供服务附带赠送礼品的，应当标明赠送的品种和数量。

第十条 广告使用数据、统计资料、调查结果、文摘、引用语，应当真实、准确，并表明出处。

第十一条 广告中涉及专利产品或者专利方法的，应当标明专利号和专利种类。

未取得专利权的，不得在广告中谎称取得专利权。

禁止使用未授予专利权的专利申请和已经终止、撤销、无效的专利做广告。

第十二条 广告不得贬低其他生产经营者的商品或者服务。

第十三条 广告应当具有可识别性，能够使消费者辨明其为广告。

大众传播媒介不得以新闻报道形式发布广告。通过大众传播媒介发布的广告应当有广告标记，与其他非广告信息相区别，不得使消费者产生误解。

第十四条 药品、医疗器械广告不得有下列内容：

（一）含有不科学的表示功效的断言或者保证的；

（二）说明治愈率或者有效率的；

（三）与其他药品、医疗器械的功效和安全性比较的；

（四）利用医药科研单位、学术机构、医疗机构或者专家、医生、患者的名义和形象作证明的；

（五）法律、行政法规规定禁止的其他内容。

第十五条 药品广告的内容必须以国务院卫生行政部门或者省、自治区、直辖市卫生行政部门批准的说明书为准。

国家规定的应当在医生指导下使用的治疗性药品广告中，必须注明"按医生处方购买和使用"。

第十七条 农药广告不得有下列内容：

（一）使用无毒、无害等表明安全性的绝对化断言的；

（二）含有不科学的表示功效的断言或者保证的；

（三）含有违反农药安全使用规程的文字、语言或者画面的；
（四）法律、行政法规规定禁止的其他内容。

第十八条　禁止利用广播、电影、电视、报纸、期刊发布烟草广告。

禁止在各类等候室、影剧院、会议厅堂、体育比赛场馆等公共场所设置烟草广告。

烟草广告中必须标明"吸烟有害健康"。

第十九条　食品、酒类、化妆品广告的内容必须符合卫生许可的事项，并不得使用医疗用语或者易与药品混淆的用语。

3. 中华人民共和国劳动合同法（2007年6月29日主席令第65号公布）（节录）

第二十三条　用人单位与劳动者可以在劳动合同中约定保守用人单位的商业秘密和与知识产权相关的保密事项。

对负有保密义务的劳动者，用人单位可以在劳动合同或者保密协议中与劳动者约定竞业限制条款，并约定在解除或者终止劳动合同后，在竞业限制期限内按月给予劳动者经济补偿。劳动者违反竞业限制约定的，应当按照约定向用人单位支付违约金。

第二十四条　竞业限制的人员限于用人单位的高级管理人员、高级技术人员和其他负有保密义务的人员。竞业限制的范围、地域、期限由用人单位与劳动者约定，竞业限制的约定不得违反法律、法规的规定。

在解除或者终止劳动合同后，前款规定的人员到与本单位生产或者经营同类产品、从事同类业务的有竞争关系的其他用人单位，或者自己开业生产或者经营同类产品、从事同类业务的竞业限制期限，不得超过二年。

4. 中华人民共和国刑法（2011年2月25日修正）（节录）

第二百一十九条　有下列侵犯商业秘密行为之一，给商业秘密的权利人造成重大损失的，处三年以下有期徒刑或者拘役，并处或者单处罚金；造成特别严重后果的，处三年以上七年以下有期徒刑，并处罚金：

（一）以盗窃、利诱、胁迫或者其他不正当手段获取权利人的商业秘密的；

（二）披露、使用或者允许他人使用以前项手段获取的权利人的商业秘密的；

（三）违反约定或者违反权利人有关保守商业秘密的要求，披露、使用或者允许他人使用其所掌握的商业秘密的。

明知或者应知前款所列行为，获取、使用或者披露他人的商业秘密的，以侵犯商业秘密论。

本条所称商业秘密，是指不为公众所知悉，能为权利人带来经济利益，具有实用性并经权利人采取保密措施的技术信息和经营信息。

本条所称权利人，是指商业秘密的所有人和经商业秘密所有人许可的商业秘密使用人。

5. 中华人民共和国招标投标法（1999年8月30日主席令第21号公布）（节录）

第三十二条　投标人不得相互串通投标报价，不得排挤其他投标人的公平竞争，损害招标人或者其他投标人的合法权益。

投标人不得与招标人串通投标，损害国家利益、社会公共利益或者他人的合法权益。

禁止投标人以向招标人或者评标委员会成员行贿的手段谋取中标。

第五十三条 投标人相互串通投标或者与招标人串通投标的，投标人以向招标人或者评标委员会成员行贿的手段谋取中标的，中标无效，处中标项目金额千分之五以上千分之十以下的罚款，对单位直接负责的主管人员和其他直接责任人员处单位罚款数额百分之五以上百分之十以下的罚款；有违法所得的，并处没收违法所得；情节严重的，取消其一年至二年内参加依法必须进行招标的项目的投标资格并予以公告，直至由工商行政管理机关吊销营业执照；构成犯罪的，依法追究刑事责任。给他人造成损失的，依法承担赔偿责任。

6. 最高人民法院关于审理技术合同纠纷案件适用法律若干问题的解释

（2004年12月16日　法释〔2004〕20号）（节录）

第一条第二款 技术秘密，是指不为公众所知悉、具有商业价值并经权利人采取保密措施的技术信息。

第九条 有关信息不为其所属领域的相关人员普遍知悉和容易获得，应当认定为反不正当竞争法第十条第三款规定的"不为公众所知悉"。

具有下列情形之一的，可以认定有关信息不构成不为公众所知悉：

（一）该信息为其所属技术或者经济领域的人的一般常识或者行业惯例；

（二）该信息仅涉及产品的尺寸、结构、材料、部件的简单组合等内容，进入市场后相关公众通过观察产品即可直接获得；

（三）该信息已经在公开出版物或者其他媒体上公开披露；

（四）该信息已通过公开的报告会、展览等方式公开；

（五）该信息从其他公开渠道可以获得；

（六）该信息无需付出一定的代价而容易获得。

第十条 有关信息具有现实的或者潜在的商业价值，能为权利人带来竞争优势的，应当认定为反不正当竞争法第十条第三款规定的"能为权利人带来经济利益、具有实用性"。

第十一条 权利人为防止信息泄漏所采取的与其商业价值等具体情况相适应的合理保护措施，应当认定为反不正当竞争法第十条第三款规定的"保密措施"。

人民法院应当根据所涉信息载体的特性、权利人保密的意愿、保密措施的可识别程度、他人通过正当方式获得的难易程度等因素，认定权利人是否采取了保密措施。

具有下列情形之一，在正常情况下足以防止涉密信息泄漏的，应当认定权利人采取了保密措施：

（一）限定涉密信息的知悉范围，只对必须知悉的相关人员告知其内容；

（二）对于涉密信息载体采取加锁等防范措施；

（三）在涉密信息的载体上标有保密标志；

（四）对于涉密信息采用密码或者代码等；

（五）签订保密协议；

（六）对于涉密的机器、厂房、车间等场所限制来访者或者提出保密要求；

（七）确保信息秘密的其他合理措施。

第十二条 通过自行开发研制或者反向工程等方式获得的商业秘密，不认定为反不正当竞争法第十条第（一）、（二）项规定的侵犯商业秘密行为。

前款所称"反向工程"，是指通过技术手段对从公开渠道取得的产品进行拆卸、测绘、分析等而获得该产品的有关技术信息。当事人以不正当手段知悉了他人的商业秘密之后，又以反向工程为由主张获取行为合法的，不予支持。

第十三条 商业秘密中的客户名单，一般是指客户的名称、地址、联系方式以及交易的习惯、意向、内容等构成的区别于相关公知信息的特殊客户信息，包括汇集众多客户的客户名册，以及保持长期稳定交易关系的特定客户。

客户基于对职工个人的信赖而与职工所在单位进行市场交易，该职工离职后，能够证明客户自愿选择与自己或者其新单位进行市场交易的，应当认定没有采用不正当手段，但职工与原单位另有约定的除外。

第十四条 当事人指称他人侵犯其商业秘密的，应当对其拥有的商业秘密符合法定条件、对方当事人的信息与其商业秘密相同或者实质相同以及对方当事人采取不正当手段的事实负举证责任。其中，商业秘密符合法定条件的证据，包括商业秘密的载体、具体内容、商业价值和对该项商业秘密所采取的具体保密措施等。

第十五条 对于侵犯商业秘密行为，商业秘密独占使用许可合同的被许可人提起诉讼的，人民法院应当依法受理。

排他使用许可合同的被许可人和权利人共同提起诉讼，或者在权利人不起诉的情况下，自行提起诉讼，人民法院应当依法受理。

普通使用许可合同的被许可人和权利人共同提起诉讼，或者经权利人书面授权，单独提起诉讼的，人民法院应当依法受理。

第十六条 人民法院对于侵犯商业秘密行为判决停止侵害的民事责任时，停止侵害的时间一般持续到该项商业秘密已为公众知悉时为止。

依据前款规定判决停止侵害的时间如果明显不合理的，可以在依法保护权利人该项商业秘密竞争优势的情况下，判决侵权人在一定期限或者范围内停止使用该项商业秘密。

第十七条 确定反不正当竞争法第十条规定的侵犯商业秘密行为的损害赔偿额，可以参照确定侵犯专利权的损害赔偿额的方法进行；确定反不正当竞争法第五条、第九条、第十四条规定的不正当竞争行为的损害赔偿额，可以参照确定侵犯注册商标专用权的损害赔偿额的方法进行。

因侵权行为导致商业秘密已为公众所知悉的，应当根据该项商业秘密的商业价值确定损害赔偿额。商业秘密的商业价值，根据其研究开发成本、实施该项商业秘密的收益、可得利益、可保持竞争优势的时间等因素确定。

7. 最高人民法院关于审理不正当竞争民事案件应用法律若干问题的解释
（2007年1月12日　法释〔2007〕2号）（节录）

第八条 经营者具有下列行为之一，足以造成相关公众误解的，可以认定为反不正当竞争法第九条第一款规定的引人误解的虚假宣传行为：

（一）对商品作片面的宣传或者对比的；

（二）将科学上未定论的观点、现象等当作定论的事实用于商品宣传的；

（三）以歧义性语言或者其他引人误解的方式进行商品宣传的。

以明显的夸张方式宣传商品，不足以造成相关公众误解的，不属于引人误解的虚假宣传行为。

人民法院应当根据日常生活经验、相关公众一般注意力、发生误解的事实和被宣传对象的实际情况等因素，对引人误解的虚假宣传行为进行认定。

8. 最高人民法院关于审理不正当竞争民事案件应用法律若干问题的解释
（2007年1月12日　法释〔2007〕2号）（节录）

第一条　在中国境内具有一定的市场知名度，为相关公众所知悉的商品，应当认定为反不正当竞争法第五条第（二）项规定的"知名商品"。人民法院认定知名商品，应当考虑该商品的销售时间、销售区域、销售额和销售对象，进行任何宣传的持续时间、程度和地域范围，作为知名商品受保护的情况等因素，进行综合判断。原告应当对其商品的市场知名度负举证责任。

在不同地域范围内使用相同或者近似的知名商品特有的名称、包装、装潢，在后使用者能够证明其善意使用的，不构成反不正当竞争法第五条第（二）项规定的不正当竞争行为。因后来的经营活动进入相同地域范围而使其商品来源足以产生混淆，在先使用者请求责令在后使用者附加足以区别商品来源的其他标识的，人民法院应当予以支持。

第二条　具有区别商品来源的显著特征的商品的名称、包装、装潢，应当认定为反不正当竞争法第五条第（二）项规定的"特有的名称、包装、装潢"。有下列情形之一的，人民法院不认定为知名商品特有的名称、包装、装潢：

（一）商品的通用名称、图形、型号；

（二）仅仅直接表示商品的质量、主要原料、功能、用途、重量、数量及其他特点的商品名称；

（三）仅由商品自身的性质产生的形状，为获得技术效果而需有的商品形状以及使商品具有实质性价值的形状；

（四）其他缺乏显著特征的商品名称、包装、装潢。

前款第（一）、（二）、（四）项规定的情形经过使用取得显著特征的，可以认定为特有的名称、包装、装潢。

知名商品特有的名称、包装、装潢中含有本商品的通用名称、图形、型号，或者直接表示商品的质量、主要原料、功能、用途、重量、数量以及其他特点，或者含有地名，他人因客观叙述商品而正当使用的，不构成不正当竞争行为。

第三条　由经营者营业场所的装饰、营业用具的式样、营业人员的服饰等构成的具有独特风格的整体营业形象，可以认定为反不正当竞争法第五条第（二）项规定的"装潢"。

第四条　足以使相关公众对商品的来源产生误认，包括误认为与知名商品的经营者具有许可使用、关联企业关系等特定联系的，应当认定为反不正当竞争法第五条第（二）项规定的"造成和他人的知名商品相混淆，使购买者误认为是该知名商品"。

在相同商品上使用相同或者视觉上基本无差别的商品名称、包装、装潢，应当视为足以造成和他人知名商品相混淆。

认定与知名商品特有名称、包装、装潢相同或者近似，可以参照商标相同或者近似的判断原则和方法。

第五条 商品的名称、包装、装潢属于商标法第十条第一款规定的不得作为商标使用的标志，当事人请求依照反不正当竞争法第五条第（二）项规定予以保护的，人民法院不予支持。

第六条 企业登记主管机关依法登记注册的企业名称，以及在中国境内进行商业使用的外国（地区）企业名称，应当认定为反不正当竞争法第五条第（三）项规定的"企业名称"。具有一定的市场知名度、为相关公众所知悉的企业名称中的字号，可以认定为反不正当竞争法第五条第（三）项规定的"企业名称"。

在商品经营中使用的自然人的姓名，应当认定为反不正当竞争法第五条第（三）项规定的"姓名"。具有一定的市场知名度、为相关公众所知悉的自然人的笔名、艺名等，可以认定为反不正当竞争法第五条第（三）项规定的"姓名"。

9. 国家工商行政管理局关于禁止侵犯商业秘密行为的若干规定（1998年12月3日国家工商行政管理局令第86号修订）

第一条 为了制止侵犯商业秘密的行为，保护商业秘密权利人的合法权益，维护社会主义市场经济秩序，根据《中华人民共和国反不正当竞争法》（以下简称《反不正当竞争法》）的有关规定，制定本规定。

第二条 本规定所称商业秘密，是指不为公众所知悉、能为权利人带来经济利益、具有实用性并经权利人采取保密措施的技术信息和经营信息。本规定所称不为公众所知悉，是指该信息是不能从公开渠道直接获取的。本规定所称能为权利人带来经济利益、具有实用性，是指该信息具有确定的可应用性，能为权利人带来现实的或者潜在的经济利或者竞争优势。本规定所称权利人采取保密措施，包括订立保密协议，建立保密制度及采取其他合理的保密措施。

本规定所称技术信息和经营信息，包括设计、程序、产品配方、制作工艺、制作方法、管理诀窍、客户名单、货源情报、产销策略、招投标中的标底及标书内容等信息。

本规定所称权利人，是指依法对商业秘密享有所有权或者使用权的公民、法人或者其他组织。

第三条 禁止下列侵犯商业秘密的行为：

（一）以盗窃、利诱、胁迫或者其他不正当手段获取的权利人的商业秘密；

（二）披露、使用或者允许他人使用以前项手段获取的权利人的商业秘密；

（三）与权利人有业务关系的单位和个人违反合同约定或者违反权利人保守商业秘密的要求，披露、使用或者允许他人使用其所掌握的权利人的商业秘密；

（四）权利人的职工违反合同约定或者违反权利人保守商业秘密的要求，披露、使用或者允许他人使用其所掌握的权利人的商业秘密。

第三人明知或者应知前款所列违法行为，获取、使用或者披露他人的商业秘密，视为侵犯商业秘密。

第四条 侵犯商业秘密行为由县级以上工商行政管理机关认定处理。

第五条 权利人（申请人）认为其商业秘密受到侵害，向工商行政管理机关申请查处侵权行为时，应当提供商业秘密及侵权行为存在的有关证据。

被检查的单位和个人（被申请人）及利害关系人、证明人，应当如实向工商行政管理机关提供有关证据。

权利人能证明被申请人所使用的信息与自己的商业秘密具有一致性或者相同性，同时能证明被申请人有获取其商业秘密的条件，而被申请人不能提供或者拒不提供其所使用的信息是合法获得或者使用的证据的，工商行政管理机关可以根据有关证据，认定被申请人有侵权行为。

第六条 对被申请人违法披露、使用、允许他人使用商业秘密将给权利人造成不可挽回的损失的，应权利人请求并由权利人出具自愿对强制措施后果承担责任的书面保证，工商行政管理机关可以责令被申请人停止销售使用权利人商业秘密生产的产品。

第七条 违反本规定第三条的，由工商行政管理机关依照《反不正当竞争法》第二十五条的规定，责令停止违法行为，并可以根据情节处以1万元以上20万元以下的罚款。

工商行政管理机关在依照前款规定予以处罚时，对侵权物品可以作如下处理：

（一）责令并监督侵权人将载有商业秘密的图纸、软件及其有关资料返还权利人。

（二）监督侵权人销毁使用权利人商业秘密生产的、流失市场将会造成商业秘密公开的产品。但权利人同意收购、销售等其他处理方式的除外。

第八条 对侵权人拒不执行处罚决定，继续实施本规定第三条所列行为的，视为新的违法行为，从重予以处罚。

第九条 权利人因损害赔偿问题向工商行政管理机关提出调解要求的，工商行政管理机关可以进行调解。

权利人也可以直接向人民法院起诉，请求损害赔偿。

第十条 国家机关及其公务人员在履行公务时，不得披露或者允许他人使用权利人的商业秘密。

工商行政管理机关的办案人员在监督检查侵犯商业秘密的不正当竞争行为时，应当对权利人的商业秘密予以保密。

第十一条 本规定由国家工商行政管理局负责解释。

第十二条 本规定自公布之日起施行。

10. 国家计委、国家经委、商业部、国家物价局、国家工商局关于禁止商品搭售问题的若干规定（1986年9月4日计商〔1986〕1643号）

根据《国务院关于认真解决商品搭售问题的通知》精神，现作如下规定：

一、各种经济形式的生产者和经营者都必须树立全心全意为消费者服务的思想，实行文明生产和经营，讲究信誉。

二、各种经济形式的生产者，必须按照社会主义生产的根本目的，认真研究市场需求，不断改进生产技术和调整产品结构，积极生产优质、名牌产品，做到产品适销对路，更好地满足人民日益增长的物质和文化生活的需要。

三、各种经济形式的生产企业和经营企业，必须贯彻执行国务院发布的《工业产品质量责任条例》，严格产品质量检验制度。

四、各种经济形式的生产企业，对达不到国家有关质量标准而仍有使用价值的产品，经有关主管部门批准后可降价出售，但必须在产品和包装上标出"处理品"字样，不得以次充好或搭售。特别是不合格的家用电器，过期失效影响人民生命安全的食品、药品等，一律不准出厂、销售或搭售。有期效性的商品，一律要注明出厂日期。否则，根据情节轻重，对企业处以一定比例的罚款。

五、各种经济形式的生产企业或有关领导部门，不得以任何理由、任何形式强迫商业企业和其他经营单位收购或搭售其产品。除国家计划管理的商品外，其它商品应允许有关单位和个人自由选购。违者，处以一定比例的罚款，并根据情节轻重，追究有关人员和单位领导人的行政责任。

六、各种经济形式的商业部门和企业，必须认真搞好市场的预测预报，充分发挥市场信息的反馈作用，积极支持生产企业生产适销对路的产品，并努力做好收购、销售和市场供应。

七、各种经济形式的商业企业，要建立进货专人负责制，坚决抵制来自任何方面的商品搭售。因盲目进货或接受搭售而购进的滞销产品，均不得以任何名义和形式再行搭售，只能根据按质论价的原则和商品的处理权限削价处理，其损失由企业在当季损益中冲销。造成巨大损失的，要追究有关人员的行政和刑事责任。

八、各种经济形式的批发企业和零售企业，对国家计划管理的商品要严格执行计划；对限量供应的商品要按各地主管部门的有关规定执行；其它商品一律由进货单位自由选购，敞开供应，不得硬性搭售。任何单位和群众有权拒绝搭售商品，如果因此而发生拒售紧缺商品时，除责令供货企业如数售予紧缺商品外，还要对其处以一定比例的罚款。

九、各种经济形式的商业企业都要实行经营责任制，规定合理的商品库存数量，认真考核，滞销或超过库存规定的有问题商品，只能削价处理，其损失在企业当季损益中冲销。

十、各级物价部门和业务主管部门对各种工业消费品的价格，要坚持按质论价的原则，实行优质优价、低质低价，适当拉开质量差价，质量下降达不到优质标准的，应及时取消优质产品加价。

十一、各级工商行政管理机关，要切实加强对市场的管理和监督。质量低劣的产品不准刊播广告，任何单位和个人均不得发布带有搭售商品内容的广告。违者，以发布虚假广告和违禁广告论处。

十二、各级消费者协会要积极维护消费者的利益，坚决支持群众拒绝购买搭售商品的正当要求。消费者协会要采取多种形式和城镇街道居委会、农村村民委员会配合，对商品搭售问题进行不定期的检查监督，经常收集听取消费者的反映，积极督促有关部门及时处理群众揭发的各种商品搭售问题。

十三、上述规定的处罚，凡是违反物价政策的，由各地物价部门执行；有关商品搭售问题，由各地工商行政管理机关执行。

十四、本规定，自文到之日起生效。

11. 国家工商行政管理局关于禁止有奖销售活动中不正当竞争行为的若干规定（1993年12月24日国家工商行政管理局令第19号发布）

第一条 为了制止有奖销售活动中的不正当竞争行为，根据《中华人民共和国反不正当竞争法》（以下简称《反不正当竞争法》）的有关规定，制定本规定。

第二条 本规定所称有奖销售，是指经营者销售商品或者提供服务，附带性地向购买者提供物品、金钱或者其他经济上的利益的行为。包括：奖励所有购买者的附赠式有奖销售和奖励部分购买者的抽奖式有奖销售。

凡以抽签、摇号等带有偶然性的方法决定购买者是否中奖的，均属于抽奖方式。

经政府或者政府有关部门依法批准的有奖募捐及其他彩票发售活动，不适用本规定。

第三条 禁止下列欺骗性有奖销售行为：

（一）谎称有奖销售或者对所设奖的种类、中奖概率、最高奖金额、总金额、奖品种类、数量、质量、提供方法等作虚假不实的表示。

（二）采取不正当的手段故意让内定人员中奖。

（三）故意将设有中奖标志的商品、奖券不投放市场或者不与商品、奖券同时投放市场；故意将带有不同奖金金额或者奖品标志的商品、奖券按不同时间投放市场。

（四）其他欺骗性有奖销售行为。

前款第（四）项行为，由省级以上工商行政管理机关认定。省级工商行政管理机关作出的认定，应当报国家工商行政管理局备案。

第四条 抽奖式的有奖销售，最高奖的金额不得超过5000元。

以非现金的物品或者其他经济利益作奖励的，按照同期市场同类商品或者服务的正常价格折算其金额。

第五条 经营者不得利用有奖销售手段推销质次价高的商品。

前款所称"质次价高"，由工商行政管理机关根据同期市场同类商品的价格、质量和购买者的投诉进行认定，必要时会同有关部门认定。

第六条 经营者举办有奖销售，应当向购买者明示其所设奖的种类、中奖概率、奖金金额或者奖品种类、兑奖时间、方式等事项。属于非现场即时开奖的抽奖式有奖销售，告知事项还应当包括开奖的时间、地点、方式和通知中奖者的时间、方式。经营者对已经向公众明示的前款事项不得变更。

在销售现场即时开奖的有奖销售活动，对超过500元以上奖的兑奖情况，经营者应当随时向购买者明示。

第七条 违反本规定第三条、第四条、第五条第一款的，由工商行政管理机关依照《反不正当竞争法》第二十六条的规定处罚。违反本规定第六条，隐瞒事实真相的，视为欺骗性有奖销售，比照前款规定处理。

第八条 有关当事人因有奖销售活动中的不正当竞争行为而受到侵害的，可以根据《反不正当竞争法》第二十条的规定，向人民法院起诉，请求赔偿。

第九条 在《反不正当竞争法》施行前发生的、属于《反不正当竞争法》禁止的有奖销售行为,《反不正当竞争法》施行后,一律不得继续实施。但预先设定的开奖、兑奖时间在 1993 年 12 月 1 日之后的,经营者仍然应当在预定时间按照预定事项履行其开奖、兑奖的义务。

第十条 本规定自发布之日起施行。

第五部分　植物新品种权纠纷

70. 权利用尽原则在侵害植物新品种权纠纷案件中如何适用？

植物品种的繁殖材料具有季节性强、周期短的特点，故品种权人往往与品种繁殖材料的销售商签订销售代理合同，约定品种繁殖材料的销售区域和销售时间。如果代理销售商违反了合同的约定，超出约定的区域或者时间销售植物品种繁殖材料，即便该植物品种的繁殖材料来源于品种权人，代理销售商亦不能以权利用尽原则对抗品种权人。对于其他没有与品种权人订立销售代理合同的品种繁殖材料的销售者而言，只要其品种繁殖材料来源于其他合法销售该繁殖材料的销售者，则其可以适用权利用尽原则对抗品种权人提出的侵权指控。

典型疑难案件参考

北京联创种业有限公司诉平顶山市富万家种业有限公司、河南省亿源种业有限公司侵害植物新品种权纠纷案

基本案情

国家农业部于2007年1月1日授予北京联创种业有限公司（简称联创公司）、河南科泰种业有限公司（简称科泰公司）、河南省中科华泰玉米研究所（简称华泰研究所）为"中科4号"玉米品种植物新品种权人。2008年8月1日，科泰公司、华泰研究所授权联创公司以自己的名义针对"中科4号"植物新品种权侵权行为提起诉讼，科泰公司、华泰研究所放弃作为共同诉讼权利人。2009年2月27日，联创公司缴纳2009年"中科4号"植物新品种权年费1000元。2009年4月10日，河南省宝丰县公证处作出〔2009〕宝证民字第45号公证，主要内容载明：联创公司向河南省宝丰县公证处申请证据保全。

2009年4月10日,公证员与联创公司的委托代理人同到位于河南省宝丰县城关镇净肠河北富万家农资连锁有限公司,以普通消费者身份购买了两小袋玉米种子,该种子包装袋正面标有"航科4号农大81,亿源公司",该包装背面标有加工分装单位河南省亿源种业有限公司(简称亿源公司),并取得《宝丰县富万家农资连锁有限公司商品质量保证卡》,公证员现场监督,制作《现场工作笔录》,并对所购玉米种进行封存,交由申请人保管。2009年4月9日,安徽省阜阳市惠颍公证处作出〔2009〕皖阜惠公证字第1344号公证,主要内容载明,联创公司向安徽省阜阳市惠颍公证处申请证据保全。2009年4月8日,公证员与联创公司委托代理人同到位于阜阳市颍东区颍汇农资大市场的阜阳市民乐种业,以普通消费者的身份购买了2袋品名"航科4号农大81"玉米种,并当场取得编号0003577的阜阳市民乐种业票据,公证员现场监督,制作《工作记录》,并对所购玉米种进行拍照及留存。该产品包装袋正面品名"航科4号农大81",加工分装单位为亿源公司,并标有亿源公司的商标及防伪查询标签。

亿源公司认可阜阳市颍东区颍汇农资大市场的阜阳市民乐种业是亿源公司的代理商,亿源公司为阜阳市民乐种业提供品名"航科4号农大81"玉米种进行销售,但认为该包装内的玉米品种是"鲁单981"而非"中科4号"玉米品种。

本案在审理过程中,联创公司申请对宝丰县公证处封存的品名"航科4号农大81"玉米种是否与"中科4号"玉米品种属于同一品种委托北京市农林科学院玉米研究中心进行鉴定,该中心于2009年12月1日出具《玉米品种DNA指纹鉴定报告书》,鉴定结论是两者相同或极近似,经联创公司、平顶山市富万家种业有限公司(简称富万家公司)、亿源公司当庭质证均表示无异议。

一审诉辩情况

原告联创公司诉称:玉米品种"中科4号"2007年1月1日被国家农业部授予植物新品种权,联创公司、科泰公司、华泰研究所为植物新品种权人。联创公司经营的"中科4号"玉米杂交种因品种优良、产量高、抗病性强等特点,深受黄淮海区域种子经销商和广大农民的欢迎和赞誉,具有较高的知名度。2009年3月,联创公司发现富万家公司在市场上销售外包装为"航科4号农大81"而实际为"中科4号"的玉米杂交种,该批种子包装标注的加工分装单位是亿源公司。富万家公司、亿源公司未经品种权人许可擅自生产、销售外包装为"航科4号农大81"而实际为"中科4号"的玉米杂交种,侵犯了联创公司的植物新品种权，扰乱了种子市场秩序，给联创公司造成了重大经济损失。请求判令富万家公司与亿源公司立即停止侵权行为并赔偿联创公司经济损失20万元。

被告富万家公司辩称：该公司是从上门推销的业务人员处购得的"航科4号农大81"玉米种，该产品包装上有明确的加工分装单位及防伪标签，富万家公司不应承担赔偿责任。

被告亿源公司辩称：亿源公司与富万家公司从未有业务往来，富万家公司所销售的"航科4号农大81"玉米种子不是亿源公司生产销售的。

一审裁判结果

2010年2月3日，河南省郑州市中级人民法院依照《中华人民共和国民法通则》第5条、第134条，《中华人民共和国植物新品种保护条例》第6条、第39条，《中华人民共和国民事诉讼法》第64条第1款之规定，判决：

一、富万家公司立即停止销售侵犯联创公司植物新品种权的"中科4号"玉米品种；

二、富万家公司于判决生效之日起10日内赔偿联创公司经济损失10万元；

三、驳回联创公司的其他诉讼请求。

一审裁判理由

郑州市中级人民法院认为："中科4号"玉米品种是经国家农业部授予植物新品种权，联创公司按时交纳了品种权费用，联创公司、科泰公司和华泰研究所作为共同品种权人，其合法权益应受法律保护。根据科泰公司和华泰研究所的授权，联创公司有权以自己的名义对侵犯"中科4号"植物新品种权的行为独立提起诉讼。本案中，联创公司提交〔2009〕皖阜惠公证字第1344号公证封存的品名为"航科4号农大81"玉米种照片显示加工分装单位是亿源公司，亿源公司也认可阜阳市民乐种业为其代理商，但联创公司未提供〔2009〕皖阜惠公证字第1344号公证封存的品名为"航科4号农大81"玉米种实物，无法证明该玉米种实际为"中科4号"玉米品种。联创公司提交〔2009〕宝证民字第45号公证封存的品名为"航科4号农大81"玉米种不足以证明系亿源公司生产或者销售。因此，联创公司请求亿源公司停止侵权、赔偿经济损失的理由不能成立，不予支持。富万家公司所销售的品名为"航科4号农大81"的玉米种，经鉴定与"中科4号"玉米品种系同一品种，富万家公司未经品种权人联创公司许可或者授权擅自销售品名为"航科4号农大81"

而实际为"中科4号"的玉米品种，侵犯了联创公司享有的"中科4号"植物新品种权，联创公司请求富万家公司停止侵权的理由成立，予以支持。富万家公司未提交证据证明所销售品名为"航科4号农大81"实际为"中科4号"的玉米品种的合法来源，因此，联创公司请求富万家公司赔偿经济损失的理由成立，予以支持。关于赔偿经济损失的数额，考虑到富万家公司系将授权品种变换品名对外销售、涉案侵权种子的销售价格、"中科4号"玉米品种的知名度、联创公司为制止侵权行为支付的合理费用等因素，将富万家公司赔偿经济损失数额酌定为10万元。

二审诉辩情况

富万家公司不服，向河南省高级人民法院上诉称：富万家公司销售了外包装品名为"航科4号农大81"的玉米种，但并不知道内包装为"中科4号"的玉米品种，同时该包装载明的分装单位是亿源公司，富万家公司同属受害人，不构成侵犯联创公司享有的"中科4号"植物新品种权的行为；富万家公司通过业务员上门推销购买两大包品名为"航科4号农大81"玉米种共计160斤，由于是新品种，安排主要农户示范种植，剩余部分才出售，未获得利益，也没有给联创公司造成实际经济损失，即使构成侵权，也应当根据联创公司的实际损失或者富万家公司所获得的实际利益确定赔偿数额，原审酌定赔偿经济损失10万元有悖客观事实；原审判决适用法律错误，请求撤销原判。

联创公司答辩称：富万家公司未经许可或者授权擅自销售"中科4号"玉米品种，侵犯了联创公司的植物新品种权。原审判决赔偿经济损失10万元具有事实根据和法律依据。富万家公司认为购买品名"航科4号农大81"玉米种160斤，但未提供相应证据证明。原判认定事实清楚，证据充分，适用法律正确，酌定赔偿合理适当。请求驳回上诉，维持原判。

亿源公司述称：原审判决认定事实清楚，应予维持。

二审裁判结果

2010年7月22日，河南省高级人民法院作出〔2010〕豫法民三终字第92号判决：驳回上诉，维持原判。

二审裁判理由

河南省高级人民法院审理认为：富万家公司以销售"航科4号农大81"玉米种之名销售"中科4号"玉米品种之实的行为，是未经"中科4号"品种权人联创公司的许可或者授权，冠名"航科4号农大81"玉米种实际销售"中科4号"玉米品种，已构成对联创公司享有的"中科4号"植物新品种权侵权行为。富万家公司认为其销售的品名"航科4号农大81"玉米种不知道是"中科4号"玉米品种，同属受害者。根据宝丰植保检疫站行政处罚决定，富万家公司作为经营种子的专业公司，知道或者应该知道购买种子要依据调运植物检疫证书，销售种子要依据相关规定，但该公司违规购买并销售，其上诉认为同属受害人的理由不能成立。原审判其停止侵权正确，本院予以维持。

  关于赔偿数额的认定。富万家公司销售品名"航科4号农大81"玉米种虽标有亿源公司分装，原审对该批玉米品种未认定是亿源公司生产或者销售，富万家公司对此认定未提起上诉，同时也未提供该批玉米种的生产商或者分装商，原审判其承担赔偿责任并无不妥。富万家公司未提供实际购进数额或者销售数额的直接证据，其上诉认为仅购进160斤证据不足。原审考虑到富万家公司将授权的植物新品种权的玉米品种更换品名对外销售及联创公司享有的"中科4号"植物新品种权知名度等合理因素，酌定富万家公司赔偿经济损失10万元比较合适，本院予以维持。富万家公司上诉证据不足，理由不能成立。原审判决认定事实清楚，适用法律正确。

植物新品种权纠纷办案依据集成

1. 中华人民共和国合同法（1999年3月15日主席令第15号公布）（节录）

第三百二十六条 职务技术成果的使用权、转让权属于法人或者其他组织的，法人或者其他组织可以就该项职务技术成果订立技术合同。法人或者其他组织应当从使用和转让该项职务技术成果所取得的收益中提取一定比例，对完成该项职务技术成果的个人给予奖励或者报酬。法人或者其他组织订立技术合同转让职务技术成果时，职务技术成果的完成人享有以同等条件优先受让的权利。

职务技术成果是执行法人或者其他组织的工作任务，或者主要是利用法人或者其他组织的物质技术条件所完成的技术成果。

第三百二十七条 非职务技术成果的使用权、转让权属于完成技术成果的个人，完成技术成果的个人可以就该项非职务技术成果订立技术合同。

第三百三十九条 委托开发完成的发明创造，除当事人另有约定的以外，申请专利的权利属于研究开发人。研究开发人取得专利权的，委托人可以免费实施该专利。

研究开发人转让专利申请权的，委托人享有以同等条件优先受让的权利。

第三百四十条 合作开发完成的发明创造，除当事人另有约定的以外，申请专利的权利属于合作开发的当事人共有。当事人一方转让其共有的专利申请权的，其他各方享有以同等条件优先受让的权利。

合作开发的当事人一方声明放弃其共有的专利申请权的，可以由另一方单独申请或者由其他各方共同申请。申请人取得专利权的，放弃专利申请权的一方可以免费实施该专利。

合作开发的当事人一方不同意申请专利的，另一方或者其他各方不得申请专利。

第三百四十一条 委托开发或者合作开发完成的技术秘密成果的使用权、转让权以及利益的分配办法，由当事人约定。没有约定或者约定不明确，依照本法第六十一条的规定仍不能确定的，当事人均有使用和转让的权利，但委托开发的研究开发人不得在向委托人交付研究开发成果之前，将研究开发成果转让给第三人。

2. 中华人民共和国植物新品种保护条例（1997年3月20日国务院令第213号公布）（节录）

第六条 完成育种的单位或者个人对其授权品种，享有排他的独占权。任何单位或者个人未经品种权所有人（以下称品种权人）许可，不得为商业目的生产或者销售该授权品种的繁殖材料，不得为商业目的将该授权品种的繁殖材料重复使用于生产另一品种的繁殖材料；但是，本条例另有规定的除外。

第七条 执行本单位的任务或者主要是利用本单位的物质条件所完成的职务育种，植物新品种的申请权属于该单位；非职务育种，植物新品种的申请权属于完成育种的个人。

申请被批准后，品种权属于申请人。

委托育种或者合作育种，品种权的归属由当事人在合同中约定；没有合同约定的，品种权属于受委托完成或者共同完成育种的单位或者个人。

第八条　一个植物新品种只能授予一项品种权。两个以上的申请人分别就同一个植物新品种申请品种权的，品种权授予最先申请的人；同时申请的，品种权授予最先完成该植物新品种育种的人。

第十条　在下列情况下使用授权品种的，可以不经品种权人许可，不向其支付使用费，但是不得侵犯品种权人依照本条例享有的其他权利：

（一）利用授权品种进行育种及其他科研活动；

（二）农民自繁自用授权品种的繁殖材料。

第三十九条　未经品种权人许可，以商业目的生产或者销售授权品种的繁殖材料的，品种权人或者利害关系人可以请求省级以上人民政府农业、林业行政部门依据各自的职权进行处理，也可以直接向人民法院提起诉讼。

省级以上人民政府农业、林业行政部门依据各自的职权，根据当事人自愿的原则，对侵权所造成的损害赔偿可以进行调解。调解达成协议的，当事人应当履行；调解未达成协议的，品种权人或者利害关系人可以依照民事诉讼程序向人民法院提起诉讼。

省级以上人民政府农业、林业行政部门依据各自的职权处理品种权侵权案件时，为维护社会公共利益，可以责令侵权人停止侵权行为，没收违法所得，可以并处违法所得5倍以下的罚款。

第四十条　假冒授权品种的，由县级以上人民政府农业、林业行政部门依据各自的职权责令停止假冒行为，没收违法所得和植物品种繁殖材料，并处违法所得1倍以上5倍以下的罚款；情节严重，构成犯罪的，依法追究刑事责任。

3. 中华人民共和国植物新品种保护条例实施细则（林业部分）（1999年8月10日国家林业局令第3号公布）（节录）

第五条　《条例》第七条所称的职务育种是指：

（一）在本职工作中完成的育种；

（二）履行本单位分配的本职工作之外的任务所完成的育种；

（三）离开原单位后3年内完成的与其在原单位承担的本职工作或者分配的任务有关的育种；

（四）利用本单位的资金、仪器设备、试验场地、育种资源和其他繁殖材料及不对外公开的技术资料等所完成的育种。

除前款规定情形之外的，为非职务育种。

第六十四条　《条例》所称的假冒授权品种，是指：

（一）使用伪造的品种权证书、品种权号的；

（二）使用已经被终止或者被宣告无效品种权的品种权证书、品种权号的；

（三）以非授权品种冒充授权品种的；

（四）以此种授权品种冒充他种授权品种的；

（五）其他足以使他人将非授权品种误认为授权品种的。

4. 中华人民共和国植物新品种保护条例实施细则（农业部分）（2007 年 9 月 19 日农业部令第 5 号修订）（节录）

第七条 《条例》第七条所称执行本单位任务所完成的职务育种是指下列情形之一：

（一）在本职工作中完成的育种；

（二）履行本单位交付的本职工作之外的任务所完成的育种；

（三）退职、退休或者调动工作后，3 年内完成的与其在原单位承担的工作或者原单位分配的任务有关的育种。

《条例》第七条所称本单位的物质条件是指本单位的资金、仪器设备、试验场地以及单位所有的尚未允许公开的育种材料和技术资料等。

第八条 《条例》第八条所称完成新品种育种的人是指完成新品种育种的单位或者个人（以下简称育种者）。

第九条 完成新品种培育的人员（以下简称培育人）是指对新品种培育作出创造性贡献的人。仅负责组织管理工作、为物质条件的利用提供方便或者从事其他辅助工作的人不能被视为培育人。

第十条 一个植物新品种只能被授予一项品种权。

一个植物新品种由两个以上申请人分别于同一日内提出品种权申请的，由申请人自行协商确定申请权的归属；协商不能达成一致意见的，品种保护办公室可以要求申请人在指定期限内提供证据，证明自己是最先完成该新品种育种的人。逾期未提供证据的，视为撤回申请；所提供证据不足以作为判定依据的，品种保护办公室驳回申请。

第五十七条 《条例》第四十条、第四十一条所称的假冒授权品种行为是指下列情形之一：

（一）印制或者使用伪造的品种权证书、品种权申请号、品种权号或者其他品种权申请标记、品种权标记；

（二）印制或者使用已经被驳回、视为撤回或者撤回的品种权申请的申请号或者其他品种权申请标记；

（三）印制或者使用已经被终止或者被宣告无效的品种权的品种权证书、品种权号或者其他品种权标记；

（四）生产或者销售本条第（一）项、第（二）项和第（三）项所标记的品种；

（五）生产或销售冒充品种权申请或者授权品种名称的品种；

（六）其他足以使他人将非品种权申请或者非授权品种误认为品种权申请或者授权品种的行为。

5. 最高人民法院关于审理植物新品种纠纷案件若干问题的解释（2001 年 2 月 5 日　法释〔2001〕5 号）（节录）

第一条 人民法院受理的植物新品种纠纷案件主要包括以下几类：

（一）是否应当授予植物新品种权纠纷案件；

（二）宣告授予的植物新品种权无效或者维持植物新品种权的纠纷案件；

（三）授予品种权的植物新品种更名的纠纷案件；

（四）实施强制许可的纠纷案件；

（五）实施强制许可使用费的纠纷案件；

（六）植物新品种申请权纠纷案件；

（七）植物新品种权权利归属纠纷案件；

（八）转让植物新品种申请权和转让植物新品种权的纠纷案件；

（九）侵犯植物新品种权的纠纷案件；

（十）不服省级以上农业、林业行政管理部门依据职权对侵犯植物新品种权处罚的纠纷案件；

（十一）不服县级以上农业、林业行政管理部门依据职权对假冒授权品种处罚的纠纷案件。

第二条　人民法院在依法审查当事人涉及植物新品种权的起诉时，只要符合《中华人民共和国民事诉讼法》第一百零八条、《中华人民共和国行政诉讼法》第四十一条规定的民事案件或者行政案件的起诉条件，均应当依法予以受理。

6. 最高人民法院关于审理技术合同纠纷案件适用法律若干问题的解释

（2004年12月16日　法释〔2004〕20号）（节录）

第二条　合同法第三百二十六条第二款所称"执行法人或者其他组织的工作任务"，包括：

（一）履行法人或者其他组织的岗位职责或者承担其交付的其他技术开发任务；

（二）离职后一年内继续从事与其原所在法人或者其他组织的岗位职责或者交付的任务有关的技术开发工作，但法律、行政法规另有规定的除外。

法人或者其他组织与其职工就职工在职期间或者离职以后所完成的技术成果的权益有约定的，人民法院应当依约定确认。

第三条　合同法第三百二十六条第二款所称"物质技术条件"，包括资金、设备、器材、原材料、未公开的技术信息和资料等。

第四条　合同法第三百二十六条第二款所称"主要利用法人或者其他组织的物质技术条件"，包括职工在技术成果的研究开发过程中，全部或者大部分利用了法人或者其他组织的资金、设备、器材或者原材料等物质条件，并且这些物质条件对形成该技术成果具有实质性的影响；还包括该技术成果实质性内容是在法人或者其他组织尚未公开的技术成果、阶段性技术成果基础上完成的情形。但下列情况除外：

（一）对利用法人或者其他组织提供的物质技术条件，约定返还资金或者交纳使用费的；

（二）在技术成果完成后利用法人或者其他组织的物质技术条件对技术方案进行验证、测试的。

第五条　个人完成的技术成果，属于执行原所在法人或者其他组织的工作任务，又主要利用了现所在法人或者其他组织的物质技术条件的，应当按照该自然人原所在和现所在法人或者其他组织达成的协议确认权益。不能达成协议的，根据对完成该项技术成果的贡献大小由双方合理分享。

第十六条 当事人以技术成果向企业出资但未明确约定权属，接受出资的企业主张该技术成果归其享有的，人民法院一般应当予以支持，但是该技术成果价值与该技术成果所占出资额比例明显不合理损害出资人利益的除外。

当事人对技术成果的权属约定有比例的，视为共同所有，其权利使用和利益分配，按共有技术成果的有关规定处理，但当事人另有约定的，从其约定。

当事人对技术成果的使用权约定有比例的，人民法院可以视为当事人对实施该项技术成果所获收益的分配比例，但当事人另有约定的，从其约定。

7. 最高人民法院关于审理侵犯植物新品种权纠纷案件具体应用法律问题的若干规定（2007年1月12日 法释〔2007〕1号）（节录）

第二条 未经品种权人许可，为商业目的生产或销售授权品种的繁殖材料，或者为商业目的将授权品种的繁殖材料重复使用于生产另一品种的繁殖材料的，人民法院应当认定为侵犯植物新品种权。

被控侵权物的特征、特性与授权品种的特征、特性相同，或者特征、特性的不同是因非遗传变异所致的，人民法院一般应当认定被控侵权物属于商业目的生产或者销售授权品种的繁殖材料。

被控侵权人重复以授权品种的繁殖材料为亲本与其他亲本另行繁殖的，人民法院一般应当认定属于商业目的将授权品种的繁殖材料重复使用于生产另一品种的繁殖材料。